Angela Ittel · Ludwig Stecher
Hans Merkens · Jürgen Zinnecker (Hrsg.)

Jahrbuch Jugendforschung

Angela Ittel · Ludwig Stecher
Hans Merkens · Jürgen Zinnecker (Hrsg.)

Jahrbuch Jugendforschung

6. Ausgabe 2006

Bibliografische Information Der Deutschen Nationalbibliothek
Die Deutsche Nationalbibliothek verzeichnet diese Publikation in der
Deutschen Nationalbibliografie; detaillierte bibliografische Daten sind im Internet über
<http://dnb.d-nb.de> abrufbar.

1. Auflage Dezember 2006

Lektorat: Monika Mülhausen

Der VS Verlag für Sozialwissenschaften ist ein Unternehmen von Springer Science+Business Media.
www.vs-verlag.de

Umschlaggestaltung: KünkelLopka Medienentwicklung, Heidelberg
Druck und buchbinderische Verarbeitung: Krips b.v., Meppel
Gedruckt auf säurefreiem und chlorfrei gebleichtem Papier
Printed in the Netherlands

ISBN 978-3-531-15353-7

Inhaltsverzeichnis

Trends

Internationale Länderberichte

Projekte

Klassiker

Vorwort der Herausgeber

Dies ist die 6. Ausgabe des Jahrbuchs Jugendforschung. Die deutsche Jugendforschung erfreut sich derzeit eines zunehmenden Interesses. Nach der notwendigen Bildungsdebatte der letzten Jahre wird deutlich, dass die Jugendforschung umfassende Antworten auf aktuelle Fragen der Bildungs- und Jugendpolitik finden kann. Die Jugendforschung ist nach einer Phase, in der die Theoriebildung in den letzten Dekaden im Mittelpunkt stand, in der Lage, zunehmend auch angewandte Themen zu diskutieren. Dass der Bedarf daran groß ist, verdeutlicht u. a. die öffentliche Diskussion um Prävention und Intervention von schulischer Gewalt und um bildungspolitische Entscheidungen. Es wird nicht nur überlegt, wie strukturelle Gegebenheiten des Bildungssystem reformiert und verändert werden können, sondern gleichzeitig rücken die individuellen Entwicklungsbedingungen Jugendlicher verstärkt in den Blick, um Lösungen bei diesen aktuellen Problemen auf gesellschaftlicher und individueller Ebene zu finden. Hier kann die Jugendforschung bedingt durch ihre überwiegend interdisziplinäre Herangehensweise einen wichtigen Beitrag leisten, und wir freuen uns darauf, auch in Zukunft Wissenschaftlern, die sich mit aktuellen Fragen der Jugendforschung befassen, eine Plattform zu bieten, diese Fragestellungen darzustellen und zu diskutieren.

Wir setzen durch unsere Schwerpunktthemen Akzente in der Diskussion in der Jugendforschung und weisen auf aktuelle Trends hin. So haben wir auch in diesem Jahr Beiträge zu unterschiedlichen Themengebieten gebündelt, die aktuelle Debatten in der Jugendforschung repräsentieren.

Themenblock A dieses Jahrbuchs umfasst Beiträge zu der Bedeutung von Bildungsübergängen. Obgleich hier unterschiedliche Arten von Bildungsübergängen thematisiert werden, verdeutlichen die Aufsätze, dass Bildungsübergänge auf gesellschaftlicher und individueller Basis über Strukturen bestimmt werden, die, was die gegenwärtige Diskussion verdeutlicht, derzeitig durch notwendig gewordene Veränderungen reformiert werden. Individuelle Entscheidungen spielen dabei in der Veränderung dieser vorgegebenen Denk- und Handlungsbahnen eine entscheidende Rolle. Dem steht in der Praxis oft eine Verregelung auf struktureller Ebene entgegen, wenn z.B. der Übergang von der Grundschule in die Sekundarstufe I an Mindestleistungen gebunden wird oder zentrale Arbeiten als Maßstab für die Gewährung von Bildungstiteln gewinnen. Welche Bedeutung in diesem Rahmen individuelle Anforderungen spielen, steht im Mittelpunkt der Beiträge zu diesem Themenkomplex. Individuelle Anforderungen an das Bildungssystem sollten die Bildungsverläufe über den Lebenslauf bestimmen.

Themenblock B versammelt Beiträge zu sozialen Netzwerken Jugendlicher; den Peers und der Familie. Dabei verstehen wir soziale Netwerke als soziale Ressourcen, die vor allem hinsichtlich ihrer Unterstützungsfunktion bei der Entwicklung und Bewältigung von Krisen und Entscheidungen im Jugendalter relevant werden.

Als *Trend* der Jugendforschung 2006 stellen wir eine methodische Herangehensweise vor, deren Stärke es ist, eine Brücke zwischen der in den Sozialwissenschaften üblichen Gruppenanalyse und der Individualanalyse der psychologisch orientierten Forschung zu schaffen.

Ebenso war es uns ein Anliegen, auch in dieser Ausgabe einen Einblick in die Arbeiten internationaler Jugendforscher zu ermöglichen und haben im Abschnitt *Länderberichte* Aufsätze über gegenwärtige Themen der Jugendforschung aus Italien, Israel und Deutschland vereint.

Abschließend haben wir zwei Beiträge aufgenommen, die über *Projekte* der deutschen Jugendforschung im Allgemeinen und über Arbeiten zu Lebensstiltypologien Jugendlicher und junger Erwachsener in Deutschland im Besonderen berichten.

In der Reihe historischer Beiträge drucken wir als *Klassiker* einen Aufsatz Ludwigs von Friedeburg zum Verhältnis von Jugend und Gesellschaft ab.

Zu erwähnen bleibt, dass das diesjährige Jahrbuch erstmalig unter einer erweiterten Herausgeberschaft erscheint. Angela Ittel und Ludwig Stecher sind als ehemalige Redaktionsmitglieder nun als Mit-Herausgeber tätig. Die Redaktion lag für diesen Band in Anne Wessels vorsorglichen Händen, der wir an dieser Stelle nochmals ausdrücklich für ihre hochgeschätzte Unterstützung danken.

Angela Ittel, Ludwig Stecher, Hans Merkens und Jürgen Zinnecker

Thema A:
Bildungsübergänge

Vorwort

Zu Beginn des 21. Jahrhunderts hat die Auseinandersetzung mit Themen wie Ausbildung und Beruf bei Jugendlichen und jungen Erwachsenen einen hohen Stellenwert in der nationalen und internationalen Jugendforschung. Weltweit befinden sich Bildungssysteme im Umbruch, hohe Spezialisierung ist gefordert und langfristige Planungen von Bildungs- und Berufskarrieren sind immer weniger angemessen. Stattdessen wird ein zunehmendes Maß an Flexibilität in beruflicher Kompetenz, aber auch in örtlicher Gebundenheit gefordert, im Bestreben eine erfolgreiche Bildungs- und Berufskarriere zu durchlaufen. Nach Abschluss der Berufsausbildung den Wunschberuf tatsächlich zu ergreifen, ist für die heutige Jugend längst nicht mehr selbstverständlich. Umso wichtiger wird es, Bildungsentscheidungen und die Konsequenzen von Bildungsübergängen ernst zu nehmen.

Im Themenblock A dieser Ausgabe des Jahrbuchs Jugendforschung haben wir Beiträge von Autoren aus der nationalen und internationalen Bildungsforschung und -politik zusammengestellt, die die Bedingungen und Konsequenzen von Bildungsübergängen darstellen.

Sybille *Volkholz* fasst in ihrem Beitrag Empfehlungen der Bildungskommission für den Umgang mit der in Deutschland auffällig starken Koppelung von sozialer Herkunft und Schulerfolg zusammen. Kai *Cortina* und Kollegen illustrieren anhand von Analysen zweier Längsschnittstudien aus Deutschland und den USA die umstrittene Prognose des Besuchs einer bestimmten Schulform für den Verlauf einer akademischen Karriere. Ulrich *Trautwein* und Kollegen stellen hingegen anhand einer retrospektiven Analyse von 1700 jungen Erwachsenen dar, inwiefern deutsche Abiturienten sich auf die Anforderungen im Studium vorbereitet fühlen. Den Abschluss dieses Themenblocks bildet ein Beitrag über einen im Bildungsverlauf früher gelegenen, aber nicht weniger bedeutsamen Bildungsübergang, nämlich den von der Grundschule in die weiterführenden Schulen. Katja *Koch* skizziert zunächst die allgemeine Problemlage in der Darstellung von Übergängen von der Grundschule in die weiterführenden Schulen und erörtert dann auf der Basis empirischer Daten die Frage, wie dieser Übergang pädagogisch und biografisch optimiert werden kann.

Gebündelt verdeutlichen die hier versammelten Beiträge, dass Bildungsentscheidungen auch heute noch stark vom ökonomischen und sozialen Kapital der beteiligten Individuen abhängig sind und strukturelle Veränderungsprozesse von

Bildungsinstitutionen starke Auswirkungen auf soziale Disparitäten in Bildungsverläufen im Negativen, aber auch im Positiven haben können.

Angela Ittel und Hans Merkens

Zur Bedeutung innerer und äußerer Differenzierung für den Bildungsverlauf – eine vergleichende Längsschnittanalyse zum Hochschulübergang

The impact of between- and within-school tracking on the transition to college – a comparative longitudinal study

Kai S. Cortina, Corinne Alfeld, Olaf Köller, Jürgen Baumert und Jacquelynne S. Eccles

Zusammenfassung: In allen westlichen Gesellschaften ist die Unterscheidung in akademischer und nichtakademischer Bildungskarriere für den beruflichen und persönlichen Lebensverlauf von Bedeutung. Das gegliederte Schulwesen in Deutschland wird häufig mit einer vergleichsweise frühen Festlegung der Bildungskarriere in Zusammenhang gebracht und binnendifferenzierten Kurssystemen wie in den USA gegenüber gestellt. Anhand der parallelen Analysen zweier Längsschnittstudien in Deutschland (BIJU) und den USA (MSALT) wird aufgezeigt, dass die Bedeutsamkeit der Schulform für die Prognose einer akademischen Karriere zwar hoch bedeutsam ist, aber nur dann eine bessere Vorhersage gestattet als die Kursbelegung in den USA, wenn andere relevante Größen unberücksichtigt bleiben. Bei Einbeziehung von Fachleistungen (Tests/Noten) und elterlichem Bildungshintergrund lässt sich in der 10 Klasse für die USA eine vergleichbar sichere Prognose ableiten wie für Schüler in Deutschland.

Abstract: The distinction between academic and vocational career is important for the personal life course in all modern societies. In this context, between-school tracking and early selection in Germany is often discussed in contrast to flexible course selection systems like the public high school in the United States. Based on parallel analyses of two longitudinal data sets from Germany (BIJU) and the U.S. (MSALT), we demonstrate that, in fact, the school type in Germany stands out as predictor of later enrollment in a full-time college. However, once parents' education and school achievement measures are taken into account, the predictive power of college attendance is similar in Germany and the United States.

1. Bildungsstruktur und Lebensverlauf aus entwicklungspsychologischer Sicht

Das wissenschaftliche Interesse am Übergang vom Jugendalter in das junge Erwachsenenalter hat in der entwicklungspsychologischen und soziologischen Forschung im Verlauf der letzten zwei Jahrzehnte kontinuierlich zugenommen, wobei der Schwerpunkt deutlich auf der Analyse von problematischen Entwicklungsverläufen liegt, wie Devianz, Ausbildungsabbruch, Drogenkonsum oder Schwangerschaft im frühen Jugendalter. Dieser Trend zeigt sich sowohl für empirische Studien in einzelnen Ländern als auch für die eher seltenen internationalen entwicklungspsychologischen Vergleichsstudien (Kirby 1997; Maughan/ Champion 1990; Moffitt 1993; Petersen/Leffert/Hurrelmann 1993; Schulenberg/ Maggs 2001; Silbereisen/Boehnke/Crockett 1991; Silbereisen/Noack/Schönpflug 1994; Singh/Darroch 2000).

Die Fokussierung der Jugendforschung auf problematische Entwicklungen ist angesichts ihrer sozialen Relevanz verständlich. Allerdings wird die Begrenzung des zugrunde liegenden Paradigmas deutlich, wenn man sich vor Augen führt, dass dabei „problematische" bzw. „pathologische" Entwicklungen explizit oder indirekt von „normalen" Entwicklungen abgegrenzt werden, ohne letztere genauer zu differenzieren. Es ist an dieser Stelle nicht von Belang, ob die Annahme einer „Normalbiografie" zumindest implizit normative Aussagen über Lebensverläufe macht. Bedeutsam ist hier vielmehr, dass die Gruppe der „nichtproblematischen" Jugendlichen und jungen Erwachsenen in aller Regel heterogener ist als die betrachtete Problempopulation. Empirisch wird demnach die Variabilität in den Normalbiografien, wenn nicht ausgeblendet, so doch selten systematisch untersucht. Einem umfassenden psychologischen Verständnis von Entwicklungsverläufen jedoch läuft diese Betrachtungsweise tendenziell zuwider, wenn man, wie in internationalen Vergleichsstudien üblich, die Bedeutsamkeit unterschiedlicher sozialer Kontexte für die Entwicklung betont. Ziel des vorliegenden Beitrags ist es, anhand einer Beispielanalyse aus einem breiter angelegten Vergleichsprojekt aufzuzeigen, dass sich gerade für die international vergleichende Jugendforschung ein differenzierter Blick auf Unterschiede in Normalbiografien lohnt.

Auch wenn die folgende Vergleichsanalyse ausschließlich die langfristigen Bildungskarrieren untersucht, nämlich den Übergang in die akademische Ausbildung, so ist der Grundgedanke doch entwicklungspsychologisch. Denn in allen westlichen Industrienationen ist mit Aufnahme und Abschluss einer Hochschulausbildung ein Lebensverlauf vorgezeichnet, der sich in vieler Hinsicht von anderen Berufskarrieren unterscheidet und weit über die deutlich höheren Einkommenserwartungen („Bildungsrendite") hinausreicht. Zukünftige Akademiker heiraten seltener, sind häufiger kinderlos, sind im mittleren Erwachsenenalter mobiler, sind politisch im Durchschnitt liberaler eingestellt etc. Auch wenn diese Unterschiede im Lebenslauf nicht unbedingt im engeren Sinne kausal mit der tertiären Ausbildung zusammenhängen, so wird mit der Expansion der tertiären Bildung dennoch eine Vielzahl gesellschaftlicher Veränderungen in Verbindung gebracht. Im Rahmen der Analyse von Normalbiografien kommt der Weichenstellung zwischen akademischer und nicht-akademischer Bildung in jedem Fall eine wichtige Rolle zu.

2. Bildungsprozesse im internationalen Vergleich

Sieht man einmal von der jüngsten Welle international vergleichender Schulleistungsstudien wie PISA, TIMSS und IGLU ab, so sind problematische Lebensverläufe auch in der international vergleichenden Bildungsforschung dominierend. Im Unterschied zur Jugendforschung geht es in der internationalen Bildungsforschung primär um den Einfluss schulstruktureller Merkmale auf individuelle Bildungsbiografien, wobei die Schulleistungen nur eine Facette eines breiter gefassten Schulverständnisses darstellt, wonach Schule sich nicht auf die kognitive Entwicklung in Form von Fachwissen begrenzt, sondern auch selbstreguliertes Lernverhalten (Artelt/Demmrich/Baumert 2001) und Wertschätzung für das gelernte Wissen vermittelt (Eccles/Wigfield 1995). Zum Ende der Sekundarstufe 1 werden auch Fragen nach der Strukturdifferenzierung von akademischer und beruflicher Bildung virulent, weil eine deutlichere Engführung der berufsvorbereitenden Bildung wie in Deutschland im Gegensatz zu wenig strukturierten Berufsbildungssystemen wie in den USA entwicklungspsychologisch eher günstig beurteilt wird (Hamilton 1990; Hamilton/Lempert 1996; Hammer 1996). Es ist leicht zu erkennen, dass auch für die vergleichende Bildungsforschung die präventive Wirkung bestimmter schulstruktureller Elemente im Vordergrund der Analyse steht, wie z.B. der Einfluss des beruflichen Bildungswesens auf die Vermeidung von Jugendarbeitslosigkeit und -kriminalität (Hamilton 1990). Wie in der vergleichenden Jugendforschung ist aber auch in der Bildungsforschung nicht nur von Interesse, welche Strukturmerkmale für bestimmte Gruppen von Jugendlichen Probleme aufwerfen. Schließlich absolviert die überwiegende Mehrheit von Kindern und Jugendlichen in allen westlichen Industrienationen die Pflichtschulzeit ohne größere Schwierigkeiten und mündet erfolgreich in das Erwerbsleben ein. Auch hier sind strukturbedingte Unterschiede in dem breiten Spektrum einer „normalen“ oder „geglückten“ Bildungsbiografie selten Gegenstand der empirisch-vergleichenden Forschung.

Unter den Strukturelementen, die Bildungssysteme unterscheiden, nimmt die Differenzierungspraxis eine besondere Stellung ein, weil an ihrer Notwendigkeit innerhalb der Sekundarstufe offensichtlich wenig Zweifel bestehen und Differenzierung nahezu universelle Praxis ist. Drei Modelle lassen sich grob unterscheiden: Äußere Differenzierung nach Schulformen (wie in der Bundesrepublik), Binnendifferenzierung nach Kursniveaus (integrierte Gesamtschule, US-„high school“) oder Einheitsschule mit tutorieller Kompensation (z.B. Japan).

Leistungsdifferenzierung ist zumindest in westlichen Industrieländern zudem nicht ohne politische Brisanz, weil sie vielfach in einem Spannungsverhältnis mit einer universellen Gleichheits- bzw. Gleichbehandlungsnorm gesehen wird. So hat z.B. in der politischen Debatte um die Gesamtschule in Deutschland die Frage der Chancengleichheit lange im Vordergrund gestanden (Heckhausen 1974). Das gegliederte Schulwesen stand und steht unter dem Verdacht, für einen Teil der Schülerschaft den Weg zu höheren Bildungsgütern, wenn schon nicht abzuschneiden, so doch erheblich zu behindern (Köller 2003; Oelkers 2006). Da dieser Effekt mit der sozialen Herkunft der Kinder konfundiert ist, gilt das gegliederte Schulwesen als kausaler Faktor für die Reproduktion sozialer Ungleichheit in der Bundesrepublik (Ditton 1992). Man beachte, dass die Chancengleichheitsdiskussion im Sinne der oben getroffenen Unterscheidung sich im wesentlichen auf geglückte Normalbiografien bezieht, weil es vermessen wäre, einer Handwerksmeisterin mit Arbeiterherkunft eine problematische Bildungskarriere zu bescheinigen, nur weil man davon ausgeht, dass sie eine akademische Karriere hätte haben können.

Der Konjunktiv weist hier darauf hin, dass es empirisch nahezu unmöglich ist, die spezifische Bedeutung der Schulstruktur für die Bildungsbiografie eindeutig zu belegen, solange man von ethisch unvertretbaren Designs mit echter Zufallsaufteilung auf die Schularten absieht. Und selbst ein echtes Randomisierungsdesign innerhalb eines gegebenen Schulsystems gibt keinen Aufschluss darüber, welchen Verlauf die Bildungskarriere in einem gänzlich anders angelegten Schulsystem genommen hätte.

3. Fragestellung

In dem vorliegenden Beitrag wird der Frage nach der Bedeutsamkeit des gegliederten Schulwesens für die Bildungskarriere in einem direkten Zwei-Länder-Vergleich Deutschland – USA nachgegangen. Die USA bieten sich als Vergleichsland deshalb an, weil das Leitbild des amerikanischen Schulwesens, alle Schüler in einer einheitlichen Schule bis zum Ende der Jahrgangsstufe 12 zusammenzuhalten, die Notwendigkeit zur Binnendifferenzierung besonders verstärkt. Es ergibt sich aus der Logik von Differenzierungsmaßnahmen, dass diese Form der Leistungsdifferenzierung ebenfalls mitunter scharf kritisiert wird, wobei die Argumente denen des deutschen Diskurses ähnlich sind: Leistungsdifferenzierung begünstigt sozial und kulturell besser gestellte Familien und verringert die Chance auf höhere Bildung für Kinder von Minoritäten (Oakes 1985, 1994; Rosenbaum 1976).

Kern der folgenden Analyse ist eine simple *Hypothese*: Wenn das gegliederte Schulwesen in der Bundesrepublik Bildungsverläufe stärker determiniert als das binnendifferenzierte Kurssystem in den USA, so sollte der Bildungserfolg von Schülern in Deutschland leichter vorhersagbar sein als in den USA.
In der empirischen Untersuchung ergeben sich eine Reihe methodischer Probleme, die sich zum Teil nur approximativ lösen lassen. Es ergibt sich aus dem Verständnis von Bildungsverläufen unmittelbar, dass die zu analysierenden Daten längsschnittlich erhoben wurden. Zudem muss sichergestellt sein, dass die untersuchten Populationen vergleichbar sind. Problematischer als diese Aspekte, die sich anhand des Erhebungsdesigns beurteilen lassen, ist die Wahl eines gültigen Maßes für den Bildungserfolg. Soziologische Studien wählen vielfach das erzielte Einkommen nach Übertritt in das Berufsleben als zentralen Indikator (Müller/ Shavit 1998). Dem Vorzug der direkten Vergleichbarkeit steht der Nachteil gegenüber, dass dieser Indikator starken berufsbiografischen Schwankungen unterliegt und Befunde davon abhängen, zu welchem Zeitpunkt diese Information erhoben wird. Im Unterschied dazu konzentrieren sich die folgenden Analysen auf die Frage des institutionellen Übergangs. In beiden Gesellschaften geht ein akademischer Abschluss mit einer Reihe berufsbiografischer Privilegien einher. Zudem ergeben sich bezüglich des Erwerbsverlaufs von Akademikern in den USA und Deutschland deutliche Konvergenzen.

Auch auf der Seite der unabhängigen Variablen ist es nicht unproblematisch, für die USA ein funktionales Äquivalent zur Schulformzugehörigkeit in Deutschland zu finden. Die Binnendifferenzierung wird in den USA deshalb kritisiert, weil insbesondere das Kursniveau in Mathematik und Englisch recht frühzeitig (etwa ab Klasse 9) erkennen lassen, ob ein Schüler „college-bound“ ist, d.h. eine realistische Chance hat, jemals einen Bachelor-Abschluss zu machen. Die *zentrale Frage* für die folgende Untersuchung lässt sich demnach wie folgt zusammenfassen: Wie stark ist die prognostische Kraft der Schulform in der 10. Klasse in Deutschland für den Übergang auf eine Hochschule im Vergleich zur Prognosegüte des Kursniveaus in der gleichen Jahrgangsstufe in den USA? Vereinfacht formuliert: Ist der Bildungsweg in der 10. Klasse in den USA ebenso deutlich vorgezeichnet wie in Deutschland?

4. Methode

4.1 Stichproben

Zwei längsschnittliche Datensätze wurden simultan analysiert: Für die USA ein Datensatz ausgehend von einer repräsentativen Schülerstichprobe, gezogen im

Südosten Michigans, einer Region, die bezüglich der soziodemografischen Zusammensetzung als hinreichend typisch für die Vereinigten Staaten gelten kann. Für Deutschend wird ein Teildatensatz (ein Bundesland) der Kohortenlängsschnittstudie „Bildungsverläufe und psychosoziale Entwicklung im Jugendalter" analysiert, die auf einer geschichteten Zufallsausfall von Schulen basiert und für das Bundesland bei Berücksichtigung der Schulform als hinreichend repräsentativ angesehen werden kann.

USA: The „Michigan Study of Adolescent Life Transitions" (MSALT) unter der Leitung von Jacquelynne Eccles[1] begann im Jahre 1983 als Übergangsstudie zwischen dem 6. und 7. Schuljahr, als die Kinder von der Grundschule auf die „junior high school" überwechselten. Die Ausgangsstichprobe (N > 2000) bestand überwiegend aus Teilnehmern aus der unteren und mittleren Mittelschicht. Die Teilnehmer wurden in der 7., 10., 12. Klasse erneut untersucht sowie drei bzw. sieben Jahre nach Abschluss der „high school". Im Kern als Schülerbefragungsstudie angelegt, enthält der Datensatz schülerunabhängige Informationen zum Elterhaus sowie Kurswahlinformationen und standardisierte Leistungstestdaten aus den Schulakten (Eccles/Lord/Midgley 1991). Ausgewertet wurden Daten aus der 10. Klasse sowie aus der postalischen/telefonischen Nachbefragung drei Jahre nach Beendigung der Schulausbildung. Von den N =1425 Schülern, die in der Klasse 10 untersucht wurden, liegen für N = 1032 Daten aus der Nachbefragung vor (72%). Der Stichprobenschwund ist negativ mit der Schulleistung und dem Bildungshintergrund der Eltern korreliert. Es handelt sich daher vermutlich um eine leicht positiv verzerrte Stichprobe (z.B. ohne „Dropouts").

Deutschland: Der Zwei-Kohorten-Längsschnitt „Bildungsverläufe und psychosoziale Entwicklung im Jugendalter (BIJU)" unter der Leitung von Jürgen Baumert[2] startete im Schuljahr 1991/92, als die Teilnehmer in der 7. bzw. 10. Klasse waren. Schwerpunkt der Studie war die kognitive und soziale Entwicklung im Klassen- und Schulkontext (Gruehn 2000; Köller 1998; Schnabel 1998). Weitere Datenerhebungen fanden am Ende der 10. Klasse, in der Oberstufe (bzw. Ausbildung) sowie erneut zwei bzw. drei Jahre nach Abschluss der Oberstufe statt. Für die Vergleichsanalyse werden Variablen aus der Datenerhebung in der Jahrgangsstufe 10 sowie der letzten Nachbefragung herangezogen. Da Bundesländerunterschiede nicht Gegenstand dieses Beitrages sind, wurden nur Daten eines der ursprünglich vier Bundesländer herangezogen, um den für die Fragestellung zentralen Effekt der Schulart nicht durch Bundesländerunterschiede zu reduzieren. Das ausgewählte Bundesland ist ein Flächenland, in dem neben den drei traditionellen Schularten auch die Gesamtschule als Regelschule ange-

1 University of Michigan, siehe www.rcgd.isr.umich.edu/msalt.

2 MPI für Bildungsforschung, siehe www.biju.mpg.de.

boten wird. Da die Gesamtschulstichprobe für eine separate Analyse zu klein ist, wurde diese Teilstichprobe von der Analyse ausgeschlossen.

Bezogen auf das Ausgangssample in Klasse 10 ($N = 2059$) liegen Daten über den weiteren Werdegang von $N = 989$ ehemaligen Schülern von. Bezogen auf die Variablen des Ausgangssample ist die Analysestichprobe positiv verzerrt. Insbesondere die Schulnoten und Testleistungen sind in der Analysestichprobe signifikant besser als in der Gruppe derjenigen, die in der letzten Welle nicht wieder erreicht werden konnten. Dies war schon deshalb zu erwarten, weil Klassenwiederholer nicht im Sample verbleiben. Der Effekt betrifft auch die Bildungsgänge: Der Sampleschwund war unter Gymnasiasten geringer als unter Haupt- und Realschülern. Die Stichprobe ist daher nicht selbstgewichtend repräsentativ für einen Jahrgang, weil Gymnasiasten deutlich überrepräsentiert sind. Da „Schulart“ aber zentrale Variable der Analyse ist, bilden die im folgenden berichteten schulartspezifischen Übergangsraten in eine akademische Ausbildung eine recht gute Schätzung, wie der Vergleich mit Referenzdaten aus der TIMSS Studie bestätigt (Schnabel/Schwippert 2000). Die Stichprobenschätzungen sind zudem hinreichend reliabel, weil Daten für annähernd 300 ehemalige Haupt- und Realschüler vorliegen.

Insgesamt sind beide Längsschnittstichproben bezüglich der Schulbiografien vermutlich positiv verzerrt. Die insgesamt günstigere Haltekraft in MSALT geht primär darauf zurück, dass alle Schüler bis zur letzten Jahrgansstufe im Klassenverband untersucht werden konnten und für die weitere Teilnahme deutlich stärkere finanzielle Anreize bestanden.

Tabelle 1: Stichprobenbeschreibung

	BIJU	MSALT
N	989	1032
Mittleres Alter in Klasse 10 (*SD*)	15,9 (.75)	15,4 (.88)
Mittleres Alter Nachbefragung (*SD*)	22,9 (.75)	21,4 (.88)
% weiblich	54,2	53,3
Stichprobenschwund	52%	28%
In Hochschulausbildung		
Ehem. Gymnasiasten	63%	
Ehem Realschüler	18%	
Ehem Hauptschüler	2%	
„college-track“ Mathematik (Englisch)		69,5 (55,9)
„vocational track“ Mathematik (Englisch)		42,5 (48,4)
college track in beiden Fächern		77,8
college track in keinem Fach		39,9

Man beachte, dass die verwendeten Erhebungswellen zwar nicht im gleichen Jahr erfolgten (die MSALT Studie ist 8 Jahre „älter"), aber die Jugendlichen bzw. jungen Erwachsenen zu beiden Zeitpunkten im Alter vergleichbar sind. Die deutsche Stichprobe ist in der Nachbefragung ca. 1 Jahr älter, weil die Datenerhebung vergleichsweise später erfolgte. Hierbei ist zu berücksichtigen, dass die amerikanischen Schüler ein Jahr früher die Schule beenden als deutsche Abiturienten (im Erhebungsjahr gab es im Untersuchungsland kein Abitur nach 12) und somit früher auf das College wechseln können.

4.2 Variablenauswahl

Auch wenn die beiden Studien sehr ähnliche psychologischen Konstrukte abdecken – nicht selten unter Verwendung nahezu wörtlich übersetzbarer Items –, sind beide Studien dennoch im wesentlichen unabhängig voneinander entwickelt worden und eine direkte Vergleichbarkeit besteht lediglich für einen begrenzten Satz von Variablen. Um nicht vollständig auf die im jeweiligen Datensatz vorhandenen Variablen zu verzichten, wurde ein zweistufiges Auswertungsverfahren gewählt: In den ersten drei Analyseschritten werden für beide Datensätze nur diejenigen Variablen einbezogen, für die entweder von direkter Äquivalenz ausgegangen werden kann (akademische Karriere, elterliche Bildung, relative Leistungsposition in Fachleistungstests) oder die Vergleichbarkeit Gegenstand der Forschungshypothese war (Schulart bzw. Kursniveau). In einem explorativen Schritt wurde in beiden Stichproben geprüft, ob zusätzlich vorhandene Variablen die Vorhersage der Bildungskarriere weiter erhöhen.

Hochschulbesuch: Auch wenn die Basiswahrscheinlichkeit für den Besuch eines vierjährigen Vollzeit-Colleges in den USA größer ist als die Universitäts- und Fachhochschulrate in der Bundesrepublik, so sind beide unter berufsbiografischen Gesichtspunkten dennoch weitgehend vergleichbar. In beiden Ländern nimmt die Wahrscheinlichkeit der Aufnahme einer Hochschulausbildung ca. fünf Jahre nach Abschluss der „high school" bzw. des Erwerbs der Hochschulreife rapide ab. Auch die Wahrscheinlichkeit einer Weiterqualifikation (Master/Promotion) ist in beiden Ländern ähnlich. Vergleichbar sind auch die durch die Höherqualifizierung erzielten Bildungsrenditen (Müller/Shavit 1998). Für beide Stichproben wurde dichotom (ja = 1, nein = 0) kodiert, ob sie sich zur Zeit in einem vierjährigen College-Ausbildungsgang befinden oder einen entsprechenden Abschluss bereits erworben haben (USA) bzw. an einer Universität oder Fachhochschule eingeschrieben sind bzw. einen Abschluss erworben haben (Deutschland).

Schulart/Kursniveau: Für die deutsche Stichprobe wurde die besuchte Schulform (drei Ausprägungen) als Block-dummy-Kodierung berücksichtigt. Zu Vergleichszwecken wurde auch die vereinfachte Kodierung „Gymnasium vs. andere Schularten" verwendet. Für die amerikanische Stichprobe wurde die genaue Kursbezeichnung für den in der 10. Klasse belegten Mathematik- und Englischkurs verwendet, um das interne „tracking" zu bestimmen. Insbesondere in Mathematik sind die Kurse in aller Regel (so auch in Michigan) im Anspruchsniveau als Sequenz gestaltet, woraus sich ergibt, dass ein Schüler spätestens in der Jahrgansstufe 10 „Algebra I" belegen muss, um die für eine erfolgreiche Collegebewerbung notwendigen „credits" zu haben. Für Englisch variieren die Kursbezeichnungen stärker, waren aber im Erhebungsjahr in allen Schulen zusätzlich als „college-prep" gekennzeichnet, wenn sie als college-Qualifikation anrechenbar waren. Auch wenn in der Originalstudie neben „college-bound" auch noch zwischen „general track" und „vocational" unterschieden wurde, wurden diese beiden Kategorien zum Zwecke der vereinheitlichten Analyse zu „non-college"-track zusammengefasst, weil explorative Datenanalysen ergeben haben, dass sich Schüler des „general track" in ihren Berufsverläufen nicht nachweislich von den „vocational track"-Schülern unterscheiden.

Elterlicher Bildungsabschluss: In beiden Stichproben wurden die Schulabschlüsse der Eltern entsprechend der jeweiligen Schulsysteme erhoben. Auch wenn Transformation beider Skalierungen auf eine gemeinsame gröbere Einteilung möglich wäre, wurden im Hinblick auf die bessere Interpretierbarkeit der Regressionskoeffizienten die Abschlüsse für beide Elternteile in der jeweiligen Stichprobe z-standardisiert. In beiden Stichproben lag für 10-20% der Fälle keine Information über den Abschluss eines Elternteils vor. Um Stichprobenausfälle zu vermeiden, wurde in diesen Fällen der Abschluss des anderen Elternteils als Näherungswert verwendet, weil die Werte sowohl in der amerikanischen wie der deutschen Stichprobe mit ca. 0,5 korreliert sind. Die Multikolinearität beider Variablen stieg durch dieses Vorgehen nur unwesentlich an (auf $r = 0{,}55$ in MSALT bzw. $r = 0{,}57$ in BIJU). Auf die Aufnahme weiterer Indikatoren der familiären Herkunft wurde für die vorliegenden Analysen verzichtet, weil Daten zum ausgeübten Beruf der Eltern nur für einen Teil der Stichprobe vorhanden sind und Maße für Berufsstatus und -prestige nur bedingt vergleichbar sind (siehe auch Schnabel/Alfeld-Liro/Eccles/Köller/Baumert 2002).

Leistungstests: In BIJU wurde in Klasse 10 eine Reihe curricular validierter Leistungstests eingesetzt, unter anderem in Mathematik und für eine Zufallsunterstichprobe in Englisch. In MSALT liegen für Mathematik und Englisch Testwerte des ebenfalls curricular ausgerichteten und für alle Schüler verbindlichen Tests des „Michigan Educational Assessment Programs" (MEAP) vor, den die Schüler allerdings bereits in der Klasse 8 absolviert haben. Für die Kernanalyse beider Datensätze wird lediglich der Testwert für Mathematik verwendet, weil in BIJU keine muttersprachlichen Testwerte vorliegen.

Noten: Für beide Stichproben wurde ein Notendurchschnitt errechnet, basierend auf 7 (BIJU) bzw. 5 Noten (MSALT). Die Noten wurden durch z-Standardisierung auf eine vergleichbare Metrik gebracht. Einschränkend sei allerdings darauf hingewiesen, dass in den USA Naturwissenschaften integriert unterrichtet werden und somit nur eine Note gegeben wird und die Fremdsprache(n) in den USA nicht als Hauptfächer angesehen werden.

Sonstige Variablen: In beiden Stichproben liegen gut vergleichbare Skalenwerte zum fachspezifischen „Fähigkeitsselbstbild“ in Mathematik und Englisch vor. Im ersten Analyseschritt wird nur das Fähigkeitsselbstbild für Mathematik einbezogen, weil Englisch als Muttersprache bzw. Fremdsprache nicht direkt vergleichbar ist. Für beide Stichproben wird „Geschlecht“ als Kontrollvariable mitberücksichtigt. In der exploratorischen Analyse für BIJU wurden „allgemeines Interesse an schulischen Inhalten“, „geschlechterstereotypes Denken“ sowie „Bildungsaspiration“ (Abitur angestrebt ja/nein) daraufhin geprüft, ob sie die Vorhersagegüte signifikant erhöhen. Für die MSALT-Stichprobe wurden „Selbstwertgefühl“, „Worry-Kognition“ sowie „depressive Stimmung“ als weitere Variablen geprüft.

5. Statistische Analyse

Die Datenanalyse erfolgte ausschließlich mittels logistischer Regression mit Hochschulbesuch als dichotome abhängige Variable. Die Reihenfolge der in die Regressionsgleichung aufgenommenen Prädiktorvariablen war für beide Stichproben vergleichbar. Zunächst wurde Schulart (Kursniveau) und Geschlecht aufgenommen (Modell 1), dann die beiden Variablen zum elterlichen Erziehungshintergrund (Modell 2). Abschließend die Fachleistungen (Noten, Tests) sowie das Fähigkeitsselbstbild (Modell 3). Im exploratorischen Schritt (Modell E) wurden ausgehend von Modell 3 die zusätzlich vorhandenen Variablen mit dem Verfahren „stepwise“ eingeführt. Die Prozedur sucht iterativ solche Variablen heraus, die eine Verbesserung in der Vorhersagegüte erbringen.

6. Ergebnisse

Tabelle 2 gibt die Befunde für das deutsche Sample wieder. Es werden nur die Koeffizienten für die Analyse wiedergegeben, in der Realschule und Hauptschule zusammengefasst sind, weil die getrennte Schätzung des „odds ratio“ (OR) für die Hauptschule zu unpräzise war. Lediglich 2 der 151 Hauptschüler befinden sich in einer akademischen Ausbildung, was einem OR von 75.5 entspricht. Auch wenn dies eine realistische Schätzung sein mag, so ist dieser Wert doch erheblich von Zufallsschwankungen abhängig. Würde in einer exakten Replikation der Studie nur eine Person mehr oder eine Person weniger aus dieser Gruppe in eine akademischen Ausbildung münden, so würde im ersten Fall ein OR von 150 resultieren, im zweiten Fall von 49.

Tabelle 2: Logistische Regression zum Übergang auf die Hochschule in Deutschland (BIJU)

Variablen	Modell 1			Modell 2		
	B	*p*	*OR*	*B*	*p*	*OR*
Schulart (Gymnasium)	2,44	0,000	11,5	1,99	0,000	7,36
Geschlecht (0 = weiblich)	,317	0,060	1,4	0,19	0,264	1,22
Bildungsabschluss Mutter				0,33	0,006	1,39
Bildungsabschluss Vater				0,49	0,000	1,64
Mathematiktest						
Durchschnittsnote						
Fähigkeitsbild Mathematik						
Stepwise aufgenommen:						
Bildungsaspiration						
% korrekte Zuordnung Basisrate = 55,4		69,9 (71,9)			72,3 (74,1)	
Nagelkerkes R-Quadrat (in %)		30,8 (30,7)			38,0 (38,5)	

Variablen	Modell 3			Modell E		
	B	*p*	*OR*	*B*	*p*	*OR*
Schulart (Gymnasium)	1,80	0,000	6,03	1,26	0,000	3,53
Geschlecht (0 = weiblich)	0,09	0,683	1,09	0,17	0,456	1,19
Bildungsabschluss Mutter	0,19	0,194	1,20	0,17	0,265	1,18
Bildungsabschluss Vater	0,54	0,000	1,72	0,57	0,000	1,77
Mathematiktest	0,17	0,000	1,63	0,33	0,005	1,39
Durchschnittsnote	0,49	0,275	1,18	0,18	0,248	1,20
Fähigkeitsbild Mathematik	0,20	0,087	1,22	0,24	0,043	1,28
Stepwise aufgenommen:						
Bildungsaspiration				1,01	0,000	2,73
% korrekte Zuordnung Basisrate = 55,4		75,2 (75,0)			75,8 (75,8)	
Nagelkerkes R-Quadrat (in %)		41,9 (40,8)			42,1 (41,9)	

Wie gering der Vorhersageverlust durch die Dichotomisierung der Variable ist (Gymnasium vs. Haupt-Realschule), lässt sich an den kaum unterschiedlichen Werten für die korrekten Klassifizierungen und Nagelkerkes R^2 ablesen, die für alle Modelle in Klammern angegeben sind.

Wie erwartet ist die Schulart in Deutschland ein extrem starker Prädiktor für die Wahrscheinlichkeit, fünf Jahre später eine Hochschulausbildung zu machen, wenn man sie als einzigen Prädiktor neben dem Geschlecht betrachtet (Modell 1). Die Chancen für einen Gymnasiasten in Klasse 10, fünf Jahre später eine Hochschule zu besuchen, sind ca. 11 mal so groß wie die Chancen für einen Schüler der Haupt- oder Realschule auf einen solchen Karriereweg. Dies entspricht einer einfachen punkt-biserialen Korrelation von 0,42. Das Geschlecht hat keine eigenständige prädiktive Kraft. Exploratorische Analysen legen zudem keine Wechselwirkungen mit dem Geschlecht nahe. Auch dann, wenn Fachleistungen, Noten und elterliche Bildung konstant gehalten werden (Modell 3), bleibt ein substantieller Beitrag für die Schulart erhalten. Das OR geht jedoch bei Aufnahme der elterlichen Bildungsabschlüsse merklich zurück, was darauf hinweist, dass der Schulartbesuch nicht unabhängig von der elterlichen Herkunft ist. Die punkt-biseriale Korrelation zwischen der dichotomisierten Schulartvariablen und elterlicher Bildung liegt bei $r = 0{,}30$ für die mütterliche und bei $r = 0{,}33$ für die väterliche Bildung. Die Aufnahme von Fachleistungstest und Notendurchschnitt reduziert den Schulformeffekt zwar noch einmal, kann aber den Eindruck nicht verändern, dass die Schulart der entscheidende Prädiktor bleibt. Dies dürfte nicht unerheblich damit zusammenhängen, dass lediglich ein Leistungstest einbezogen wurde und die Notenskala Leistungsunterschiede nicht über Schulformen hinweg abbildet. Interessant ist der Befund, dass der subjektiven Überzeugung, das Abitur zu machen, ein eigenständiger Erklärungswert auch bei Kontrolle der Noten zukommt. Bedeutsam auch, dass diese zusätzliche Variable den Effekt der Schulform deutlich reduziert.

Betrachtet man die Verhältnisse für die USA (siehe Tabelle 3), so fällt zunächst auf, dass das Kursniveau in der Tat ein guter Prädiktor für die spätere Bildungskarriere ist, auch wenn das kombinierte OR mit 5,32 nicht an die Bedeutung der Schulart in Deutschland mit einer OR von 11,5 heranreicht. Die punktbiseriale Korrelation zwischen Kursniveau in Mathematik und Hochschulbesuch liegt bei 0,26; kombiniert man die Kursniveaus für Mathematik und Englisch, so liegt die Korrelation bei 0,3. Auch für die USA finden sich keine relevanten Geschlechtereffekte oder komplexere Interaktionen. Ähnlich wie im deutschen Sample geht das OR zurück, sobald der elterliche Bildungsabschluss mitberücksichtigt wird. Die Korrelation zwischen Hochschulbesuch und elterlicher Bildung ist nahezu mit derjenigen in Deutschland identisch (Bildung Mutter: 0,29; Bildung Vater 0,34).

Tabelle 3: Logistische Regression zum Übergang auf die Hochschule in den USA (MSALT)

Variablen	Modell 1			Modell 2		
	B	*p*	*OR*	*B*	*p*	*OR*
College Track Mathematik	1,18	0,000	3,26*	0,99	0,000	2,70
College Track Englisch	0,38	0,006	1,48	0,39	0,010	1,48
Geschlecht (0 = weiblich)	-0,20	0,144	0,70	-0,28	0,060	0,75
Bildungsabschluss Mutter					0,002	1,30
Bildungsabschluss Vater					0,000	1,80
Mathematiktest						
Durchschnittsnote						
Fähigkeitsbild Mathematik						
Stepwise aufgenommen:						
Selbstwertgefühl						
% korrekte Zuordnung Basisrate = 52,2		61,5			68,9	
Nagelkerkes R-Quadrat (in %)		10,3			26,2	
Variablen	**Modell 3**			**Modell E**		
	B	*p*	*OR*	*B*	*p*	*OR*
College Track Mathematik	0,36	0,056	1,44	0,40	0,041	1,50
College Track Englisch	0,45	0,012	1,57	0,46	0,014	1,58
Geschlecht (0 = weiblich)	0,21	0,242	1,23	0,29	0,221	1,26
Bildungsabschluss Mutter	0,12	0,247	1,12	0,10	0,324	1,11
Bildungsabschluss Vater	0,61	0,000	1,84	0,60	0,000	1,82
Mathematiktest	0,10	0,377	1,07	0,56	0,562	1,07
Durchschnittsnote	1,19	0,000	3,31	1,20	0,000	3,31
Fähigkeitsbild Mathematik	-,011	0,233	1,09	0,88	0,197	0,88
Stepwise aufgenommen:						
Selbstwertgefühl				1,25	0,020	1,25
% korrekte Zuordnung Basisrate = 55,4		75,1			74,8	
Nagelkerkes R-Quadrat (in %)		39,8			42,1	

* Kombiniert man beide Track-Variablen, so ergibt sich ein OR von 5,32 für den Vergleich derjenigen, die in beiden Fächern „college track" sind, verglichen mit denjenigen, die in keinem der beiden Fächer „college bound" sind.

Nimmt man die elterliche Bildung in die Vorhersagegleichung auf, so verringert sich der Abstand in der Vorhersagegüte (% korrekte Zuordnung) zum deutschen

Schulsystem deutlich. Werden zusätzlich noch die Leistungsindikatoren berücksichtigt, verschwinden die Unterschiede in der Vorhersagegüte zwischen den zwei Stichproben völlig.

Für beide Samples gilt folglich, dass man den Hochschulbesuch recht gut vorhersagen kann, wenn man die Schulart bzw. das Kursniveau in Klasse 10, die elterliche Bildung sowie die Testleistungen/Noten kennt. Die Aufnahme weiterer signifikanter Variablen verbessert die Vorhersage in beiden Studien nicht wesentlich, sondern verändert lediglich die Regressionsgewichte.

7. Diskussion

Ziel der präsentierten Analysen war es, die These zu prüfen, ob die Binnendifferenzierung in den USA. nicht ähnlich erklärungsmächtig für den weiteren Karriereverlauf ist wie die Schulart in Deutschland. Auf den ersten Blick wird man diese These verwerfen müssen, weil sich aus dem Besuch des Gymnasiums eine deutlich höhere Wahrscheinlichkeit eines späteren Hochschulbesuchs ergibt als aus der Kombination der beiden zentralen Kurse in der amerikanischen high school. Der Verbesserung der Vorhersage um rund 15% über der Basisrate in Deutschland steht eine Verbesserung von 9% in den USA gegenüber.

Allerdings wäre die Schlussfolgerung voreilig, dass das amerikanische Schulwesen größere Chancengleichheit gewährt. Skeptisch macht bereits der Umstand, dass der Zusammenhang zwischen den Bildungsabschlüssen der Eltern und dem Übergang auf die Hochschule in beiden Studien sehr ähnlich bei rund $r = 0{,}30$ liegt. Berücksichtigt man die elterliche Bildung und Schulleistungen, so reicht die Prognosegüte in den USA an die für Deutschland heran. Vergleicht man die OR für die einzelnen Vorhersagevariablen, so fällt auf, dass der Bildungsabschluss des Vaters in den USA neben der Durchschnittsnote als einziger weiterer Prädiktor gewichtiger ist als in Deutschland. Dies ist insofern überraschend, als Schnabel et al. (2002) basierend auf den gleichen Studien gezeigt haben, dass die Korrelation zwischen Testleistung und Bildungsabschluss der Eltern in Deutschland im Verlauf der Mittelstufe deutlich ansteigt, während die Korrelation in den USA in etwa konstant bleibt. Dies verweist möglicherweise darauf, dass der Entscheidung für den Übergang auf eine Hochschule in den USA ein etwas anderes Kalkül zugrunde liegt als in Deutschland. Wir haben an anderer Stelle gezeigt, basierend auf Studentenbefragungen in MSALT und BIJU, dass Studienaufnahme, -verzögerung und -abbruch in den USA deutlich stärker von finanziellen Gesichtspunkten dominiert werden (Cortina/Baumert 2004). Eine genauere Prüfung dieser Hypothese setzt Information über die finanzielle

Situation der Herkunftsfamilien in beiden Studien voraus, die leider nicht zur Verfügung stehen.

Es ist nicht überraschend, dass im amerikanischen Kurswahlsystem ein engerer Bezug zwischen Noten und dem Kursniveau besteht, weil (in Michigan) Testergebnisse die Noten in den (regelmäßig getesteten) Kernfächern stark beeinflussen und somit auch über Kursstufen hinweg begrenzt vergleichbar bleiben. Da in Deutschland Noten nicht über Schularten vergleichbar sind, reflektiert das starke Vorhersagegewicht für die Testleistung Mathematik die tatsächlichen Leistungsniveauunterschiede in diesem Fach zwischen Gymnasium einerseits und der Haupt- und Realschule andererseits. Es ist plausibel anzunehmen, dass das OR für die Schulart weiter reduziert würde, wenn zusätzliche Testdaten einbezogen werden. Diese liegen für BIJU (nicht jedoch für MSALT) vor und es zeigt sich, dass das OR für Schulart auf 3.9 zurückgeht, wenn Testleistungen für Physik und Biologie in die Gleichung aufgenommen werden. In beiden Gesellschaften bilden Kursniveaus/Schularten folglich deutliche Leistungsunterschiede ab.

Für das amerikanische System legt dies zunächst eine stärkere meritokratische Komponente nahe, weil die weichenstellende Kursaufteilung an keiner der untersuchten Schulen vor der Jahrgangsstufe 8 erfolgt. Dies wird auch dadurch unterstrichen, dass die punkt-biseriale Korrelation zwischen Durchschnittsnote in Klasse 10 und der Aufnahme eines Studiums in den USA bei $r = 0{,}50$ liegt und damit sogar die Korrelation in Deutschland zwischen besuchter Schulart und Hochschulübergang übersteigt ($r = 0{,}42$). Bei genauerer Betrachtung wird deutlich, dass es nicht ohne weiteres möglich ist, die Bedeutung des meritokratischen Prinzips zu vergleichen. Denn für das deutsche gegliederte Schulwesen muss berücksichtigt werden, dass die Kausalrichtung zwischen Schulart und Schulleistung auch in umgekehrter Richtung zu verstehen ist. Wie Köller et al. (1999) und Schnabel et al. (2002) anhand des BIJU-Datensatzes zeigen, werden die Leistungsunterschiede zwischen den Schulformen im Verlauf der Mittelstufe größer und zwar auch dann, wenn man die Leistungen in Klasse 7 konstant hält. Man ist nicht nur auf dem Gymnasium, weil man gut ist, sondern man ist auch gut, weil man auf dem Gymnasium ist. Die Korrelation zwischen Schulform und Testleistungen nimmt zu und liegt im hier verwendeten Datensatz in Klasse 10 bei $r = 0{,}55$. Eine ähnliche sich-selbst-erfüllende Dynamik kann sich in den USA erst ab Klasse 9 entwickeln. Es ist eine präzisere Definition des meritokratischen Prinzips notwendig, um aus internationalen Vergleichen Schlussfolgerungen zu ziehen. Denn man kann für die USA logisch das Argument nicht völlig entkräften, dass eine vergleichsweise lange undifferenzierte Beschulung Opportunitätskosten für leistungsstarke Schüler birgt.

Die integrative Betrachtung zweier Längsschnittstudien, die von ihrer Anlage nicht auf einen internationalen Vergleich angelegt waren, macht es notwendig, zum Abschluss deutlich auf die Schwächen der Studie und die Begrenzung der Generalisierbarkeit hinzuweisen. Um die Validität der Analyse zu gewährleisten, wurden nur solche Variablen berücksichtigt, die über die Studien formal vergleichbar waren. Dies kann für einige Variablen besser (elterliche Bildung) als für andere (Noten) erreicht werden, sodass die Ermessensspielräume in der Beurteilung simultaner Analysen erheblich sind. Eine weitere Begrenzung ergibt sich aus dem Umstand, dass wir auf die Verwendung von Gewichten verzichtet haben und somit die Generalisierbarkeit auf die Gesamtpopulationen nicht unproblematisch ist. Dies ist z.B. daran ersichtlich, dass die Basisraten für den Übergang auf die Hochschulen in beiden Stichproben bei rund 50% liegen. Während dies für die USA eine recht gute Approximation darstellt, ist dieser Anteil in Deutschland deutlich zu hoch, weil Gymnasiasten in BIJU im Ausgangssampling mit Absicht überrepräsentiert wurden. Auf die Analyse von Zusammenhängen hat dies aber keinen Einfluss, weil die Gewichtungsvariable (Gymnasium) Teil der Analyse war. Die Generalisierbarkeit ist aber weiterhin dadurch begrenzt, dass nur ein Bundesland berücksichtigt wurde und zudem die Gesamtschüler ausgeschlossen wurden. Deren getrennter Vergleich mit den USA wäre interessant gewesen, ließ sich aber aufgrund zu kleiner Stichproben nicht realisieren.

Für die USA muss einschränkend darauf hingewiesen werden, dass die Ausgangserhebung rund 20 Jahre zurückliegt und sich die Situation für heutige Schülergenerationen anders darstellen. Bezüglich der Bedeutung der Herkunftsfamilie auf die Bildungs- und Berufsbiografien gibt es allerdings keine stichhaltigen Belege, dass sich die Situation gravierend verändert hätte.

Mit diesen Einschränkungen lässt sich zusammenfassend festhalten, dass in beiden Gesellschaften drei Elemente einen Hochschulbesuch wahrscheinlicher machen: gute Schulleistungen, überdurchschnittliche Schulbildung der Eltern sowie Besuch des Gymnasiums bzw. „academic tracks". Es ist überraschend, dass die Vorhersagegüte mit diesen drei Elementen in den USA fast mit der für das deutsche Sample übereinstimmt. Überraschend auch, dass der Einfluss des elterlichen Bildungshintergrunds in etwa gleich ist. Eine Abgrenzung der Bedeutsamkeit von Schulleistungen und Schulart/„track" ist nur schwer möglich, sodass eine vergleichende Bewertung beider Differenzierungssysteme nicht unproblematisch bleibt, auch wenn die Schulart in Deutschland als Prädiktor die Vorhersage des Hochschulbesuchs dominiert, dem ein starkes Gewicht der Schulleistungen in den USA gegenübersteht.

Literatur

Artelt, C./Demmrich, A./Baumert, J. (2001): Selbstreguliertes Lernen. In: D. P. Konsortium (Hrsg.): Pisa 2000. Basiskompetenzen von Schülerinnen und Schülern im internationalen Vergleich. Opladen: Leske + Budrich, 271-298.

Cortina, K. S./Baumert, J. (2004): „Strukturelle Vernachlässigung" – ein deutsches Phänomen? Gründe für Studienverzögerung und -abbruch in Deutschland und den USA im empirischen Vergleich. In: Gruehn, S./Kluchard, G./Koinzer, T. (Hrsg.): Was Schule macht. Weinheim: Beltz, 171-182.

Ditton, H. (1992): Ungleichheit und Mobilität durch Bildung: Theorie und empirische Untersuchung über sozialräumliche Aspekte von Bildungsentscheidungen. Weinheim: Juventa.

Eccles, J./Lord, S./Midgley, C. (1991): What are we doing to early adolescents? The impact of educational contexts on early adolescents. In:American Journal of Education, 99, 521-542.

Eccles, J. S./Wigfield, A. (1995): In the mind of the actor: The structure of adolescents' achievement task values and expectancy related beliefs. In: Personality and Social Psychology Bulletin, 21 (3), 215-225.

Gruehn, S. (2000): Unterricht und schulisches Lernen: Schüler als Quelle der Unterrichtsbeschreibung. Münster: Waxmann.

Hamilton, S. F. (1990): Apprenticesship for adulthood. Preparing youth for the future. New York: Free Press.

Hamilton, S. F./Lempert, W. (1996): The impact of apprenticeship on youth: A prospective analysis. In: Journal of Research on Adolescence, 6 (4), 427-455.

Hammer, T. (1996): Consequences of unemployment in the transition from youth to adulthood in a life course perspective. In: Youth and Society, 27 (4), 450-468.

Heckhausen, H. (1974): Leistung und Chancengleichheit. Göttingen: Hogrefe.

Kirby, D. (1997): No easy answers: Research findings on programs to reduce teen pregnancy. Washington, DC: National Campaign to Prevent Teen Pregnancy.

Köller, O. (1998): Zielorientierungen und schulisches Lernen. Münster: Waxmann.

Köller, O., Baumert, J., Schnabel, K. . (1999). Wege zur Hochschulreife: Offenheit des Systems und Sicherung vergleichbarer Standards. In: Zeitschrift für Erziehungswissenschaft, 2 (3), 385-422.

Köller, O. (2003). Gesamtschule – Erweiterung statt Alternative. In: Cortina, K. S./Baumert, J./Leschinsky, A./Mayer, K. U./Trommer, L. (Hrsg.): Das Bildungswesen der Bundesrepublik Deutschland. Strukturen und Entwicklungen im Überblick. Reinbek: Rowohlt, 458-486.

Maughan, B./Champion, L. (1990): Risk and protective factors in the transition to young adulthood. In: Baltes, P. B. (Ed.): Successful aging: Perspectives from the behavioral sciences. New York: Cambridge University Press.

Moffitt, T. E. (1993): Adolescence-limited and life-course-persistent antisocial behavior: A developmental taxonomy. In: Psychological Review, 100 (4), 674-701.

Müller, W./Shavit, Y. (1998): The institutional embeddedness of the stratification process. A comparative study of qualifications and destinations in thirteen countries. In:

Shavit, Y./Müller, W. (Eds.): From school to work: A comparative study of educational qualifications and occupational destinations. Oxford: Clarendon Press, 1-48.

Oakes, J. (1985): Keeping track: How schools structure inequality. New Haven: Yale University Press.

Oakes, J. (1994): More than misapplied technology: A normative and political response to hallinan on tracking. In: Sociology of Education, 67 (2), 84-89.

Oelkers, J. (2006): Gesamtschule in Deutschland. Weinheim: Beltz.

Petersen, A. C./Leffert, N./Hurrelmann, K. (1993): Adolescence and schooling in Germany and the United States: A comparison of peer socialization to adulthood. In: Teachers College Record, 94, 611-628.

Rosenbaum, J. E. (1976): Making inequality: The hidden curriculum of high school tracking. New York: Wiley.

Schnabel, K./Alfeld-Liro, C./Eccles, J./Köller, O./Baumert, J. (2002): Parental influence on students' educational choices in the U.S.A. and germany: Different ramifications – same effect? In: Journal of Vocational Behavior, 60 (2), 178-198.

Schnabel, K. U. (1998): Prüfungsangst und Lernen: Empirische Analysen zum Einfluss fachspezifischer Leistungsängstlichkeit auf schulischen Lernfortschritt. Münster: Waxmann.

Schnabel, K. U./Schwippert, K. (2000): Schichtenspezifische Einflüsse am Übergang auf die Sekundarstufe II. In: Baumert, J./Bos, W./Lehmann, R. (Hrsg.): Timss/III. Dritte Mathematik- und Naturwissenschaftsstudie. Mathematische und naturwissenschaftliche Bildung am Ende der Schullaufbahn, Band I. Opladen: Leske + Budrich, 261-281.

Schulenberg, J./Maggs, J. L. (2001): Moving targets: Modeling developmental trajectories of adolescent alcohol misuse, individual and peer risk factors and intervention effects. In: Applied Developmental Science, 5 (4), 237-253.

Silbereisen, R. K./Boehnke, K./Crockett, L. (1991): Zum Einfluss von Schulmilieu und elterlicher Erziehungshaltung auf Rauchen und Trinken im mittleren Jugendalter. In: Pekrun, R./Fend, H. (Hrsg.): Schule und Persönlichkeitsentwicklung: Ein Resümee der Längsschnittforschung. Stuttgart: Enke.

Silbereisen, R. K./Noack, P./Schönpflug, U. (1994): Comparative analyses of beliefs, leisure contexts, and substance use in West Berlin and Warsaw. In: Silbereisen, R./Todt, E. (Eds.): Adolescence in context: The interplay of family, school, peers, and work in adjustment. New York: Springer, 176-198.

Singh, S./Darroch, J. E. (2000): Adolescent pregnancy and childbearing: Levels and trends in developed countries. In: Family Planning Perspectives, 32, 14-21.

Selbstständig lernen – Bildung stärkt Zivilgesellschaft

Sechs Empfehlungen der Bildungskommission der Heinrich-Böll-Stiftung

Independent Learning – Education as Empowerment for Civil Society

Six Recommendations of the Education Commission at the Heinrich-Böll-Foundation

Sybille Volkholz

Zusammenfassung: Der Reformbedarf des deutschen Bildungssystems ist nicht erst seit dem PISA-Schock erkannt worden. Gemessen an den Anforderungen an eine Modernisierung ist die tatsächliche Entwicklung eher bescheiden. Die starke Koppelung von sozialer Herkunft und Schulerfolg in Deutschland bedarf einer besonderen Erklärung, da das Leitmotiv der Chancengleichheit offensichtlich wenig bewirkt hat. Vor allem bedarf es aber neuer Konzepte, um hier Korrekturen vorzunehmen. Die bildungspolitische Debatte in Deutschland hat sich jahrzehntelang darauf beschränkt, Pole zu fixieren und nicht darauf, pragmatische Lösungen zu finden. Hier für den gehörigen Pragmatismus zu sorgen und Lösungen zu finden, die nicht den gängigen Polen zugeordnet werden können, hat sich die Bildungskommission zur Aufgabe gemacht und sechs Empfehlungen erarbeitet, die in diesem Beitrag vorgestellt werden.

Abstract: The need to reform the German educational system has been recognized long before the Pisa-fright. However, relative to the specified expectation towards a modernization of the educational system, the actual developments that have taken place are rather insufficient. The stable and strong association of students' social economic situation and their school-success indicates that the goal to execute equitable treatment has not been accomplished. The need to develop new concepts to transform ideas into actual changes within the system becomes more and more apparent but the educational debate has merely focused on the identification of markers indicating needs of modernization rather then investing in developing pragmatic solutions. To foster the necessary pragmatism und to find the needed solution was the goal of the educational commission which surface in six recommendations discussed in this chapter.

1. Über die Kategorie der Verantwortung als zentraler Kategorie der Empfehlungen

Die Heinrich-Böll-Stiftung hat Anfang 2000 eine Bildungskommission ins Leben gerufen. Ihr Auftrag war, als Expertengruppe von Bildungsinsidern (Praktikern und Wissenschaftern) sowie externen Sachverständigen herauszufinden, wie Reformbewegungen in deutschen Bildungsinstitutionen befördert werden könnten. Diese Bildungskommission hat auch nach Erklärungen dafür gesucht, warum die Diskrepanz zwischen dem proklamierten Reformbedarf von Bildungseinrichtungen und der tatsächlichen Bewegung so groß ist.

In den Jahren 2000 bis 2004 hat die Bildungskommission der Heinrich-Böll-Stiftung sechs Empfehlungen zur Reform des Bildungs- vor allem des Schulwesens erarbeitet.[1] Alle Empfehlungen sind in den Kontext der Entwicklung von der Industrie- zur Wissensgesellschaft und der Stärkung zivilgesellschaftlicher Strukturen gestellt. Leitvorstellung sind Individuen, die sich durch Bildung und Wissen zum Handeln befähigen und die die Verantwortung für sich und ihr eigenes Handeln als auch für die Gestaltung ihres gesellschaftlichen Umfeldes übernehmen.

Die Entwicklung zur Wissensgesellschaft erhöht die Bedeutung von Bildung für die Teilhabechancen der Einzelnen. Bildung wird nicht mehr als eine auf die Jugendphase konzentrierte Veranstaltung konzipiert werden können, sondern als ein das ganze Leben begleitender Prozess. Konzeptioneller Ausgangspunkt sind folglich nicht mehr in erster Linie die Institutionen, sondern die Individualität und die Heterogenität der Lernenden. Für die Lernenden bedeutet dies ein hohes Maß an Verantwortung für die eigene Bildungsbiografie, auf Seiten der Bildungseinrichtungen muss hingegen die Orientierung an den Lernenden und deren Lernprozessen in den Mittelpunkt rücken. Dafür brauchen sie größere Kompetenzen für die pädagogische Gestaltung ihrer Arbeit, für die Organisation spezieller Lernarrangements, eigener Curricula und die Gestaltung von Kooperationen mit dem gesellschaftlichen Umfeld. Schulen brauchen dafür eindeutige Rechte und klare Verantwortlichkeiten.

> „Wenn Menschen als Lernende ihre eigene Bildungsbiografie gestalten, für den eigenen Bildungsprozess Verantwortung übernehmen sollen, muss vor allem in der frühen Bildungsphase hierfür die motivationale Grundlage gelegt und ein positives Verhältnis zum eigenen Lern- und Bildungsprozess geschaffen werden. Diese Funktion der Bildungseinrichtungen erfordert ein verändertes Verhältnis zwischen den Lernenden und ihren Bildungseinrichtungen, vor allem in den Schulen. Lernende müssen in den Mittelpunkt gerückt, die Rolle der Lehrenden als UnterstützerInnen sowie die Rolle der Eltern im schulischen Bildungsprozess muss neu bestimmt werden.

---

1 Die Empfehlungen befassen sich im Einzelnen mit den folgenden Themenstellungen: „Bildungsfinanzierung in der Wissensgesellschaft", „Chancengleichheit oder Umgang mit Gleichheit und Differenz", „Autonomie von Schulen in der Wissensgesellschaft – Verantwortung in der Zivilgesellschaft", „Professionalität und Ethos – für eine grundlegende Reform des Lehrberufs", „Lernkonzepte für eine zukunftsfähige Schule – von Schlüsselkompetenzen zum Curriculum" und als letzte „Schule und Migration". Veröffentlicht in: Heinrich-Böll-Stiftung und Bildungskommission der Heinrich-Böll-Stiftung (2004).

Die Veränderung der zeitlichen Struktur von Bildung zugunsten lebensbegleitender Prozesse erfordert auch eine Veränderung der Bildungsinhalte selber und ihrer Auswahlkriterien. Bildung wird nicht mehr ausschließlich als vorbereitende, vorberufliche oder vorakademische Phase betrachtet, sondern sie muss in der jeweiligen Gegenwart als sinnstiftend erlebt werden. Auswahl und Legitimation der Curricula muss sich auch aus ihrer Funktion für das jeweils gegenwärtige Leben der Lernenden begründen. Bildungseinrichtungen, die in höherem Maße für die Zukunft wie auch für die Gegenwart befähigen sollen, müssen offen sein, Entwicklungen aus anderen gesellschaftlichen Systemen, aus den Lebenswelten von Jugendlichen aufzunehmen. Die bisherige Form der Curriculumentwicklung, die weitgehend nach Schulfächern und wissenschaftlichen Disziplinen systematisiertes Wissen vorsieht, muss sich für aktuelle Problemstellungen öffnen. Die curriculare Gestaltung muss deshalb in größerem Ausmaß die regionalen, kulturellen, wirtschaftlichen, natürlichen, sozialen Gegebenheiten einbeziehen und entsprechende Schwerpunkte setzen; dafür müssen Netzwerke zwischen Schulen und dem Umfeld geschaffen werden. Neue Formen der Kooperation zwischen Bildungseinrichtungen und Einrichtungen anderer gesellschaftlicher Realitäten müssen entwickelt werden. Die Kompetenzen, die in den Bildungseinrichtungen erworben werden, müssen auch aus einem stärkeren Bezug zu den verschiedenen Lebenswelten entwickelt werden. Das soll Bildungseinrichtungen keineswegs einem kurzschlüssigen Nützlichkeitsdenken unterwerfen. Doch Bildungseinrichtungen sind noch in einem zu hohen Maße selbstreferentiell, ein Zustand, den es zu durchbrechen gilt. Bildungseinrichtungen sind Orte der Reflexion, wo in Distanz nachgedacht und Neues entwickelt werden kann. Damit sind sie auch Schonraum. Gleichwohl muss stets im Wechsel mit vorbereitenden und reflektierenden Phasen der Ernstfall geprobt und reale Verantwortung übernommen werden“ (aus „Autonomie von Schulen in der Wissensgesellschaft“, Heinrich-Böll-Stiftung 2004, 78f.).

Stärkung der Zivilgesellschaft bedeutet auch ein neues Verhältnis von Staat und den gesellschaftlichen Institutionen und hier vor allem den Bildungsinstitutionen, besonders den Schulen.

Die Verantwortlichkeit aller Akteure für ihre Bildungseinrichtungen und die Partizipation an ihrer Gestaltung ist deshalb von besonderer Bedeutung, weil die Personen sowohl Subjekte als auch Objekte der Bildungseinrichtungen sind und der Zweck der Institution ihre Nutzer als Personen unmittelbar berührt. Die in Deutschland bisher gewohnte starke staatliche Außensteuerung der Bildungseinrichtungen hat zu Passivität und einer unrealistischen Anspruchshaltung der Akteure an jeweils Dritte geführt. Die Reformempfehlungen der Bildungskommission suchen die Spannung zwischen zunehmender Individualisierung der Gesellschaft und gesellschaftlicher Kohäsion durch eine Konzeption von Autonomie der Bildungseinrichtungen als Verpflichtung zur Verantwortung und Verpflichtung auf den menschenrechtlichen Anspruch auf individuelle Entfaltung aller Schüler und Schülerinnen aufzulösen. Zunehmende Individualisierung wird in den Empfehlungen auch gekoppelt an die Verantwortung der Individuen für den Zusammenhalt der Gesellschaft. Eine zunehmende Individualisierung von Lernprozessen und Lerngelegenheiten muss einhergehen mit einer Konstruktion von Schulen und Bildungseinrichtungen, die gleichzeitig Gelegenheit zur Übernahme von Verantwortung durch alle beteiligten Akteure bieten und dies auch fordern. Bildungseinrichtungen müssen daher Orte demokratischer Erziehung und der Erfahrung menschenrechtlicher Werte sein.

Die Kategorie der Verantwortung und ihrer neuen Verteilung zwischen Individuen, Gesellschaft und Staat ist zentral für alle Empfehlungen. Wie gelingt es, die Verantwortlichkeit zwischen Individuen, gesellschaftlichen Institutionen und Gruppen sowie dem Staat neu zu verteilen?

Ralf Dahrendorf hat in seinem Buch „Bildung ist Bürgerrecht" schon 1965 angemerkt, dass ein Hauptproblem der Schulen darin besteht, dass sie die Verantwortung für schlechte Schülerleistungen nicht übernehmen. Merkwürdigerweise ist diese Frage in der Schulreform der 1970er Jahre nicht mehr gestellt worden. Erst die letzte IGLU E-Studie (Bos et al. 2004) hat sie wieder aufgegriffen: Wer fühlt sich für gute Leistungen und wer für das Versagen von Schülern verantwortlich? In keinem Bundesland haben mehr als 10% der Lehrerinnen und Lehrer sich für das Schulversagen verantwortlich gefühlt. (Die Zuständigkeit für gute Schülerleistungen scheint weniger problematisch.) In der PISA-II-Studie ist die Frage der Übernahme der Verantwortung durch Lehrkräfte, ihr professionelles Ethos in einem eigenen Kapitel behandelt worden (PISA-Konsortium 2004). Vieles weist darauf hin, dass auch im internationalen Vergleich die Systeme deutlich besser abschneiden, indem die Zurechnungen von Aufgaben klar, die Bereitschaft, für die eigenen Aufgaben auch die Verantwortung zu übernehmen, ausgeprägter sind. So spielt z.B. in Kanada der Begriff der „accountability" auf allen Ebenen eine sehr große Rolle, ebenso, wie in Finnland die hohe Wertschätzung der Schulen damit zusammenhängt, dass diese für ihre Ergebnisse die Verantwortung übernehmen und Rechenschaft ablegen.

Die Defizite der Strukturen von Verantwortungsübernahme kennzeichnen auch weitgehend die bildungspolitische Debatte in Deutschland. Vorschläge und Forderungen beziehen sich fast immer darauf, was jeweils andere zu tun haben. Die Kommunikationsform, dass die eigene Rolle im Reformprozess pro-aktiv bestimmt wird, ist selten anzutreffen. Dies Syndrom ist ein ganz wesentlicher Hemmschuh für eine reale Bewegung von Reformen.

Hier zu einem Diskurs zu kommen, der pragmatisch die jeweils eigene Aufgabe ins Blickfeld rückt, nicht allgemein gültige Lösungen, sondern neue Wege zwischen den Polen vorzuschlagen, für viele Ebenen Aktionsmöglichkeiten zu skizzieren, war das Ziel der Bildungskommission.

2. Verantwortung als Leitidee der sechs Empfehlungen

Die Kategorie der Verantwortung und ihrer neuen Verteilung zwischen Individuen, Gesellschaft und Staat ist zentral für alle Empfehlungen, besonderes Thema aber der dritten. Wie gelingt es, die Verantwortlichkeit zwischen Individuen, gesellschaftlichen Institutionen und Gruppen sowie dem Staat neu zu verteilen?

Autonomie von Schulen in der Wissensgesellschaft – Verantwortung in der Zivilgesellschaft (3. Empfehlung)

Die bisherige Interpretation des Artikels 7 des Grundgesetzes und die herkömmliche Zuschreibung der Gestaltungsmacht für die Schule an den Staat haben geradezu zu einer Entfremdung gegenüber dem eigenen Bildungsprozess geführt. Der Staat reklamiert für sich das Recht, die Schulen nicht nur zu beaufsichtigen, sondern auch zu gestalten. Entsprechend hoch ist mittlerweile die Erwartungshaltung an den Beitrag des Staates zu gelingenden Lernprozessen. Pädagogische Prozesse sind Prozesse zwischen Personen und ihr Gelingen hängt in hohem Maße von deren Gestaltung ab. Eine Zuschreibung an Dritte kann leicht zur organisierten Verantwortungslosigkeit im System werden, und wird dann begleitet von einer großen Bereitschaft, die Schuld für misslingende Prozesse zu externalisieren. Dies aber ist dem Bildungsprozess der Individuen abträglich und fördert keineswegs die aktive Verantwortlichkeit für die eigene Aufgabe. Zudem verhindert sie ein Selbstverständnis, Part eines gesellschaftlichen Prozesses zu sein, und das heißt auch, aktive demokratische Teilhaberschaft zu praktizieren.

Ziel einer neuen Verteilung von Verantwortung ist die Neuorganisation der staatlichen Steuerung gegenüber Schulen mit dem Ziel, dass die Lernenden in möglichst hohem Maße selbstbestimmt lernen können, dadurch die Qualität der Einrichtung und die Leistungsstandards angehoben werden und die Verantwortung für Organisation und Gestaltung bei den Akteuren vor Ort liegt. Im Mittelpunkt steht die Transparenz und Rechenschaftslegung der Schulen und der schulischen Arbeit sowie die Vergleichbarkeit von Ergebnissen: Wieweit stellen sich Schulen und die dort tätigen Pädagogen dem Vergleich? Gesellschaftliches Vertrauen stellt sich nicht von selbst her. Es müssen Instrumente gefunden werden, die Rechenschaft geben und Transparenz schaffen. Dafür werden Zielvereinbarungen und Bildungsverträge als neue Instrumente der Kommunikation sowohl für eine Neukonstruktion der Schulaufsicht wie auch im Verhältnis von Lehrpersonen, Eltern und Schülern vorgeschlagen.

> „Schule, die für ihre Qualität und Weiterentwicklung selbst verantwortlich sein will und soll, benötigt eine grundlegende Erneuerung des Systems staatlicher Schulaufsicht und Schulverwaltung.
> Die Gestaltung der Aufsicht des Staates über die Bildungseinrichtungen muss geeignet sein, den Selbstgestaltungswillen der Einrichtungen zu stärken und die Qualitätsentwicklung und -sicherung anzuregen. Dafür braucht es Verfahren, die statt der bisherigen Inputsteuerung Zielvereinbarungen und Ergebniskontrollen vorsehen. Dazu müssen der Dialog und die Kooperation der Akteure in den Schulen im Blick auf das Ziel besserer Ergebnisse entwickelt werden.
> Auf der anderen Seite muss genauer bestimmt werden, welche Funktionen auch in neuer Rolle dem Staat zufallen, welche Rahmenbedingungen er setzen muss und wofür er Garant zu sein hat" (Heinrich-Böll-Stiftung 2004, 82).

Die Vorgaben des Staates sollen sich beschränken auf die Rahmenbedingungen, die Festlegung von Bildungsinhalten, soweit sie Kernkompetenzen betreffen, die Schulstruktur, die Qualifikation des pädagogischen Personals, Berechtigungen und Anerkennungen, Festlegung eines Rechts auf Unterricht statt der Schulpflicht sowie eines Systems der Bildungsberatung.

Die Bildungskommission schlägt für die Steuerung des Schulsystems eine radikale Umkehr des bisherigen Systems der Schulaufsicht vor:

> „Nicht die Inputs von oben, die Durch- und Eingriffe bestimmen die Arbeit von Schulaufsicht und Schulverwaltung, sondern die Schule hat die Gestaltungshoheit und berichtet über ihre Ergebnisse, anhand derer sie sich beurteilt und von dafür beauftragten Agenturen bewertet wird.
> Das bisherige System der Schulaufsicht wird folglich ersetzt durch
>
> a) ein Berichtssystem von Seiten der Schulen mit ihren internen Evaluationsergebnissen,
> b) externe Evaluierung,
> c) gegebenenfalls ergänzt durch Akkreditierungsverfahren.
>
> Das Verhältnis zwischen Staat und Schule soll innerhalb der staatlichen Rahmenvorgaben grundsätzlich von einer Vertragskonstruktion bestimmt werden, das beide Seiten zu bestimmten Leistungen verpflichtet. Der Staat garantiert die ... genannten Vorgaben, wie z.B. die Qualifikation des Lehrpersonals und Budgetzuweisungen" (ebd., 84).

Die Schulen ihrerseits müssen in einem Schulprofil und -programm ihre Ziele und Arbeitsweise transparent machen, sich gegenüber SchülerInnen und Eltern auf ein bestimmtes Förderangebot festlegen und sich intern Rechenschaft über ihre Effekte ablegen wie auch externen Evaluationsverfahren unterziehen.

Für eine Neugestaltung der Beziehungen zwischen Lehrpersonen, SchülerInnen und Eltern schlägt die Kommission ebenfalls Vertragsgestaltungen vor. Der häufigen Klage darüber, wer welche Anforderungen nicht erfüllt, gegenüber Eltern, die ihre Erziehungspflichten verabsäumen, von Eltern gegenüber Schulen, dass sie nicht informiert oder gar einbezogen werden, soll mit neuen produktiveren Kommunikationsinstrumenten begegnet werden, die die gegenseitigen Erwartungshaltungen und die Leistungen, die alle Seiten für einen erfolgreichen Bildungsprozess bringen müssen, klären.

Die hohe gesellschaftliche Wertschätzung, die finnische und kanadische Schulen (mit ihren Lehrpersonen) genießen, wie auch ihr Erfolg sind nicht zuletzt darauf zurückzuführen, dass sie die Verpflichtung zur Rechenschaftslegung über ihre Arbeit und ihre Effekte als selbstverständlich akzeptieren und klare Regeln für die Schule, für Eltern und Schüler vereinbaren.

Professionalität und Ethos – Plädoyer für eine grundlegende Reform des Lehrberufs (4. Empfehlung)

Zu einer solchermaßen veränderten Schule gehören Akteure, die bereit sind, die Schule eigenverantwortlich zu gestalten. Die derzeitige Situation in den Schulen scheint nicht dazu angetan, neue Aufgaben zu übernehmen, andererseits ist der Druck zu Reformen – angesichts mangelhafter Schülerleistungen – groß. Auf die Lehrpersonen kommt es dabei entscheidend an, wieweit sie Reformprozesse mittragen, vor allem aber bereit sind, ihre eigene Rolle zu überdenken und neu zu definieren.

Lehrkräfte sind hoch belastet, der Stress resultiert aber zum Teil aus einem falschen Berufsverständnis und einer falschen Berufspraxis. Ihre Stärke ist die Vermittlung von Faktenwissen (allerdings oft trägem Wissen) auf hohem Niveau. Die Diagnosefähigkeit ist gering; das eigentliche Kerngeschäft des Unterrichts, Lernprozesse zu initiieren, zu unterstützen und zu beobachten, wird nicht gelernt. Das fragend-entwickelnde Lehrer-Schüler-Gespräch ist anstrengend, aber wenig effektiv, Arbeitstechniken zur sinnvollen Organisation der Arbeit, zur Vermeidung von Stress und Überforderungen werden kaum gelernt. Die Kooperation mit anderen Lehrpersonen, Eltern und anderen Partnern der Schule sind unterentwickelt.

Im Zentrum der Vorschläge steht die Abkehr vom Verständnis der Pädagogen als individuellen Fachlehrkräften und die Hinwendung zum Akteur im pädagogischen Gesamtkunstwerk Schule. Die Kooperation der Lehrpersonen untereinander wie auch mit den Eltern gehört zum Berufsverständnis. Für die Arbeit mit Kindern und Jugendlichen soll der an den hippokratischen Eid angelehnte sokratische Eid (von Hentig) das pädagogische Ethos prägen. Die Schule übernimmt die Verantwortung für die Leistungen der Schülerinnen und Schüler. Dazu gehören Änderungen des Dienstrechts wie auch eine Präsenzzeit an den Schulen.

Der pädagogische Optimismus, die grundlegende Überzeugung, etwas Relevantes zum Leben und zur Entwicklung von Kindern beizutragen, selbstwirksam zu sein, ist für die erfolgreiche Arbeit mit Kindern und Jugendlichen unabdingbar.

> „Die Übernahme der Verantwortung für das Wohl der Kinder und ihre Zukunft prägt den Lehrberuf und muss die bestimmende Norm, vergleichbar dem Hippokratischen Eid von Ärzten, sein. Das gegenseitige Verhältnis muss von der Anerkennung der Würde eines jeden Menschen, also auch der von Kindern und Jugendlichen, geprägt sein. Kinder haben ein Menschenrecht auf Bildung; Lehrpersonen müssen sich bemühen, dieses für sie immer wieder zu verwirklichen. Sie müssen sich ihrer Bedeutung für Kinder und Jugendliche bewusst sein und ihre Arbeit wert schätzen; auch wenn zur Anerkennung des Lehrberufes viele gesellschaftliche Akteure (Medien, Politik) ihren Beitrag zu leisten und zu verbessern haben, ist diese subjektive Überzeugung der Lehrpersonen die unerlässliche Grundlage. Lehrpersonen, die sich für die Ergebnisse der Schule, also die Schülerleistungen, verantwortlich fühlen, von ihrer Wirksamkeit überzeugt sind und öffentlich Rechenschaft über ihre Arbeit und deren Ergebnisse ablegen, können von der Öffentlichkeit die notwendige Anerkennung ihrer Arbeit erwarten. Lehrpersonen müssen von dem pädagogischen Optimismus getragen werden, dass ihre Arbeit Kinder und Jugendliche entscheidend fördern kann (wie ihr Fehlverhalten ihnen aber auch schaden kann).
>
> Rahmenbedingungen der Berufsausübung
>
> Die Kommission plädiert dafür, das Dienst- und Arbeitsrecht so zu verändern, dass es den pädagogischen Erfordernissen stärker Rechnung trägt. Sie schlägt vor, dass nur der Rahmen der Arbeitsbedingungen gesetzlich oder tarifvertraglich geregelt wird, die Einzelheiten aber – anders als heute – von jeder Schule konkretisiert werden.
> Eine autonome Schule braucht ein Zeitbudget, über das sie verfügen kann. Dazu müssen Lehrpersonen den größten Teil ihrer Arbeitszeit an der Schule präsent sein. Nur dadurch kann die notwendige Kooperation erfolgen und mehr Zeit für Schülerberatung zur Verfügung stehen. Rahmenbedingungen über Bezahlung, Urlaubstage, jährliche Arbeitszeit etc. werden auf Landes- oder Bundesebene festgelegt“ (ebd., 108).

Eine Schule, die Verantwortung für ihre Ergebnisse, d.h. auch für die Schülerleistungen übernimmt, braucht die Kooperation der Lehrkräfte untereinander. Die pädagogische Freiheit der einzelnen kann zugunsten der pädagogischen Freiheit der Schule zurückstehen müssen. Individuelle Entscheidungsspielräume müssen dann auch zugunsten der Entscheidungskompetenz der Institution zurücktreten. Gemeinsame Verantwortung bedeutet verbindliche Absprachen über Erziehungsziele und Leistungsstandards, nur so können Entscheidungen identifiziert und Beteiligte rechenschaftspflichtig gemacht werden. Eine Schule, die mit Zielvereinbarungen arbeitet, braucht auch eine andere Kommunikation mit Eltern. Eltern als Erziehungspartner anzuerkennen, muss zur Professionalität von Lehrpersonen gehören.

Die Kommission will sich mit ihren Vorschlägen für eine grundlegende Reform des Berufsverständnisses von Lehrpersonen nicht an der Vorurteilsschelte gegenüber diesem Beruf beteiligen. Die Empfehlungen beinhalten nicht, dass Lehrpersonen mehr arbeiten, sondern ein anderes Verständnis und vor allem eine andere Ausübung des Berufs entwickeln, die zu einer größeren Wirksamkeit und größerer Berufszufriedenheit führen sollte.

Chancengleichheit oder Umgang mit Gleichheit und Differenz (2. Empfehlung)

Thema der zweiten Empfehlung der Bildungskommission ist: „Chancengleichheit oder Umgang mit Gleichheit und Differenz“. Die PISA Befunde belegen die weitgehende Unfähigkeit der deutschen Schulen, mit Heterogenität umzugehen. Kein Land weist einen so großen Zusammenhang zwischen sozialer Herkunft und Schulerfolg auf. Wie konnte es kommen, dass das Leitmotiv der 1970er Jahre, die Forderung nach „Chancengleichheit“, so wenig bewirkt hat?

In der deutschen Schultradition wird in Kollektiven gedacht, das lernende Objekt ist die Klasse, der Wissen vermittelt wird. Auch wenn diese Formulierung überspitzt scheint, charakterisiert sie aber den grundlegenden pädagogischen Fehler. Die Institution interpretiert die Gleichheit, gleicher Stoff für alle in der gleichen Zeit. Oder auch: Alle lernen zur gleichen Zeit das Gleiche – und dies hat zu einem Unterricht geführt, der die Individualität der Lernenden verfehlt.

Einen ähnlichen Effekt hat die starke Tradition des Begabungsbegriffs in den Alltagstheorien von Pädagogen – und nicht nur diesen. Diese führt dazu, dass pädagogisches Handeln immer davon ausgeht, dass Begabungen mitgebracht und danach die Kinder sortiert werden, häufig in der Klage ausgedrückt, die falschen Kinder unterrichten zu müssen. Der Fördergedanke, der pädagogische Optimismus, dass jedes Kind lernen kann und auch darin unterstützt werden muss, kommt demgegenüber zu kurz.

Die Kommission hat elf konkrete Vorschläge dazu erarbeitet, wie Schulen den Umgang mit der Heterogenität von Kindern und Jugendlichen lernen können. Diese bewegen sich in dem Spannungsfeld von klar definierten Zielvorgaben, dem Kerncurriculum auf der einen Seite, auf das die Schule verpflichtet wird, und auf der anderen Seite der Individualisierung von Unterricht und Lernangeboten, der Stärkung der Förderfähigkeit der Schule, gekoppelt an die Verantwortung der Schule für ihre Ergebnisse. Voraussetzung dafür sind Kompetenzen von Lehrkräften, mit Unterschiedlichkeit umgehen zu können, über Diagnostik und Förderstrategien zu verfügen. In diesem Sinne müssen Lehrpersonen die Professionalität im Umgang mit der Individualität von Lernprozessen und der Gestaltung von Lern- und Lehrstrategien in der Aus- und Fortbildung erst noch erwerben.

Schule und Migration (6. Empfehlung)

Die vorher beschriebene Schwäche der deutschen Schulen trifft am stärksten Kinder und Jugendliche mit Migrationshintergrund. Ihrer Situation hat sich besonders die 6. Empfehlung angenommen. Defizite im Umgang mit Heterogenität treten hier besonders krass zu Tage. Die schulischen Karrieren und der Kompetenzerwerb von Kindern und Jugendlichen mit Migrationshintergrund bereiten vollkommen unzureichend auf ein Leben in Deutschland vor und gefährden sämtliche Bemühungen um Integration.

Das langjährige offizielle Credo der Bundesrepublik, kein Einwanderungsland zu sein, hat eine Mischung aus Konzeptionslosigkeit und Ignoranz auf der einen Seite und, in Reaktion auf die kritische Diagnose von Versäumnissen, einen kaum weniger problematischen wohlmeinenden Kultur-Relativismus auf der anderen Seite befördert. Die grundsätzliche kulturelle Pluralität moderner Gesellschaften wird damit ausgeblendet. Migration wird in deutschen Schulbüchern überwiegend als ein Problem thematisiert, das auf den eurozentrischen Nenner der fremdartigen Kultur gebracht wird.

Bei der Erarbeitung dieser Empfehlung ist deutlich geworden, was die Akzeptanz von Differenz heißt. SchülerInnen, ebenso LehrerInnen, wie Menschen generell, haben das Recht, ihre Identität zu definieren. Dazu brauchen sie Unterstützung. Was sie nicht brauchen, ist die Fremdzuschreibung zu einer bestimmten Gruppe.

Es gilt, Vielfalt zu akzeptieren und kompetenten Umgang mit Heterogenität zu entwickeln, statt mit Hilfe von Defizit- und Kulturkonflikt-Hypothesen scheinbar unlösbare Probleme zu konstruieren. Auf diesem Hintergrund hat die Kommission Vorschläge zum Sprachenlernen entwickelt und Konzepte für die Öffnung von Schulen für die außerschulischen, nachbarschaftlichen, sozialen, kulturellen und wirtschaftlichen Einrichtungen durch Aufbau von Kooperationsbeziehungen. Der kluge Umgang mit Heterogenität braucht eine auf Diversität orientierte Schulkultur.

Lernkonzepte für eine zukunftsfähige Schule – von Schlüsselkompetenzen zum Curriculum (5. Empfehlung)

> „Zwischen der Lebenswelt der Schüler und den normativen Orientierungen der Schule besteht eine tiefgreifende Diskrepanz. Der Widerspruch zwischen den Erwartungen der Schule – Curricula, Bewertungen und institutionellen Normen – und den Bedürfnissen der Schüler – Nutzen für die Zukunft, Orientierung in der Welt, Zufriedenheit mit ihrem Leben in der Institution Schule – belastet die Lehrer und frustriert die Schüler mit weitreichenden Folgen" (ebd., 130).

Die Inhalte des Unterrichts sind heute in der Regel über Fächer und diese wiederum über korrespondierende Fachwissenschaften legitimiert. Sie bieten, nicht zuletzt aufgrund der kanonisierten Inhalte, nur in eingeschränktem Maße engere Bezüge zu Lebenswelt und Zukunft der Kinder und Jugendlichen. Der Fachunterricht erzeugt oftmals nur „träges" Wissen. Er bietet zudem kaum die Möglichkeit, komplexe Probleme zu bearbeiten. Dazu ist in der Regel der Rückgriff auf mehrere Fachdisziplinen notwendig. In Zukunft werden die Inhalte mehr als bisher die Alltagserfahrungen der Kinder und Jugendlichen aufnehmen, problem- und handlungsorientiert sein und weitaus stärker zukunftsrelevante Forschungs-, Entwicklungs- und Handlungsfelder berücksichtigen müssen. Denn erst die Anwendbarkeit des Gelernten und der Bezug des Lernens zu alltagsnahen Handlungs- und Problemkontexten sichern einen dauerhaften Kompetenzerwerb.

Vom Kompetenzerwerb auszugehen bedeutet, eine radikale Umstellung bei der Formulierung des Curriculums vorzunehmen. Was soll den Kindern und Jugendlichen vermittelt werden? Über welche Fähigkeiten und Fertigkeiten, sozialen und kulturellen Orientierungen sollen sie verfügen? Diese Fragen leiten die Entwicklung von Curricula. Ob eine Fachwissenschaft sich in einem Schulfach angemessen präsentiert findet, ist dem gegenüber sekundär.

Bei aller Vielfalt von Kompetenzen, die für die Bewältigung von Problemlagen und die Gestaltung von Alltagssituationen benötigt werden, lassen sich dennoch einige übergreifende Kompetenzen ausmachen, die folgende Funktionen erfüllen müssen: Sie müssen bedeutsam sein für alle Menschen, d.h. ihr Erwerb muss die Gleichheit unter den Menschen sichern helfen; sie müssen hilfreich sein bei der Bewältigung wichtiger und komplexer Aufgaben und Herausforderungen in einem weiten Spektrum von Kontexten; sie müssen schließlich dazu befähigen, ein befriedigendes Leben in einer demokratisch strukturierten Gesellschaft zu führen und die demokratische Gesellschaft wie das eigene Leben in ihr aktiv zu gestalten.

Diesen Funktionen korrespondieren so genannte „Schlüsselkompetenzen". Das sind Kompetenzen, die multifunktional sind und es erlauben, zahlreiche unterschiedliche Probleme zu lösen, wichtige Ziele zu erreichen und in neuen Situationen erfolgreich handeln zu können. In Anlehnung an eine Studie für die

OECD lassen sich folgende drei Schlüsselkompetenzen identifizieren, über die alle verfügen müssen:

- erfolgreich selbständig handeln können;
- mit den Instrumenten der Kommunikation und des Wissens souverän umgehen können;
- in heterogenen Gruppen erfolgreich handeln können.

Wie die Bestimmung von Schlüsselkompetenzen, so ist jegliche Bestimmung von Kompetenzen an drei übergreifenden Bildungszielen orientiert. Diese sind: die Menschenrechte, Demokratie und nachhaltige Entwicklung.

Der Kompetenzansatz geht nicht davon aus, dass Kompetenzen ohne Gegenstände erworben werden, sie müssen sich aber dadurch legitimieren, dass sie geeignet sind, von Lernenden verarbeitet werden zu können. Im Mittelpunkt stehen die Person des Lernenden und deren Lernprozess.

Die Kategorie der Verantwortung wird hier in zweifacher Hinsicht aufgegriffen. Der Kompetenzansatz hat die Wirkung von Lernprozessen, ihren Effekt bei den Lernenden als Ziel und nicht die Abarbeitung eines Kanons. Damit wird von Lehrpersonen ein Perspektivenwechsel verlangt, und Übernahme von Verantwortung heißt auch, sich der Wirkung der eigenen Arbeit zu versichern und sich darin selbst zu überprüften wie auch externen Überprüfungen zu stellen.

Verantwortung wird aber auch zum pädagogischen Inhalt. Wie werden Jugendliche darin unterstützt, für ihre Handlungen und die Gestaltung ihres gesellschaftlichen Umfeldes Verantwortung übernehmen zu können? Der Kompetenzansatz der OECD hat einen klaren gesellschaftlichen Bezug und beinhaltet damit auch die Veränderung von Lernarrangements.

> „Eine lebensnahe Schule wird sich durch Öffnung in die Gemeinde hinein auszeichnen. Der Bezug zur Gemeinde wird von beiden Seiten kultiviert werden müssen: Einerseits geht es um Kooperation mit Eltern, Wirtschaft, Wissenschaft und Kultur, den Verwaltungen und Verbänden im schulischen Kontext; andererseits geht es um Engagement der Schüler in der Gemeinde, nicht zuletzt in Projekten des Service-Lernens und der sozialen Verantwortungsübernahme.
> Gemeindenahe Projekte, z.B. die Übernahme sozialer Dienste in der Kommune durch die Schüler, sind ein Beitrag zur zivilgesellschaftlichen Integration der Individuen und der Schulen. Die Kooperation von Schulen untereinander, sowohl virtuell im Informationsaustausch im Netz als auch real im sozial organisierten Austausch, sollte ein wirkungsintensiver Aspekt des schulischen Lebens werden.
> Die gemeindenahe Schule soll lokal kulturelle Funktionen wahrnehmen. In einer nicht zuletzt im kulturellen Bereich von Globalisierungstendenzen bestimmten Entwicklung kann die Schule als Ort, der alle Kinder und Jugendlichen ohne Ausnahme zusammenführt, eine neue Funktion für das individuelle und das kommunale Leben übernehmen. Dabei geht es nicht um Lokalpatriotismus, sondern um die konstrukti-

> ve Pflege von Identität, Partikularität und Differenz im Kontext einer sowohl lokalen als auch nationalen und transnationalen Kultur.
> Erprobte und erfolgreiche Beispiele gemeindenaher Schularbeit sind das in den Vereinigten Staaten weit verbreitete service learning. [...]
> Die Idee des service learning umfasst zwei Komponenten: Zum einen bedeutet service learning Lernen durch Handeln in Projekten zur Verbesserung der Lebensqualität bestimmter sozialer Gruppen in dem Ort bzw. Stadtviertel der Bildungseinrichtung. Zum anderen verlangt service learning grundsätzlich eine Verbindung mit Curriculum und Unterricht: Die handlungsorientierten Projekte vor Ort werden im Unterricht theoretisch vorbereitet, begleitet und evaluiert. Dazu gehören als integrale Teilaspekte die individuelle und die gemeinsame metakognitive Reflexion auf die im Projekt gewonnene Erfahrung durch Projekttagebücher, Diskussionen und andere die Erfahrung im Projekt reflektierende Aktivitäten in der Gruppe. Service learning definiert sich folglich durch das Zusammenspiel von problemlösendem und projektorientiertem Handeln mit der bewussten Reflexion dieser Lernerfahrung" (ebd., 185f.).

In kanadischen Schulen gehören neben dem *service learning* vielfältige Programme zum Erwerb von *social responsibility* zum Schulalltag und gestalten das Schulleben. *Peer*- und *Buddy*-Programme halten ältere SchülerInnen dazu an, für jüngere die Verantwortung zu übernehmen, mit ihnen in den Pausen zu spielen und mit ihnen zu arbeiten. „Peer" zu sein, ist für ältere eine Auszeichnung. Für ein lernfreundliches und friedliches Schulklima zu sorgen, wird als Aufgabe auch an SchülerInnen übertragen.

Zu einer Schule mit eigener Verantwortung gehört das pädagogische Konzept der Erziehung zur Verantwortungsübernahme als notwendige Ergänzung.

Bildungsfinanzierung in der Wissensgesellschaft (1. Empfehlung)

Die Analyse des bestehenden Systems der Bildungsfinanzierung kann kurz zusammengefasst werden: Gemessen am Reformbedarf des Bildungssystems ist das derzeitige System der Bildungsfinanzierung ungerecht, ineffektiv, intransparent und es hemmt Innovationen. Es folgt dem Matthäus-Prinzip: Wer hat, dem wird gegeben.

Die Bildungskommission schlägt stattdessen vor: Bildungskonten von Geburt an, die staatlicherseits durch die Umleitung bisheriger Transferzahlungen unterstützt werden. Zur Stärkung der Lernenden wird ein Teil der institutionellen Kosten als Gutscheine vergeben (positives Beispiel: „Skolpeng" in Schweden).

Die erste Empfehlung greift die Kategorie der Verantwortung insofern auf, als sie den Lernenden eine größere Entscheidungskompetenz bei der Verwendung der Mittel zuspricht sowie auch die Institutionen verpflichtet, sich in stärkerem Maße an den Lernenden zu orientieren.

3. Schlussbemerkung

Die Bildungskommission hat mit ihren Empfehlungen gewiss nicht das Gesamttableau des Reformbedarfs für die deutschen Schulen entworfen. Allerdings hat sie einige besonders hervorstechende Schwachstellen benannt und hierzu konkrete Reformvorschläge entwickelt. Diese versuchen alle Ebenen der Gestaltung zu berücksichtigen und richten sich entsprechend an alle Akteure und Zielgruppen, die Beteiligten vor Ort in den Schulen, in den Verwaltungen, in der Wissenschaft und in der Politik. Auf keiner Ebene müssen die Akteure mit ihren Reformschritten auf die anderen warten oder können sich mit Verweis auf die Unbeweglichkeit Dritter von der Notwendigkeit zur aktiven Arbeit an der Reform zurückziehen.

Eine erfolgreiche Umsetzung der Empfehlungen würde vor allem dazu führen, dass alle Akteure ihre eigene Rolle und ihre eigenen Aufgaben mit dem notwendigen Reformbedarf formulieren. Dies könnte sowohl die bildungspolitische Debatte wie auch die Arbeit der Schulen und anderer Bildungseinrichtungen erheblich verbessern. Der Ausspruch einer schwedischen Kita-Leiterin auf die Frage, was sich ihrer Meinung nach ändern müsste: „Wir müssen noch besser werden" – bedarf bei uns noch der Nachahmung.

Klar ist, dass der Aufbruch zu neuen Ufern auch Risiko oder Misserfolg bedeuten kann. Die Folgen von Untätigkeit und Trägheit wären aber ungleich gravierender.

Literatur

Heinrich-Böll-Stiftung und Bildungskommission der Heinrich-Böll-Stiftung (Hrsg) (2004): Selbstständig Lernen – Bildung stärkt Zivilgesellschaft. Weinheim: Beltz.

Dahrendorf, R. (1965): Bildung ist Bürgerrecht: Plädoyer für eine aktive Bildungspolitik. Bramsche/Osnabrück: Nannen-Verlag.

Bos, W./Lankes, E.-M./Prenzel, M./Schwippert, K./Valtin, R./Walther, G. (Hrsg.) (2004): IGLU. Einige Länder der Bundesrepublik Deutschland im nationalen und internationalen Vergleich. Münster: Waxmann-Verlag.

PISA-Konsortium Deutschland (Hrsg.): Pisa 2003. Der zweite Vergleich der Länder in Deutschland – Was wissen und können Jugendliche? Münster: Waxmann-Verlag.

Die Qualität der Studienvorbereitung in der gymnasialen Oberstufe: Eine Längsschnittstudie mit Absolventen von allgemeinbildenden und beruflichen Gymnasien[1]

Perceived quality of preparation for higher education: A longitudinal study with graduates of traditional and vocational Gymnasium schools

Ulrich Trautwein, Oliver Lüdtke und Nicole Husemann

Zusammenfassung: Wie gut fühlen sich Abiturienten auf die Anforderungen im Studium vorbereitet? Gibt es Unterschiede zwischen Absolventen unterschiedlicher gymnasialer Oberstufen (allgemeinbildendes vs. berufliches Gymnasium) und Studierenden an unterschiedlichen Hochschultypen (Universität, Fachhochschule, Pädagogische Hochschule, Berufsakademie)? Zur Beantwortung dieser Fragen wurde eine große Stichprobe von 1758 jungen Erwachsenen mit Hilfe eines längsschnittlichen Designs befragt. Die Bewertungen der gymnasialen Oberstufe fielen signifikant schlechter aus, sobald sich die jungen Erwachsenen im Studium (und nicht mehr in der Schule) befanden. Zudem konnten Effekte der Gymnasialform sowie des gewählten Hochschultyps auf die Beurteilung der Oberstufe sowie auf die Veränderung dieser Beurteilung über die Zeit nachgewiesen werden.

Abstract: How well prepared do school leavers feel for the challenges of higher education? Are there differences between graduates from different types of Gymnasium schools (traditional vs. vocational) and students in different types of higher education (universities, universities of applied science, teacher training institutions, vocational academies)? These questions were addressed using data from a large sample of over 1,700 young adults and a longitudinal research design. Students' evaluations of their upper secondary education decreased significantly once they had entered higher education. Moreover, the type of Gymnasium school attended and the type of higher education chosen affected students' evaluations of their upper secondary schooling and change in these evaluations over time.

1 Die vorliegende Arbeit entstammt dem Forschungsprojekt „Transformation des Sekundarschulsystems und akademische Karrieren" (TOSCA), das als Gemeinschaftsprojekt vom Forschungsbereich Erziehungswissenschaft und Bildungssysteme am Max-Planck-Institut für Bildungsforschung, Berlin, und dem Institut zur Qualitätsentwicklung im Bildungswesen, Berlin, durchgeführt wird. Die TOSCA-Studie wurde mit Mitteln der Deutschen Forschungsgemeinschaft (DFG, Kennzeichen Nr. KO 1531/6-1) gefördert.

1. Die gymnasiale Oberstufe in der Kritik und im Wandel

Die Vermittlung einer vertieften Allgemeinbildung, die wissenschaftspropädeutische Vorbereitung sowie die Sicherstellung der Studierfähigkeit werden als wesentliche Ziele der gymnasialen Oberstufe angesehen (Huber 1997; KMK 1977) und mitunter auch als „Trias der Ziele der gymnasialen Oberstufe" (KMK 1995, 74) bezeichnet. In welchem Maße diese Ziele auch erreicht werden, gehört zu den heftig umstrittenen Fragen in der empirischen und nicht-empirischen Bildungsforschung (Heldmann 1984; Huber 1998; Köller/Baumert 2002; Schmidt 1991).

Die Frage, ob die gymnasiale Oberstufe ihren Aufgaben gerecht wird, gewinnt weitere Brisanz durch die prinzipiell wünschenswerte Öffnung der Wege zur Hochschulreife (Baumert/Trautwein/Artelt 2003), die jedoch gleichzeitig eine Herausforderung in Hinblick auf die Sicherung von Leistungsstandards und die Vergleichbarkeit von Abschlüssen, die an unterschiedlichen Schulformen erworben werden, darstellt (Köller/Baumert/Schnabel 1999; Köller/Watermann/Trautwein/Lüdtke 2004). Die Öffnung von Wegen zur Hochschulreife führt dazu, dass die allgemeine Hochschulreife zunehmend nicht nur an allgemeinbildenden Gymnasien, sondern auch an gymnasialen Oberstufen von Gesamtschulen und beruflichen Gymnasien erworben werden kann (Köller et al. 2004).

Die vorliegende Untersuchung analysiert mit Hilfe von Längsschnittdaten die Qualität der Studienvorbereitung in der gymnasialen Oberstufe aus Sicht von Abiturienten und Studierenden. Der Schwerpunkt der Analysen liegt auf drei Fragestellungen: (1) Wie beurteilen Absolventen von beruflichen und allgemeinbildenden Gymnasien vor bzw. nach Beginn des Studiums die Studienvorbereitung durch die gymnasiale Oberstufe? (2) Wird die Leistung der gymnasialen Oberstufe je nach besuchtem Hochschultyp unterschiedlich positiv beurteilt? (3) Wie verändern sich die Urteile der Abiturienten nach der Aufnahme des Studiums?

1.1 Die wissenschaftspropädeutische und studienvorbereitende Funktion der Oberstufe

Der oft verwendete Begriff der „Studierfähigkeit" beinhaltet einerseits die rechtliche Seite der Studienberechtigung, die bei einem erfolgreichen Durchlaufen der gymnasialen Oberstufe über die Vergabe der allgemeinen Hochschulreife erfolgt. Andererseits bedeutet er, inhaltlich definiert, dass „den Schülern wichtige inhaltliche und methodische Voraussetzungen für das Studium vermittelt“ (KMK, 1977/1978, 561) werden sollen. Die Frage, inwieweit dies gelingt, wurde zum Kristallisationspunkt heftiger Debatten um die Aufgaben und die Qualität schulischer Ausbildung. Von universitärer Seite wurde den Schulen vorgeworfen (Heldmann 1984), dass die Studienbeginner unzureichende Qualifikationen aufweisen würden, und es wurde eine Angleichung grundlegender Studienqualifikationen auf einem höheren Niveau gefordert. Von anderer Seite wurde hingegen auf die Probleme bei der Bestimmung grundlegender Studienqualifikationen hingewiesen und vor unrealistischen Ansprüchen an die Schule sowie vor einem funktionalistischen Verständnis von Studierfähigkeit gewarnt, das die Oberstufe als reine Qualifikationsphase für die Universität betrachtet (Huber 1998; KMK 1995; Köller/Baumert 2002).

Wie lässt sich die Qualität der studienvorbereitenden Arbeit gymnasialer Oberstufen untersuchen? Empirisch wurden eine Reihe unterschiedlicher Zugänge gewählt. Neben standardisierten Leistungstests (z.B. Köller et al. 2004) kamen dabei auch Befragungen von Hochschullehrern, Gymnasiallehrern und Abiturienten zum Einsatz (Gold 1988; Heine 2002; Hummer 1986; Heldmann 1984; Kazemzadeh/Minks/Nigmann 1987; Trautwein/Lüdtke 2004). Solche Befragungen sind geeignet, zum Verständnis der Stärken und Schwächen des Bildungssystems beizutragen, indem beispielsweise untersucht wird, ob sich die erlebte Qualität der Studienvorbereitung je nach besuchter Schule bzw. Schulform unterscheidet (z.B. Hummer 1986; Trautwein/Lüdtke 2004) bzw. welche Aspekte der Studienvorbereitung als besonders defizitär erlebt werden (z.B. Dippelhofer-Stiem 1981; Kazemzadeh et al. 1987).

Eine Reihe von Studien hat – vor allem mit Hilfe retrospektiver Befragungen von Studierenden – subjektiv erlebte Mängel der Studienvorbereitung belegen können. Besondere Bedeutung hat eine Untersuchung des Hochschul-Informations-Systems (HIS) erlangt, in der Kazemzadeh et al. (1987) Hochschullehrer, Studierende und Gymnasiallehrer nach ihrer Beurteilung der Studierfähigkeit von Studienanfängern befragten. Wie die Analysen ergaben, wurde von den Befragten neben der Wissensbasis der Studierenden auch die Einübung in zentrale Studienkompetenzen als mangelhaft erlebt. So mahnten rund 40 Prozent der befragten Studierenden eine bessere Vorbereitung durch die gymnasiale Oberstufe auf das Studium und auf das wissenschaftliche Arbeiten an. Defizite wurden u.a. bezüglich der Fähigkeit, in Seminaren und Übungen frei zu sprechen, berichtet – zwischen 22 (Architektur) und 45 (Psychologie) Prozent der Studierenden berichteten hier über „erhebliche oder große Schwierigkeiten“; dies mag unter anderem damit zusammenhängen, dass in der gymnasialen Oberstufe noch zu selten und zu unsystematisch Referate eingeübt werden (Trautwein/Lüdtke 2004). Auch bei der Gliederung einer größeren Arbeit bzw. der Durchführung eines wissenschaftlichen Versuchs sowie bei der Aufgabe, Informationen für eine Arbeit zu finden, hatte nach den Analysen von Kazemzadeh et al. eine bedeutsame Zahl von Studierenden nach eigenem Bekunden zumindest „mittlere Schwierigkeiten". Die Studie von Kazemzadeh et al. zeigt somit, dass viele Studierende nach eigenen Beobachtungen nur unzureichend auf basale Anforderungen des Studiums vorbereitet sind.

Weitere Studien des HIS erlauben ergänzende Einblicke in mögliche Defizite der wissenschaftspropädeutischen Arbeit der gymnasialen Oberstufe. Zu Beginn der 1990er Jahre beurteilten immerhin 34% der befragten Studierenden aus den alten Bundesländern das Item „Durch die Schule wurde ich in ausreichendem Maße mit den im Studium geforderten Arbeitstechniken – richtiges Zitieren, Protokoll einer Diskussion anfertigen, Experimente planen etc. – vertraut gemacht" als nicht zutreffend (Durrer/Heine 1995). Zu vergleichbaren Befunden kam auch eine ähnlich gelagerte Untersuchung von Heine (2002). In ihrer Einschätzung der eigenen Kenntnisse und Fertigkeiten bei Studienbeginn empfanden immerhin 32 Prozent der Befragten ihre Fertigkeiten hinsichtlich der „Techniken des wissenschaftlichen Arbeitens" als „nicht ausreichend", während 30 Prozent zu der Einschätzung „ausreichend" kamen (Heine 2002).

Auch in dem Projekt „Längsschnittuntersuchung zur Beobachtung und Analyse von Bildungslebensläufen" (Gold 1988) wurden Studierende retrospektiv nach ihrer wissenschaftspropädeutischen Vorbereitung durch die Oberstufe befragt (Hummer 1986). Im Mittelpunkt der Untersuchung, die in den Jahren nach der Einführung der reformierten gymnasialen Oberstufe im Jahre 1972 stattfand, stand ein Vergleich von Abiturienten aus der neugestalteten mit solchen aus der herkömmlichen gymnasialen Oberstufe. Da ein Ziel der reformierten gymnasialen Oberstufe in einer besseren wissenschaftspropädeutischen Vorbereitung bestand, erwartete Hummer (1986) Unterschiede in der Beurteilung dieser Facetten zwischen den Gruppen zugunsten der reformierten Oberstufe. Die Befragten gaben ihre Zustimmung zu sechs Items an, die studienpropädeutische Aspekte thematisierten (z.B. „Ich glaube, dass ich auf der Oberstufe verstanden habe, was das Besondere der wissenschaftlichen Denkweise ausmacht"). In Einklang mit den Hypothesen der Autorin fanden sich insgesamt positivere Bewertungen bei Abiturientinnen und Abiturienten der neugestalteten Oberstufe, die bei zweiseitiger Testung allerdings nur bei wenigen Items das Signifikanzniveau erreichten. Gleichzeitig lagen die Antworten bei allen Fragen und in beiden

Gruppen im Ablehnungsbereich der Skalen – die Studierenden fühlten sich also eher nicht gut auf das Studium vorbereitet.

1.2 Allgemeinbildende und berufliche Gymnasien in Baden-Württemberg

Eine der wichtigsten, oft übersehenen Modernisierungstendenzen im deutschen Schulsystem ist die vertikale Öffnung des Bildungssystems (Baumert et al. 2003). Schülerinnen und Schüler haben die Möglichkeit, Schulabschlüsse „nachzuholen", also beispielsweise nach Abschluss der Hauptschule im beruflichen Schulsystem den Realschulabschluss zu erwerben bzw. nach dem Erwerb der mittleren Reife auf eine gymnasiale Oberstufe zu wechseln. Im Laufe der vergangenen Jahrzehnte wurden eine Reihe von institutionellen Strukturen implementiert, die es Schülerinnen und Schülern einfacher machen, getroffene Bildungsentscheidungen zu korrigieren.

Ein Beispiel hierfür ist die gymnasiale Oberstufe an beruflichen Gymnasien in Baden-Württemberg. In diesem Bundesland erwerben immerhin rund 30 Prozent der Abiturienten ihren Abschluss nicht an traditionellen, sondern an beruflichen Gymnasien – kein anderes Bundesland hat einen vergleichbaren Anteil beruflicher Gymnasiasten (Köhler 2004). Sechs verschiedene Richtungen des beruflichen Gymnasiums gibt es in Baden-Württemberg, wobei das Wirtschaftsgymnasium sowie das technische Gymnasium am stärksten ausgebaut sind. Der wichtigste Unterschied zum allgemeinbildenden Gymnasium besteht darin, dass mit der jeweiligen gymnasialen Richtung bestimmte Pflichtkurse vorgegeben sind (zum Beispiel Wirtschaftswissenschaft, Technik, Ernährungslehre mit Chemie). Abgesehen von wenigen Ausnahmen beginnt das berufliche Gymnasium mit der gymnasialen Oberstufe, d.h. der 11. Jahrgangsstufe. Die Mehrzahl der Schülerinnen und Schüler beruflicher Gymnasien besuchte in der Mittelstufe die Realschule, geringere Anteile die Hauptschule oder das allgemeinbildende Gymnasium.

In der Schulleistungsstudie „Transformation des Sekundarschulsystems und akademische Karrieren" (TOSCA; Köller et al. 2004) wurden kürzlich Absolventen von allgemeinbildenden und beruflichen Gymnasien untersucht. Die Ergebnisse der Studie weisen insgesamt darauf hin, dass berufliche Gymnasien erfolgreich zur Öffnung des Hochschulzugangs für begabte Jugendliche aus sozial weniger privilegierten Elternhäusern beitragen (Maaz/Nagy/Trautwein/Watermann/Köller 2004). Die mit TIMSS-Instrumenten erfassten Mathematikleistungen der Absolventen der beruflichen Gymnasien lagen unter den Leistungen der Abiturienten von allgemeinbildenden Gymnasien; im Vergleich mit dem bundesdeutschen Durchschnitt aus dem Schuljahr 1994/1995 waren sie jedoch unauffällig. Allerdings konnten deutliche Unterschiede zwischen den einzelnen Formen des beruflichen Gymnasiums nachgewiesen werden (Köller et al. 2004).

Von besonderer Wichtigkeit für den vorliegenden Beitrag sind die Befunde zu Aspekten der Wissenschaftspropädeutik und Studierfähigkeit. Trautwein und Lüdtke (2004) analysierten, wie oft Schülerinnen und Schüler der unterschiedlichen Oberstufenformen eine Reihe von wissenschaftsnahen Lern- und Arbeitsformen (Referate halten und schriftlich ausarbeiten, Recherche in Bibliotheken etc.) einübten. Es fanden sich für einzelne Indikatoren (z.B. Computernutzung, Experimente planen und durchführen) signifikante Unterschiede zwischen den einzelnen Gymnasialformen. Tendenziell berichteten Absolventen der *beruflichen* Gymnasien die häufigere Anwendung der untersuchten wissenschaftsnahen Lernformen, jedoch folgten die signifikanten Unterschiede bei einzelnen Indikatoren nur beschränkt der Unterscheidung zwischen allgemeinbildenden und beruflichen Gymnasien. Trautwein und Lüdtke untersuchten zudem, wie gut sich die Abiturienten insgesamt auf das Studium vorbereitet fühlten. Dabei zeigte sich, dass sich die Schülerinnen und Schüler der beruflichen Gymnasien besser auf die Studienwahl bzw. das Studium vorbereitet fühlten als die Absolventen des allgemeinbildenden Gymnasiums. Allerdings beschränkten sich die Analysen von Trautwein und Lüdtke auf einen Zeitpunkt, zu dem die jungen Erwachsenen noch das Gymnasium besuchten und also noch nicht mit den realen Anforderungen des Studiums in Kontakt gekommen waren.

1.3 Ableitung der Fragestellung

In der vorliegenden Studie wird anhand einer großen Längsschnittstudie untersucht, wie gut sich Abiturienten durch die gymnasiale Oberstufe auf die Anforderungen im Studium vorbereitet fühlen. Dazu wurden die Studienteilnehmer zu zwei Zeitpunkten befragt: am Ende der 13. Klassenstufe sowie zwei Jahre später. Im vorliegenden Beitrag wird zunächst untersucht, in welcher Weise sich die Beurteilung der Studienvorbereitung zwischen den beiden Befragungszeitpunkten verändert: Fällt die Beurteilung der gymnasialen Oberstufe besser oder schlechter aus, sobald die Abiturienten die tatsächlichen Anforderungen des Studiums kennen gelernt haben? Im Mittelpunkt des vorliegenden Beitrags steht jedoch die Frage, ob sich je nach besuchter Gymnasialform bzw. gewählter Hochschulart differentielle Entwicklungsverläufe nachweisen lassen. Dabei gehen wir sowohl möglichen Effekten der Gymnasialrichtung als auch Effekten der besuchten Hochschulform sowie Interaktionseffekten zwischen diesen beiden institutionellen Variablen nach.

In Hinblick auf mögliche Effekte der Gymnasialform haben Trautwein und Lüdtke (2004) zeigen können, dass sich Absolventen beruflicher Gymnasien tendenziell besser auf ein Studium vorbereitet fühlten als Absolventen allgemeinbildender Gymnasien, trotz insgesamt deutlich schwächerer Leistungen in standardisierten Leistungstests (Köller et al. 2004). Es ist jedoch zu bedenken, dass die Befragten im Beitrag von Trautwein und Lüdtke noch nicht in Kontakt mit der Studienwirklichkeit gekommen waren. Es stellt sich somit die Frage, ob die für die beruflichen Gymnasien vergleichsweise positiv ausfallenden Beurteilungen der Oberstufe auch nach Aufnahme des Studiums stabil bleiben oder bei der Konfrontation mit der Studienwirklichkeit quasi verpuffen.

Auch in Hinblick auf den besuchten Hochschultyp (z.B. Fachhochschule vs. Universität) wären differentielle Veränderungmuster denkbar. Inwieweit jedoch die Veränderung in der Wahrnehmung der gymnasialen Oberstufe tatsächlich je nach besuchtem Hochschultyp unterschiedlich ausfällt, lässt sich aufgrund vorliegender Arbeiten schwer prognostizieren.

Schließlich soll der Frage nachgegangen werden, ob bestimmte institutionelle Kombinationen (z.B. Abitur am beruflichen Gymnasium und anschließender Besuch der Fachhochschule; Abitur am allgemeinbildenden Gymnasium und anschließender Besuch der Universität) mit einer besonders günstigen oder ungünstigen Veränderung der Beurteilung der gymnasialen Oberstufe einhergeht. Eine positive Veränderung der Bewertung könnte als Hinweis auf eine gute institutionelle Passung, eine negativere Bewertung zum zweiten Befragungszeitpunkt dagegen als Hinweis auf eine mangelhafte Passung zwischen Gymnasialrichtung und Hochschultyp interpretiert werden.

2. Methode

2.1 Untersuchungsteilnehmer

Die Stichprobe setzt sich aus Teilnehmerinnen und Teilnehmern der Studie „Transformation des Sekundarschulsystems und akademische Karrieren" (TOSCA) zusammen, welche vom Berliner Max-Planck-Institut für Bildungsforschung und dem

Institut zur Qualitätsentwicklung im Bildungswesen durchgeführt wird (Köller et al. 2004). Die TOSCA-Studie ist als Längsschnittprojekt angelegt, in dessen Rahmen Abiturienten von allgemeinbildenden und beruflichen Gymnasien Baden-Württembergs wiederholt befragt werden sollen. Derzeit liegen Daten von zwei Befragungszeitpunkten vor. Die erste Befragung (T1) fand im Abschlussjahr der gymnasialen Oberstufe statt und wurde von geschulten Testleitern in den jeweiligen Schulen durchgeführt, die zweite Befragung (T2) erfolgte auf postalischem Weg zwei Jahre später. Insgesamt liegen von 2314 Schülerinnen und Schülern Daten für beide Messzeitpunkte vor. Die vorliegenden Analysen beziehen sich auf diejenigen 1758 Teilnehmerinnen und Teilnehmer, die sich zum zweiten Zeitpunkt in einem Studium befanden. Aufgrund von fehlenden Werten auf Einzelitemebene beruhen die Analysen teilweise auf geringfügig geringeren Stichprobenumfängen.

2.2 Richtungen der gymnasialen Oberstufe

Die Untersuchungsteilnehmer verteilten sich zu T1 wie folgt auf die einbezogenen Schulformen: 1182 Abiturienten (67.2%) besuchten das allgemeinbildende Gymnasium (AG), 259 das Wirtschaftsgymnasium (WG; 14.7%) und 151 das technische Gymnasium (TG; 8.6%). Die Absolventen des agrarwissenschaftlichen (N = 38; 2.2% der Stichprobe), des ernährungswissenschaftlichen (N = 78; 4.5%) sowie des sozialpädagogischen (N = 50; 2.8%) Gymnasiums wurden zu einer weiteren Gruppe zusammengefasst (EG/SG/ArG; N = 166; 9.4%). Die kürzlich eingeführte biotechnologische Gymnasialrichtung konnte nicht berücksichtigt werden, da zum Untersuchungszeitpunkt noch kein Abschlussjahrgang vorhanden war.

2.3 Hochschultyp

Es wurde zwischen vier Hochschultypen unterschieden: der Fachhochschule (FH; N = 312; 17.7%), der Universität (Uni; N = 1042; 59.2%), der Pädagogischen Hochschule (PH; N = 213; 12.1%) sowie der Berufsakademie (BA; N = 191; 10.8%). Im Unterschied zu den anderen Bundesländern findet in Baden-Württemberg die Lehrerausbildung für die nicht-gymnasialen Schulzweige nach wie vor auf Pädagogischen Hochschulen statt. Die Berufsakademie hat sich über die vergangenen Jahrzehnte hinweg als eine wichtige Ergänzung der klassischen Hochschulen viel

Renommee erworben, obwohl ihr Status als „Hochschule“ noch immer teilweise umstritten ist. Die Ausbildung an der Berufsakademie sieht alternierende Lernphasen mit praktischer und theoretischer Schwerpunktsetzung vor und führt in einer Regelstudienzeit von drei Jahren zum Abschluss. Die Schulleistungen der Studienanfänger an Berufsakademien in Baden-Württemberg sind im Durchschnitt höher als die von Studienanfängern an Fachhochschulen, was auf die starke Stellung dieser Ausbildungsmöglichkeit in Baden-Württemberg hinweist. Wie die Kreuzklassifikation von Gymnasialform und Hochschultyp zeigt (vgl. Tabelle 1), werden Berufsakademien überzufällig häufig von Absolventen beruflicher Gymnasien gewählt.

Tabelle 1: Kreuzklassifikation von Gymnasialform und Hochschultyp

	Fachhochschule	Universität	Pädagog. Hochschule	Berufsakademie	gesamt
Allgemeinbildend. Gymnasium	180	791	119	92	1182
Wirtschaftsgymnasium	56	103	36	64	259
Technisches Gymnasium	51	69	12	19	151
Ernährungswiss., sozialpäd. und agrarwiss. Gymnasium	25	79	46	16	166
gesamt	312	1042	213	191	1758

2.4 Instrumente

Beurteilung der eigenen wissenschaftspropädeutischen Vorbereitung durch die Oberstufe: Die subjektiv erlebte Qualität der Vorbereitung durch die Oberstufe auf bestimmte Anforderungen des Studiums wurde zu beiden Zeitpunkten mit sieben identischen Items erfasst, die in leicht adaptierter Form aus ähnlich gelagerten Untersuchungen übernommen wurden (Gold 1988; Hummer 1986; Kazemzadeh et al. 1987; Peisert 1981). Die Befragten sollten auf einer vierstufigen Skala (*stimmt überhaupt nicht* = 1 bis *stimmt voll und ganz* = 4) angeben, wie gut sie sich durch die gymnasiale Oberstufe auf ein Studium vorbereitet fühlten: „Wie beurteilen Sie die Vorbereitung durch die Oberstufe auf bestimmte Anforderungen des Studiums?“ Die Aussagen lauteten dabei wie folgt: „Ich glaube, ich habe in der Oberstufe verstanden, wie man Fragestellungen wissenschaftlich bearbeitet“; „Ich habe in der Oberstufe gelernt, Texte systematisch zu analysieren“; „Ich habe in der Oberstufe gelernt, in

Diskussionen schlüssig zu argumentieren"; „Ich habe in der Oberstufe gelernt, bei der Erledigung von Aufgaben Wichtiges von Unwichtigem zu unterscheiden"; „Die Auseinandersetzung mit dem Lehrstoff in der Oberstufe hat mir die Studienfachwahl erleichtert"; „Durch die Oberstufe fühle ich mich insgesamt für ein Studium gut vorbereitet"; „Die Oberstufe hat mir viel Allgemeinwissen vermittelt." Faktorenanalytisch lassen sich sechs der sieben Items zwei Skalen mit befriedigender interner Konsistenz zuordnen (Trautwein/Lüdtke 2004). Da die Analysen auf Skalenebene jedoch itemspezifische Veränderungsmuster verdecken, werden in der vorliegenden Arbeit Befunde auf Einzelitemebene berichtet.

Abiturnote: Die Abiturgesamtnote aller teilnehmenden Schülerinnen und Schüler wurde nach dem Abschluss des 13. Schuljahrs von den Schulen erfragt.

3. Ergebnisse

3.1 Veränderung in der Beurteilung der Studienvorbereitung

Wie beurteilen die Abiturienten ihre Vorbereitung auf die Anforderungen im Studium vor und nach Studienaufnahme? Ist bei ihnen nach dem Kontakt mit der „harten Studienrealität" eine Enttäuschung über ihre Ausbildung in der Oberstufe zu verzeichnen? Wir gingen dieser Frage mithilfe von multivariaten Varianzanalysen nach, in welchen die sieben Items zu beiden Zeitpunkten (*within-person*-Faktor) berücksichtigt wurden. Im globalen multivariaten Test resultierte eine signifikante Teststatistik für den Zeitfaktor, $F(7, 1688) = 39.83$, $p < .001$, $\eta^2 = .14$ (vgl. Abb. 1).

Daran angeschlossene univariate Tests zeigten für sechs der sieben Items eine statistisch signifikant kritischere Beurteilung der wissenschaftspropädeutischen Leistung der gymnasialen Oberstufe zu T2 als zu T1 ($.02 <$ partial $\eta^2 < .10$). Lediglich bei der Frage, ob die Oberstufe die Studienfachwahl erleichtert habe, fand sich kein statistisch signifikanter Mittelwertsunterschied zwischen den beiden Messzeitpunkten. Abbildung 1 zeigt Mittelwerte und Standardabweichungen der untersuchten Variablen zu beiden Messzeitpunkten. Wie sich leicht erkennen lässt, fand sich insgesamt sowohl zu T1 als auch zu T2 eine insgesamt durchaus kritische Einschätzung der Studienvorbereitung durch die gymnasiale Oberstufe. Auf der vierstufigen Skala lagen fast alle Mittelwerte im Bereich der eher zurückhaltenden Zustimmung (zwischen 2.5 und 3.0).

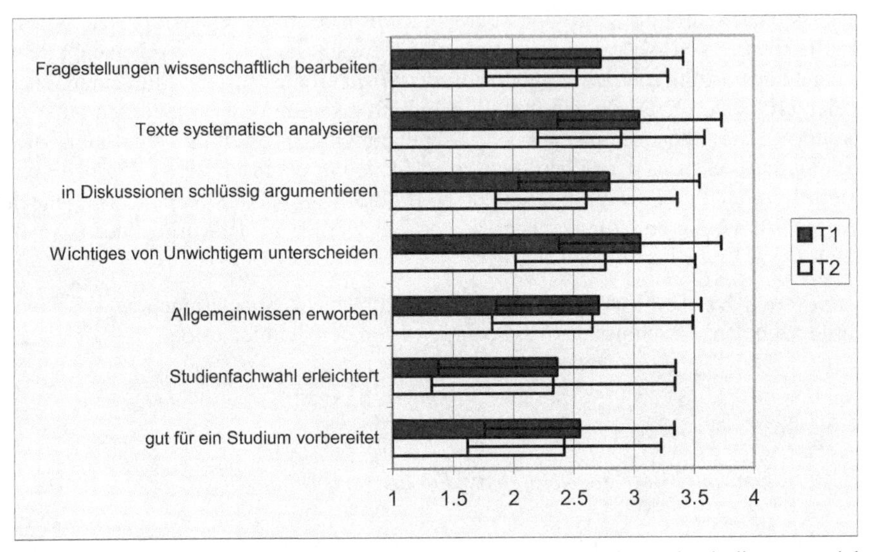

Abbildung 1: Die Beurteilung von Aspekten der Studienvorbereitung durch die gymnasiale Oberstufe am Ende der 13. Jahrgangsstufe (T1) und zwei Jahre später (T2)

Die Korrelationen zwischen identischen Items über die zwei Messzeitpunkte hinweg betrug zwischen r = .25 („Wichtiges von Unwichtigem unterscheiden") und r = .43 („Allgemeinwissen erworben").

3.2 Effekte von Gymnasialform und Hochschultyp auf die Veränderung der Beurteilung der gymnasialen Oberstufe

Welchen Einfluss hatte die besuchte Richtung des Gymnasiums bzw. der Hochschultyp auf die Veränderung der Beurteilung der gymnasialen Oberstufe? Wir gingen dieser Frage nach, indem wir für jedes Item zweifaktorielle Varianzanalysen mit den Faktoren Gymnasialrichtung und Hochschultyp durchführten. Bei diesen Analysen wurden darüber hinaus die Ausprägungen der identischen Items zu T1 sowie die Abiturnote als Kovariaten eingeführt. Die Effekte von Gymnasialrichtung und Hochschultyp sind damit um bereits zu T1 bestehende Unterschiede in den jeweiligen Items sowie in der Abiturnote bereinigt. Zur einfacheren Interpretierbarkeit wurden zudem die abhängigen Variablen vor den Analysen z-standardisiert. Die statistischen Kennwerte zu diesen Analysen sind in Tabelle 2 berichtet, eine graphische Veranschaulichung der Befunde findet sich in Abbildung 2.

Tabelle 2: Beurteilung der studienpropädeutischen Leistung der gymnasialen Oberstufe zu T2 – Effekte von Gymnasialform und Hochschultyp bei Kontrolle von Abiturnote sowie der Ausprägung auf demselben Item zu T1

		Item 1: Fragestellungen systematisch...		Item 2: Texte systematisch analysieren		Item 3: in Diskussionen schlüssig...		Item 4: Wichtiges von Unwichtigem unterscheiden	
	df	*F*	*p*	*F*	*p*	*F*	*p*	*F*	*p*
Gymnasialform	3	1.55	0.201	0.43	0.734	5.71	0.001	0.25	0.864
Hochschultyp	3	4.63	0.003	3.14	0.024	5.92	0.001	2.71	0.044
Gymnasialform x Hochschultyp	9	2.40	0.011	1.16	0.316	1.96	0.040	1.09	0.366

		Item 5: Allgemeinwissen erworben		Item 6: Studienfachwahl erleichtert		Item 7: gut für Studium vorbereitet	
	df	*F*	*p*	*F*	*p*	*F*	*p*
Gymnasialform	3	1.27	0.284	18.20	0.000	3.20	0.022
Hochschultyp	3	1.46	0.223	0.23	0.877	11.51	0.000
Gymnasialform x Hochschultyp	9	1.06	0.389	3.94	0.000	2.28	0.015

Anm.: Als Kovariaten wurden die Abiturnote sowie die Ausprägung auf den identischen Items zu T1 verwendet

Wie sich der Tabelle 2 entnehmen lässt, fand sich in Bezug auf das erste Item (Fragestellungen wissenschaftlich bearbeiten) ein Haupteffekt des Hochschultyps, $F(3, 1664) = 4.63$, $p < .01$, nicht aber ein Effekt der Gymnasialform, $F(3, 1664) = 1.55$, ns. Darüber hinaus wurde der Interaktionseffekt Gymnasialform × Hochschultyp signifikant, $F(9, 1664) = 2.4$, $p < .05$. Abbildung 2 (siehe Graphik für Item 1) veranschaulicht diesen Effekt. In dieser Abbildung sind die adjustierten (= um die Effekte der Kovariaten bereinigten) Mittelwerte dargestellt. Wie sich hier erkennen lässt, ist der Besuch der Universität sowie der PH insgesamt mit einer ungünstigeren Entwicklung der Beurteilung der gymnasialen Oberstufe verbunden als der Besuch von FH bzw. BA. Überlagert wird dieser Effekte allerdings durch die Interaktion von Gymnasialform und Hochschultyp. Insbesondere bei den Absolventen des Wirtschaftsgymnasiums fällt die Bewertung der gymnasialen Oberstufe besonders positiv aus, wenn sie zum zweiten Befragungszeitpunkt eine Berufsakademie besuchten.

Wie sich weiterhin der Tabelle 2 und Abbildung 2 entnehmen lässt, fanden sich bei insgesamt drei Items ein signifikanter Effekt der Gymnasialform, bei fünf Items ein Effekt des Hochschultyps sowie bei vier Items eine signifikante Interaktion von Gymnasialform und Hochschultyp. In Bezug auf Effekte der Gymnasialrichtung ist festzustellen, dass die Überzeugung, in Diskussionen schlüssig argumentieren zu können, bei Wirtschaftsgymnasiasten besonders niedrig ausfiel, während sie bei Absolventen der ernährungswissenschaftlichen, sozialpädagogischen und agrarwissenschaftlichen Gymnasien besonders hoch lagen. In Hinblick auf die Studienfachwahl zeigte sich ein besonders niedriger Wert bei Studierenden vom allgemeinbildenden Gymnasium, während er bei Absolventen des Technischen Gymnasiums sowie des Wirtschaftsgymnasium im Durchschnitt besonders hoch lag.

Der Effekt des Hochschultyps erwies sich bei den sechs signifikanten Items im Großen und Ganzen als gleichläufig: Studierende an Universitäten wiesen die niedrigsten Werte auf. Sie beurteilten somit im Rückblick die wissenschaftspropädeutische Ausbildung durch die Oberstufe im Vergleich zum ersten Messzeitpunkt besonders kritisch. Dies mag darauf hindeuten, dass die Diskrepanz zwischen erlernten und im Studienfach geforderten Kompetenzen an Universitäten besonders hoch ausfiel.

Von speziellem Interesse sind die signifikanten Interaktionseffekte. Besonders prägnant lässt sich hierbei für die Absolventen des Wirtschaftsgymnasiums aufzeigen, dass ihre Beurteilung der Wissenschaftsvorbereitung durch die Oberstufe je nach gewähltem Hochschultyp sehr unterschiedlich ausfiel. Generell gilt dabei: Das Urteil von ehemaligen Wirtschaftsgymnasiasten fiel dann besonders positiv aus, wenn sie an einer Berufsakademie studierten, und dann besonders negativ, wenn sie an einer Universität studierten. Die Unterschiede betrugen bei den Wirtschaftsgymnasiasten bei einzelnen Items fast eine Standardabweichung. Dies ist im Übrigen nicht auf unterschiedliche Fächerwahlen in Berufsakademie bzw. Universität zurückzuführen.

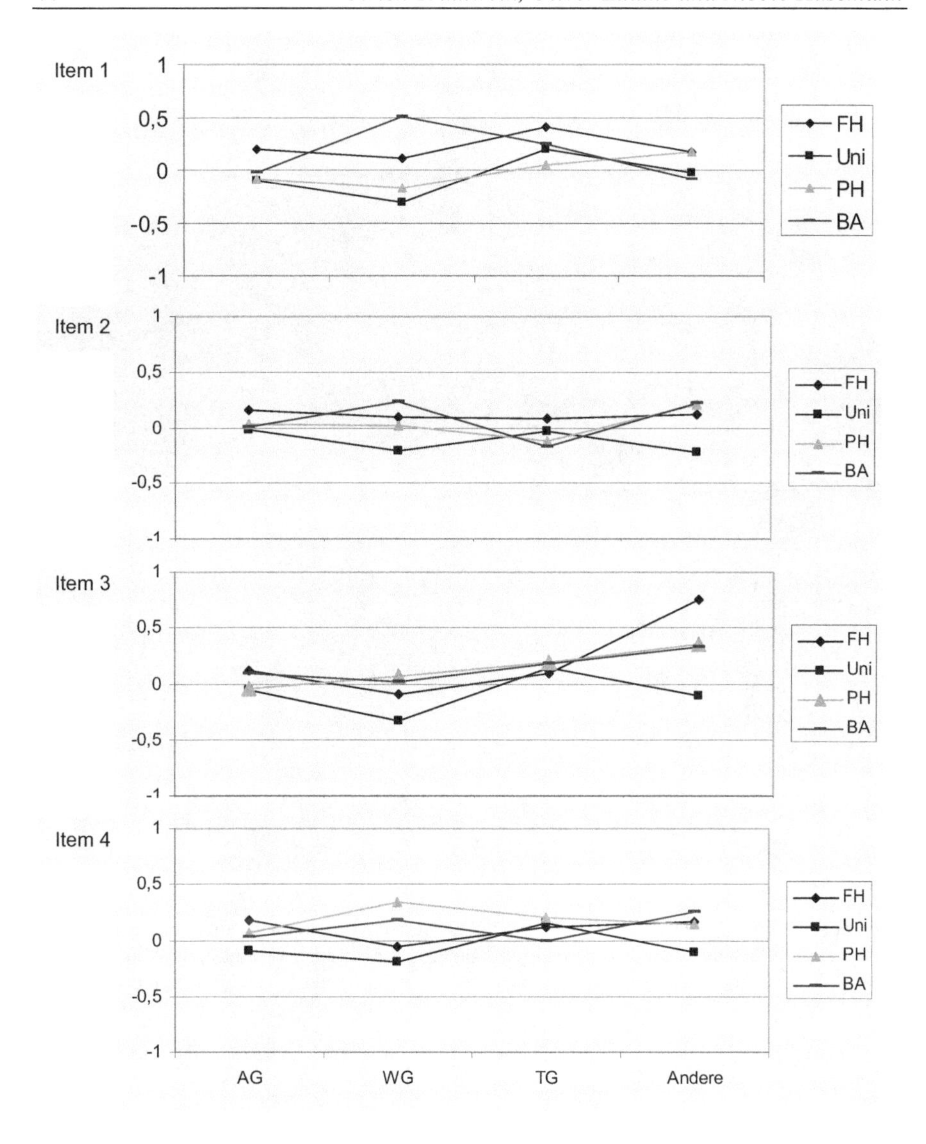
Item 1
1
0,5
0
-0,5
-1
FH
Uni
PH
BA
Item 2
Item 3
Item 4
AG
WG
TG
Andere

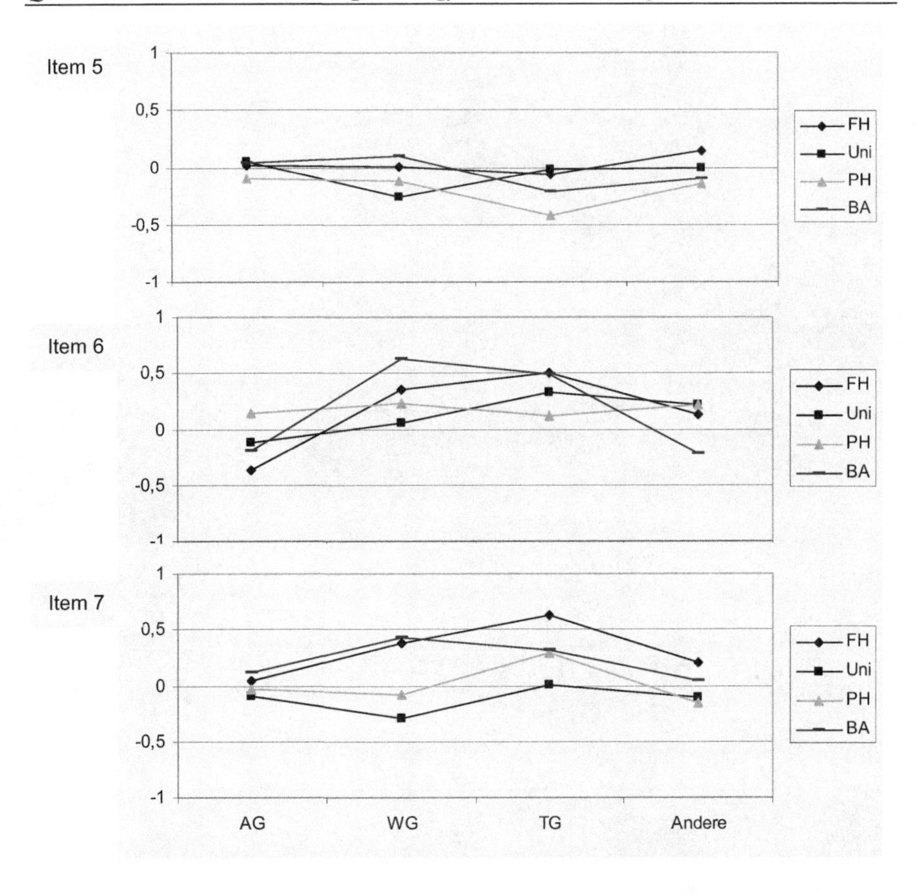

Abbildung 2: Die Beurteilung von Aspekten der Studienvorbereitung durch die gymnasiale Oberstufe zum zweiten Messzeitpunkt getrennt nach Gymnasialform und Hochschultyp; adjustierte (= um die Effekte der Kovariaten bereinigte) Mittelwerte

In ergänzenden Regressionsanalysen, in denen nur diejenigen 100 Absolventen des Wirtschaftsgymnasiums einbezogen wurden, die später VWL oder BWL studierten, zeigte sich das gleiche Muster: Nach Kontrolle von Abiturnote und der Ausprägung des entsprechenden Items zu T1 wurde für drei der sieben Items ein signifikant positiver Effekt des Besuchs der Berufsakademie gefunden.

Ein ähnliches, jedoch weniger ausgeprägtes Muster fand sich auch für die Absolventen des Technischen Gymnasiums. Im Großen und Ganzen beurteilten sie die wissenschaftspropädeutische Vorbereitung durch die gymnasiale Oberstufe im Rückblick dann besonders positiv, wenn sie an einer Berufsakademie oder Fachhochschule studierten. Eine Ausnahme von dieser Regel war allerdings in Hinblick auf das Item „In Diskussionen schlüssig argumentieren" zu verzeichnen.

Für die Absolventen der drei kleineren Formen des beruflichen Gymnasiums (ernährungswissenschaftliche, sozialpädagogische und agrarwissenschaftliche Richtung) konnte über die Items hinweg kein konsistentes Muster beobachtet werden. Der vielleicht auffälligste Befund für die Absolventen des allgemeinbildenden Gymnasiums wiederum ist der, dass sie im Großen und Ganzen im Mittel lagen und deshalb insgesamt unauffällig waren.

Zusammenfassend lässt sich somit konstatieren, dass sich bei einer simultanen Berücksichtigung von Gymnasialform und Hochschultyp sowie bei Kontrolle der Schulleistung signifikante institutionelle Effekte nachweisen ließen. Auffällig waren insbesondere die kritische Beurteilung der gymnasialen Oberstufe durch Studierende an Universitäten sowie die Hinweise darauf, dass bei Absolventen des Wirtschaftsgymnasiums sowie des Technischen Gymnasiums je nach besuchtem Hochschultyp die Beurteilung der gymnasialen Oberstufe stark variierte.

4. Diskussion

Die vorliegende Studie untersuchte mit Hilfe eines Längsschnittdesigns die Bewertung von Schülern und Studierenden hinsichtlich der studienvorbereitenden Leistung der gymnasialen Oberstufe. Zu den wichtigsten Befunden gehört die Beobachtung, dass die Bewertungen der gymnasialen Oberstufe signifikant negativer ausfielen, sobald sich die jungen Erwachsenen im Studium (und nicht mehr in der Schule) befanden und dass die Beurteilung und Veränderung der Beurteilung je nach besuchter Gymnasialform und gewähltem Hochschultyp variierten.

4.1 Gymnasiale Oberstufe und Studienvorbereitung

Fühlen sich Abiturienten durch die gymnasiale Oberstufe adäquat auf die Herausforderungen des Studiums vorbereitet? Unsere Studie lässt gewisse Zweifel aufkommen und steht hierbei im Einklang mit anderen Studien (z.B. Hummer 1986), in denen der Bericht der Studierenden über die Wissensvermittlung in der gymnasialen Oberstufe durchaus kritisch ausfiel. Fokussiert man die Ebene der Einzelitems, so findet sich lediglich bei dem Item „Texte systematisch analysieren" ein Mittelwert von über 3 (und dies nur zu T1), was einer Bewertung von „trifft eher zu" entspricht. Besonders kritisch fielen die Aussagen zu dem Item „Insgesamt für ein Studium gut vorbereitet" aus – der Mittelwert zu T2 lag hier unterhalb von 2.5, was anzeigt, dass sich die Studierenden *eher nicht gut* auf ein Studium vorbereitet fühlten. Nicht viel positiver fielen die Aussagen zu dem Item „Fragestellungen wissenschaftlich bearbeiten" aus.

Die Befunde weisen im Einklang mit früheren Berichten (Heine 2002; Heldmann 1984; Hummer 1986) auf ein Verzahnungsproblem hin. Die Anforderungen im Studium entsprechen nur begrenzt den subjektiv vorhandenen Fähigkeiten und Fertigkeiten der Abiturienten. Ist diese Diskrepanz nun auf die als defizitär wahrgenommene Ausbildung oder auf als (unerwartet) hoch empfundene Anforderungen beim Studienbeginn zurückzuführen? Hier gilt es zweierlei zu bedenken. Erstens fällt auf, dass die Beurteilung der gymnasialen Oberstufe bereits zum ersten Messzeitpunkt recht kritisch ausfällt – zu einem Zeitpunkt also, zu dem die Abiturienten noch nicht in Kontakt mit den tatsächlichen Anforderungen im Studium gekommen waren. Da das Bild für die verschiedenen Items deutlich differenziert ausfällt, ist nicht davon auszugehen, dass diese kritische Beurteilung das Resultat einer globalen negativen Einstellung zur Oberstufe ist. Dies deutet darauf hin, dass die jungen Erwachsenen bereits zu Schulzeiten Mängel in der Studienvorbereitung erlebt haben. Zweitens ist jedoch auch das Absinken der Urteile zwischen T1 und T2 bemerkenswert. Dieser Abfall deutet darauf hin, dass sich die Studierenden *nach* Aufnahme des Studiums Anforderungen gegenübergestellt sehen, für die sie sich durch die Oberstufe nur begrenzt gut vorbereitet fühlen und die sie vielleicht auch nicht erwartet hatten.

Die vorliegende Arbeit ist beschränkt auf die subjektiven Berichte der Abiturienten. Sie lässt damit keine Aussage darüber zu, ob die studienvorbereitenden Lerngelegenheiten in der Schule zu gering oder die Anforderungen im Studium unangemessen hoch sind (hierzu Köller/Baumert 2002). Zudem gilt es zu betonen, dass die Studienvorbereitung nur *einen* Aspekt der Aufgaben der gymnasialen Oberstufe darstellt. Allerdings kann dennoch darüber spekuliert werden, wie die Übergangsproblematik entschärft werden kann (vgl. Huber 1997). Zum einen kann vermutet werden, dass eine Optimierung studienvorbereitender Lerngelegenheiten in der Oberstufe durch die Einführung bzw. Verstärkung wissenschaftsnaher Lernformen erreichbar ist (Huber 1998). In der neu gestalteten gymnasialen Oberstufe Baden-Württembergs dürfte die *besondere Lernleistung* eine solche Lernform darstellen. Zum anderen dürften auch auf Seiten der Hochschulen Optimierungsmöglichkeiten bestehen. Diese betreffen u.a. die Aufgabe, das Studienangebot (auch) an den Fähigkeiten der Studienanfänger auszurichten und dabei einen professionellen Umgang mit Leistungsunterschieden zwischen den Studienanfängern zu finden (Köller/ Baumert 2002).

4.2 Berufliche Gymnasien und Hochschultypen

Berufliche Gymnasien tragen zu einer wünschenswerten Öffnung des Hochschulzugangs bei (Baumert et al. 2003; Maaz et al. 2004). Durch die Geschichte dieser Gymnasien zieht sich gleichzeitig wie ein roter Faden die Diskussion, ob berufliche Gymnasien ihre Absolventen ausreichend gut auf ein Studium vorbereiten (Brauckmann/Neumann 2004). Trautwein und Lüdtke (2004) haben zeigen können, dass sich die Absolventen des beruflichen Gymnasiums mindestens so gut auf ein Studium vorbereitet fühlen wie Abiturienten vom allgemeinbildenden Gymnasium. Dieser vergleichsweise positive Blick auf die Oberstufe mag dazu beitragen, dass Abiturienten von den beruflichen Gymnasien eine genauso hohe Studierneigung aufweisen wie die Schüler vom allgemeinbildenden Gymnasium (Watermann/Maaz 2004), trotz insgesamt niedrigerer Fachleistungen in Mathematik und Englisch.

Das positive Bild der Studienvorbereitung an beruflichen Gymnasien wird lediglich dann etwas getrübt, wenn unter Kontrolle von Abiturnote und der in der Oberstufe geäußerten Zufriedenheit mit der Studienvorbereitung untersucht wird, wie Gymnasialform und Hochschultyp gemeinsam die Beurteilung der Oberstufe zum zweiten Messzeitpunkt beeinflussen. Die in dieser Analyse resultierenden Interaktionseffekte weisen darauf hin, dass insbesondere für Absolventen der Wirtschaftsgymnasien der Besuch der Universität zu einer kritischeren Beurteilung der Oberstufe führt, während das Studium an der Berufsakademie mit besonders positiven Bewertungen der Oberstufe einhergeht. Dies mag man als Indiz dafür deuten, dass die Passung zwischen der Ausbildung am Wirtschaftsgymnasium und der Berufsakademie besonders hoch ist. Wenn man bedenkt, dass Absolventen des Wirtschaftsgymnasiums auch in der Tat deutlich überzufällig häufig eine Ausbildung an Berufsakademien beginnen (vgl. Tabelle 1), spricht einiges dafür, dass diese besondere Passung in den Übergangsentscheidungen der Abiturienten auch berücksichtigt wird.

4.3 Grenzen der Studie und Ausblick

Die vorliegende Studie weist eine Reihe von Merkmalen auf, die eine besonders intensive Untersuchung der wissenschaftspropädeutischen Vorbereitung erlaubten. Dazu gehören das längsschnittliche Design sowie die Möglichkeit, Effekte von Gymnasialform und Hochschultyp analytisch zu separieren.

Gleichzeitig hat die Studie jedoch auch eine Reihe von Beschränkungen. So ist erstens darauf hinzuweisen, dass der in der vorliegenden Studie verwendete Selbstbericht der jungen Erwachsenen andere Untersuchungsmethoden (z.B. Leistungstests, Expertenurteile) natürlich nur ergänzen, nicht aber ersetzen kann und soll. Die Abiturienten und Studierenden sind wichtige Informationsquellen, die bislang nicht ausreichend genutzt wurden. Entscheidungen über Veränderungen in Schule und Hochschule sollten jedoch selbstverständlich nicht allein auf solchen Selbstauskünften basieren. Zweitens muss betont werden, dass die von uns verwendeten Items zur Studienvorbereitung zwar zentrale Aufgaben der gymnasialen Oberstufe thematisieren, aber natürlich nur eine Auswahl von möglichen Items darstellen (Trautwein/ Lüdtke 2004). Drittens ist bei der Analyse der Effekte des Hochschultyps zu beachten, dass hier eine Konfundierung von Studienfach und Hochschultyp vorliegt. Obwohl dies die Aussagen dieses Beitrags nicht einschränkt, lässt sich vermuten, dass eine Analyse auf Studienfachebene zu einer weiteren Differenzierung des Bildes beitragen könnte. So wäre es möglich, dass bei Studierenden bestimmter Fächergruppen die Beurteilung der gymnasialen Oberstufe besonders stark absinkt. Leider ist für solche Detailanalysen die Stichprobe der TOSCA-Studie nicht groß genug, da teilweise sehr geringe Zellenbesetzungen resultieren würden; über die Ausnahme (das Wirtschaftsstudium bei Absolventen des wirtschaftswissenschaftlichen Gymnasiums) wurde oben berichtet.

Die Vorbereitung auf das Studium durch die gymnasiale Oberstufe ist eine wichtige Herausforderung für Schulen. Obwohl nur eine von vielen Aufgaben von Schulen, hat eine gute oder schlechte studienvorbereitende Ausbildung bedeutsame Konsequenzen sowohl für einzelne Abiturienten, deren Erfolg oder Misserfolg im Studium auch von der Vorbereitung in der Oberstufe abhängt, als auch für das

Gesamtsystem der Verzahnung zwischen Schule und Hochschule, dessen Effizienz noch optimierungsfähig erscheint (z.B. Deidesheimer Kreis 1997; Gold 1988; Heldmann 1984; Huber 1997; Köller/Baumert 2002; Schmidt 1991).

Literatur

Baumert, J./Trautwein, U./Artelt, C. (2003): Schulumwelten – institutionelle Bedingungen des Lehrens und Lernens. In: Baumert, J./Artelt, C./Klieme, E./Neubrand, M./Prenzel, M./ Schiefele, U./Schneider, W./Tillmann, K.-J./Weiß, M. (Deutsches PISA-Konsortium) (Hrsg.): PISA 2000 – Ein differenzierter Blick auf die Länder der Bundesrepublik Deutschland. Opladen: Leske + Budrich, 259-330.

Brauckmann, S./Neumann, M. (2004): Berufliche Gymnasien in Baden-Württemberg: Geschichte und heutige Ausgestaltung. In: Köller, O./Watermann, R./Trautwein, U./Lüdtke, O. (Hrsg.): Wege zur Hochschulreife in Baden-Württemberg. TOSCA – Eine Untersuchung an allgemein bildenden und beruflichen Gymnasien. Opladen: Leske + Budrich, 69-111.

Deidesheimer Kreis (1997): Hochschulzulassung und Studieneignungstests: Studienfeldbezogene Verfahren zur Feststellung der Eignung für Numerus-clausus- und andere Studiengänge. Göttingen: Vandenhoeck & Ruprecht.

Dippelhofer-Stiem, B. (1981): Studienvorbereitung der Abiturienten. In: Peisert, H. (Hrsg.): Abiturienten und Ausbildungswahl. Weinheim: Beltz, 35-56.

Durrer, F./Heine, C. (1995): Abiturienten 90 in Studium, Berufsausbildung und Erwerbstätigkeit. Einstellungen und Bewertungen 3 ½ Jahre nach Schulabgang. HIS Kurzinformation, A12/95. Hannover: Hochschul-Informations-System.

Gold, A. (1988): Studienabbruch, Abbruchneigung und Studienerfolg. Vergleichende Bedingungsanalysen des Studienverlaufs. Frankfurt/M.: Lang.

Heine, C. (2002): HIS Ergebnisspiegel 2002. Hannover: Hochschul-Informations-System.

Heldmann, W. (1984): Studierfähigkeit: Ergebnisse einer Umfrage. Göttingen: Schwartz.

Huber, G. (1997): Fähigkeit zum Studieren – Bildung durch Wissenschaft. Zum Problem der Passung zwischen Gymnasialer Oberstufe und Hochschule. In: Liebau, E./Mack, W./ Scheilke, Ch. T. (Hrsg.): Das Gymnasium. Alltag, Reform, Geschichte, Theorie. Weinheim: Juventa, 333-351.

Huber, L. (1998): Allgemeine Studierfähigkeit, basale Fähigkeiten, Grundbildung. Zur aktuellen Diskussion um die gymnasiale Oberstufe. In: Messner, R./Wicke, E./Bosse, D. (Hrsg.): Die Zukunft der gymnasialen Oberstufe. Weinheim: Beltz, 150-181.

Hummer, A. (1986): Auswirkungen der neugestalteten gymnasialen Oberstufe auf Schüler und Studenten: Eine Längsschnittstudie. Baden-Baden: Nomos.

Kazemzadeh, F./Minks, K.-H./Nigmann, R.-R. (1987): „Studierfähigkeit“ – eine Untersuchung des Übergangs vom Gymnasium zur Universität. Hannover: Hochschul-Informations-System.

KMK (1977/1978): Empfehlungen zur Arbeit in der gymnasialen Oberstufe. In: Bildung und Erziehung, 31, 561-574.

KMK (1995): Weiterentwicklung der Prinzipien der gymnasialen Oberstufe und des Abiturs. Abschlussbericht der von der Kultusministerkonferenz eingesetzten Expertenkommission. Bonn: Sekretariat der Ständigen Konferenz der Kultusminister der Länder in der Bundesrepublik Deutschland.

Köhler, H. (2004): Landesprofil der Schulentwicklung. In: Köller, O./Watermann, R./Trautwein, U./Lüdtke, O. (Hrsg.): Wege zur Hochschulreife in Baden-Württemberg. TOSCA – Eine Untersuchung an allgemein bildenden und beruflichen Gymnasien. Opladen: Leske + Budrich, 29-67.

Köller, O./Baumert, J. (2002): Entwicklung schulischer Leistungen. In: Oerter, R./Montada, L. (Hrsg.): Entwicklungspsychologie. Weinheim: Beltz, 756-786.

Köller, O./Baumert, J./Schnabel, K. U. (1999): Wege zur Hochschulreife: Offenheit des Systems und Sicherung vergleichbarer Standards. In: Zeitschrift für Erziehungswissenschaft, 3, 385-422.

Köller, O./Watermann, R./Trautwein, U./Lüdtke, O. (Hrsg.) (2004): Wege zur Hochschulreife in Baden-Württemberg. TOSCA – Eine Untersuchung an allgemein bildenden und beruflichen Gymnasien. Opladen: Leske + Budrich.

Maaz, K./Nagy, G./Trautwein, U./Watermann, R./Köller, O. (2004): Institutionelle Öffnung trotz bestehender Dreigliedrigkeit. Auswirkungen auf Bildungsbeteiligung, schulische Kompetenzen und Berufsaspirationen. In: Zeitschrift für Soziologie der Erziehung und Sozialisation, 24, 146-165.

Peisert, H. (Hrsg.) (1981): Abiturienten und Ausbildungswahl. Weinheim: Beltz.

Schmidt, A. (1991): Das Gymnasium im Aufwind. Entwicklung, Struktur, Probleme seiner Oberstufe. Aachen: Hahner Verlagsgesellschaft.

Trautwein, U./Lüdtke, O. (2004): Aspekte von Wissenschaftspropädeutik und Studierfähigkeit. In: Köller, O./Watermann, R./Trautwein, U./Lüdtke,O. (Hrsg.): Wege zur Hochschulreife in Baden-Württemberg. TOSCA – Eine Untersuchung an allgemein bildenden und beruflichen Gymnasien. Opladen: Leske + Budrich, 327-366.

Watermann, R./Maaz, K. (2004): Studierneigung bei Absolventen allgemein bildender und beruflicher Gymnasien. In: Köller, O./Watermann, R./Trautwein, U./Lüdtke, O. (Hrsg.): Wege zur Hochschulreife in Baden-Württemberg. TOSCA – Eine Untersuchung an allgemein bildenden und beruflichen Gymnasien. Opladen: Leske + Budrich, 403-450.

Der Übergang von der Grundschule in die weiterführende Schule als biographische und pädagogische Herausforderung

The transition to secondary school as a biographic and educational challenge

Katja Koch

Zusammenfassung: Der Übergang in eine weiterführende Schule stellt an die beteiligten Lehrer, Schüler und Eltern unterschiedliche Anforderungen. Während die Eltern mit der Auswahl der weiterführenden Schule am Ende der Grundschulzeit eine entscheidende biographische Weichenstellung für ihre Kinder vornehmen, stellt der Übergang für die Schüler einen tiefen Einschnitt im schulischen, aber auch im außerschulischen Lebensalltag dar. Den Lehrern wiederum fällt die Aufgabe zu, den Übergang pädagogisch so zu gestalten, dass die Schüler die erforderlichen Anpassungsleistungen auch erbringen können. Der Beitrag skizziert zunächst allgemeine Problemlagen des Übergangs und klärt dann auf der Basis empirischer Forschungen die Frage, wie der Übergang von der Grundschule in die weiterführende Schule pädagogisch und biographisch gestaltet werden kann.

Abstract: The transition to a Secondary School makes different demands at the involved teachers, pupil and parents. With the selection of a special Secondary School for their children, parents make an important decision for the rest of their childrens life. For the pupils represents the transition a critical life event within their school- and their every-day-life. Teachers at last have to arrange the transition educationally in such a way that the pupils can manage this critical life event. The article outlines general problems of the transition, reports the results of some empirical studies and tries to identify protective and risk factors during the transitional period.

1. Einleitung

Der Übergang von der Grundschule in die weiterführenden Schulen gilt schon seit den Anfängen der Grundschule in den 20er Jahren des letzten Jahrhunderts als problematisch, gleichwohl er heute unter einer völlig anderen Fragestellung diskutiert und problematisiert wird als damals. Fragen wie die angemessene Durchführung der Aufnahmeprüfung, die Erreichbarkeit einer höheren Schule für Kinder aus ländlichen Regionen oder die Finanzierbarkeit höherer Bildung sind als Übergangshürden inzwischen nahezu bedeutungslos geworden. Während es z.B. in den 1960er Jahren noch primär darum ging, die Übergangsquoten in „höhere" Schullaufbahnen, vor allem ins Gymnasium und die Realschule, als Ergebnis einer „richtigen" Übergangsauslese zu erhöhen, indem das Wahlverhalten der Eltern entsprechend beeinflusst werden sollte (vgl. dazu Picht 1964), geht es nunmehr eher darum zu betonen, dass ein im Hinblick auf die Leistungsfähigkeit und emotionale Befindlichkeit der Schüler gelungener Übergang den Lehrern eine angemessene pädagogische und didaktische Gestaltung abverlangt (Koch 2001, Beck 2002). Die zumindest in der fachwissenschaftlichen Diskussion hervortretende Betonung der pädagogischen Mitverantwortung der Schulen für gelingende Übergangsprozesse deutet dabei einen Perspektivwechsel an, der den positiven Ausgang der Übergangssituation nicht allein auf die von den Schülern und Eltern zu erbringenden Anpassungs- und Unterstützungsleistungen reduziert. Ein gelungenerer Übergang fordert demnach eine Kooperation der am Übergangsprozess Beteiligten.

Im Folgenden sollen zunächst die Problemlagen des Übergangs kurz skizziert werden, bevor auf der Basis empirischer Forschungen gefragt wird, wie der Übergang von der Grundschule in die weiterführende Schule pädagogisch und biographisch gestaltet werden kann. Die berichteten Ergebnisse beziehen sich dabei auf Daten aus dem Marburger Projekt „Übergänge in die Sekundarstufe" (Büchner/Koch 2001, Koch 2001) und der Göttinger Elternstudie „Übergänge nach Auflösung der Orientierungsstufe"[1]. Zudem erfolgte eine Sekundäranalyse von Daten aus der Marburger Teilstudie des Projektes „Kinderleben" (du Bois-Reymond u.a. 1994).

2. Problemlagen des Übergangs

In seinem Beitrag für die Zeitschrift Grundschule fragt Klaus Hurrelmann danach, *„warum der Übergang bei uns so kompliziert ist"* (Hurrelmann 1992, 26) und deutet damit an, dass er in anderen Ländern offensichtlich weniger problematisch ist. Dass im Kontext des Übergangs von der Grundschule in eine weitere Schule immer wieder von Problemen die Rede ist, hängt mit einer Reihe von Faktoren zusammen, die alle mehr oder weniger miteinander in Verbindung stehen. Grundsätzlich lassen sich dabei zwei Problemkreise benennen: Zum einen finden wir auf der *formal-strukturellen* Ebene Vorschriften, Regelungen und Mechanismen, die dazu führen, dass die Zugangschancen zu prestigeträchtiger Bildung ungleich verteilt sind und so der Übergang nach der Grundschule eine sozial selektive Wirkung entfaltet. Da die Aufteilung der Schüler in die unterschiedlichen Schulformen des gegliederten Schulwesens de facto den Status einer Vorentscheidung für das zukünftige Leben eines Kindes haben, müssen auf

1 Bisher liegen noch keine veröffentlichten Ergebnisse aus diesem Projekt vor.

der *individuellen Ebene* (und dies wäre der zweite Problemkreis) die Folgen der strukturell-formalen Wirkmechanismen verarbeitet und gemeistert werden.

2.1 Formal-strukturelle Ebene

Zunächst ist der Übergang hochgradig *formalisiert* und wird durch Prozeduren und Institutionen geregelt und strukturiert. Traditionell wird die Eignungsfeststellung von der staatlichen Bildungsverwaltung administriert, wobei der als Übergangsauslese bezeichnete Vorgang über die Eignung eines Schülers für eine der zur Verfügung stehenden weiterführenden Schulen und eine damit verbundene Schullaufbahn befindet. Während die Grundschule von Staats wegen als Schule für alle Schüler eines bestimmten Schuleinzugsgebietes vorgesehen ist, wird den Eltern bei der Auswahl der weiterführenden Schule grundsätzlich ein positives Auswahlentscheidungsrecht zugestanden. Je nachdem wie das konkrete Verfahren in den einzelnen Bundesländern geregelt ist, kann dieses Auswahlrecht der Eltern durch das Recht der aufnehmenden Schule wieder eingeschränkt werden, die ihrerseits über eine entsprechende Eignungsfeststellung die Aufnahme oder den Verbleib in einer Schule verwehren darf. Da in den einzelnen Bundesländern unterschiedliche Übergangsverfahren praktiziert werden und die Palette von einer völligen Freigabe des Elternwillens bis hin zu einem stark reglementierenden Eingreifen der Schule reicht, führt dies dazu, dass der Übergang – wie das gesamte Bildungswesen – deutlich *regionalisiert* ist. Da die Zugangschancen zu prestigeträchtigen Schulformen weniger von der tatsächlichen Eignung des Kindes beeinflusst werden als von der Frage, wer über den Zugang zur weiterführenden Bildung letztendlich entscheidet, ist es für die Lebenschancen eines Kindes nicht ganz unerheblich, ob es in Bayern, Hessen, Berlin, Sachsen oder Schleswig-Holstein aufwächst. In Ländern, in denen der Elternwille den Ausschlag gibt, haben Kinder mit einer nicht gymnasialen Empfehlung gute Chancen, trotzdem ein Gymnasium zu besuchen, in Ländern mit einer rigiden Übergangsregelung ist dies nur schwer möglich.

Ein weiteres gewichtiges Problem beim Übergang in die weiterführende Schule stellt die Tatsache dar, dass diese formalen Regelungen in der Praxis eine *höchst selektive* Wirkung entfalten. Trotz aller Versuche, Bildungsungleichheiten zu beseitigen, und trotz einer insgesamt gestiegenen Bildungsbeteiligung von allen Teilen der Bevölkerung, bleiben Bildungsungleichheiten erhalten. Besonders deutlich tritt dies in der Empfehlungspraxis der Grundschullehrer zu Tage. So liegt z.B. die „Messlatte“ für eine Gymnasialempfehlung insbesondere für Kinder aus bildungsfernen Elternhäusern und für Migrantenkinder höher als für andere Schüler (Ditton 1992, Lehmann/Peek/Gänsfuß 1997, Schulz 2000). Da

„Schulen unterschiedlicher Lernformen in verschiedener Hinsicht differenzielle Lern- und Leistungsumgebungen darstellen" (PISA-Konsortium 2001, 462) und die herkunftsbedingte ungleiche Teilhabe an höherer schulischer Bildung auch unübersehbare Parallelen zur ebenfalls sozial unterscheidbaren Teilhabe an außerschulischen Lernangeboten aufweist (Büchner/Fuhs 1998), führt die am Ende der Grundschulzeit getroffene Auslese der Schüler dazu, dass eine große Zahl von Kindern von wichtigen schulischen und außerschulischen Entwicklungsanreizen ausgeschlossen wird.

Die mit dem Übergang getroffene Wahl der weiterführenden Schule und die hiermit verknüpfte Schullaufbahn lässt sich zudem nur *schwer revidieren*. Rein formal kann zwar während der Sekundarstufe die beim Übergang getroffene Schulwahlentscheidung noch verändert werden, in der Praxis bedeutet dieser Wechsel jedoch zumeist einen Abstieg in die nächst niedrigere Schulform und keinen Aufstieg in eine prestigeträchtigere (Bellenberg/Hovestadt/Klemm 2004, 80f.).

Eine weitere Besonderheit des deutschen Schulsystems liegt im *frühen Zeitpunkt* der Übergangsentscheidung begründet. Während in den meisten anderen europäischen Ländern der Übergang in die Sekundarstufe später erfolgt (Schmitt 2001), trennen sich hierzulande die Schulwege der Kinder in den meisten Bundesländern bereits nach vier Jahren.[2] Im Kontext der erziehungswissenschaftlichen Diskussion gilt dies vor allem deswegen als Problem, weil die Entscheidung, den Übergang nach der vierten Klasse erfolgen zu lassen, nicht aufgrund pädagogischer Erwägungen getroffen wurde, sondern als Folge der politischen Auseinandersetzungen zu Beginn der Weimarer Republik zu werten ist (Wittenbruch 1995, 14f.). Forderungen nach einer verlängerten Zeit des gemeinsamen Lernens betonen insbesondere, dass die Vorhersage des zukünftigen Schulerfolgs eines Kindes zu einem solch frühen Zeitpunkt noch nicht möglich sei. Böhnel (1993) z.B. merkt an, dass der Selektionszeitpunkt nach dem 10. Lebensjahr deswegen zu früh angesetzt sei, da sichere Schullaufbahnprognosen aufgrund der noch nicht völlig abgeschlossenen Intelligenzentwicklung kaum möglich sind. Aus entwicklungspsychologischer Perspektive geht Schneider (1994) davon aus, dass die kognitiven Fähigkeiten der Viertklässler noch nicht so weit ausgebildet sind, dass am Ende der Grundschule stabile Schullaufbahnempfehlungen möglich werden.[3]

2 Eine Ausnahme bilden hier die Bundesländer Berlin und Brandenburg mit einer sechsjährigen Grundschulzeit.

3 Empirisch völlig ungeklärt ist in diesem Zusammenhang allerdings die Frage, ob die Prognosesicherheit nach der 6. Klassen deutlich höher wäre.

2.2 Individuelle Ebene

Der Übergang in die weiterführenden Schulen stellt auf der individuellen Ebene Anforderungen an alle beteiligten Parteien. Für die *Eltern* gilt es die richtige Schulform für ihr Kind auszuwählen. Im Kontext des schulischen Lebenslaufmanagements (Fend 1997, 280) für ihre Kinder sind sie bemüht, diesen günstige Ausgangspositionen in Form von möglichst hohen Schulabschlüssen zu verschaffen. Konkret stehen sie dabei vor dem Problem, unter dem Eindruck unsicherer Prognosen die Entscheidung für die zukünftige Schullaufbahn ihrer Kinder treffen zu müssen. Durch die Freigabe des Elternwillens in den meisten Bundesländern haben sie zwar das Recht, über die Schullaufbahn ihrer Kinder zu entscheiden, diese Entscheidung ist jedoch mit der Last verbunden, die Wahl möglichst gut zu treffen, um dem eigenen Kind keine Lebenschancen zu verbauen. Da der an einer Schulform erworbene Abschluss eine wesentliche Voraussetzung für die weitere berufliche Laufbahn eines Kindes ist (Merkens/Wessel/ Dohle 1997, 264) und Schulkarrieren sich nach dem Übergang nur schwer revidieren lassen, nehmen die Eltern am Ende der Grundschulzeit also eine entscheidende biographische Weichenstellung vor.

Für die *Schüler* ist der Wechsel der Schule und zumeist auch des Schulorts nach der vierten Klasse ein tiefer Einschnitt im schulischen, aber auch im außerschulischen Lebensalltag. Sie müssen in diesem Kontext mit gestiegenen schulischen Leistungsanforderungen ebenso fertig werden wie mit dem Zwang zur teilweise radikalen Neuorientierung des außerschulischen Lebensalltags (Schulweg, Freizeit, Freundschaften, Tagesablauf). Für den Erfolg der Schullaufbahn eines Kindes hängt dabei viel davon ab, wie erfolgreich es die notwendigen Anpassungsleistungen erbringen kann. Der Übergang als „kritisches Lebensereignis“ eröffnet dabei neue Perspektiven, birgt aber auch Risiken.

Die mit dem Übergang verbundenen Gefahren lassen sich allerdings abmildern, wenn dieser von den beteiligten *Lehrern* pädagogisch gestaltet wird (Büchner/Koch 2001, 101; Sirsch 2000, 178). Dass die Forderungen nach verstärkter Kontinuität von Lernprozessen (Fauser 1992) derzeit auch in den Sekundarschulen ein Umdenken bezüglich der Gestaltung von Übergangsprozessen hervorgerufen hat, hängt damit zusammen, dass in vielen Schulen erkannt wurde, dass sie ein besonderes schulisches Lernangebot (Schulprofil) entwickeln müssen, wenn sie in der Konkurrenz um Schülerströme bestehen wollen. Im Zusammenhang mit Schullaufbahnentscheidungen kann da eine pädagogische Abfederung der Übergangsrisiken (etwa durch ein schulspezifisches „Übergangsprojekt“) ein Standortvorteil sein.

3. Den Übergang gestalten – die pädagogische Herausforderung der Lehrer

Rein formal geht es für die *Grundschullehrer* darum, am Ende der Grundschulzeit eine möglichst gute Einschätzung darüber abzugeben, welche „Schulart kurz- und mittelfristig die pädagogisch beste Übereinstimmung zwischen Anforderungen der Schulform einerseits und Lernständen und -verhalten des Kindes andererseits" ermöglicht (Cortina/Trommer 2003, 356). Aus der einschlägigen Literatur hierzu ist bekannt, dass es den meisten Grundschullehrern u.a. deswegen nicht leicht fällt, eine derartige Einschätzung vorzunehmen, weil ihnen die geringe Reichweite ihrer Einschätzung bekannt ist (Koch 2001, 109f.; Portmann 1995, 49f.). Zudem steht die belastende „Doppelhypothek" (Wittenbruch 1995, 17) von Begabungsauslese und Begabungsförderung im Widerspruch zum Selbstverständnis der meisten Grundschullehrkräfte, die ihre Aufgabe eher in der individuellen Förderung der Schüler und weniger in deren begabungsgerechten Auslese sehen. Von daher ist es auch wenig verwunderlich, dass die Grundschullehrer in der Freigabe des Elternwillens kaum eine Beschneidung ihrer Kompetenzen sehen. Gespeist wird diese positive Haltung wohl auch aus der Tatsache, dass die Grundschulempfehlung bereits im Vorfeld Gegenstand der Gespräche zwischen Schule und Eltern war und sich die Eltern zumeist im Sinne der Grundschulempfehlung entscheiden (Cortina/Trommer 2003, 357).

Eine weitere wichtige Aufgabe der Grundschullehrer besteht im Vorfeld des Übergangs darin, Kinder und Eltern auf diesen vorzubereiten. Der Hessische Rahmenplan für die Grundschule z.B. sieht im Kontext des Übergangs in die weiterführenden Schulen folgende Möglichkeiten der Unterstützung vor:

- „Mit den Sekundarschulen zusammenarbeiten und Erfahrungen austauschen, Unterrichtskonzepte abstimmen und die pädagogische Arbeit kontinuierlich fortsetzen
- Im Unterricht der 4. Klassen Übergangsprobleme und Anforderungen der weiterführenden Schulen thematisieren
- Die Eltern kontinuierlich auf Elternabenden, in Einzelgesprächen und mit Hilfe von Gutachten über die Bildungschancen ihres Kindes beraten"

(Hessischer Rahmenplan für die Grundschule, Teil C, Abschnitt 2.8)[4].

Als problematisch erweist sich in diesem Zusammenhang, dass Grundschullehrer in der Regel nur über wenige Kenntnisse hinsichtlich der spezifischen Anforderungen der weiterführenden Schulen verfügen. In ihrer Schullaufbahn haben sie

4 Der Rahmenplan ist abrufbar unter http://grundschule.bildung.hessen.de/Rahmenplan/Teil_C/TCfu2.

meist nur ein Gymnasium kennen gelernt, von dem aus sie nicht auf andere Gymnasien schließen können. So bleiben viele Grundschullehrerkräfte im Ungewissen darüber, welche konkreten Arbeitsschwerpunkte, Inhalte und Themen sie zur Vorbereitung auswählen sollten und welche Kompetenzen sie ihren Schülern in die weiterführenden Schulen mitgeben sollten. Gleichzeitig wissen sie aber, dass ihre Arbeit von den Eltern und den Lehrern der weiterführenden Schulen am Erfolg ihrer Schüler gemessen wird.

Während sich auf Grundschulseite in den einzelnen Bundesländern noch vereinzelte Hinweise zur Gestaltung des Übergangs finden, fehlen derartige Angaben in den Rahmen- und Lehrplänen der weiterführenden Schulen fast vollständig. Eine Ausnahme stellt Baden-Württemberg dar. In den Regelungen zum Aufnahmeverfahren für die auf die Grundschule aufbauenden Schularten (Abschnitt III, Absatz 1ff.)[5] wird die besondere Verantwortung der Sekundarschullehrer für die Eingewöhnung der Schüler hervorgehoben. Unabhängig hiervon sehen sich jedoch auch in den restlichen Bundesländern die Sekundarschullehrer vor die Aufgabe gestellt, die Zeit nach dem Übergang zu gestalten, den Schülern die Eingewöhnung zu erleichtern, Gruppenprozesse zu initiieren und unterschiedliche Lernvoraussetzungen zu harmonisieren. Als schwierig erweist sich in diesem Kontext die Tatsache, dass die Sekundarschullehrer nur selten eine Vorstellung davon haben, welches Wissen und welche Kompetenzen die Schüler in der Grundschule erworben haben und welche Voraussetzungen diese somit „mitbringen".

Um zwischen Grundschule und weiterführenden Schulen tragfähige Brücken zu bauen (Portmann/Schneider 1988) und die Kontinuität des schulischen Lernens sicherzustellen, wird in der pädagogischen Debatte um den Übergang zunehmend der Ruf nach einer verbesserten Kooperation von Grund- und Sekundarschule laut. In der Praxis zeigt sich allerdings häufig, dass schulübergreifende Reformprozesse aufgrund inhaltlicher, methodischer und organisatorischer Unterschiede zwischen Primar- und Sekundarstufe schwer zu verwirklichen sind.

Im Kontext des Marburger Übergangsprojektes (Büchner/Koch 2001) wurde thematisiert, wie Lehrer aus Grundschulen und Sekundarschulen die Übergangssituation wahrnehmen und welche Lösungsvorschläge sie zur Gestaltung des Übergangs entwickeln.

Zunächst wurde danach gefragt, welche Relevanz die Übergangsproblematik bei den befragten Lehrern hat. Dass der Übergang keine Probleme bereite, halten dabei 3% der befragten Lehrer für zutreffend. 18% halten diese Aussage

---

5 Das Aufnahmeverfahren ist abrufbar unter: http://www.leu.bw.schule.de/bild/Orientierungsstufe-Uebergang.pdf

für nicht zutreffend und 32% für eher nicht zutreffend. Da sich zwischen den beiden befragten Lehrergruppen keine Unterschiede im Antwortverhalten manifestieren, lässt sich vermuten, dass knapp die Hälfte der befragten Lehrer den Übergang als problembehaftet einstuft. Um die Frage zu klären, welche Aspekte die befragten Lehrer im Kontext des Übergangs von der Grundschule in die weiterführenden Schulen als problemkonstituierend oder -lösend ansahen, wurde eine Faktorenanalyse erstellt, aus der deutlich hervorging, dass die Befragten, unabhängig von der Schulform, die mangelnde Kooperation und die Divergenz der Unterrichtsgewohnheiten als zwei gewichtige Ursachen für die Entstehung von Übergangsproblemen benannten (Koch 2001, 78ff.).

Insgesamt scheint sich – im Gegensatz zu früheren Untersuchungen (Mitzlaff/Wiederhold 1989, Hopf/Krappmann/Scheerer 1979) – mittlerweile auch in den Sekundarschulen die Ansicht durchgesetzt zu haben, dass Schulentwicklung im Kontext des Übergangs von der Grundschule in die weiterführenden Schulen notwendig sei. Aus den Aussagen der befragten Sekundarschullehrer zumindest wurde deutlich, dass in den meisten Sekundarschulen auf den Übergang von der Grundschule in die weiterführenden Schulen reagiert wird und sich Gesamtschulen und Gymnasien gleichermaßen darum bemühen, ihren Schülern den Übergang zu erleichtern. Vergleicht man dabei die Entwicklungen innerhalb der zum Teil langjährigen Übergangsprojekte, stellt man fest, dass eine verstärkte Kooperation zwischen den Schulformen, zumeist hergestellt durch Hospitationen der Sekundarschullehrer in den Grundschulen, in den meisten Sekundarschulen zu einer Anpassung der Unterrichtsgewohnheiten geführt hat.

Versucht man aus den Aussagen der Lehrer (vgl. Koch 2004) und aus den in der Fachliteratur bereits vorhandenen Vorschlägen zur Umgestaltung der Eingangsphase[6] ein Modell zur pädagogischen Gestaltung des Übergangs zu entwickeln, so könnte dies wie folgt aussehen:

Im *Vorfeld des Übergangs* erfolgen zunächst Hospitationen in den Grundschulen, so dass einige Schüler ihre zukünftigen Klassenlehrer oder einen anderen Vertreter der Schule schon vor dem Übergang kennen lernen. Darüber hinaus wird den zukünftigen Schülern durch einen „Schnuppertag“ oder Hospitationen im Unterricht die Möglichkeit gegeben, die neue Schule zu erkunden.

Nach dem Übergang gilt es die *Aufnahme in der neuen Schule* zu gestalten. In den ersten Tagen und Wochen findet kein Unterricht statt, sondern diese dienen dem Zurechtfinden in der neuen Schule, wobei die Klassenlehrer sich besonders um ihre neuen Schüler kümmern. Im Vordergrund stehen die schrittweise Vorstellung der weiteren Fachlehrer, Fachräume und Lerninhalte, die Erkundung der Schule (z.B. durch eine Schulrallye), gemeinsame Unternehmungen

6 Vergleiche hierzu z.B. Marwedel 1991; Schultze 1988.

und die Ausgestaltung der Klassenräume. Die bisher beschriebenen Maßnahmen beabsichtigen, die offensichtlichsten Schwierigkeiten, die sich aus dem Übergang ergeben, zu beseitigen, ohne dabei die Struktur der weiterführenden Schule zu verändern.

Auf die Veränderung der schulischen Praxis hingegen zielen strukturelle Maßnahmen und methodische Veränderung. *Strukturelle Maßnahmen* verbessern die Rahmenbedingungen des Lernens, der Einsatz möglichst weniger Lehrer, die zudem mit mehreren Fächern und unter Umständen auch fachfremd in der Klasse unterrichten, sowie die Präsenz der Klassenlehrerin mit möglichst vielen Stunden in ihrer Klasse schaffen eine personelle Konstanz, die für Kinder in diesem Alter noch wichtig ist. Die vornehmliche Einrichtung von Doppelstunden bietet Raum für kontinuierliches, projektorientiertes Arbeiten.

Die strukturellen Maßnahmen bilden dann die Grundlage für den letzten Schritt der *methodischen Umgestaltung*, der schließlich die Unterrichtsformen der weiterführenden Schulen verändert und dazu führt, dass jene alternativen Lernformen (z.B. Wochenplan, freie Arbeit, Projektarbeit) in die Unterrichtspraxis integriert werden, die auch in den zuliefernden Grundschulen verwendet werden und letztlich die Kontinuität von Lernprozessen sichern.

Inwieweit eine Schule die einzelnen Komponenten verwirklicht, hängt im Wesentlichen von den dortigen Gegebenheiten und der Bereitschaft der Lehrer, ihren Unterricht zu verändern, ab. Aus der Marburger Kinder- und Elternstudie ging jedenfalls hervor, dass die Bemühungen der Schulen um eine Veränderung der Übergangspraxis auch auf der unterrichtlichen Ebene von den Eltern positiv beurteilt wird (Büchner/Koch 2001, 90f.).

Unabhängig hiervon wird jedoch ein zentrales Problem des Übergangs – die mangelnde Durchlässigkeit der Schullaufbahnen – nicht verbessert. Dies lässt sich meiner Einschätzung nach nur lösen, wenn über die Einzelschule hinausreichende Konzepte umgesetzt und verwirklicht werden. Ein erster Schritt wäre z.B. die Errichtung eines *regionalen Schulverbundes* auf schulformübergreifender Ebene. Institutionalisierte Hospitationen, gemeinsame Konferenzen, eine Zusammenarbeit auf Fachebene ermöglichen verbindliche Absprachen über Inhalte, Lernziele, Methoden und Arbeitsformen zwischen Grundschulen und weiterführenden Schulen. Für die Grundschullehrer ergibt sich hieraus der Vorteil, dass sie ihre Schüler noch gezielter vorbereiten können und zudem ihre bisherige methodische Arbeit nicht „umsonst" war. Die Sekundarschullehrer können sich darauf verlassen, dass Schüler unabhängig von der besuchten Grundschule über ähnliche Methodenkompetenzen verfügen. In einem weiteren Schritt wäre es dann möglich, für die verschiedenen Schulformen gemeinsame Mindeststandards (methodisch sowie inhaltlich) zu erarbeiten, um über die Definition von Lernzielen und gemessen an gemeinsamen Vergleichsarbeiten die Durchlässigkeit bis zur sechsten Klasse zu erhöhen.

4. Die richtige Schule auswählen – die Herausforderung der Eltern

Die Wahl der weiterführenden Schule für ihre Kinder stellt sich am Ende der Grundschulzeit als zwingendes Problem für alle Eltern. Die Auswahl der „richtigen“ Schule für das eigene Kind wird immer wichtiger, da Schulen nicht nur Abschlüsse, sondern in letzter Konsequenz auch Lebenschancen verteilen. Dabei fällt die Schulwahl sicherlich dann leichter, wenn der Wohnort nur über je ein Gymnasium oder je eine Gesamtschule, Realschule oder Hauptschule verfügt. Konkurrieren jedoch mehrere Schulen einer Schulart miteinander, die sich zudem durch ein jeweils eigenes pädagogisches Profil voneinander unterscheiden, dann erfordert eine solche Situation von den Eltern eine viel größere Reflexion der Frage, welche Einzelschule nun die geeignete für das eigene Kind sei. Auch wenn die Auswahl der weiterführenden Schule zunächst von solchen Faktoren abhängt, die von Elternseite nicht zu beeinflussen sind, wie z.B. die formale Eignung des Kindes oder das Schulangebot vor Ort, kann angenommen werden, dass die konkrete Wahl einer weiterführenden Schule in vielerlei Hinsicht von den Bildungsvorstellungen der Eltern beeinflusst wird. Dazu gehören Vorstellungen über Sinn und Funktion der Schule und – in Abhängigkeit von der elterlichen Grundhaltung – unterschiedliche Prioritäten für das schulische Lernen.

Empirische Befunde zum Schulwahlverhalten von Eltern und Kindern konzentrieren sich hauptsächlich auf die mit der Bildungsexpansion der 1970er Jahre einhergehenden quantitativen Veränderungen bei der Auswahl unterschiedlicher Schulformen. Bedingt durch die seit dem Zweiten Weltkrieg stetig steigende Bildungsaspiration der Gesamtbevölkerung nehmen die Schüleranteile in den Schulen, die prestigeträchtige Abschlüsse vergeben, kontinuierlich zu. Der Wunsch nach höherer Bildung drückt sich auch in den Umfragen des Instituts für Schulentwicklungsforschung aus: Während 1979 (in Westdeutschland) 37% der Eltern das Abitur für ihre Kinder anstrebten, stieg dieser Anteil bis 1995 auf 51%. Demgegenüber sank im gleichen Befragungszeitraum der Anteil der Eltern, die für ihre Kinder den Hauptschulabschluss favorisierten, von 31% auf 5% (IFS-Umfrage 9, 16). Die aktuellen Übergangszahlen aus Niedersachsen belegen, dass die Eltern in diesem Kontext auch dazu bereit sind, sich gegen die Grundschulempfehlung zu entscheiden. Obwohl die Grundschullehrer für 27% der Viertklässler eine Hauptschulempfehlung aussprachen, meldeten nur 16% der Eltern ihre Kinder auf dieser Schulform an.

Eine Folge der Bildungsexpansion ist darin zu sehen, dass höhere schulische Abschlüsse als Eintrittsbedingungen für höhere Berufe aufgewertet, „wegen der Expansion der Abschlüsse aber entwertet“ (Herrlitz/Hopf/Titze 1998, 221) werden. Ein hoher schulischer Abschluss ist damit eine notwendige, aber keine hinreichende Bedingung mehr für eine spätere prestigeträchtige Berufskarriere. Eltern sind sich bei der Übergangsentscheidung dieser Prozesse bewusst und streben zum einen einen möglichst hohen Abschluss für ihre Kinder an, zum anderen erwarten sie von den Schulen aber auch, dass diese ihren Kindern über den Schulabschluss hinaus noch zusätzliche Qualifikationen bietet (Büchner/Koch 2001, 90). Auf schulischer Seite ermuntert der „Wettbewerb um kleiner werdende Schülerjahrgänge (…) die Schulleitung, die eigene Schule in besonderer Weise zu profilieren und attraktiv zu gestalten“ (Baumert/Cortina/Leschinsky 2003, 86).

Die Frage, welche konkreten Gründe Eltern haben, eine bestimmte Einzelschule auszuwählen, ist bisher noch nicht systematisch empirisch untersucht. Lediglich in den Studien von Ebner (2001) und Speiser (1993) werden die Gründe für den Besuch eines kirchlichen Gymnasiums diskutiert bzw. die Wahlmotive für private Schulen erhellt. Das Projekt „Übergänge in die Sekundarstufe nach Auflösung der Orientierungsstufe“ versucht in diesem Zusammenhang zu ergründen, welche Faktoren zur Auswahl einer bestimmten Schule geführt haben und welche Erwartungen die Eltern mit dem schulischen Lernen verknüpfen. Am Ende des Schuljahres 2004/05 wurden 958 Eltern von Fünftklässlern nach ihren Erfahrungen mit dem Übergang nach Abschaffung der Orientierungsstufe befragt. An der Untersuchung teilgenommen haben fünf Göttinger Gymnasien, zwei Gesamtschulen und zwei Realschulen sowie eine private Haupt- und Realschule. Aus Vergleichsgründen wurden ein weiteres Gymnasium und eine weitere Realschule aus dem ländlichen Umfeld von Göttingen in die Untersuchung mit einbezogen

Befragt nach den Gründen für die Auswahl einer bestimmten weiterführenden Schule zeigte sich, gemessen an den Medianen, die in Tabelle 1 dargestellte Rangreihe.

Wie in der Untersuchung von Büchner/Koch (2001, 88) zeigt sich auch in Göttingen, dass der Wunsch der Kinder, gefolgt von der guten Erreichbarkeit der Schule und ihrem „guten Ruf“, die wichtigsten Auswahlmotive darstellen. Weitere zutreffende Auswahlkriterien sind dann die Tatsache, dass die Eltern dies wollten und die Schule Wert auf soziales Lernen legt. Kaum ins Gewicht fallen bei der Auswahl einer weiterführenden Schule offensichtlich, dass Latein als erste Fremdsprache angeboten wird oder ein Elternteil selbst die Schule besucht hat.

Tabelle 1: Schulwahlmotive der Eltern (Mittelwerte)

Bei der Auswahl der weiterführenden Schule für mein Kind war von Bedeutung, dass	Mdn	QA	Mdn im Bereich von
das Kind diese Schule besuchen wollte.	4,79	0,92	trifft zu
die Schule gut zu erreichen ist.	4,64	1,48	
die Schule einen guten Ruf hat.	4,52	1,68	
wir das wollten.	4,02	2,14	trifft eher zu
die Schule großen Wert auf soziales Lernen legt.	3,72	1,99	
die Schule einen hohen Leistungsstandard hat.	3,67	1,85	
die Freunde des Kindes auf diese Schule gehen.	3,03	3,42	teils/teils
nur wenige Problemkinder diese Schule besuchen.	2,73	2,43	
die Schule attraktive Angebote am Nachmittag hat.	2,51	2,73	
Geschwister die Schule besuch(t)en.	1,16	0,66	trifft eher nicht zu
Latein als erste Fremdsprache angeboten wird.	1,15	0,65	
ein Elternteil diese Schule besucht hat.	1,09	0,59	
das Kind in anderen Schulen keinen Platz bekam.	1,07	0,57	trifft nicht zu

Mdn = Median, QA = Quartilabstand

Vergleicht man diese Antworten mit den Ergebnissen einer offenen Frage, bei der wir die Eltern gebeten haben, uns drei Gründe für die Auswahl der weiterführenden Schule ihres Kindes zu nennen, dann zeigt sich eine nahezu identische Reihenfolge. Auch hier steht der Wunsch des Kindes an erster Stelle, gefolgt von der Erreichbarkeit und dem Ruf der Schule. Bezüglich der Fremdsprache wird hier jedoch deutlich, dass ein gewichtiges Motiv für die Auswahl die an der Schule angebotene Fremdsprachenfolge ist.

Zudem erfährt man, dass der Eindruck, der am „Tag der offenen Tür" bei vielen Eltern und Kindern erweckt wurde, und die hier manifest gewordene Schulatmosphäre den Ausschlag für oder gegen eine bestimmte Schule gegeben hat. Insofern sind Schulen gut beraten, diese Möglichkeit des Kennenlernens für die zukünftigen Schüler so zu gestalten, dass diese sich aufgenommen und willkommen fühlen.

Fragt man danach, welche Schwerpunkte eine aus ihrer Sicht gute Schule setzen sollte, dann zeigt sich gemessen am Median, dass eine weiterführende Schule für Eltern besonders attraktiv ist, wenn sie

- ein breites Allgemeinwissen vermittelt,
- verschiedene Fremdsprachen anbietet,
- soziales Engagement fördert,

- mit den Eltern kooperiert,
- fachübergreifenden Unterricht anbietet und
- Projektwochen veranstaltet.

Nachrangig ist in diesem Zusammenhang, dass die Schule Schwerpunkte setzt (etwa im musischen, sportlichen oder naturwissenschaftlichen Bereich), an internationalen Leistungsstudien teilnimmt, öfter Schulfeste feiert, Hausaufgabenbetreuung anbietet oder den Schulhof kreativ gestaltet. Damit zeigt sich, dass die befragten Göttinger Eltern offensichtlich nicht wesentlich andere Prioritäten setzen als die Eltern der Marburger Studie (Büchner/Koch 2001, 89). Eltern erwarten demnach von der von ihnen ausgewählten Schule nicht nur die Vermittlung von Wissen in Form von Fach- und Allgemeinwissen, sondern darüber hinaus auch, dass die Schule auf soziales Lernen ausgerichtet ist. Schließlich werden möglichst offene und damit schülerorientierte Lernformen ebenso selbstverständlich erwartet wie die Zusammenarbeit der Schule mit den Eltern. Mit dieser Prioritätensetzung haben Eltern offensichtlich erkannt, dass die Veränderungen der Arbeitswelt und die Globalisierung der Märkte Problemlöse- und Orientierungskompetenzen erfordern, die über rein fachbezogene Angelegenheiten hinausgehen.

Dass die Göttinger Schulen den Anforderungen der Eltern dabei weitgehend gerecht werden, zeigt die Tatsache, dass 93% der Eltern mit der getroffenen Wahl der Schule zufrieden sind und diese Schule nochmals auswählen würden. Dass die Eltern im Kontext des Übergangs allerdings auch den Anspruch nach einer adäquaten pädagogischen Gestaltung dieses Schulwechsels stellen, lässt sich daran erkennen, dass ein signifikanter Zusammenhang zwischen der Wiederwahl einer Schule und einer freundlichen Übergangsgestaltung durch die Lehrer besteht. Um die Kontinuität von Lernprozessen sicherzustellen, sind 72% der befragten Göttinger Eltern der Ansicht, dass die Lehrer, die in den fünften Klassen unterrichten, sich vorher informieren sollten, wie in der Grundschule gelernt wurde. 73% befürworten eine stärkere Kooperation zwischen weiterführenden Schulen und Grundschulen und 67% glauben, dass diese Kooperation dazu beitragen könnte, Übergangsprobleme abzubauen. Dass eine gelungene Eingewöhnung in eine neue Schule nicht selbstverständlich ist, zeigt sich an dem Antwortverhalten auf die Frage: „Mein Kind kam gut in der neuen Schule zurecht". Hier geben zwar 40% der Eltern an, dass dies für ihr Kind zutrifft, aber im Umkehrschluss bedeutet dies, dass 60% der Kinder mit der Eingewöhnung mehr oder minder große Schwierigkeiten hatten.

5. Anpassungsleistungen erbringen – die biographische Herausforderung der Kinder

Für die betreffenden Schüler stellt der Übergang nach der vierten Klasse eine wichtige biographische Herausforderung in ihrem Leben dar. Da dieser Übergang mit neuen Anforderungen und Risiken verbunden ist, wird er in der Literatur häufig als „kritisches Lebensereignis" bezeichnet. Diese sind zu verstehen als „Eingriff in das zu einem Zeitpunkt aufgebaute Passungsgefüge zwischen Person und Umwelt" (Filipp 1995, 9). Ob diese Anpassungsleistung gelingt oder nicht, hängt zum einen von der individuellen Fähigkeit des Einzelnen, zum anderen aber auch von den jeweiligen (schulischen) Rahmenbedingungen und den vorhandenen außerindividuellen Unterstützungsleistungen, die eine Entwicklung fördern oder hemmen können, ab.

Der Übergang in eine weiterführende Schule erfordert von den betreffenden Schülern Anpassungsleistungen auf unterschiedlichen Ebenen: So müssen sie sich an gestiegenen *Leistungserwartungen* und *Leistungsanforderung*en von Seiten der Eltern und Lehrer gewöhnen und hierauf mit besonderer Anstrengung reagieren. Eder (1995) betont z.B., dass sich die Zensuren in der fünften Klasse im Durchschnitt um etwa eine halbe Note verschlechtern, und Mayr/Hofer/Huemer (1992) verweisen darauf, dass die Arbeitsbelastungen am Nachmittag deutlich ansteigen. Hinzu kommt, dass die aus der Grundschule gewohnten schülerorientierten *Arbeits- und Lernformen* (Wochenplan, freie Arbeit), die einen großen Anteil selbsttätiger Elemente beinhalten, in der Sekundarstufe nicht unbedingt weitergeführt werden, sondern dort lehrerzentrierte Unterrichtsformen (Frontalunterricht, Lehrervortrag) dominieren. Zuletzt müssen sich die Schüler neue *soziale Beziehungen* aufbauen. Hier gilt es, sich auf neue Lehrer einzustellen und zu erkennen, dass das vormals innige Verhältnis zum Grundschullehrer durch eine Vielzahl wenig intensiver Beziehungen zu den Fachlehrern abgelöst wird. Anstrengung erfordert auch das Hineinwachsen in den neuen Sozialverband der Klasse, der Aufbau neuer Freundschaften und das Ausloten der eigenen Rolle innerhalb der Klasse.

Rückblickende, biographisch rekonstruktiv ansetzende Untersuchungen kommen zu dem Ergebnis (Steffens 1984, Roediger 1988), dass der Übergang in die Sekundarstufe von den Betroffenen als tiefer lebensgeschichtlicher Einschnitt erlebt wird, der von vielen erst nach vielen Monaten, ja Jahren angemessen verarbeitet werden kann. Obwohl im Kontext des Übergangs in eine weiterführende Schule immer wieder vom so genannten Sekundarstufenschock die Rede ist, trifft dieser nicht alle Kinder gleich stark. Das Konzept des kritischen Lebensereignisses beinhaltet auch den aktiven Umgang der Person mit diesen Ereignissen, und aus der Kindheitsforschung wissen wir, dass Kinder und Jugendliche sehr wohl in der Lage sind, als Akteure ihre Umwelt zu beeinflussen und ihr Leben zu gestalten (Honig 1999).

Dass dabei sowohl die bisherige Bewältigungsgeschichte früherer kritischer Lebensereignisse (Filipp, 1995, 8) als auch das Eltern-Kind-Verhältnis (Stecher 2000) einen wichtigen Beitrag zur gelungenen Anpassung an schulische Anforderungen leistet, lässt sich auch anhand des Materials aus dem „Projekt Kinderleben" (du Bois-Reymond u.a. 1994, Büchner u.a. 1998) belegen. In diesem interkulturell vergleichenden Projekt wurden in einer qualitativ-ethnographischen Längsschnittstudie Kinder über ihre alltäglichen Lebenserfahrungen in Familie, Schule und Gleichaltrigengruppe befragt. Obwohl der Schwerpunkt der Studie auf der Beschreibung und Analyse des außerschulischen Kinderlebens lag, zeigte sich, dass das „Denken und Handeln der Kinder außerhalb der Schule direkt und indirekt von schulischen Gegebenheiten und Abläufen beeinflusst wird" (du Bois-Reymond u.a. 1994, 117). Die Ausstrahlung der Schule auf die außerschulische Zeit scheint dabei umso geringer zu sein, je besser die Kinder in der Schule zurechtkommen. Betrachtet man in diesem Kontext die konkreten Übergangserfahrungen der interviewten Kinder, dann zeigt sich, dass alle Kinder mehr oder weniger mit den oben beschriebenen Problemen konfrontiert werden, jedoch individuell unterschiedlich darauf reagieren. Für gelungene Übergangsprozesse scheinen dabei die richtige Passung von Eltern, Kindern und Schule genauso wichtig zu sein wie die vorher gemachten schulischen Erfahrungen und die familialen Unterstützungsleistungen.

Die von du Bois-Reymond u.a. (1994, 117ff.) ausführlicher beschriebenen Kinder *Alexander*, *Uli* und *Sabine* und ihre Eltern verfügen dabei über eine derartige Passung und die entsprechenden positiven Vorerfahrungen. Sie besuchen in der Fortsetzung der Bildungstradition ihrer Eltern ein Gymnasium und erzielen dort gute Noten. Bei der Auswahl der Schule haben die Eltern auf ein für ihre Kinder passendes Profil der Einzelschule geachtet und sind dazu bereit, auch längere Schulwege für ihre Kinder in Kauf zu nehmen. Sabines Mutter erklärt z.B. die Auswahl der weiterführenden Schule damit, dass diese über ein Schulorchester verfügt, in dem ihre Tochter, die schon seit der Grundschule ein Instrument lernt, mitspielen kann. Für Alexanders Mutter waren die leistungsbezogenen Anforderungen des Gymnasiums wichtig, die „sehr anspruchsvoll" sind. Da Alexander sehr leistungsorientiert ist, schien ihr dieses Gymnasium passend. Und bei Uli waren die Eltern von dem pädagogischen Anspruch der Schule positiv eingenommen. Der Vater meint zur Schule seines Sohnes: „Die ist eine der besten, die ich kenne. … Der Schulleiter ist jemand, der weit über seine Schule hinaus arbeitet und denkt." Da auch Ulis Eltern sich als gesellschaftlich aktiv empfinden, scheint die Schule zu ihnen und ihren Kindern „zu passen". Die Erfahrungen der Kinder mit dem Übergang bestätigen diese Einschätzung. Uli meint – befragt zum Übergang: „Der war eigentlich ganz gut. … Umstellen musste ich mich bei den Hausaufgaben und die Schule ist halt auch schwerer, aber es geht trotzdem gut. … Ich bin auch ziemlich gut in der Schule". Hiermit deutet er an, dass die biographische Herausforderung „Übergang" auch deswegen gut bewältigt werden konnte – und dies gilt auch für Sabine und Alexander – weil sie bereits in der Grundschule die Erfahrung gemacht haben, zu den besseren Schülern zu gehören. Die elterlichen Unterstützungsleistungen sind, da die Noten keinen Anlass zur Sorge geben, eher indirekt: Die Eltern stehen bei schulischen Lernfragen oder bei Problemen fast immer mit ihrem Rat zur Verfügung. Zur gelungenen Bewältigung des Übergangs hat sicher auch beigetragen, dass die Kinder bei der Auswahl der weiterführenden Schulen aktiv beteiligt waren und sich in diesem Kontext als aktiv Handelnde wahrnehmen.

Im Gegensatz hierzu haben die Kinder *Tina* und *Christian*[7] die Schulzeit vor und nach dem Übergang als schwierig wahrgenommen. Zum Zeitpunkt des ersten Interviews besuchten beide die Förderstufe einer Gesamtschule. Befragt nach schwierigen Zeiten in seinem Leben berichtet Christian vor allem von den ersten vier Jahren der Grundschule. Dort hatte er immer wieder „Ärger" mit seiner Grundschullehrerin gehabt, die seine Lese-Rechtschreibschwäche nicht erkannt hat und ihn behandelte „als wäre ich dumm". Der Leistungsdruck, dem Christian in der Grundschule ausgesetzt ist, äußert sich in psychosomatischen Beschwerden wie Kopf- und Bauchschmerzen, entsprechend schlecht fällt die Grundschulempfehlung aus. Bei der Auswahl der weiterführenden Schule wird Christian von seinen Eltern nicht aktiv einbezogen. Diese haben sich zunächst für die Schulform „Gesamtschule" entschieden, da sie von dieser einen pädagogischeren Umgang mit Lernen und Leistung erwarten und zugleich die Schullaufbahn des Sohnes noch offen halten wollen. Im Gegensatz zu den Eltern von Uli, Sabine und Alexander erfolgt die Auswahl der konkreten Einzelschule dann jedoch aus pragmatischen Gründen und wird weniger schulprofilbezogen getroffen. Gewählt wird eine Gesamtschule, die in der Nähe der Wohnung liegt und die mit dem Fahrrad gut zu erreichen ist. Obwohl Christian den Übergang als „großes Glück" bezeichnet, bleiben seine Lernschwierigkeiten und seine psychosomatischen Beschwerden auch nach dem Übergang bestehen und deuten darauf hin, dass er die für einen gelungenen Übergangsprozess notwendigen Anpassungsleistungen offensichtlich nicht erbringen kann. Seine Mutter unterstützt Christians Schulkarriere zudem eher indifferent. Zwar möchte sie, dass ihr Sohn „zumindest einen Realschulabschluss schafft", sie unterstützt ihn allerdings nicht direkt (z.B. durch Hilfe bei den Hausaufgaben oder bei konkreten Lernschwierigkeiten) und vermittelt ihm auch nicht den Eindruck, dass er dies aus eigener

7 Ausführliche Beschreibung der Fälle bei Koch/Weiß (1998).

Kraft schaffen könnte. Vielmehr neigt sie dazu, seine schulischen Probleme auf die Unfähigkeit der Grundschullehrerin und die mangelnde Unterstützung der Lehrer in der Gesamtschule zurückzuführen. Christian wird damit in der Übergangssituation von seiner Mutter keine aktiv handelnde Rolle zugestanden, er ist vielmehr dem Verhalten der Lehrer ausgeliefert. Christian selbst übernimmt dieses Deutungsmuster. Er hat sich mit seinen Lernschwierigkeiten abgefunden und versucht nicht, seine Situation aktiv zu verändern (indem er z.B. in seiner Freizeit lernt). Sein Ziel ist es, „die Schule irgendwie zu schaffen", welchen Abschluss er erreichen wird, kann er beim dritten Interview deswegen auch noch nicht genau einschätzen.

Einen wesentlich aktiveren Umgang mit Lernschwierigkeiten in der Grundschule legt Tina an den Tag. In der Grundschule hatte sie ebenfalls Probleme in Deutsch, da die Grundschullehrerin, sie nicht „mochte". Am Ende der Grundschulzeit bekam sie nicht die erwartete Gymnasialempfehlung, sondern lediglich eine für die Realschule. Tina besucht daraufhin die Förderstufe der örtlichen Gesamtschule, sie selbst hätte lieber das benachbarte Privatgymnasium besucht. Den Übergang in die Förderstufe beschreibt sie als wenig gelungen, da ihr ihre Freundinnen fehlen (die zumeist das Gymnasium besuchen) und sie von Anfang an Schwierigkeiten mit dem Fach Englisch hat. Die Eltern sehen die Förderstufe als Bewährungszeit an und haben die Aufstiegsoption für ihre Tochter noch nicht aufgegeben. Sie bezahlen Tina Nachhilfe in Englisch, vermitteln ihrer Tochter, dass sie diesen Aufstieg auch schaffen kann, und Tina „beißt sich durch", wie sie selbst sagt. Am Ende der sechsten Klasse erhält sie eine Empfehlung für das Gymnasium und wechselt auf das von ihr schon nach der Grundschule favorisierte Privatgymnasium. Der Schulwechsel dorthin war wiederum „ziemlich schwer", weil sie „nicht sofort neue Freundinnen gefunden" hat und auch die Probleme in Englisch geblieben sind. Sie bekommt daher weiter Nachhilfe. Zudem beschreibt sie soziale Unsicherheiten, da das Privatgymnasium von vielen „reichen Kindern" besucht wird, mit deren Sozialstatus ihre Familie nicht mithalten kann. Statt zu resignieren, grenzt sie sich von ihren Mitschülern ab, entwickelt ein gutes Selbstbewusstsein und lernt, „sich durchzusetzen". Mit 16 Jahren beurteilt sie ihre schulische Situation als „ganz o. k.", ihre schulischen Leistungen liegen „so im mittelmäßigen" Bereich. Sie ist sich jedoch sicher, dass sie das Abitur schaffen wird und dann studieren kann.

Während Tina und ihre Familie versuchen, die Übergangsituation aktiv zu gestalten, und ihnen dies auch gelingt, verhalten sich Christian und seine Eltern eher passiv mit den entsprechenden (weil nicht kalkulierbaren) Folgen für die Schulkarriere des Sohnes. Im Vergleich zu den Eltern von Sabine, Uli und Alexander wiederum kümmern sich Christians Eltern weniger um das konkrete

Passungsverhältnis von Kind und Einzelschule. Christian kann daher das „kritische Lebensereignis“ Übergang weit weniger gut bewältigen als die anderen.

6. Zusammenfassung

Der Übergang in eine weiterführende Schule erfordert von allen beteiligten Gruppen spezifische Anpassungsleistungen. In diesem Beitrag wurde versucht zu verdeutlichen, dass Lehrer auf die Anforderungen des Übergangs vor allem pädagogisch reagieren müssen, während Eltern und Kinder insbesondere biographische Herausforderungen zu bewältigen haben. Die Auswertung sowohl der Marburger als auch der Göttinger Elternstudie deuten darauf hin, dass die elterlichen Vorstellungen vom schulischen Lernen in den weiterführenden Schulen keineswegs allein fächer- und schulabschlussbezogen begründet sind. Vielmehr verbinden Eltern ihre Vorstellungen von schulischem Lernen deutlich mit pädagogischen Erwartungen. So wollen viele Eltern, dass die Schule für ihre Kinder als Lebensraum gestaltet wird, in dem diese sich wohl fühlen und in dem viele Möglichkeiten auch zum überfachlichen Lernen angeboten werden. Eine biographisch rekonstruktive Auswertung von Kinderinterviews ergab hier, dass der Übergang von der Grundschule in die Sekundarstufe immer auch ein individuelles Erlebnis ist und es für jedes Kind eine spezifische eigene Übergangssituation gibt. Diese wird von den schulischen Vorerfahrungen, dem Passungsverhältnis von Kindern und Eltern auf der einen Seite und der Institution auf der anderen Seite und dem vorhandenen familialen Unterstützungspotential determiniert. Für eine gelungene Übergangsbewältigung gilt es die Lernanforderungen, die sich aus der Diskontinuität des Übergangsprozesses ergeben, aktiv zu nutzen. Die Bewältigung der Übergangssituation gelingt dabei umso eher, je mehr sich die Lehrer um Kontinuität im Lernprozess bemühen.

Literatur

Baumert, J./Cortina, K. S./Leschinsky, A. (2003): Grundlegende Entwicklungen und Strukturprobleme im allgemein bildenden Schulwesen. In: Cortina, K. S./Baumert, J./Leschinsky, A./Mayer, K. U./Trommer, L. (Hrsg.): Das Bildungswesen in der Bundesrepublik Deutschland. Reinbek: Rowohlt , 52-147.

Beck, G. (2002): Den Übergang gestalten. Wege vom 4. ins 5. Schuljahr. Seelze-Velber: Kallmeyer'sche Verlagsbuchhandlung.

Bellenberg, G./Hovestadt, G./Klemm, K. (2004): Selektivität und Durchlässigkeit im allgemein bildenden Schulsystem. Essen. Abrufbar unter http://www.gew.de/Binaries/Binary6323/Studie_Selektivitaet_und_Durchlaessigkeit.pdf (03.11.05).

Böhnel, E. (1993): Wirkung von Unterricht in der leistungsheterogenen Gruppe auf Lernleistung, Schulangst, Schulfreude und auf Sozialkontakte zwischen den Schülern – unter besonderer Berücksichtigung des österreichischen Bildungswesens. In: Olechowski, R./Persey, E. (Hrsg.): Frühe schulische Auslese. Frankfurt/M.: Lang, 102-120.

Büchner, P./Fuhs, B. (1998): Gibt es im Rahmen der Schulkultur Platz für Kinder? Zu Gestaltungsproblemen von Schulkultur zwischen schulpädagogischem Anspruch und kinderkulturellen Gegebenheiten. In: Keuffer, J. u.a. (Hrsg.): Schulkultur als Gestaltungsaufgabe. Weinheim: Dt. Studienverlag, 385-404.

Büchner, P./du Bois-Reymond, M./Eccarius, J./Fuhs, B./Krüger, H.-H. (1998): Teenie-Welten. Aufwachsen in drei europäischen Regionen. Opladen: Leske + Budrich.

Büchner, P./Koch, K. (2001): Von der Grundschule in die Sekundarstufe. Band 1: Der Übergang aus Kinder- und Elternsicht. Opladen: Leske + Budrich.

Cortina, K. S./Trommer, L. (2003): Bildungswege und Bildungsbiographien in der Sekundarstufe I. In: Cortina, K. S./Baumert, J./Leschinsky, A./Mayer, K. U./Trommer, L. (Hrsg.): Das Bildungswesen in der Bundesrepublik Deutschland. Reinbek: Rowohlt, 343-390.

Ditton, H. (1992): Ungleichheit und Mobilität durch Bildung. Theorie und empirische Untersuchung über sozialräumliche Aspekte von Bildungsentscheidungen. Weinheim und München: Juventa.

du Bois-Reymond, M./Büchner, P./Krüger, H.-H./Ecarius, J./Fuhs, B. (1994): Kinderleben. Modernisierung von Kindheit im interkulturellen Vergleich. Opladen: Leske + Budrich.

Ebner, R. (2001): Motive für den Besuch kirchlicher Gymnasien. Eine Befragung der Schülereltern in Ost und West im Jahre 1998. In: Eykmann, W. (Hrsg.): Gnade und Erziehung. Bonn: Schriftenreihe der Katholischen Elternschaft Deutschlands, 29-48.

Eder, F. (1995): Das Befinden von Kindern und Jugendlichen in der Schule. Forschungsbericht im Auftrag des BMUK. Innsbruck: Österr. Studien-Verlag.

Fauser, P. (1992): Kontinuität als Anspruch. Schulpädagogische Überlegungen zum Übergang von der Grundschule in die Sekundarstufe I. In: Hameyer, U. (Hrsg.): Innovationsprozesse in der Grundschule. Bad Heilbrunn: Klinkhardt, 330-352.

Fend, H. (1997): Der Umgang mit Schule in der Adoleszenz. Lebensentwürfe, Selbstfindung und Weltaneignung in beruflichen, familiären und politisch-weltanschaulichen Bereichen. Bern, Stuttgart, Toronto: Huber.

Filipp, S.-H. (1995): Ein allgemeines Modell für die Analyse kritischer Lebensereignisse. In: Filipp, S.-H. (Hrsg.): Kritische Lebensereignisse (3. Aufl.). Weinheim: Psychologie Verlags Union, 3-52.

Herrlitz, H.-G./Hopf, W./Titze, H. (1998): Deutsche Schulgeschichte von 1800 bis zur Gegenwart. 2. ergänzte Auflage. Weinheim und München: Juventa.

Honig, M.-S. (1999): Entwurf einer Theorie der Kindheit. Frankfurt/M.: Suhrkamp.

Hopf, D./Krappmann, L./Scheerer, H. (1979): Schullaufbahnen. 3. Grundschulreport des Max-Planck-Instituts für Bildungsforschung. In: betrifft erziehung, 12, 5, 44-54.

Hurrelmann, K. (1992): Warum der Übergang bei uns so schwer ist. In: Grundschule, 24, 4, 26-19.
IFS-Umfrage (1996): In: Rolff, H.-G./Bauer, K.-O./Klemm, K./Pfeiffer, H. (Hrsg.): Jahrbuch der Schulentwicklung, Band 9. Daten, Beispiele und Perspektiven. Weinheim und München: Juventa, 13-55.
Koch, K. (2001): Von der Grundschule in die Sekundarstufe. Die Sicht der Lehrerinnen und Lehrer. Bd. 2. Opladen: Leske + Budrich.
Koch, K. (2004): Der Übergang in die Sekundarstufe. Probleme aus der Sicht von Lehrerinnen und Lehrern. In: Die Deutsche Schule, 96, 1, 56-66.
Koch, K./Weiß, A. (1998): Wandel in der Freizeit beim Übergang des Kindes ins Jugendalter. In: Büchner P./du Bois-Reymond, M./Ecarius, J./Fuhs, B./Krüger, H.-H. (Hrsg.): Teenie-Welten. Aufwachsen in drei europäischen Regionen. Opladen: Leske + Budrich, 181-199.
Lehmann, R. H./ Peek, R./Gänsfuß, R. (1997): Aspekte der Lernausgangslage von Schülerinnen und Schülern der fünften Klassen an Hamburger Schulen. Hamburg: Eigendruck BSJB.
Marwedel, U. (1991): Übergang von der Grundschule zur weiterführenden Schule. Ein Modell für eine sanfte Eingewöhnungsphase. Soest: Institut für Lehrerbildung.
Mayr, J./Hofer, M./Huemer, G. (1992): Schul-Zeit am Übergang von der Grundschule zur Sekundarstufe. In: Erziehung + Unterricht, 143, 9, 494-500.
Merkens, H./Wessel, A./Dohle, K. (1997): Einflüsse des Elternhauses auf die Schulwahl der Kinder in Berlin und Brandenburg. In: Tenorth, E. (Hrsg.): Kindheit, Jugend und Bildungsarbeit im Wandel. Ergebnisse der Transformationsforschung. Zeitschrift für Pädagogik, 37. Beiheft, 255-276.
Mitzlaff, H./Wiederhold, K. A. (1989): Gibt es überhaupt Übergangsprobleme? Erste Ergebnisse aus einem Forschungsprojekt. In: Portmann, R./Wiederhold, K. A./Mitzlaff, H. (Hrsg.): Übergänge nach der Grundschule. Frankfurt/M.: Arbeitskreis Grundschule e.V., 12-41.
Picht, G. (1964): Die deutsche Bildungskatastrophe: Analyse und Dokumentation. Olten/ Freiburg im Breisgau: Walter-Verlag.
PISA-Konsortium (Hrsg.) (2001): PISA 2000. Basiskompetenzen von Schülerinnen und Schülern im internationalen Vergleich. Opladen: Leske + Budrich.
Portmann, R./Schneider, E. (1988): Brückenschläge. Von der Grundschule in die weiterführenden Schulen. Heinsberg: Dieck.
Portmann, R. (1995): Die Sache mit der Eignung. Über die Vorhersagbarkeit von Schulerfolg. In: Humane Schule, 21, 10, 7-11.
Roediger, H.: (1988): Stefan zwischen Hoffen und Bangen. In: Grundschule 20, 10, 32-37.
Schmitt, R. (Hrsg.) (2001): Grundlegende Bildung in und für Europa. Frankfurt/M.: Grundschulverband.
Schneider, W. (1994): Der Übergang in die weiterführende Schule nach dem 4. oder 6. Grundschuljahr? Theoretische Analysen und empirische Beiträge zur Prognose des Schulerfolgs. In: Bayerische Schule, 47, 5, 15-20.
Schultze, A. (1988): Entscheiden will gelernt sein. Ein Kooperationsmodell für den Übergang. In: Die Grundschule, 20, 10, 30-31.

Schulz, A. (2000): Grundschule und soziale Ungleichheiten. Bildungsperspektiven in einer großstädtischen Region. In: Die Deutsche Schule, 92, 4, 464-479.

Sirsch, U. (2000): Probleme beim Schulwechsel. Die subjektive Bedeutung des bevorstehenden Wechsels von der Grundschule in die weiterführende Schule. Münster u.a.: Waxmann.

Speiser, I. (Hrsg.) (1993): Determinanten der Schulwahl. Privatschulen – öffentliche Schulen. Frankfurt/M. u.a.: Lang.

Stecher, L. (2000): Entwicklung der Lern- und Schulfreude im Übergang von der Kindheit zur Jugend. Welche Rolle spielt die Familienstruktur und die Qualität der Eltern-Kind-Beziehungen? In: Zeitschrift für Soziologie der Erziehung und Sozialisation, 20, 1, 70-88.

Steffens, U. (1984): „Michaela" – wie Schüler mit Lernproblemen ihre Gesamtschule erleben. In: Die deutsche Schule, 76, 2 , 32-37.

Wittenbruch, W. (1995): Grundschule. Texte und Bilder zur Geschichte einer jungen Schulstufe. Heinsberg: Dieck.

Thema B:

Soziale Netzwerke, Peers und Familie

Vorwort

Die Bedeutung von sozialen Beziehungen im Kindes- und Jugendalter hat in der amerikanischen Literatur eine ausgeprägte Tradition. So gibt es eine umfangreiche Studie zu der Bedeutung von Peers in der Entwicklung von Problemverhalten oder dem Einfluss von geschlechterspezifischem Erziehungsverhalten auf Mädchen und Jungen. Besonders hervorzuheben sind dabei die Arbeiten von Glen Elder und Kollegen, die bemüht sind, soziale Beziehungen auf der interpersonellen Ebene in der Interaktion mit gesellschaftlichen Faktoren zu verbinden.

Die deutsche Jugendforschung hat vor allem die Frage nach der schwindenden Bedeutung sozialer Beziehungen vor dem Hintergrund gesellschaftlicher Veränderungsprozesse in den Blick genommen und sieht den Verlust von engeren Bindungen im Mikrokontext einer Person als Folge von gesellschaftlichen Individualisierungsprozessen. Es wird argumentiert, dass die Entwicklung moderner Industriegesellschaften eine Auflösung von tradierten Lebens- und Beziehungsformen nach sich zieht, ohne dass sie durch gleichwertige Beziehungen ersetzt werden können. Insbesondere familiale und verwandtschaftliche Beziehungen hätten in Konsequenz dieser gesellschaftlichen Entwicklungen die prägende Bedeutung für Heranwachsende verloren. Doch auch Peerbeziehungen und soziale Netzwerke von Kindern und Jugendlichen treten in einer individualisierten Gesellschaft nur mehr vereinzelt auf und haben vornehmlich funktionalen Charakter.

Die im Themenblock „Soziale Netzwerke, Peers und Familie“ aufgenommenen Beiträge von Christine *Schmid*, Markus *Hess* und Kollegen gehen der Frage nach der Bedeutung von Familie und Peers in der Transmission von Werten und Einstellungen nach. Entgegen der häufig diskutierten Annahmen zum Zusammenhang moderner gesellschaftlicher Prozesse und der schwindenden Bedeutung von sozialen Beziehungen machen ihre Arbeiten deutlich, dass auch in der heutigen Jugendforschung die individuelle Entwicklung von Jugendlichen in ihrer Gänze nur unter empirischer Berücksichtigung ihrer sozialen Netzwerke dargelegt werden kann. So stellt Schmid anhand einer Längsschnittstudie dar, inwieweit Übereinstimmungen in politischen Orientierungen zwischen Freunden auf das Verhalten der Jugendlichen im Umgang miteinander eine Bedeutung haben. Hess und Kollegen hingegen erläutern Ähnlichkeiten und Transmissionsprozesse von Einstellungen zwischen gleich- und gegengeschlechtlichen Dyaden innerhalb von Familien. Neben neuen Einblicken zur Bedeutung sozialer Beziehungen und Netzwerke sprechen diese Arbeiten zu Themen im Bereich der Wertetransmission in der Jugend. Beide Beiträge verdeutlichen, dass die Darstellung von engen sozialen Beziehungen auf die individuelle Entwicklung Jugendlicher zweifellos ein wichtiges Thema für die zukünftige Jugendforschung ist und bleiben wird.

Ganz besonders haben wir uns gefreut, dass wir William *Bukowski*, einen der gegenwärtig bedeutendsten Peer-Forscher Nordamerikas, dazu gewinnen konnten, einen Beitrag für diesen Themenblock zu konzipieren. Er stellt fünf neuere theoretische und empirische Ansätze der Nordamerikanischen Peer-Forschung vor und weist überzeugend auf Entwicklungen in der Forschung zur Bedeutung von sozialen Beziehungen hin, die auch Jugendforscher im europäischen Raum aufmerksam verfolgen sollten.

Angela Ittel und Hans Merkens

Research on peers and adolescent development: What's doing in North America?

William M. Bukowski, Ryan E. Adams and Jonathan B. Santo

Abstract: Peer relations research in North America has become increasing complex and divergent in its approaches, its topics, and its concerns. Whereas peer research at one time hade been largely concerned with the univariate effects of rejection, acceptance and friendship, current research is concerned with the role of peer relations as mediators and moderators in modes that include multiple predictors and outcomes. Current topics of research on peer relations included processes, such as deviancy training and co-rumination, as well forms of interaction such as victimization, and types of negative relationships such as enemies. As in Europe, the study of peer relations during adolescence is alive and well in North America.

Research on peer relations is perpetually in a state of early adolescence. Never able to sit still for very long, it is on the move, and going in different directions without tearing itself away too much from the past. It is always looking for new contacts, trying out new identities and ideas, preferring complexity to simplicity, and maybe trying to stir up a bit of mischief along the way. Activity in the study of adolescent peer relations has never been higher, more diverse, and more sophisticated than it is today. In this essay we point to five directions that, broadly speaking, define the current study of adolescent peer relations by researchers in North America. As with advances in other domains of the social and natural sciences, the recent developments that we will discuss may share some common roots but each adds to the breadth and depth of this area of research. We discuss five „trends" or areas of „new" or „revived" research. They are (a) the replacement of single factor models with models that involve mediation and moderation, (b) emphasis on process, (c) victimization, (d) a concern with status or „popularity", and (e) an interest in the dark side of peer relations. We conclude with comments about a few nascent research topics.

1. Moderators and Mediators instead of single factors

From one perspective the largest change that has been seen in the study of peer relations in the past 10 years is a change in methods. This change is the shift in the study of peers from research that focuses solely on main effects to research that explores the moderated and mediated effects of peers. While this shift is surely influenced by the often cited Baron and Kenny (1986) paper that explains the concepts of mediators and moderators, this shift must also be due to the reality that peer relations in adolescence are too complex to be understood by simply examining how variable X predicts variable Y. Instead, it is often found that the link between two variables is different at one level of a third variable than it is another level, as is the case in a moderational model. It can be the case also that the route from one variable to another goes through another, as is the case in a mediational model.

Most importantly, simple main effect models are often simply insufficient for testing prevailing theories about adolescent development. As a result more complex analytical models are needed. For instance, Sullivan (1953) hypothesized that close friendship in early adolescence have the power to compensate for the deleterious effects that result from negative family experiences. This hypothesis predicts that the link between negative family experiences and developmental outcomes is not the same for all adolescents but rather will be determined by peer experiences. This hypothesis can not be assessed with a single factor approach. Instead, moderational approaches are needed.

While moderational models utilize a third variable to determine the link between two variables, mediation utilizes a third variable to explain the link between two variables. This approach tests weather the effect of a predictor on a criterion is due, at least in part, to the effects of an intervening variable (i.e., the mediator). For example, recent paper found that the association between shyness and depressed affect was mediated by peer experiences (Dill/Vernberg/Fonagy/Twemlow/Gamm 2004). Specifically, early adolescents who were shy were more likely to be victimized and rejected and being victimized and rejected was, in turn, linked to depressed affect. In addition to peer experiences being a mediator of the effects of an individual's characteristics on developmental outcomes, mediational models can also examine other variables as moderators of the effects of peer experiences on developmental outcomes. For example, the link between negative peer experiences and adjustment has been found to be mediated by self-concept (Lopez/DuBois 2005). Such that, the link from peer victimization and peer rejection to adjustment indices such as emotional, behavioral, and academic problems was through self-worth in the peer context and global self-worth.

It is worth noting that since the Baron and Kenny's (1986) paper has been published there has been some advances in testing mediational models. MacKinnon and colleagues (MacKinnon/Krull/Lockwood 2000, MacKinnon/Lockwood/Hoffman/West/Sheets 2002) have outlined procedures that are less conservative than the 4-step approach suggested by Barron and Kenny (1986) while not compromising type I error. In general, this method requires a significant coefficient between the predictor and the mediator and between the mediator and the criterion with the predictor included in the analysis. The mediated or indirect effect can be computed by multiplying the two path coefficients.

The work by David Kenny was not only influential in drawing the attention of peer researchers to mediational and moderational analyses, but he also has been influential in drawing the attention of the same researchers to the importance of dyadic data analyses. While many theories focus on the importance of close relationships in development (Baumeister/Leary 1995; Bowlby 1969, 1973; Sullivan 1953), it is only recently that there has been an effort to collect dyadic data (i.e., data from each individual in the dyad on close relationships, such as friendships. The reluctance to utilize dyadic data to study close relationships might be due to the fact that the most important characteristic of close relationships, interdependence (Kelly et al. 1983), is also its biggest concern for research. Individuals in a dyad mutually affect each other and this interdependence between individuals results in the data not being independent. Lack of independence violates many statistical assumptions, which results in biased significance tests (Kenny 1995; Kenny/Judd 1986). To solve this problem of interdependence, David Kenny has created models to separately account for effects of each person and the effects unique to the dyad (Kashy/Kenny 2000; Kenny 1988, 1990, 1996; Kenny/Cook 1999). His Actor-Partner Interdependence Model (APIM) partitions the variance into effects of an individual on the criterion (i.e., the actor effects), the effects of the individual's partner on the criterion (i.e., the partner effects), and the effects of a unique combination of the actor and the partner's scores on the criterion (i.e, the effect of the dyad). To model the APIM effects various statistical methods can be used. For instance, a pooled regression technique can estimate the effects by combining the results from two regressions (Kashy/Kenny 2000). In addition to regression techniques, structural equation models (Gonzales/Griffin 1999), PROC MIXED in SAS (Kenny/Cook 1999; Campbell/Kashy 2002), and hierarchical linear modeling (HLM; Campbell/Kashy 2002) can also be utilized to estimate APIM effects.

A paper by the current authors' concerning the stability of aggression in early adolescents will serve as an example (Adams/Bukowski/Bagwell 2005). An AIPM estimated utilizing HLM found that participant's initial level of aggression (i.e., actor effect), their friends level of aggression (i.e., partner effect), the reciprocated status of the friendship (i.e., dyad descriptor effect), and the interaction between all three of these effects predicted stability in aggression over a six month period. For children with high initial levels of aggression, those with unreciprocated aggressive friends were the most stable in their aggression. For children with low initial levels of aggression, most remained stably low in aggression while the type of friendship and friend aggression having little effect on stability. Adolescents who were high in aggression at time 1 and had an aggressive friend (reciprocated or not) remained aggressive at time 2, but those who were aggressive at time 1 and had non-aggressive friends actually displayed much lower levels of aggression at time 2. The opposite did not occur for those adolescents low in aggression at time 1. Those who were low in aggression with aggressive friends at time 1 did not increase in aggression. By utilizing this analytical approach, this study was able to uncover novel findings in regards to the area of aggression and peer relations.

2. Dyadic Processes in Adolescent Friendships

In addition to examining the characteristics of individuals and dyads, the peer literature has seen a shift in attention to processes that occur within dyads. This is particularly salient with regards to the areas of research in deviancy training, as detailed by Dishion and colleagues, and that of „co-rumination", as detailed by Rose and colleagues. The reinforcing nature of friends' deviant behaviors in at-risk boys is addressed in Dishion's reports. In the Oregon Youth Study (Capaldi/Patterson 1987; Patterson/Reid/Dishion 1992), problem solving conversations of adolescents and their friends were observed. The rate of positive affect (i.e. laughing) was recorded during discussions of rule breaking. Such positive affect was interpreted as a reinforcement of delinquency within the relationship, or deviancy training. In other words, the amount of reinforcement of a particular delinquent behavior is directly proportional to the amount that friends laugh at those behaviors. This has been supported by longitudinal data.

Deviancy training has predicted use of tobacco, alcohol, and marijuana this population two years later even in those who were abstinent two years before. Self-reported delinquency and self- and police reported violent behavior also increased. In fact, deviancy training by peers during the 8th grade completely mediated the prediction of growth in antisocial behavior between 4th to 12th grade (Patterson/Dishion/Yoerger 2000). And so, the increase in antisocial behavior from childhood to late adolescence is through the effect of deviant friends and deviancy training. Therefore, in children who exhibit anti-social behavior, early deviant friends have the capacity to reinforce such behavior which then goes on to new and increased levels of such behavior at a later age. A dynamic systems framework focusing on information from each member of a dyad has been utilized to observe the interactions of these participants and their friends (Dishion/Nelson/Bullock 2004).

Individual's behaviors were simultaneously plotted over the course of the conversation. This provided an overall pattern of deviant friendship processes for the conversation. Entropy within the conversation was also assessed. High entropy characterized unstable disorganized interaction patterns while low entropy denoted an organized interaction pattern. Both deviant friendship processes and entropy were used to predict antisocial behavior in young adulthood. Boys with conversations high in deviant friendship process and low in entropy had the highest levels of antisocial behavior at age 24. Meanwhile, boys whose conversations were low in deviant friendship process and low in entropy had the lowest levels of antisocial behavior. Finally, conversations which were high in entropy (regardless of the level of deviant friendship process) had levels of antisocial behavior which were between these two groups.

While deviancy training is a process that is typically been examined among males, Rose's research on co-rumination has focused on a process that is found more often in female friendships. Co-rumination develops in relationships through self-disclosure in which members share thoughts and feelings that in turn lead to closeness. However, co-rumination occurs by repeatedly focusing on problems and dwelling on negative affect. Because of this, it is believed that this type of disclosure process is related to depression (Rose 2002).

Rose has commented that, compared to boys, girls' relationships are closer in some respects and this adds more of a risk of engaging in co-rumination. In turn, this would lead to an increase in the experience of negative effects of co-rumination. Moreover, Rose suggests that a potential cause of gender differences in depression is co-rumination and the data seems to support this notion. Through the use of observational studies and surveys of preadolescents and adolescents, co-rumination is more prevalent in female relationships, particularly in early adolescence (Rose 2002; Rose/Schwartz/Carlson 2005).

Gender effects on friendship quality and internalizing symptoms have been shown to be partially mediated by co-rumination. Therefore, gender differences in relationship quality and internalizing symptoms could be explained by co-rumination. However, while the amount of self disclosure in the relationship may explain the link between co-rumination and friendship quality, it does not explain the link between co-rumination and internalizing symptoms. Several of these findings have been replicated through studies observing friends' conversations about their problems (Rose et al. 2005). In addition, this research also demonstrates that within conversations, how participants respond to their friends comments concerning their problems was related to the amount of co-rumination. For example, responding to problems with support and acknowledgement encourages talking about problems and was a characteristic of relationships marked by high co-rumination

3. Peer Victimization

The study of the negative effects of peers has not been limited to the context of friendships but has also involved the negative effects of the peer group as a whole, specifically the effects of peer victimization. The study of peer victimization can be divided into two realms of research: risk factors for being victimized and the effects of being victimized. For both realms, studies have shown that what at first seem to be simple associations are often found to be more complex. For instance, social withdrawal, low self-worth, peer rejection, friendlessness, physical weakness, obesity, internalizing problems, and externalizing problems have all been found to be risk factors for being victimized (Boivin/Hymel 1997; Graham/Juvonen 1998; Kochenderfer/Ladd 1997; Hodges/Perry 1999). Interestingly, the effects of these risk factors for predicting victimization have found to be weakened for those with positive self-concept and a protective friendship (Egan/Perry 1998; Hodges/Malone/Perry 1997; Hodges/Boivin/Vitaro/Bukowski 1999). For the links between victimization and adjustment the same complexity can be found in relatively simple associations. For example, a study of daily reports of peer harassment in middle schools found that personally experiencing as well as witnessing harassment was directly linked to increases in daily anxiety (Nishina/Juvonen 2005). When looking at the data more closely, it was found that there was no link between experiencing harassment and humiliation if the individual also witnessed harassment on the same day. In addition, another study found that the link between victimization and anxiety was determined by social disorder in the classroom (Bellmore/Witkow/Graham/Juvonen 2004). The link between victimization and anxiety was stronger in those classrooms classroom with low social disorder and when the child's ethnicity was shared by many classmates.

4. Popularity

At one time the study of peer relations during the school age and early adolescent years was dominated by an interest in "acceptance" (i.e., how much a child is liked by peers) and „rejection" (i.e., how much a child is disliked by peers). Recently there had been an interest in distinguishing between these variables and measures of liking and disliking and measures of popularity (i.e., the extent to which a child is *perceived* to be liked by peers. Whereas measures of acceptance rely on direct assessment of how much a child (e.g., questions such as „who do you most like?" and "„who do you most dislike?") in a sociometric questionnaire, popularity is measured in a peer assessment format via items such as „who is popular“ of „who is liked by everyone“ (Parkhurst/Hopmeyer 1998; LaFontana/Cillessen 2002).

This interest in popularity supports Northway’s (1944) initial claim that being accepted and being popular are different phenomena that have different antecedents and different consequences. Whereas being liked or accepted is on a dyadic level (i.e., one person has affection for someone else), popularity is a group oriented phenomenon. Recent research has shown that acceptance and popularity have different correlates. For example, although measures of aggression are negatively related *to acceptance* among peers, aggression appears to be positively related to perceived *popularity* (Cillessen/Rose 2005). Although the association between aggression and popularity may be seen even during the preschool period (Vaughn/Vollenweider/Bost/Azria-Evans/Snider 2003), this association appears to be stronger during early adolescence (Cillessen/Mayeux 2004; Prinstein/Cillessen 2003). These findings have been interpreted according to ideas about how groups function and how groups reward persons who promote the group’s functioning (see Bukowski/Sippola 2001). Whereas the main reward that one can receive at the level of the dyad is affection, the main rewards that one can get from the group in general is power, attention, and status. And whereas group members victimize peers who impede the group’s evolution and coherence, groups give power, attention and status to group members who promote the group’s well being. Given that group leaders (i.e., those that are popular) may, at times, have to be forceful, strong, and assertive, their behavior may include a larger coercive or aggressive component than is seen among other individuals. This tendency to ascribe power and status to moderately aggressive individuals may be more pronounced in adolescence when aggression is seen as a more normative entity than among younger children (Moffitt 1993). As a result, the status of being popular may often go together with aggression especially for young adolescents (Prinstein/Cillessen 2003).

5. The Dark Side: Enemies

Although much of the research on peer relationships has focused on the positive benefits of a dyad, recent research has examined the presence and effects of mutual disliking relationships (Hartup/Abecassis 2002). Research with young adolescents have shown that the frequency of these relationships can be quite high, perhaps as high as 58% in some classrooms (Abecassis/Hartup/Haseelager/Scholte/Van Lieshout 2002; Rodkin/Farmer/Pearl/Van Acker 2000). Although mutual antipathies may be experienced by many adolescents at some time they are most common among rejected children (see below for discussion of peer rejection) and they are more common among boys than girls (Abecassis 2003; Rodkin et al. 2000). But, it is important to note that enmity is not simply due to elevated levels of rejection (Pope 2003). Some research shows that participation in enemy dyads may be a consequence of attachment-related experiences (Hodges/Card 2003). Specifically adolescents whose attachment-related coping styles are incompatible (e.g., one has an avoidant style and the other is preoccupied) are more likely to become enemies than are other children. Although the developmental significance of mutual antipathies is not clear, it is known that adolescents in enemy relationships tend to be more depressed than are other children and the presence of a mutual antipathy appears to increase the effect of other negative experiences (Schwartz, Hopmeyer-Gorman, Toblin, Abou-ezzeddine 2003). Nevertheless, participating in the process of mutual disliking may be one means by which young people develop a clearer sense of their likes and dislikes and of their own identity (Abecassis 2003).

Certainly many issues related to the study of mutual antipathies require further exploration. One important issue is the operational definition of what constitutes an enemy. Whereas mutual liking is a mere minimum criterion for friendship, mutual disliking must be considered the minimum criterion for „enemyship.“ As Abecassis (2003) and Hartup (2003) have stated already, having a real enemy implies more than just disliking. It means war! Researchers need to think carefully how to define and measure the concept of the „enemy“ and to develop clearer ideas about the antecedents and consequences of theses experiences

6. What's new: A look to the future

At the outset of this essay we stated that the study of adolescent peer relations in North America is, like adolescents themselves, always „on the go“. We have tried to point to some recent trends and new areas of activity. We should note also that there are some burgeoning areas of study that are just getting off the ground in a grand way. One of these is the use of qualitative approaches to studying adolescent development. A recent volume edited by Way and Hamm (2005) showed the utility of using qualitative approaches for the study adolescent friendship. A second area is the study of peer relations and culture (Chen/French/Schneider, in press). In many ways the study of culture is, quite literally, a remaining frontier for the study of peer relations in adolescence. French and colleagues show that it can give anyone interested in peer relations, regardless of where they live, new ideas and new insights in the role that age-mates contribute to adolescent development. It is these developments in new research areas that will keep the study of peer relations in adolescence in a perpetual adolescent growth spurt.

References

Abecassis, M. (2003): I Hate You Just the Way You Are: Exploring the Formation, Maintenance, and Need for Enemies. In: New Directions for Child & Adolescent Development, 102, 5-23.

Abecassis, M./Hartup, W. W./Haseelager, G. J. T./Scholte, R. H. J./Van Lieshout, C. F. M. (2002): Mutual antipathies and their significance in middle childhood and adolescence. In: Child Development, 73, 1543-1556.

Adams, R./Bukowski, W. M./Bagwell, C. (2005): Stability of aggression during early adolescence as moderated by reciprocated friendship status and friend's aggression. In: International Journal of Behavioral Development, 29 (2), 139-145.

Baumeister, R. F./Leary, M. R. (1995): The need to belong: Desire for interpersonal attachments as a fundamental human motivation. In: Psychological-Bulletin, 117, 497-529.

Baron, R. M./Kenny, D. A. (1986): The moderator mediator variable distinction in social psychological research: Conceptual, strategic, and statistical considerations. In: Journal of Personality and Social Psychology, 51 (6), 1173-1182.

Bellmore, A. D./Witkow, M. R/Graham, S./Juvonen, J. (2004): Beyond the Individual: The Impact of Ethnic Context and Classroom Behavioral Norms on Victims' Adjustment. In: Developmental Psychology, 40 (6), 1159-1172.

Boivin, M./Hymel, S. (1997): Peer experiences and social self-perceptions: A sequential model. In: Developmental Psychology, 33,135-145.

Bowlby, J. (1969): Disruption of affectional bonds and its effects on behavior. In: Canada's Mental Health Supplement, No 59, 12.

Bowlby, J. (1973): Separation: Anxiety & Anger. Vol. 2 of Attachment and loss. New York: Basic Books.

Bukowski, W. M./Sippola, L. K. (2001): Groups, individuals, and victimization: A view of the peer system. In: Graham, S./Juvonen, J. (Eds.): Peer harassment in school: The plight of the vulnerable and victimized. New York, NY, US: Guilford Press, pp. 355-377.

Campbell, L./Kashy, D.A. (2002): Estimating actor, partner, and interaction effects for dyadic data using PROC MIXED and HLM: A user-friendly guide. In: Personal Relationships, 9, 327-342.

Capaldi, D./Patterson, G. R. (1987): An approach to the problem of recruitment and retention rates for longitudinal research. In: Behavioral Assessment, 9, 169-177.

Chen, X./French, D. C./ Schneider, B. W. (in press): Culture and peer relationships. In: Chen, X./French, D. C./Schneider, B. W. (Eds.): Peer Relationships in Cultural Context. Cambridge University Press, Cambridge, United Kingdom.

Cillessen, A. H. N./Mayeux, L. (2004): From Censure to Reinforcement: Developmental Changes in the Association Between Aggression and Social Status. In: Child Development, 75 (1), 147-163.

Cillessen, A. H. N./Rose, A. (2005): Understanding Popularity in the Peer System. In: Current Directions in Psychological Science, 14 (2), 102-105.

Dill, E. J./Vernberg, E. M./Fonagy, P./Twemlow, S. W./Gamm, B. K. (2004): Negative Affect in Victimized Children: The Roles of Social Withdrawal, Peer Rejection, and Attitudes Toward Bullying. In: Journal of Abnormal Child Psychology, 32 (2), 159-173.

Dishion, T. J./Nelson, S. E./Bullock, B. (2004): Premature adolescent autonomy: Parent Disengagement and deviant peer process in the amplification of problem behaviour. In: Journal of Adolescence, 27, 515-530.

Egan, S. K./Perry, D. G. (1998): Does low self-regard invite victimization? In: Developmental Psychology, 34 (2), 299-309.

Gonzalez, R./Griffin, D. (1999): The correlation analysis of dyad-level data in the distinguishable case. In: Personal Relationships, 6 (4), 449-469.

Graham, S./Juvonen, J. (1998): Self-blame and peer victimization in middle school: An attributional analysis. In: Developmental Psychology, 34, 587-599.

Hartup, W. W. (2003): Toward Understanding Mutual Antipathies in Childhood and Adolescence. In: New Directions for Child & Adolescent Development, 102, 111-124.

Hartup, W.W./Abecassis, M. (2002): Friends and enemies. In: Smith, P. K./Hart, C. H. (Eds.): Blackwell handbook of childhood social development. Malden, MA: Blackwell Publishers, pp. 286-306.

Hodges, E. V. E./Card, N. A. (2003): Editor's Notes. In: New Directions for Child & Adolescent Development, 102, 1-4.

Hodges, E. V. E./Boivin, M./Vitaro, F./Bukowski, W. M. (1999): The power of friendship: Protection against an escalating cycle of peer victimization. In: Developmental Psychology, 35, 94-101.

Hodges, E. V. E./Malone, M. J./Perry, D. G. (1997): Individual risk and social risk as interacting determinants of victimization in the peer group. In: Developmental Psychology, 33, 1032-1039.

Hodges, E. V. E./Perry, D. G. (1999): Personal and interpersonal consequences of victimization by peers. In: Journal of Personality and Social Psychology, 76, 677-685.

Kashy, D. A./Kenny, D.A. (2000): The analysis of data from dyads and groups. In: Reis, H. T./Judd, C. M. (Eds.): Handbook of research methods in psychology. New York: Cambridge University Press, 451-477.

Kelly, H. H./Bercheid, E./Christensen, A./Harvey, J. H./Huston, T. L./Levinger, G. et al. (1983): Close relationships. New York, NY, US: Freeman.

Kenny, D. A. (1988): The analysis of data from two-person relationships. Oxford: John Wiley and Sons.

Kenny, D. A. (1990): Design issues in dyadic research. In: Review of personality and social psychology, Vol. 11. Thousand Oaks, CA, US: Sage Publications, Inc.

Kenny, D. A. (1995): Design and analysis issues in dyadic research. In: Review of Personality and Social Psychology, 11, 164-184.

Kenny, D. A. (1996): Models of non-independence in dyadic research. In: Journal of Social and Personal Relationships, 13 (2), 279-294.
Kenny, D. A./Cook, W. (1999): Partner effects in relationship research: Conceptual issues, analytic difficulties, and illustrations. In: Personal Relationships, 6 (4), 433-448.
Kenny, D. A./Judd, C. M. (1986): Consequences of violating the independence assumption in analysis of variance. In: Psychological Bulletin, 99, 422-431.
Kochenderfer, B. J./Ladd, G. W. (1997): Victimized children's responses to peers' aggression: Behaviors associated with reduced versus continued victimization. In: Development and Psychopathology, 9, 59-73.
LaFontana, K.M./Cillessen, A. H. N. (2002): Children's perceptions of popular and unpopular peers: A multimethod assessment. In: Developmental-Psychology, 38, 635-647.
Lopez, C./DuBois, D. L. (2005): Peer victimization and rejection: investigation of an integrative model of effects on emotional, behavioral, and academic adjustment in early adolescence. In: Journal of Clinical Child and Adolescent Psychology 34 (1), 25-36.
MacKinnon, D. P/Krull,J. L./Lockwood, C. M. (2000): Equivalence of the mediation, confounding and suppression effect. In: Prevention-Science, 1 (4): 173-181.
MacKinnon, D. P./Lockwood, C. M./Hoffman, J. M./West, S. G./Sheets, V. (2002): A comparison of methods to test mediation and other intervening variable effects. In: Psychological-Methods, 7 (1): 83-104.
Moffitt, T. (1993): Adolescence-limited and life-course-persistent antisocial behavior: A developmental taxonomy. In: Psychological-Review, 100, 674-701.
Nishina, A./Juvonen, J. (2005): Daily Reports of Witnessing and Experiencing Peer Harassment in Middle School. In: Child-Development, 76, 435-450.
Northway, M. L. (1944): Outsiders: A study of the personality patterns of children least acceptable to their age mates. In: Sociometry, 7, 10-25.
Parkhurst, J. T./Hopmeyer, A. (1998): Sociometric popularity and peer-perceived popularity: Two distinct dimensions of peer status. In: Journal of Early Adolescence, 18, 125-144.
Patterson, G. R./Dishion, T. J./Yoerger, K. (2000): Adolescent growth in new forms of problem behavior: Macro- and micro-peer dynamics. In: Prevention Science, 1, 3-13.
Patterson, G. R./Reid, J. B./Dishion, T. J. (1992): Antisocial boys: Vol. 4. A social interactional approach. Eugene, OR: Castalia.
Pope, A. W. (2003): Developmental Risk Associated With Mutual Dislike in Elementary School Children. In: New Directions for Child & Adolescent Development, 102, 89-111.
Prinstein, M./Cillessen, A. (2003): Forms and functions of adolescent peer aggression associated with high levels of peer status. In: Merrill-Palmer-Quarterly, 49, 310-342.
Rodkin, P. C./Farmer, T. W./Pearl, R./Van Acker, R. (2000): Heterogeneity of popular boys: Antisocial and prosocial configurations. In: Developmental Psychology, 36, 14-24.
Rose, A. J. (2002): Co-rumination in the friendships of girls and boys. In: Child Development, 73, 1830-1843.

Rose, A. J./Schwartz, R. A./Carlson, W. (2005): An Observational Assessment of Co-Rumination in the Friendships of Girls and Boys. Paper presented at the Society for Research in Child Development, Atlanta, Georgia, U.S.A.

Schwartz, D./Hopmeyer-Gorman, A./Toblin, R. L./Abou-ezzeddine, T. (2003): Mutual Antipathies in the Peer Group as a Moderating Factor in the Association Between Community Violence Exposure and Psychosocial Maladjustment. In: Hodges, E./ Card, V. (Eds.): New Directions for Child and Adolescent Development, 30, 39.54.

Sullivan, H. S. (1953): The interpersonal theory of psychiatry. New York: Norton.

Vaughn, B./Vollenweider, M./Bost, K./Azria-Evans, M./Snider, J. (2003): Negative interactions and social competence for preschool children in two samples: Reconsidering the interpretation of aggressive behavior for young children. In: Merrill-Palmer-Quarterly, 49 (3), 245-278.

Way, N./Hamm, J. (2005): Qualitative studies of friendship (New directions for child and adolescent development). San Francisco: Jossey Bass.

Innerfamiliale Transmission von Geschlechterrollenorientierungen bei Jugendlichen: Die Bedeutung des Erziehungsverhaltens und des Familienzusammenhalts

Intrafamiliar transmission of adolescent gender roles: The impact of parenting behavior and family cohesion

Markus Hess, Angela Ittel und Poldi Kuhl

Zusammenfassung: Obwohl die Geschlechterrollenorientierung (GRO) in der Adoleszenz durch vielfältige Sozialisationskontexte geprägt wird, stellt die Familie nach wie vor eine der wichtigsten Kontexte zur Beeinflussung der GRO dar. Ziel dieser Studie war es, die Komplexität der innerfamilialen Transmission von Geschlechterrollen zu beleuchten, indem Faktoren wie das geschlechtsspezifische Erziehungsverhalten und die Familienkohäsion in ein Modell der Geschlechterrollensozialisation integriert wurden. Die Daten wurden aus einer Studie mit 244 Geschwisterpaaren und deren Eltern gewonnen. Bivariate Analysen ergaben signifikante Zusammenhänge der GRO in allen innerfamilialen Dyaden. Außerdem zeigen sich deutliche geschlechtsspezifische Muster von Erziehungsverhalten und des Familienzusammenhalts für die unterschiedlichen Dyaden innerhalb der Familien. Die vorliegende Studie betont die Wichtigkeit einer geschlechtsspezifischen Betrachtung innerfamilialer Sozialisationsprozesse.

Abstract: Although gender role orientation (GRO) in adolescence is shaped within multiple socialization contexts, the family remains to be one of the primary contexts influencing the formation of GROs. The aim of this study was to shed light on the complexity of gender role transmission within families by incorporating several factors in a model of GRO sozialisation, such as perceived gender-specifc parenting and family cohesion. The data stems from a study with 244 sibling pairs and their parents. Bivariate analyses revealed significant associations of GRO in all intrafamiliar dyads. Concerning the effect of parenting and family cohesion on these associations, gender specific patterns within the different dyads emerged. In sum, the present study highlights the importance of a gender differentiated approach on intrafamiliar socialization processes.

1. Die Entwicklung von Geschlechterrollen in der Familie

Die individuelle Geschlechterrollenorientierung (GRO) wird in multiplen Sozialisationskontexten konstruiert (Ruble/Martin 1998). Allerdings berichten weit mehr Studien über die Bedeutung der Familie in der Entwicklung von Geschlechterrollen während der Kindheit als während der Adoleszenz (Trautner 2002). Dies mag damit zu begründen sein, dass weithin angenommen wird, dass Erwartungen an normative Verhaltensweisen bereits in der frühen Kindheit in der Familie erlernt werden (Lauer/Lauer 1994) und dass die Familie in der Kindheit einen größeren Einfluss auf die individuelle Entwicklung ausübt als in der Adoleszenz (Larson/Richards/Moneta/Holmbeck/Duckett 1996). In dieser Altersphase wird, so die Annahme, die Orientierung nach Geschlechterrollen in zunehmendem Maße durch außerfamiliale Informationsquellen bestimmt. Jüngere Studien zeigen entgegen der Vermutung eines wachsenden Einflusses von Peers, Lehrern und Medien (Martin/Wood/Little 1990; Steinberg 2001), dass die Familie in der Adoleszenz nach wie vor als einer der einflussreichsten Sozialisationskontexte in der Übertragung und Ausprägung von Einstellungen zu Geschlechterrollen gilt (Mounts 2002). Zudem stand in Studien zur geschlechtsspezifischen Sozialisation häufig weniger die Frage nach der Ausprägung der normativen Vorstellung von geschlechtstypischem Verhalten im Vordergrund, sondern die Frage nach der Ausprägung der Geschlechtsidentität, also nach Aspekten der Selbstidentifikation. Eher selten wurde daher bislang untersucht, welche direkten und indirekten innerfamilialen Einflüsse die Ausprägung von GRO in der Adoleszenz bedingen (O'Bryan/Fishbein/Ritchey 2004).

Ziel dieses Beitrags ist es zu beginnen, diese bisherigen Forschungslücken zu schließen und die Frage nach der innerfamilialen Transmission von Geschlechterrollenorientierung in ihrer Komplexität darzustellen. Es sollen demnach nicht nur die Ähnlichkeiten zwischen Eltern und Kindern, sondern auch Faktoren aufgezeigt werden, die diese Ähnlichkeiten verstärken. Auf innerfamilialer Ebene haben wir spezielles Augenmerk auf das geschlechtsspezifische Erziehungsverhalten aus Sicht der Jugendlichen gerichtet und dabei Jugendliche im mittleren und späten Adoleszenzalter (Smetana/Campione-Barr/Metzger 2006) und deren Familien befragt. Unsere Annahmen zur Übertragung von GRO innerhalb der Familie basieren auf Studien zur Wertetransmission in Familien, deren Ergebnisse wir im Folgenden kurz zusammenfassen.

2. Wertetransmission in Familien

Studien zur Wertetransmission in Familien beschäftigen sich mit unterschiedlichen Arten von Werten und deren Transmission in verschiedenen Altersphasen, in denen die Eltern-Kind-Zusammenhänge nicht immer gleich stark ausgeprägt sind (Boehnke 2001; Chen/Kaplan 2001; Kohn/Slomczynski/Schoenbach 1986; Nauck 1995, 1997). Zusammenfassend zeigen die Ergebnisse der Wertetransmissionsforschung allerdings, dass Mädchen und Jungen in ihren Einstellungen, in ihren Werthaltungen und in ihrem Verhalten ihren Eltern auf dem Weg ins Erwachsenenalter ähnlicher werden (Acock 1984; Hofer/Reinders/Fries/Clausen 2005). Unter den zahlreichen Studien im Rahmen der Transmissionsforschung haben sich allerdings nur wenige mit der innerfamilialen Weitergabe von GRO beschäftigt. Dies ist erstaunlich, wenn man bedenkt, dass die Geschlechterrollenorientierung einen Wertebereich darstellt, der eine besonders hohe gesellschaftliche Bedeutung besitzt. In der Diskussion um die Auflösung traditioneller Geschlechterrollen, um die gestiegene Erwerbsbeteiligung von Frauen und um die nach wie vor vorhandenen Ungleichheiten im geschlechtsspezifischen Lohngefüge (Geißler 2004) stellt sich unter anderem die Frage, inwiefern Geschlechterrollenorientierungen in Familien zwischen den Generationen weitergegeben werden und welche mediierenden und moderierenden Prozesse bei dieser Wertetransmission aufzuzeigen sind.

Im Rahmen einer Metaanalyse von 43 Studien konnten Tenenbaum und Leaper (2002) mit einer geringen aber dennoch statistisch bedeutsamen Effektstärke (r = .16) zeigen, dass elterliche und kindliche GRO[1] verknüpft sind. Eine Einschätzung der Assoziationsstärke der unterschiedlichen innerfamilialen Eltern-Kind-Dyaden erfolgte in der Studie jedoch nicht. Nimmt man die einzelnen innerfamilialen Dyaden ins Visier, so fällt auf, dass in den vorliegenden Studien allein zu diesem Thema häufig nur die Transmission zwischen Müttern und Töchtern thematisiert wurde. So befragten Ex und Janssens (1998) in einer Untersuchung insgesamt 165 weibliche Jugendliche im Alter von 15 bis 22 Jahren sowie deren Mütter zu ihren Einstellungen zur Mutterschaft und der weiblichen Rolle in der Gesellschaft. Es ergaben sich für beide Variablen bedeutsame Zusammenhänge zwischen Müttern und Töchtern (r = .25 bis r = .40). Bohannon und White Blanton (1999) befragten 40 Mutter-Tochter-Dyaden einmal in der frühen Jugend (Alter der Töchter = 12 Jahre) und ein zweites Mal im jungen Erwachsenenalter zu ihren Geschlechterrollenorientierungen (Durchschnittsalter der Töchter zum zweiten Messzeitpunkt = 27,4 Jahre). Die Ergebnisse weisen darauf hin, dass sich Mütter und Töchter sowohl zum ersten als auch zum zweiten Messzeitpunkt in ihren GRO ähnlich waren. Moen, Erickson und Dempster-McClain (1997) befragten Mütter zu zwei Messzeitpunkten (1956 und 1986) sowie deren Töchter einmal (1988) zu ihrer GRO und zu ihrer Arbeitsorientierung. Es zeigte sich, dass Töchter den Müttern bezüglich der GRO mehr ähnelten als hinsichtlich ihrer Arbeitsorientierung. Als Erklärung für die größere Ähnlichkeit zwischen Müttern und Töchtern in Bezug auf die GRO vermuten die Autoren, dass die Arbeitsorientierung der Töchter durch ihre eigene Erfahrungen in der Arbeitswelt beeinflusst ist, während ihre GRO durch die Auseinandersetzung mit den Müttern geprägt wurde. Andere Studien kamen hinsichtlich der Übereinstimmung der GRO zwischen Müttern und Kindern beiderlei Geschlechts zu

---

1 In zahlreichen der berücksichtigten Studien wurde die GRO anhand der „Attitudes Toward Women Scale" (AWS) von Spence und Helmreich (1972) gemessen.

ähnlichen Ergebnissen. In einer längsschnittlich angelegten Studie beispielsweise befragten Thornton, Alwin und Camburn (1983) insgesamt 916 Mütter in den Jahren 1962, 1977 und 1980 zu deren Geschlechterrollenorientierungen. Hinzu kam 1980 eine Befragung der zu diesem Zeitpunkt 18-jährigen Kinder. Anhand von Strukturgleichungsmodellen konnten bedeutsame Ähnlichkeiten zwischen den Einstellungen der Mütter und den Einstellungen der Kinder beiderlei Geschlechts nachgewiesen werden.

Während diese hier dargestellten Studien zwar wichtige Einblicke in die Zusammenhänge zwischen der GRO von Müttern und ihren Kindern bieten, wissen wir immer noch relativ wenig über die Ähnlichkeiten der GRO zwischen Vater und Kind innerhalb einer Familie. Die wenigen Untersuchungen, in denen die einzelnen Dyaden innerhalb der Familie berücksichtig wurden, ergaben bislang keine eindeutigen Resultate hinsichtlich der Transmission von GRO. Burt und Scott (2002) analysierten Daten von 602 Familien des British Household Panel Survey (BHPS; siehe Buck/Gershuny/Rose/Scott 1994). Dabei wurden jeweils beide Elternteile und ein Kind zweimal befragt (1994/95 und 1996/97). Das Alter der Jugendlichen variierte zum ersten Befragungszeitpunkt zwischen 11 und 15 Jahren. Die jeweils zu einem der beiden Messzeitpunkte vorhandenen bedeutsamen gleichgeschlechtlichen Eltern-Kind-Korrelationen bezüglich der traditionellen GRO zeigten sich nicht über beide Messzeitpunkte hinweg ($r_{Mutter/Tochter} = .31$ zum Messzeitpunkt 1 vs. $r_{Mutter/Tochter} = .04$ zum Messzeitpunkt 2 und $r_{Vater/Sohn} = .01$ zum Messzeitpunkt 1 vs. $r_{Vater/Sohn} = .29$ zum Messzeitpunkt 2). Zugleich ergaben sich schwache, aber konsistente Zusammenhänge in den gegengeschlechtlichen Eltern-Kind-Dyaden bei beiden Messzeitpunkten ($r_{Mutter/Sohn} = .14$ bzw. $r = .21$ und $r_{Vater/Tochter} = .19$ bzw. $r = .19$). Die Autoren bewerten dieses Ergebnis dahingehend, dass Kinder durch den gleichgeschlechtlichen Elternteil nicht stärker beeinflusst werden als durch den gegengeschlechtlichen Elternteil.

In einer weiteren Studie befragten O'Bryan et al. (2004) 57 männliche und 54 weibliche Jugendliche aus neunten und elften Klassen nordamerikanischer Schulen sowie beide Elternteile zu den persönlichen Geschlechterrollenorientierungen. Die Autoren postulierten ein differenzielles Modell der Eltern-Kind-Transmission, in dem eine Bereichsspezifität hinsichtlich der Ähnlichkeit von unterschiedlichen Wertebereichen zwischen innerfamilialen Dyaden angenommen wird. Bezüglich der Transmission von GRO als einem der relevanten Wertebereiche konnten O'Bryan et al. zeigen, dass die GRO des Vaters in größerem Zusammenhang mit der GRO der Kinder stehen als die GRO der Mutter. Die Autoren schlussfolgern, dass Väter ein stärkeres Bedürfnis als Mütter verspüren, ihren Kindern Werte bezüglich der sexuellen Identität zu vermitteln. Auch Fishbein (2002) kommt in einer Zusammenfassung relevanter Untersuchungen zu diesem Thema zu dem Schluss, dass Väter hinsichtlich der Ausprägung geschlechtsrollenkonformen Verhaltens und geschlechtsspezifischer Vorurteile einen größeren Einfluss auf ihre Söhne und Töchter ausüben als Mütter.

Kulik (2002) untersuchte im Rahmen einer Querschnittuntersuchung in 134 israelischen Familien Zusammenhänge zwischen Eltern und ihren Kindern hinsichtlich der GRO und der Einschätzung von Berufen als typisch männlich oder typisch weiblich. Es wurden Mütter, Väter und jeweils eines der Kinder (zu gleichen Teilen weiblichen und männlichen Geschlechts) befragt. Das Alter der befragten Jugendlichen lag zwischen 13 und 17 Jahren. Im Ergebnis der Befragung zeigten sich für alle innerfamilialen Dyaden bedeutsame Korrelationen hinsichtlich der Geschlechterrollenorientierung ($r = .22$ bis $r = .58$). In der Untersuchung ergab sich außerdem ein höherer Zusammenhang zwischen Vater und Sohn hinsichtlich der Ausprägungen der GRO als zwischen Vater und Tochter. Für die Mutter-Kind-Zusammenhänge waren hingegen keine Unterschiede zwischen Töchtern und Söhnen zu beobachten.

Zusammenfassend betrachtet verweisen die bisherigen Studien auf einen bedeutsamen Zusammenhang zwischen elterlichen und kindlichen Geschlechterrollenorientierungen, der allerdings in der Höhe und zwischen den jeweiligen innerfamilialen Dyaden variiert. Die hier dargestellten zum Teil uneinheitlichen Befunde zu den unterschiedlichen Dyaden weisen aber gerade auf die Dringlichkeit hin, die geschlechtsspezifischen familialen Bedingungsgefüge in der Entwicklung von GRO genauer zu untersuchen.

Wenig Berücksichtigung fand in den bisherigen Studien auch die Frage, ob sich die Transmissionsprozesse bei den unterschiedlichen innerfamilialen Dyaden nicht nur in ihrer Quantität (also der Höhe der Zusammenhänge), sondern auch in ihrer Qualität (also der Art und Weise, wie sie zustande kommen) unterscheiden (s. hierzu O'Bryan et al. 2004). Im Folgenden wird daher näher auf Erklärungsansätze intergenerationaler Transmission eingegangen, um mögliche Mediatoren und Moderatoren für die Beziehung kindlicher und elterlicher GRO abzuleiten.

3. Erklärungsansätze zur Transmission von GRO

Während sich die bisher geschilderten Studien der Frage gewidmet haben, inwiefern sich Eltern und Kinder in ihren GRO ähneln, überrascht es, dass die geschlechtsspezifischen Prozesse, die die Ähnlichkeit zwischen Jugendlichen und ihren Eltern begünstigen oder behindern, empirisch selten überprüft wurden (Richards/Gitelson/Peterson/Hartig 1991). Auf der theoretischen Ebene wird ganz allgemein dem elterlichen Erziehungsverhalten eine wichtige Rolle bei der

Weitergabe von Wertvorstellungen, Einstellungen und Verhalten zugesprochen. In den wenigen Studien, die nicht nur die Höhe der Eltern-Kind-Zusammenhänge, sondern auch die Einflussfaktoren auf die innerfamiliale Wertetransmission berücksichtigt haben, standen bislang nur selten die Geschlechterrollenorientierungen der Familienmitglieder im Mittelpunkt. Schönpflug (2001) befragte in einer Studie insgesamt 300 männliche türkische Jugendliche aus Berlin, Konstanz und Istanbul im Alter zwischen14 und 19 Jahren sowie deren Väter zu deren kollektivistischen und individualistischen Wertvorstellungen sowie die Jugendlichen zum väterlichen Erziehungsverhalten (empathisch vs. rigide, in Anlehnung an Baumrind 1991). Die Ergebnisse ihrer Regressionsanalysen lassen den Schluss zu, dass das Ausmaß der Wertetransmission unabhängig vom sozialen Kontext dann am größten ist, wenn die Vater-Sohn-Beziehung durch einen empathischen und wenig rigiden Erziehungsstil geprägt ist. In Bezug auf moralische Werte stellt White (2000) fest, dass Jugendliche, die in Familien mit einer hohen Kohäsion, einem positiven Kommunikationsstil und einem hohen Ausmaß an emotionaler Nähe aufwachsen, ihr moralisches Urteil eher an dem der Eltern ausrichten als Jugendliche, bei denen das Familienklima als negativ zu bezeichnen ist. Auch in einer Studie von White und Matawie (2004) zeigte sich in Übereinstimmung mit den bereits genannten Studien ein positiver Einfluss des Familienklimas auf die Entwicklung moralischer Werte bei den Jugendlichen und ein moderierender Effekt des Familienklimas auf die Ähnlichkeit zwischen Vater und Kind hinsichtlich moralischer Werte.

In Arbeiten zu innerfamilialen Bedingungen von Entwicklungsprozessen werden geschlechtsspezifische Ausprägungen der GRO damit begründet, dass Eltern mit ihren Töchtern und Söhnen unterschiedlich (d.h. geschlechtsrollenkonform) umgehen und diese mit unterschiedlichen (d.h. geschlechtsrollenkonformen) Erwartungen konfrontieren (Eccles/Jacobs/Harold 1990). Eltern geben also ihre eigenen geschlechtsspezifischen Stereotype offen oder verdeckt an ihre Kinder weiter (Hoffman/Kloska 1995). In Bezug auf die Transmission von Geschlechterrollen wird in der bereits oben zitierten Studie von Ex und Janssens (1998) die Rolle der Mutter betont. Die Autoren erfassten als relevante Erziehungsvariable unter anderem das konformistische Erziehungsverhalten der Mütter, also inwiefern die Mutter bei der Erziehung ihrer Tochter darauf achtet, dass diese sich an traditionelle Werte und Normen hält. Mit Hilfe von Strukturgleichungsmodellen konnten die Autoren zeigen, dass eine konformistische Erziehung zu traditionelleren GRO bei den Töchtern führt und das die konformistische Erziehung mit traditionellen GRO der Mütter einhergeht. Ex und Janssens (1998) befragten allerdings nur die Mutter-Kind-Dyade. Dabei erscheint es gerade in Bezug auf die Geschlechterrollensozialisationen sinnvoll, die Geschlechtsspezifität des Erziehungsverhaltens zu berücksichtigen. So war in einer Metaanalyse von 172 Studien (Lytton/Romney 1991) der einzige Erziehungsbereich, in dem deutliche geschlechtsspezifische Erziehungspraktiken zu beobachten waren, die Anregung zu geschlechtsrollenkonformen Aktivitäten. Unklar bleibt, ob es sich wie bei Ex und Janssens (1998) um die direkte erzieherische Vermittlung von Werten handelt oder wie in den Studien von Schönpflug (2001) und White und Matanie (2004) um die Transmission von Werten aufgrund der unspezifischen engen Beziehung zwischen Eltern und Kind.

Weitgehend unabhängig vom unmittelbaren Erziehungsverhalten betonen sozialisationstheoretische Ansätze, wie etwa die soziale Lerntheorie, die Funktion der Eltern als Rollenmodelle vor allem in der frühen Kindheit (Bandura 1979). Demnach wird das Verhalten der Eltern dann von den Kindern nachgeahmt, wenn sich aus dem Verhalten positive Konsequenzen für die Eltern ergeben. Die positiven Konsequenzen werden in der Folge auch für das eigene Verhalten in entsprechenden Situationen antizipiert. Hat beispielsweise ein Elternteil Erfolg mit geschlechtsrollenkonformem Verhalten zur Durchsetzung eigener Interessen, so wird das Kind dieses Verhalten möglicherweise als wirkungsvoll erleben und in das eigene Handlungsspektrum aufnehmen, sofern es die Situation beobachtet hat. Ohne unmittelbar erzieherisch auf die Kinder einzuwirken, können Eltern so eigene Werte und eigene Verhaltensdispositionen auf die Kinder übertragen. Da sich Individuen gemäß der sozialen Lerntheorie eher an Modellen ausrichten, die ihnen ähnlich sind, wäre zu erwarten, dass sich innerhalb von Familien Söhne eher an ihren Vätern und Töchter eher an ihren Müttern orientieren. In Bezug auf die soziale Lerntheorie ist danach zu fragen, ob Eltern auch noch für Jugendliche in der späten Adoleszenz Modellwirkung haben können und ob sich mit Blick auf die bereits erwähnten Ergebnisse der Studie von Burt und Scott (2002) in dieser Altersgruppe eine stärkere Orientierung am gleichgeschlechtlichen Elternteil beobachten lässt.

Um die innerfamilialen Transmissionsprozesse genauer aufklären zu können, ist es notwendig, sowohl elterliche Einstellungen als auch elterliches Verhalten zu erfassen. Daher wurden in der vorliegenden Studie sowohl die Geschlechterrollenorientierungen (Einstellungsebene) als auch das geschlechtsspezifische Erziehungsverhalten (Verhaltensebene) berücksichtigt. Hinsichtlich des Erziehungsverhaltens werden dabei nochmals Variablen, die das allgemeine Familienklima betreffen, von Variablen unterschieden, die als Maß für eine geschlechtsrollenkonforme und geschlechtsspezifische Erziehung gedeutet werden können. Aus den bisherigen Ausführungen lassen sich die folgenden Hypothesen ableiten.

4. Hypothesen

1) Eltern und Kinder ähneln sich hinsichtlich ihrer GRO, wobei höhere Zusammenhänge bei gleichgeschlechtlichen Dyaden innerhalb einer Familie zu erwarten sind.
2) Die Zusammenhänge der GRO zwischen Eltern und ihren Kindern werden durch das Erziehungsverhalten der Eltern beeinflusst. Dabei wirken sich das geschlechtsunspezifische Familienklima moderierend und das geschlechtsspezifische Erziehungsverhalten mediierend auf die Transmission traditioneller GRO bei Jugendlichen aus.[2]

Die Hypothesen lassen sich in ein Gesamtmodell integrieren, das in der folgenden Abbildung graphisch dargestellt ist.

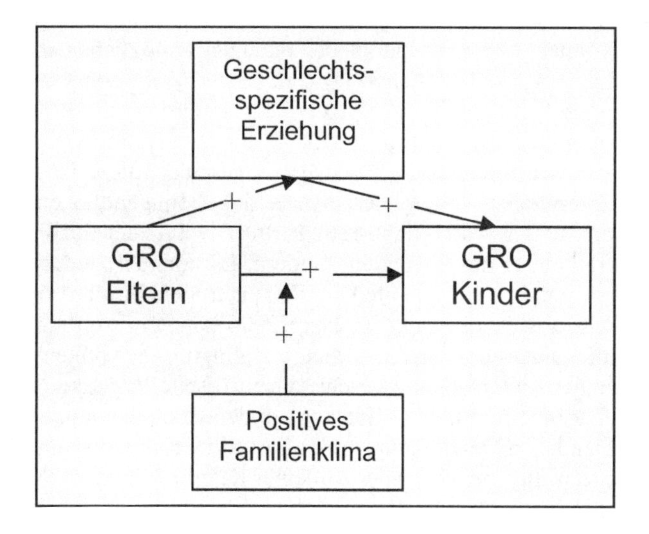

Abbildung 1: Hypothesen zur Transmission von Geschlechterrollenorientierungen (GRO)

2 Eine Moderation liegt dann vor, wenn sich der Zusammenhang der GRO zwischen Eltern und ihren Kindern in Abhängigkeit vom Familienzusammenhalt verändert. Mit Blick auf die zitierten Studien (z.B. Matawie/White 2004) wird angenommen, dass der Zusammenhang in Familien mit hohem Zusammenhalt größer sein sollte als in Familien mit niedrigem Zusammenhalt. Eine Variable (hier: das geschlechtsspezifische Erziehungsverhalten) fungiert dann als Mediator, wenn durch sie der Zusammenhang zweier anderer Variablen (hier: der Zusammenhang zwischen Eltern und Kindern hinsichtlich der GRO) aufgeklärt werden kann (Baron/Kenny 1986).

5. Methode

5.1 Stichprobe

Die Daten stammen aus einer durch die Deutsche Forschungsgemeinschaft geförderten Familien-Längsschnittstudie, die seit 1999 an der Freien Universität Berlin durchgeführt wird. Für die vorliegenden Auswertungen wurden Daten des dritten Messzeitpunktes verwendet, die im zweiten Halbjahr des Jahres 2004 erhoben wurden. Beim ersten Messzeitpunkt wurden für die Untersuchung Schüler (Zieljugendliche) der siebten und achten Klasse (Durchschnittsalter der weiblichen Teilnehmer 14,4 Jahre und der männlichen Teilnehmer 14,1 Jahre) allgemeinbildender Schulen aus Berlin rekrutiert. Die Voraussetzungen für die Teilnahme an der Untersuchung waren, dass die befragten Zieljugendlichen im Elternhaus mit beiden Elternteilen und einem gegengeschlechtlichen Geschwister zusammenwohnen. Diese Teilnahmebedingungen ermöglichen die Analyse von gleich- und gegengeschlechtlichen Dyaden (z.B. Vater/Sohn vs. Vater/Tochter) innerhalb einer Familie. Die Zieljugendlichen wurden in der Schule befragt. Diejenigen Familien, die ihr Einverständnis für eine Befragung gegeben hatten, erhielten postalisch Fragebögen für das gegengeschlechtliche Geschwister sowie die beiden Elternteile. Weitere Geschwister des Zieljugendlichen (vorhanden in 32% der Familien) wurden nicht befragt. In 67,9 Prozent der Familien gab es keine weiteren außer den befragten Kindern. Es konnten zum ersten Messzeitpunkt 504 vollständige sogenannte Familienquadrupel rekrutiert werden.

Zum dritten Messzeitpunkt im Jahre 2004 konnten insgesamt 244 (48,4%) dieser Familienquadrupel für eine weitere Befragung gewonnen werden. Da in der vorliegenden Untersuchung geschlechtspezifische Prozesse und Ausprägungen, nicht aber innerfamiliale Differenzen in den Blick genommen werden, wurden die vorhandenen Daten so umstrukturiert, dass nicht Ziel- und Geschwisterjugendliche (d.h. Jugendliche innerhalb einer Familie), sondern Söhne ($N = 244$, $M_{Alter} = 18{,}6$ Jahre; $SD = 2{,}4$ Jahre) und Töchter ($N = 244$, $M_{Alter} = 18{,}7$ Jahre; $SD = 2{,}1$ Jahre) verglichen wurden. Von den Söhnen besuchten zum Zeitpunkt der dritten Erhebung 134 (54,9%) Jugendliche die Schule. Bei den Töchtern betrug diese Anzahl 150 (61,5%) Jugendliche. Unter den Söhnen, die die Schule bereits verlassen hatten, waren Studenten ($N = 32$), Lehrlinge ($N = 30$) und Zivildienst- und Wehrdienstleistende ($N = 20$) am häufigsten vertreten. Unter den Töchtern waren Lehrlinge ($N = 38$) und Studentinnen ($N = 26$) die größte Gruppe, die die Schule bereits verlassen hatten.

Von den 244 Müttern und Vätern hatten 134 (54,9%) Mütter und 141 (57,8%) Väter mindestens 12 Jahre eine allgemeinbildende Schule besucht. 199 Mütter (81,5%) waren zum Zeitpunkt der Befragung vollzeit- (105 Mütter) oder teilzeitbeschäftigt (94 Mütter). Von den Vätern waren 207 vollzeit- und 7 teilzeitbeschäftigt (insgesamt 214 Väter oder 87,7%). Das durchschnittliche verfügbare Monatseinkommen der befragten Familien betrug 3000 bis 3500 €. Damit lag das durchschnittliche Pro-Kopf-Einkommen in der Stichprobe[3] mit etwa 1570 € deutlich über dem monatlichen Pro-Kopf-Einkommen von etwa 900 € der Berliner Einwohner im Jahr 2002 (Statistisches Landesamt Berlin 2003). Die Repräsentativität der Ergebnisse dieser Untersuchung ist durch den Anteil an Familien mit überdurchschnittlich hohem Einkommen und Bildungsniveau zwar eingeschränkt; dennoch liefern die Daten wertvolle Einsichten in geschlechtsspezifische Prozesse der innerfamilialen Geschlechterrollensozialisation.

5.2 *Instrumente*

Die folgenden Skalen gingen in die Auswertung dieser Untersuchung mit ein: Es wurden Skalen zur Geschlechterrollenorientierung aller Familienmitglieder, zum geschlechtsspezifischen Erziehungsverhalten der Eltern sowie zum Familienzusammenhalt aus Sicht der Jugendlichen erhoben.

Geschlechterrollenorientierung: Die Geschlechterrollenorientierung der Jugendlichen sowie der Eltern wurde mit Hilfe der Kurzform der Skala zur Messung normativer Geschlechtsrollenorientierungen erfasst (Krampen 1979). Ein Item dieser Skala lautete beispielsweise: „Es ist für eine Frau wichtiger, den Ehemann bei seiner Karriere zu unterstützen, als selbst Karriere zu machen." Die Befragungsteilnehmer sollten den Grad ihrer Zustimmung zu den sieben Items auf einer fünfstufigen Antwortskala angeben (1 = „stimmt gar nicht", 2 = „stimmt wenig", 3 = „teils – teils", 4 = „stimmt ziemlich" und 5 = „stimmt völlig"). Die internen Konsistenzen dieser Skalen lag bei allen befragten Gruppen über $\alpha = .70$ und waren damit als gut zu bezeichnen ($\alpha_{Söhne} = .86$, $\alpha_{Töchter} = .75$, $\alpha_{Mutter} = .81$, $\alpha_{Vater} = .83$).

Geschlechtsspezifisches Erziehungsverhalten: Das geschlechtsspezifische Erziehungsverhalten wurde mit Hilfe einer modifizierten Version der deutschen Übersetzung der Skala „Gender-based Attitudes toward Child Rearing (GATCR)" (Hoffman/Kloska 1995) abgebildet. Während in der ursprünglichen Skala die Eltern zu ihrem geschlechtsspezifischen Erziehungsverhalten befragt wurden, wurden in der vorliegenden Version die sechs Items der Skala so umformuliert, dass das geschlechtsspezifische Erziehungsverhalten der Eltern aus der Sicht der Kinder erhoben wurde. Eines der dementsprechend umformulierten Items lautete:

---

3 Das Pro-Kopf-Einkommen wurde berechnet, indem die erste Person im Haushalt mit einem Gewicht von 1 berücksichtigt wurde, alle weiteren Erwachsenen mit einem Gewicht von 0,5 und Kinder mit einem Gewicht von 0,3 (Heß-Meining/Tölke 2006, 269).

„Für meine Eltern war es wichtiger, ihren Sohn als ihre Tochter dazu zu erziehen, stark und unabhängig zu sein.“ Die Zustimmung zu den jeweiligen Items erfolgte anhand von fünf Antwortalternativen (1 = „stimmt gar nicht“, 2 = „stimmt wenig“, 3 = „teils – teils“, 4 = „stimmt ziemlich“ und 5 = „stimmt völlig“). Ein hoher Wert deutet auf eine ausgeprägte geschlechtsspezifische Erziehung hin. Sowohl die Söhne als auch die Töchter gaben Einschätzungen zum Erziehungsverhalten der Mutter und des Vaters ab. Die internen Konsistenzen erwiesen sich sowohl für die Söhne ($\alpha_{Mutter} = .69$ und $\alpha_{Vater} = .67$) als auch die Töchter ($\alpha_{Mutter} = .69$ und $\alpha_{Vater} = .73$) als zufriedenstellend.

Familienzusammenhalt: Nach Schneewind (1991) kann der Familienzusammenhalt das Ausmaß an Familiensolidarität aufzeigen. Im Wesentlichen geht es dabei um die Erfassung der Interaktionsformen in der Familie, der Konfliktbewältigungsstrategien sowie der individuellen Verhandlungsspielräume. Für die vorliegende Untersuchung wird eine gekürzte Fassung der ursprünglich 29 Items umfassenden Skala zum Familienzusammenhalt von Sagy und Antonovsky (1992) ausgewählt. Die Zustimmung der befragten Jugendlichen zu den 12 Items wurde auf einer siebenstufigen Ratingskala eingeschätzt. Ein Beispielitem lautete: „Wenn Du Dinge tun musst, die die Zusammenarbeit aller Familienmitglieder erfordert, hast Du das Gefühl, dass ... ‚es sicher nicht vorangehen wird‘ (1) bis ‚es sicher vorangehen wird‘ (7)“. Ein hoher Wert spricht für einen hohen Familienzusammenhalt. Die 12-Item-Skala erweist sich für die Jugendlichen als reliabel: Für die Söhne liegen die internen Konsistenzen bei $\alpha = .86$ und für die Töchter bei $\alpha = .87$.

6. Ergebnisse

Die folgende Tabelle gibt die bivariaten Zusammenhänge sowie die deskriptiven Kennwerte der einzelnen Variablen wieder. Die Wahrnehmung des geschlechtsspezifischen Erziehungsverhaltens wurde aufgrund der hohen Korrelationen bei den Einschätzungen der Jugendlichen zu Vater und Mutter ($r_{Söhne} = .91$ und $r_{Töchter} = .84$) über beide Elternteile hinweg gemittelt und damit zu einer Variable zusammengefasst (vgl. Tabelle 1).

Um die einzelnen Parameter auf geschlechtsspezifische Ausprägungen zu prüfen, wurden die Mittelwerte (T-Test bei gepaarten Stichproben) der einzelnen Familienmitglieder verglichen. Diese paarweisen Vergleiche ergaben ein höheres Ausmaß an erlebtem geschlechtspezifischem Erziehungsverhalten der Söhne im Vergleich zu den Töchtern ($t(242) = 4{,}94$, $p<.001$), gleichzeitig schätzten die Söhne den Familienzusammenhalt leicht geringer ein als die Töchter ($t(243) = -2{,}17$, $p<.05$).

Tabelle 1: Korrelationen zwischen den Untersuchungsvariablen (Pearsons r) und Kennwerte für die Untersuchungsvariablen

	GRO Sohn	GRO Tochter	GRO Vater	GRO Mutter	GSE Sohn	GSE Tochter	FZH Sohn	FZH Tochter
GRO Sohn								
GRO Tochter	.35***							
GRO Vater	.36***	.32***						
GRO Mutter	.26***	.41***	.33***					
GSE Sohn	.47***	n.s.	n.s.	.13*				
GSE Tochter	.26***	.29***	.18**	.25***	.28**			
FZH Sohn	-.16*	n.s.	-.13*	n.s.	-.37**	-.16*		
FZH Tochter	n.s.	n.s.	n.s.	n.s.	n.s.	-.39**	.32**	
M	2,07	1,44	1,88	1,63	1,61	1,40	5,15	5,28
SD	0,80	0,49	0,78	0,64	0,64	0,49	0,83	0,82
Spanne	1-5	1-5	1-5	1-5	1-5	1-5	1-7	1-7

Anmerkungen: * p<.05; ** p<.01, *** p<.001; n.s. = nicht signifikant, GRO = Geschlechterrollenorientierung; GSE = geschlechtsspezifisches Erziehungsverhalten; FZH = familialer Zusammenhalt; M = Mittelwert; SD = Standardabweichung

Da hinsichtlich der Geschlechterrollenorientierung (GRO) eine Befragung aller Familienmitglieder stattfand, wurden sowohl Geschlechts- als auch Generationsunterschiede untersucht. Zu diesem Zweck wurde eine 2 x 2-Varianzanalyse für Messwiederholungen mit den Innersubjektfaktoren „Geschlecht“ und „Generation“ berechnet. Als Kriterium wurde der Wilks-Lambda-Wert herangezogen. Dieser erwies sich für den Haupteffekt des Geschlechts (λ = .66, F(1,237) = 125,11, p<.001) und die Interaktion zwischen Geschlecht und Generation (λ =.89, F(1,237) = 30,43, p<.001) als signifikant. Der Haupteffekt der Generation erwies sich als nicht bedeutsam, d.h. insgesamt unterscheidet sich die Eltern- nicht von der Kindgeneration hinsichtlich ihrer GRO. Zusätzliche paarweise Vergleiche zur Aufklärung des Haupteffektes des Geschlechts ergaben bedeutsame Unterschiede sowohl zwischen Söhnen und Töchtern (t(237) = 12,59, p<.001) als auch zwischen Vätern und Müttern (t(243) = 4,80, p<.001). Männliche Familienmitglieder äußern demnach insgesamt traditionellere GRO als weibliche Familienmitglieder. Weitere paarweise Vergleiche zwischen Vater und Sohn (t(239) = -3,19, p<.01) sowie zwischen Mutter und Tochter (t(241) = 4,72, p<.001) zur

Verdeutlichung der gefundenen Wechselwirkung erwiesen sich ebenfalls als bedeutsam. Die Ergebnisse zeigen, dass Väter liberalere GRO als ihre Söhne aufweisen, während Mütter traditionellere GRO äußern als ihre Töchter. Insgesamt zeigt sich in der Elterngeneration im Durchschnitt eine größere Annäherung der GRO als in der Kindergeneration.

6.1 Innerfamiliale Wertetransmission

Es werden zunächst die Ähnlichkeiten und dann die moderierenden und mediierenden Prozesse der Wertetransmission dargestellt. Hinsichtlich der traditionellen GRO zeigen sich bei allen Eltern-Kind-Dyaden bedeutsame Zusammenhänge (siehe Tabelle 1). Um die Ähnlichkeiten innerfamilialer Dyaden (also Sohn/Vater, Mutter/Tochter etc.) bezüglich der traditionellen GRO simultan einschätzen zu können, wurde ein Pfadmodell berechnet (siehe Abbildung 2). Dabei wurden innerhalb einer Generation korrelative und zwischen den Generationen gerichtete Verknüpfungen von den Eltern auf ihre Kinder angenommen. Aufgrund der großen Altersspanne in der Stichprobe der Jugendlichen wurde das Alter der Jugendlichen als unabhängige Variable berücksichtigt. Da aber keine altersspezifischen Einflüsse festgestellt wurden, haben wir auf die Darstellung dieser Variable im Modell verzichtet. Aufgrund des nicht signifikanten Einflusses wurde diese Variable aber nicht in der Abbildung berücksichtigt.

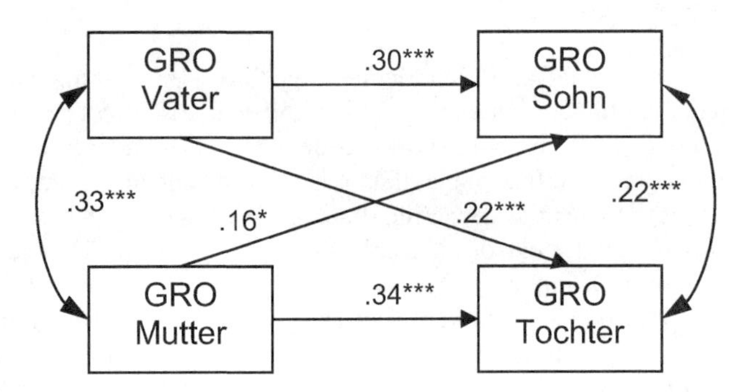

Abbildung 2: Pfadmodell zu den innerfamilialen Ähnlichkeiten hinsichtlich der trad. GRO (Maximum-Likelihood-Schätzung; standardisierte Koeffizienten; n = 244; $\chi^2 = 8{,}38$; df = 7; RMSEA = .03; CFI = .99; *p<.05; ***p<.001)

Wie bereits bei der bivariaten Analyse zeigten sich auch in diesem Modell zwischen allen innerfamilialen Dyaden bedeutsame Beziehungen. Weitere statistische Vergleiche unterschiedlicher Pfade im Modell zeigten, dass der Zusammenhang für die gleichgeschlechtliche Dyade bei der Mutter stärker ausgeprägt war als für die gegengeschlechtliche ($\beta_{Mutter/Tochter} = .34.$ vs. $\beta_{Mutter/Sohn} = .16$). Für den Vater galt dies nicht. Dort wiesen beide Dyaden gleichstarke Beziehungen auf ($\beta_{Vater/Tochter} = .22.$ vs. $\beta_{Vater/Sohn} = .30$). Weiterhin ergaben sich für die gegengeschlechtlichen intergenerationalen Dyaden gleichstarke Assoziationen ($\beta_{Mutter/Sohn} = .16$ vs. $\beta_{Vater/Tochter} = .22$).

6.2 *Erziehungsverhalten als Vermittler (Mediator) zwischen elterlichen und kindlichen GRO*

Hinsichtlich der Zusammenhänge zwischen der als Mediator angenommenen geschlechtspezifischen Erziehung der Eltern und den traditionellen GRO der Familienmitglieder zeigten sich gemischte Resultate. Für das von den Töchtern wahrgenommene Ausmaß an geschlechtsspezifischem Erziehungsverhalten und den GRO aller Familienmitglieder zeigten sich positive Zusammenhänge ($r_{Tochter} = .29$, $r_{Mutter} = .25$, $r_{Sohn} = .26$, alle $p<.001$; $r_{Vater} = .18$, $p<.01$), d.h. in Familien mit einer traditionellen GRO wird das Erziehungsverhalten von der Tochter geschlechtsspezifisch wahrgenommen. Die Einschätzung des geschlechtsspezifischen Erziehungsverhaltens durch den Sohn hingegen korrelierte lediglich stark mit dessen GRO ($r_{Sohn} = .47$, $p<.001$) und schwach mit der GRO der Mutter ($r_{Mutter} = .13$, $p<.05$). Um die mediierende Rolle des Erziehungsverhaltens für die Transmission der GRO zu prüfen, und dabei den Einfluss beider Elternteile simultan berücksichtigen zu können, wurden Pfadanalysen berechnet. Mit Hilfe von Vergleichen verschiedener möglicher Pfadmodellvarianten wurde getestet, ob das geschlechtsspezifische Erziehungsverhalten in bedeutendem Ausmaß zur Güte des in Abbildung 3 dargestellten Modells beiträgt. Es wurde dazu mit Hilfe des Programms AMOS 5.0 für Söhne und für Töchter ein Modell ohne vorherige Parameterrestriktionen[4] (Mediation) mit einem Modell verglichen, bei dem die Parameter von und zum Erziehungsverhalten auf den Wert 0 gesetzt wurden (No Mediation). Die Ergebnisse dieses Vergleichs sind in Tabelle 2 wiedergegeben.

4 Im Programm AMOS ist es möglich, einzelnen Pfaden vor der eigentlichen Modellschätzung Werte zuzuweisen, um unterschiedliche Annahmen zu testen. Zudem ist es möglich, unterschiedliche Modelle mit verschiedenen Restriktionen zu vergleichen und somit einzuschätzen, welches Modell die höchste Güte aufweist. Anzumerken ist dabei, dass Modellrestriktionen nicht willkürlich, sondern inhaltlich begründet vorgenommen werden sollten.

Tabelle 2: Vergleich der genesteten Mediationsmodelle

Modell	Söhne				Töchter			
	χ^2	RMSEA	CFI	χ^2_{diff}	χ^2	RMSEA	CFI	χ^2_{diff}
Mediation	5,05	.08	.97		0,60	.00	1.00	
No Mediation	64,38	.22	.49		27,94	.14	.	
Differenz				59,33**				27,34**

Anmerkungen: $^+p<.10$; $^*p<.05$; $^{***}p<.001$; n.s. = nicht signifikant

Dabei wurden immer beide Elternteile simultan in die Berechnungen einbezogen. Es sind neben den absoluten χ^2-Werten (Ziel ist ein möglichst niedriger Wert) vor allem deren Differenzen zwischen den Modellen zu beachten. Die signifikant höhere Modellgüte unter der Bedingung „Mediation" spricht dafür, das geschlechtsspezifische Erziehungsverhalten als möglichen Mediator für die Assoziation zwischen traditionellen GRO bei Eltern und ihren Kindern in Betracht zu ziehen.

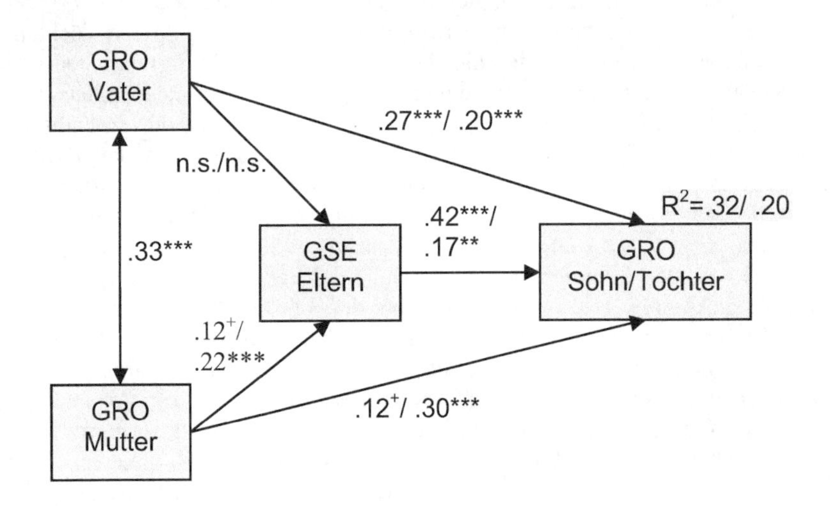

Abbildung 3: Pfadmodell zur Mediation der GRO-Transmission durch das geschlechtsspezifische Erziehungsverhalten (Maximum-Likelihood-Schätzung; standardisierte Koeffizienten; n = 244; Modell „Söhne" vor dem Schrägstrich: $\chi^2 = 5{,}05$; df = 2; RMSEA = .08; CFI = .97; Modell „Töchter" hinter dem Schrägstrich: $\chi^2 = 0{,}60$; df = 2; RMSEA = .00; CFI = 1.00; $^+p<.10$; $^*p<.05$; $^{***}p<.001$; n.s. = nicht signifikant)

Beim Blick auf die einzelnen Koeffizienten des Pfadmodells wird deutlich, dass das wahrgenommene geschlechtsspezifische Erziehungsverhalten der Eltern bei den Söhnen einen stärkeren Einfluss auf die traditionellen GRO ausübt als bei den Töchtern (β_{Sohn} = .42 vs. $\beta_{Tochter}$ = .17; χ^2_{diff} = 21,49; $p<.001$). Zudem wird ersichtlich, dass die Einschätzung des geschlechtsspezifischen Erziehungsverhaltens der Jugendlichen nur mit der GRO der Mutter einhergeht. Je traditioneller die Geschlechterrollenorientierung der Mütter, umso geschlechtsspezifischer wird auch das Erziehungsverhalten von den Jugendlichen eingeschätzt. Weiterhin zeigen sich direkte Verknüpfungen der GRO zwischen den Eltern und deren Kindern, die durch das geschlechtsspezifische Erziehungsverhalten nicht aufgeklärt werden können.

6.3 Familienzusammenhalt als Moderator der Eltern-Kind-Transmission von Geschlechterrollenorientierung

Um den moderierenden Effekt des Familienklimas auf die Weitergabe der GRO zu testen, wurde in Anlehnung an Aiken und West (1991) folgendermaßen vorgegangen. Zunächst wurden die Skalenwerte für den Familienzusammenhalt (FZH) und die traditionellen GRO standardisiert. Anschließend wurde durch die Multiplikation dieser standardisierten Werte ein Interaktionsterm für die GRO der Eltern und den Familienzusammenhalt gebildet. Daraufhin wurden vier Regressionen (mit den unterschiedlichen Dyaden) berechnet, in denen die GRO der Kinder als abhängige und die GRO der Eltern, der Familienzusammenhalt sowie der Interaktionsterm aus beidem in die Gleichung aufgenommen wurden. Mit dieser Anordnung kann getestet werden, inwiefern der Einfluss der elterlichen auf die kindlichen GRO vom Ausmaß des Familienzusammenhalts abhängt. Die Ergebnisse sind in Tabelle 3 wiedergegeben.

Tabelle 3: Test der linearen Moderatoreffekte des Familienzusammenhalts auf die Transmission von GRO

Variable	Vater/Sohn (n=240)	Mutter/Sohn (n=240)	Vater/Tochter (n=242)	Mutter/Tochter (n=242)
	β	β	β	β
GRO	.34***	.25***	.32***	.42***
FZH	-.12+	-.15*	-.08(ns)	-.09(ns)
GRO x FZH	.01(ns)	.03(ns)	.16*	.14*
R^2	.14	.09	.13	.19

Anmerkungen: +p<.10; *p<.05; ***p<.001; n.s. = nicht signifikant; GRO = Geschlechterrollenorientierung; FZH = Familienzusammenhalt

Es zeigt sich neben dem erwarteten Effekt der elterlichen GRO auf die kindlichen GRO nur für die Mutter-Sohn-Dyade ein bedeutsamer Einfluss des Familienklimas auf die Ausprägung der GRO der Söhne (r_{Sohn} = -.15; p<.05). Je höher der Familienzusammenhalt vom Sohn eingeschätzt wird, umso geringer sind dessen traditionelle GRO. Wechselwirkungen zwischen Familienzusammenhalt und GRO sind bei den Söhnen nicht zu beobachten. Bei den Töchtern ergibt sich ein anderes Bild. Dort ließen sich sowohl für die Vater-Tochter-Dyade ($\beta_{Tochter}$ = .16; p<.05) als auch für die Mutter-Tochter-Dyade ($\beta_{Tochter}$ = -.14; p<.05) signifikante Interaktionseffekte zwischen der Einschätzung des Familienzusammenhalts und den traditionellen GRO nachweisen. Dieses Ergebnis spricht bei den Töchtern für die moderierende Wirkung der Wahrnehmung des Familienzusammenhalts auf die Verbindung zwischen elterlichen und kindlichen GRO. Das heißt, dass bei Töchtern, die über einen hohen Familienzusammenhalt berichten, die Ähnlichkeit mit den Eltern hinsichtlich der GRO größer ist als bei Töchtern, die den Familienzusammenhalt weniger hoch einschätzen.

7. Diskussion

Das Ziel der vorliegenden Studie bestand darin, die innerfamiliale Transmission von Geschlechterrollen innerhalb gleich- und gegengeschlechtlicher Eltern-Kind-Dyaden zu untersuchen und dabei vermittelnde und moderierende Einflussfaktoren zu identifizieren. Die vorliegende Studie zeigte, dass hinsichtlich der Ausprägung von GRO zwischen allen innerfamilialen Dyaden Ähnlichkeiten zu beobachten sind. Allerdings ergaben sich hinsichtlich der Höhe dieser Zusammenhänge graduelle Unterschiede. Während Väter ihren männlichen und weiblichen Kindern in gleichem Maße ähnlich sind, ist bei den Müttern die Verbindung zu den Töchtern wesentlich stärker als zu den Söhnen. Die Ergebnisse zeigen, dass die Vermutung, gleichgeschlechtliche Eltern-Kind-Dyaden würden größere Ähnlichkeiten hinsichtlich ihrer Geschlechterrollenorientierung aufweisen als gegengeschlechtliche, geschlechtsspezifisch betrachtet werden muss. Dabei kann bei der Erklärung dieser Geschlechtsspezifik bei der innerfamilialen Transmission nur eingeschränkt auf Annahmen der sozialen Lerntheorie zurückgegriffen werden. Im Sinne sozialen Lernens wäre zu erwarten gewesen, dass sich Kinder aufgrund der Ähnlichkeit eher am gleichgeschlechtlichen Elterteil als Modell orientieren und daher gleichgeschlechtliche Dyaden stärkere Assoziationen hinsichtlich ihrer GRO aufweisen sollten. Geht man aber davon aus, dass wahrgenommene Ähnlichkeit von einer Vielzahl von Faktoren abhängt, wäre es auch grundsätzlich mit Annahmen der sozialen Lerntheorie vereinbar, dass sich Kinder unabhängig vom Geschlecht an dem Elternteil orientieren, mit dem sie mehr

Zeit verbringen. Eine mögliche Erklärung für die innerfamilialen Zusammenhänge liefert eine systemische Sichtweise (Sameroff 1994, aus therapeutischer Perspektive Schlippe/Schweitzer 2002). Von einem systemischen Standpunkt aus betrachtet übernehmen nicht die einzelnen Elternteile isoliert voneinander, sondern gemeinsam als Paar eine Modellfunktion für ihre Kinder. Sind die Eltern als Paar beispielsweise ähnlich orientiert und im Umgang miteinander konfliktarm, so können sie im Zusammenspiel eine weitaus größere Modellwirkung auf ihre Kinder ausüben, als wenn sie differierende Einstellungen vertreten. Parke und Buriel (1998) schreiben der Beobachtung elterlichen Beziehungsverhaltens für die kindliche Entwicklung eine wichtige Rolle zu. Mit diesem Ansatz wären auch gegengeschlechtliche Assoziationen vereinbar, wie sie in der vorliegenden Studie gefunden wurden.

Eine weitere Erklärung der Ergebnisse hinsichtlich der Transmission von Geschlechterrollen besteht darin, dass andere Prozesse als das Modelllernen für die Transmission von GRO verantwortlich zu machen sind. In erster Linie kommt dabei das direkte geschlechtsspezifische Erziehungsverhalten der Eltern in Frage, dass in der vorliegenden Studie hinsichtlich seiner vermittelnden Funktion der GRO-Transmission untersucht wurde.

Der Prozess der Eltern-Kind-Transmission von Geschlechterrollen konnte in der vorliegenden Studie nur für bestimmte innerfamiliale Dyaden anhand der Berücksichtigung des geschlechtsspezifischen Erziehungsverhaltens als Mediator genauer charakterisiert werden. Für die Mutter-Tochter-Dyade ließen sich bedeutsame Mediationseffekte für das geschlechtsspezifische Erziehungsverhalten nachweisen. Für die Vater-Tochter-Dyade und beide Eltern-Sohn-Dyaden hingegen fielen diese schwächer aus oder fehlten sogar ganz. Möglicherweise sind Jugendliche sensibler für die geschlechtsspezifische Erziehung ihrer Mütter als für die ihrer Väter, sodass sich die mütterlichen Geschlechterrollen deutlicher in der Wahrnehmung der Söhne und Töchter widerspiegeln als die väterlichen. Interessanterweise lässt sich der positive Zusammenhang zwischen väterlichen und GRO der Kinder nicht, wie zu vermuten gewesen wäre, durch das geschlechtsspezifische Erziehungsverhalten aufklären. In den Mediationsmodellen fehlen nämlich direkte Einflüsse der väterlichen GRO auf die Einschätzung des Erziehungsverhaltens durch die Kinder. Zu erwähnen ist in diesem Zusammenhang, dass die Jugendlichen die Erziehung ihrer Eltern, eigenen Angaben zufolge, als äußerst geschlechtsneutral wahrnehmen. Es wird nur sehr selten von geschlechtsstereotypen Rollenmustern in der Erziehung berichtet. Diese geringen Unterschiede zwischen den Familienmitgliedern schwächen den Erklärungswert des geschlechtsspezifischen Erziehungsverhaltens, wie es in der vorliegenden Studie erfasst wurde. Umso bedeutsamer erscheint es aber, dass trotz der geringen Varianz im Erziehungsverhalten signifikante Vermittlereffekte zumindest für die Mutter-Tochter-Dyade aufgedeckt werden konnten.

Anzumerken ist zudem, dass auch bei Berücksichtigung des mediierenden Effektes des geschlechtsspezifischen Erziehungsverhaltens der direkte Pfad zwischen den GRO der Eltern und derjenigen der Kinder nur ansatzweise verringert werden konnte, d.h. die Ähnlichkeiten zwischen Eltern und ihren Kindern kommen nicht ausschließlich durch das geschlechtsspezifische Erziehungsverhalten zustande. Bereits Baron und Kenny (1986) machen in diesem Zusammenhang darauf aufmerksam, dass die vollständige Aufklärung einer Verknüpfung zweier Variablen durch einen Mediator gerade in psychologischen Untersuchungen nicht zu erwarten sei, da in derartigen Studien immer von einem multifaktoriellen Geschehen auszugehen sei. So können beispielsweise die bereits angesprochenen Prozesse des sozialen Lernens, die möglicherweise als Mediator wirksam werden, wie etwa die Effekte der Beobachtung von elterlichen Verhaltensweisen, auf die Ausprägung von Einstellungen, in Befragungsstudien nur indirekt abgeleitet, nicht aber empirisch überprüft werden. Dazu wäre beispielsweise eine Beobachtung des tatsächlichen Rollenverhaltens im familialen Kontext hilfreich.

Zahlreiche Studien (z.B. White 2000; White/Matawie 2004) berichten davon, dass Kinder aus Familien, in denen ein hoher Zusammenhalt zu beobachten ist und die durch ein positives Familienklima gekennzeichnet sind, die Werte ihrer Eltern in stärkerem Maße übernehmen als Kinder aus Familien, in denen das nicht der Fall ist. In der vorliegenden Studie zeigte sich diesbezüglich, wie bereits bei den anderen Fragestellungen der Untersuchung, ein geschlechtsspezifischer Effekt. Die individuelle Wahrnehmung des Familienzusammenhalts wirkt nur bei den Töchtern als Moderator. In den Familien, in denen die Töchter den Familienzusammenhalt hoch einschätzen, ist die Ähnlichkeit hinsichtlich traditioneller GRO zwischen Tochter und beiden Elternteilen höher als in Familien mit niedrigem Zusammenhalt. Bei den Söhnen scheint den Ergebnissen zufolge die subjektive Wahrnehmung des Familienzusammenhaltes keinen moderierenden Einfluss auf die Eltern-Kind-Ähnlichkeit bei den GRO auszuüben. Vielmehr zeigt sich ein Haupteffekt des Familienzusammenhalts. Je höher dieser ausgeprägt ist, umso egalitärer fallen die GRO der Söhne unabhängig von den GRO der Eltern aus.

Die Ergebnisse der vorliegenden Arbeit unterstreichen insgesamt die Bedeutsamkeit, Prozesse der innerfamilialen Geschlechterrollensozialisation getrennt für unterschiedliche Dyaden innerhalb von Familien zu betrachten. Dafür sprechen auch die eher geringen Zusammenhänge der Einschätzungen zwischen Söhnen und Töchtern hinsichtlich des Erziehungsverhaltens und des Familienzusammenhalts. Während bei Söhnen das geschlechtsspezifische Erziehungsverhalten der Eltern die eigenen GRO stärker traditionalisiert als bei Töchtern, übt bei diesen der Familienzusammenhalt einen stärkeren moderierenden Einfluss auf die Ausprägung der GRO aus. In Ahnlehnung an O'Bryan, Fishbein und Ritchey (2004) kann bei der Erklärung der Transmission von Geschlechterrollen weder von einem Modell ausgegangen werden, das nur den gleichgeschlechtlichen Dyaden eine Rolle beimisst, noch von einem Modell, in dem die verschiedenen dyadischen Beziehungen als gleich bedeutsam angesehen werden. Bei der Beurteilung der Ergebnisse ist außerdem zu beachten, dass in der vorliegenden Studie nur Familien berücksichtigt wurden, in denen beide Elternteile sowie gegengeschlechtliche Geschwisterpaare zur Familie gehörten. Wie bereits erwähnt, kommt aus systemischer Sicht der jeweiligen Familienkonstellation eine bedeutsame Rolle für individuelle Sozialisationsprozesse zu. Gerade hinsichtlich der Entwicklung von Geschlechterrollen sei darauf hingewiesen, dass es sich bei Familien, in denen gleich- und gegengeschlechtliche Eltern-Kind-Dyaden vorhanden sind, um eine spezifische Konstellation handelt, die sich möglicherweise in der Sozialisation von anderen Familienzusammensetzungen unterscheidet (Warner/Steel 1999).

Söhne und Töchter erfahren auch im späten Jugendalter noch eine differenzielle familiale Sozialisation durch ihre Eltern. Ähnlichkeiten in den GRO sind bei allen innerfamilialen Geschlechterkombinationen zu beobachten, sie werden jedoch je nach Eltern-Kind-Kombination von unterschiedlichen Faktoren beeinflusst. Über welche Prozesse diese Transmission von GRO im Jugendalter vermittelt werden, konnte durch die vorliegende Studie allerdings nur ansatzweise geklärt werden. Die genauere Aufklärung weiterer Mechanismen der Wertetransmission zwischen Eltern und Kindern muss in weiteren Studien – beispielsweise unter Rückgriff auf Beobachtungsmethoden – geleistet werden. Genaueres Augenmerk ist zudem darauf zu richten, wie sich die verschiedenen Einflussfaktoren innerfamilialer Geschlechterrollensozialisation wechselseitig bedingen (z.B. soziales Lernen und Erziehungsverhalten). In einer Folgestudie wollen wir zukünftig genauer darauf eingehen, welche Aktivitäten das alltägliche Familienleben und infolge dessen die innerfamiliale Beziehungsdynamik bestimmen.

Zukünftige Studien müssen zudem zeigen, ob die eher homogene, bildungsnahe Stichprobe der vorliegenden Untersuchung den Einfluss des Erziehungsverhaltens verfälscht. Bei der Ziehung einer bildungsferneren Stichprobe ist allerdings zu berücksichtigen, dass kaum Familien zu finden sind, die den Anforderungen an eine Vergleichsstudie mit demselben Design wie der vorliegenden genügen. Letztlich verdeutlicht die vorliegende Studie aber die Wichtigkeit, hinsichtlich der Untersuchung der Geschlechterrollensozialisation innerhalb von Familien, gleich- und gegengeschlechtliche Dyaden in ihrer Spezifität berücksichtigen zu können.

Literatur

Acock, A. (1984): Parents and their children: The study of inter-generational influence. In: Sociology and Social Research, 68, 151-71.

Aiken, L. S./West, S. G. (1991): Multiple Regression: Testing and interpreting interactions. Newbury Park, CA: Sage.

Bandura, A. (1979): Sozial-kognitive Lerntheorie – Social learning theory. Stuttgart: Klett.

Baron, R. M./Kenny, D. A. (1986): The moderator-mediator variable distinction in social psychological research: Conceptual, strategic, and statistical considerations. In: Journal of Personality and Social Psychology, 51, 1173-1182.

Boehnke, K. (2001): Parent-offspring value transmission in a societal context: Suggestions for a utopian research design with empirical underpinnings. In: Journal of Cross-Cultural Psychology, 32, 241-255.

Baumrind, D. (1991): Effective parenting during early adolescence transition. In: Cowan, P. A./Hetherington, M. E. (Eds.): Family transitions. Hillsdale, NJ: Erlbaum, 111-163.

Bohannon, J. R./White Blanton, P. (1999): Gender role attitudes of American mothers and daughters over time. In: The Journal of Social Psychology, 139(2), 173-179.

Buck, N./Gershuny, J./Rose, D./Scott, J. (1994): Changing households: The BHPS 1990-1992. Colchester: ESRC Research Centre on Micro-Social Change.

Burt, K. B./Scott, J. (2002): Parent and adolescent gender role attitudes in 1990s Great Britain. In: Sex Roles, 46, 239-245.

Chen, Z.-Y./Kaplan, H. P. (2001): Intergenerational transmission of constructive parenting. In: Journal of Marriage and the Family, 63(1), 17-31.

Eccles, J. S./Jacobs, J. E./Harold, R. D. (1990): Gender role stereotypes, expectancy effects, and parents socialization of gender differences. In: Journal of Social Issues, 46, 186-201.

Ex, C. T. G. M./Janssens, J. M. A. M. (1998): Maternal influences on daughters' gender role and attitudes. In: Sex Roles, 38, 171-186.

Fishbein, H. D. (2002): Peer prejudice and discrimination: Origins of prejudice. Mahwah, NJ: Erlbaum.

Geißler, R. (2004): Materielle Lebensbedingungen. In: Bundeszentrale für Politische Bildung (Hrsg.): Information zu Politischen Bildung, Heft 269, 2. Auflage. Bonn: bpb.

Heß-Meining, U./Tölke, A. (2006): Familien- und Lebensformen von Frauen und Männern. In: Bundesministerium für Familie, Senioren, Frauen und Jugend (Hrsg.): Gender Datenreport, 225-277.
Online unter: http://www.bmfsfj.de/Publikationen/genderreport/01-Redaktion/PDF-Anlagen/kapitel-vier,property=pdf,bereich=genderreport,rwb=true.pdf, zugegriffen am 31.08.2006.

Hofer, M./Reinders, H./Fries, S./Clausen, M. (2005): Der Einfluss des Wertewandels auf die Entwicklung im Jugendalter: Ein deduktiver Ansatz. In: Zeitschrift für Pädagogik, 51, 81-100.

Hoffman, L. W./Kloska, D. D. (1995): Parents' gender-based attitudes toward marital roles and child rearing: Development and validation of new measures. In: Sex Roles, 32, 273–295.

Kohn, M. L./Slomczynski, K. M./Schoenbach, C. (1986). Social stratification and the transmission of values in the family: A cross-national assessment. In: Sociological Forum, 1, 73-102.

Krampen, G. (1979): Eine Skala zur Messung der normativen Geschlechtsrollen-Orientierungen (GRO-Skala). In: Zeitschrift für Soziologie, 8, 254-266.

Kulik, L. (2002): Like-sex versus opposite-sex effects in transmission of gender role ideology from parents to adolescents in Israel. In: Journal of Youth and Adolescence, 31 (6), 451-457.

Larson, R. W./Richards, M. H./Moneta, G./Holmbeck, G./Duckett, E. (1996). Changes in adolescents' daily interactions with their families from ages 10–18: Disengagement and transformation. In: Developmental Psychology, 32, 744-754.

Lauer, R. H./Lauer, J. C. (1994): Marriage and family: The quest for intimacy. Madison: Brown & Benchmark.

Lytton, H./Romney, D. M. (1991): Parents' differential socialization of boys and girls: A meta-analysis. In: Psychological Bulletin, 109, 267-296.

Martin, C. L./Wood, C. H./Little, J. K. (1990): The development of gender stereotype components. In: Child Development, 61, 1891-1904.

Moen, P./Erickson, M. A./Dempster-McClain, D. (1997): Their mother's daughters? The intergenerational transmission of gender attitudes in a world of changing roles. In: Journal of Marriage and the Family, 59, 281-293.

Mounts, N. S. (2002): Parental management of adolescent peer relationships in context: the role of parenting style. In: Journal of Family Psychology, 16(1), 58-69.

Nauck, B. (1995): Educational climate and intergenerative transmission in Turkish families: A comparison of migrants in Germany and non-migrants. In: Noack, P./Hofer, M./Youniss, J. (Hrsg.): Psychological responses to social change. Human development in changing environment. Berlin/New York: de Gruyter, 67-85.

Nauck, B. (1997): Sozialer Wandel, Migration und Familienbildung bei türkischen Frauen. In: Nauck, B./Schönpflug, U. (Hrsg.): Familien in verschiedenen Kulturen. Stuttgart: Enke, 162-199.

O'Bryan, M./Fishbein, H. D./Ritchey, P. N. (2004): Intergenerational transmission of prejudice, sex role stereotyping, and intolerance. In: Adolescence, 39, 407-426.

Parke, R. D./Buriel, R. (1998): Socialization in the family: Ethnic and ecological perspectives. In: Damon, W./Eisenberg, N. (Eds.): Handbook of Child Psychology, Volume 3: Social, Emotional, and Personality Development (5th ed.). New York: Wiley, 463-552.

Richards, M. H./Gitelson, I. B./Peterson, A. C./Hartig, A. L. (1991): Adolescent personality in girls and boys: The role of mothers and fathers. In: Psychology of Women Quarterly, 15, 65-81.

Ruble, D. N./Martin, C. L. (1998): Gender development. In: Eisenberg, N. (Ed.): Handbook of child psychology: Social, emotional and personality development. New York: Wiley, 933-1016.

Sagy, S./Antonovsky, A. (1992): The family sense of coherence and the retirement transition. In: Journal of Marriage and the Family, 54, 983-993.

Sameroff, A. (1994): Developmental systems and family functioning. In: Parke, R. D./ Kellam, S. G. (Eds.): Exploring family relationships with other social contexts. Hillsdale: Lawrence Erlbaum, 199-214.

Schlippe, A. von/Schweitzer, J. (2002): Lehrbuch der systemischen Therapie und Beratung. Göttingen: Vandehoeck & Ruprecht.

Schönpflug, U. (2001): Intergenerational transmission of values. The role of transmission belts. In: Journal of Cross-Cultural Psychology, 32(2), 174-185.

Smetana, J. G./Campione-Barr, N./Metzger, A. (2006): Adolescent development in interpersonal and societal contexts. In: Annual Review of Psychology, 57, 255-284.

Schneewind, K. A. (1991): Familienpsychologie. Stuttgart: Kohlhammer.

Spence, J. T./Helmreich, R. (1972): The Attitudes toward Women Scale: An objective instrument to measure attitudes toward the rights and roles of women in contemporary society. In: Catalog of Selected Documents in Psychology, 2, 66-67.

Statistisches Landesamt Berlin (2003): Mittleres monatliches Nettoeinkommen der Bevölkerung. Online unter: http://www.statistik-berlin.de/framesets/daba.htm, zugegriffen am 21.08.2006.

Steinberg, L. (2001): We know some things: Parent-adolescent relationships in retrospect and prospect. In: Journal of Research on Adolescence, 11, 1-19.

Tenenbaum, H. R./Leaper, C. (2002): Are parents' gender schemas related to their children's gender-related cognitions?: A meta analysis. In: Developmental Psychology, 38, 615-630.

Thornton, A./Alwin, D. F./Camburn, D. (1983): Causes and Consequences of Sex-Role Attitudes and Attitude Change. In: American Sociological Review, 43 (4), 211-227.

Trautner, H. M. (2002): Entwicklung der Geschlechtsidentität. In: Oerter, R./Montada, L. (Hrsg.): Entwicklungspsychologie (5. Aufl.). Weinheim: Beltz, 648-674.

Warner, R. L./Steel, B. S. (1999): Child rearing as a mechanism for social change: The relationship of child gender to parents' commitment to gender equity. In: Gender & Society, 13, 503-517.

White, F. A. (2000): Relationship of family socialisation processes to adolescent moral thought. In: Journal of Social Psychology, 140, 75-91.

White, F. A./Matawie, K. (2004): Parental morality and family processes as predictors of adolescent morality. In: Journal of Child and Family Studies, 13 (2), 219-233.

Die Übereinstimmung politischer Orientierungen und Verhaltensbereitschaften in jugendlichen Freundschaften: Selektion oder Sozialisation?

Similarity of Political Orientations in Adolescent Friendships: Selection or Socialization?

Christine Schmid

Zusammenfassung: Im Mittelpunkt der Untersuchung steht die Frage, welchen Beitrag gleichaltrige Freunde für die politische Sozialisation von Jugendlichen leisten. Zunächst werden auf der Grundlage von zwei querschnittlich erhobenen Dyadendatensätzen (N = 798 und N = 436), welche jeweils die Angaben von gleichgeschlechtlichen, eng befreundeten Jugendlichen enthalten, die Höhe der Übereinstimmungen für vier ausgewählte Merkmale der politischen Identität ermittelt: für das politische Interesse, die legale und die illegale Protestbereitschaft sowie die Selbstverortung der Jugendlichen auf der Links-Rechts-Skala. Die Höhe der Übereinstimmungen kann erste Hinweise auf die Bedeutung geben, die die untersuchten Merkmale in den Interaktionen der Jugendlichen untereinander haben. Anhand eines Längsschnittdatensatzes, der es erlaubt stabile Freundschaften (N = 165) von sich neu formierenden (N = 182) und sich auflösenden Freundschaften (N = 175) zu unterscheiden, wird anschließend überprüft, zu welchen Anteilen die Übereinstimmungen auf der Wahl von Freunden (Selektion) anhand des untersuchten Merkmals oder auf einer gegenseitigen Beeinflussung der Freunde (Sozialisation) in diesem Merkmal beruhen. Selektionseffekte zeigten sich vor allem bei der legalen und der illegalen Protestbereitschaft sowie bei der Links-Rechts-Orientierung. Sozialisationseffekte ließen sich für das politische Interesse, für die illegale Protestbereitschaft und für die Links-Rechts-Orientierung nachweisen.

Abstract: The study focuses on the question, to what extent peers are influencing the political socialization process of youths. At first, based on two cross-sectional dyadic data sets of same-sex best friends (N = 798 and N = 436), the degree of congruency was determined in a subset of four criteria of political identity: political interest, readiness for legal and illegal protest behaviour and self-assessment on the left-right continuum. The extent of congruency can give first hints for the importance of the analysed criteria in youths' interactions. Second, based on a longitudinal data set that allows to distinguish stable friendships (N = 165) from newly formed (N = 182) and dissolving friendships (N = 175), it was analysed to what degree the correspondence between friends can be due to the selection of friends based on the criteria under question (selection effect) or to the mutual influence of friends on the criteria (socialisation effect). Selection effects were found for the readiness for legal and illegal protest behaviour and for the self-assessment on the left-right continuum. Socialisation effects could be verified for political interest, the readiness for illegal protest behaviour and the self-assessment on the left-right continuum.

Im vorliegenden Beitrag wird untersucht, inwieweit politische Orientierungen und Verhaltensbereitschaften ein Kriterium bilden bei der Wahl von Freunden und ob sich nachweisen lässt, dass befreundete Jugendliche sich in ihren politischen Orientierungen und Verhaltensbereitschaften gegenseitig beeinflussen. Methodisch wird dabei eine Vorgehensweise repliziert, die Kandel (1978b) zur Unterscheidung von Selektions- und Sozialisationsprozessen in Freundschaften bei verschiedenen, auch nichtpolitischen Einstellungen und Verhaltensbereichen angewandt hat. Vier grundlegende Dimensionen der politischen Identität von Jugendlichen werden in die Analysen einbezogen: das politische Interesse, die legale und die illegale Protestbereitschaft sowie die Selbstverortung der Jugendlichen auf der Links-Rechts-Skala.

Die Frage, welchen Einfluss Gleichaltrige auf die Entwicklung von politischen Orientierungen und Verhaltensbereitschaften bei Jugendlichen haben, ist in der politischen Sozialisationsforschung häufig gestellt, aber nur selten empirisch untersucht worden (Silbiger 1977; Wasmund 1982; Sünker 1996). Der Mangel an empirischen Belegen ist sicherlich darauf zurückzuführen, dass die Untersuchung von Gleichaltrigeneinflüssen methodisch eine Herausforderung darstellt. Dabei ist es aus theoretischer Sicht unbestritten, dass Gleichaltrige sowohl für die Entwicklung von politischen Handlungskompetenzen als auch für die Ausbildung einer politischen Identität einen wichtigen Beitrag leisten (Youniss 2005).

Es gibt mehrere Möglichkeiten, sich der Frage nach den Einflüssen von Gleichaltrigen anzunähern. Eine Möglichkeit besteht darin, die Jugendlichen selbst um eine Einschätzung des Freundeseinflusses zu bitten (z.B. Oswald/Kuhn 2003). Diese Vorgehensweise setzt voraus, dass die Jugendlichen in der Lage sind, den Anteil, den Gleichaltrige neben den Medien, den Eltern und der Schule an der Herausbildung ihrer politischen Einstellungen und Verhaltensbereitschaften haben, realistisch einzuschätzen. Eine andere Möglichkeit bieten statistische Regressionsanalysen, in denen beispielsweise die Häufigkeit von Gesprächen und Auseinandersetzungen über Politik mit Freunden auf die politischen Orientierungen und Verhaltensbereitschaften von Jugendlichen bezogen werden (z.B. Oswald/Schmid 2006). Die Ergebnisse solcher statistischen Zusammenhangsanalysen lassen jedoch, sofern sie auf der Grundlage von nur querschnittlich erhobenen Daten durchgeführt werden, keine kausalen Schlussfolgerungen über die Einflüsse von Gleichaltrigen zu (vgl. dazu Schmid 2004).

Eine dritte Möglichkeit besteht in der Betrachtung von Übereinstimmung zwischen den Jugendlichen und ihren Freunden (z.B. Sebert/Jennings/Niemi 1974). Die Übereinstimmungen können dabei auf unterschiedliche Weise ermittelt werden: Entweder die Jugendlichen werden zu ihren eigenen Einstellungen und Verhaltensbereitschaften und zu denen ihrer Freunde befragt, oder die Angaben der Freunde werden unabhängig von denen der Jugendlichen erhoben und die Daten anschließend miteinander in Beziehung gesetzt. Die letztgenannte Methode gilt als die angemessenere, denn Jugendliche schätzen die Einstellungen von wichtigen Bezugspersonen häufig nicht richtig ein. In der Regel berichten sie Ähnlichkeiten, die, wenn sie mit unabhängig voneinander erhobenen Daten konfrontiert werden, sich als entweder gar nicht vorhanden oder aber als zu hoch erweisen (Niemi 1974).

Die gesamte Übereinstimmung unter befreundeten Jugendlichen als gegenseitigen Einfluss zu interpretieren, wäre jedoch nicht richtig. Im Unterschied zur Übereinstimmung zwischen Eltern und Kindern muss bei der Übereinstimmung in Freundschaften der Auswahlprozess in Rechnung gestellt werden.[1] Jugendliche wählen sich andere Jugendliche nach dem Kriterium der Ähnlichkeit von Interessen, Einstellungen und Verhaltensweisen zu Freunden, denn die Ähnlichkeit von Freunden bildet ein wichtiges funktionales Element in Freundschaftsbeziehungen. Sie schafft einerseits die Grundlage für gemeinsame Aktionen und den fortwährenden Austausch der Beziehungspartner untereinander und sorgt andererseits für die Erfüllung eines der wichtigsten sozialen Bedürfnisse, dem nach sozialer Anerkennung und gegenseitiger Bestätigung (Hartup 1983). Der Prozess der Auswahl von Freunden anhand des Kriteriums der Ähnlichkeit wird in der Literatur als *soziale Selektion* bezeichnet, die gegenseitige Beeinflussung der Freunde als *Sozialisation.*

1. Die Trennung von Selektions- und Sozialisationseffekten

Inwieweit die Übereinstimmungen unter befreundeten Jugendlichen auf sozialer Auswahl oder auf gegenseitiger Beeinflussung beruhen, kann empirisch nur anhand von längsschnittlich erhobenen Daten untersucht werden. Erstmalig präsentiert wurde eine solche Untersuchung von Kandel (1978b; vgl. auch Kandel 1986). Die Untersuchung bezog sich auf den Gebrauch von Marihuana, auf Bildungsaspirationen, auf politische Orientierungen und auf leichte Delinquenz. Die längsschnittliche Anlage der Untersuchung erlaubte es, drei Gruppen von Freundschaften zu unterscheiden: (1) Freundschaften, die über zwei Messzeitpunkte hinweg stabil blieben, (2) Freundschaften, die sich über die beiden Messzeitpunkte hinweg neu formierten, also zum ersten Messzeitpunkt noch nicht bestanden, und (3) Freundschaften, die sich über die zwei Messzeitpunkte hinweg auflösten und damit zum zweiten Messzeitpunkt nicht mehr bestanden. Für

1 Die Übereinstimmungen zwischen Eltern und Kindern können erstens auf sozialen Lernprozessen beruhen, zweitens durch genetische Faktoren bestimmt sein oder drittens das Ergebnis der Übereinstimmung in einer Drittvariablen (z.B. soziale Schicht) bilden. Auswahlprozesse können zwar bei der Übereinstimmung der Ehepartner eine Rolle spielen, nicht aber bei der Übereinstimmung zwischen Eltern und Kindern.

alle drei Gruppen wurden die Übereinstimmungen zu beiden Messzeitpunkten berechnet und miteinander verglichen.

Das Ergebnis kann folgendermaßen zusammengefasst werden: (1) Zum ersten Messzeitpunkt zeigten sich höhere Übereinstimmungen in den stabilen Freundschaften im Vergleich zu den Freundschaften, die sich später auflösten. (2) Außerdem fanden sich zum ersten Messzeitpunkt geringere Übereinstimmungen in den Freundschaften, die sich später auflösten im Vergleich zu den Freundschaften, die noch nicht formiert waren. (3) In den stabilen Freundschaften nahmen die Übereinstimmungen über die beiden Messzeitpunkte hinweg zu. (4) Die Übereinstimmungen in den sich neu formierenden Freundschaften lagen ebenfalls zum zweiten Messzeitpunkt, als die Freundschaften schon bestanden, höher als zum ersten Messzeitpunkt, als die Freundschaften noch nicht geschlossen waren. (5) Schließlich waren zum zweiten Messzeitpunkt die Übereinstimmungen in den zu diesem Messzeitpunkt aufgelösten Freundschaften niedriger als die Übereinstimmungen in den stabilen und in den neu formierten Freundschaften.

Der erste und der zweite Vergleich wurden dahingehend interpretiert, dass sich Auflösungsprozesse schon frühzeitig durch niedrigere Übereinstimmungen vor der Auflösung der Freundschaften ankündigten. Der dritte und der vierte Vergleich sprechen für eine gegenseitige Beeinflussung der Freunde, da die Übereinstimmungen in den stabilen und in den sich neu formierenden Freundschaften mit der Zeit zunahmen. Insgesamt fielen die Übereinstimmungen in den aktiven Phasen der Freundschaften höher aus als vor Beginn oder nach Auflösung der Freundschaften. Der fünfte Vergleich unterstreicht diesen Befund: Die nicht mehr befreundeten Jugendlichen waren sich unähnlicher als die noch oder neu befreundeten Jugendlichen.

Als wichtigen Befund gilt es herauszustreichen, dass in den sich anbahnenden Freundschaften schon vor Beginn der Freundschaft nicht unerhebliche Übereinstimmungen zu verzeichnen waren. Diese wurden als Beleg für soziale Auswahlprozesse interpretiert. Auf der Grundlage von zusätzlich durchgeführten statistischen Analysen, auf deren Logik hier nicht näher eingegangen werden soll, kam Kandel zu der Einschätzung, dass die Übereinstimmungen unter Freunden zu etwa gleichen Teilen auf Selektions- und auf Sozialisationsprozessen beruhten (Kandel 1978b; Kandel 1986).

In einer ähnlichen Analyse, die ebenfalls auf der Grundlage unabhängig voneinander erhobener Freundesangaben und über zwei Messzeitpunkte hinweg durchgeführt wurde, verglichen Urberg, Degirmencioglu und Tolson (1998) die Übereinstimmungen in stabilen Freundschaften mit denen in noch nicht formierten sowie in sich auflösenden Freundschaften. Im Unterschied zu Kandels Analyse war die Darstellung der Ergebnisse hier auf den ersten Messzeitpunkt beschränkt. Kaum Unterschiede in den Übereinstimmungen ergaben sich zwischen den stabilen und den sich noch nicht formierten Freundschaften. Die Übereinstimmungen in den sich auflösenden Freundschaften dagegen fielen deutlich niedriger aus. Vor dem Hintergrund der fehlenden Unterschiede in der Höhe der Übereinstimmungen zwischen den stabilen und den sich noch nicht formierten Freundschaften lautete die Einschätzung der Autoren, dass bei den von ihnen untersuchten Größen (Rauchen, Alkohol trinken und leichte Delinquenz) *Sozialisationsprozesse* unter Freunden kaum eine Rolle spielten. Die Übereinstimmungen schienen hier fast vollständig auf *Selektionsprozessen* zu beruhen.

In der genannten Untersuchung wurde außerdem geprüft, inwieweit die Übereinstimmungen in nur schwer zu beobachtenden Größen (Wertvorstellungen und Persönlichkeitsaspekte) durch die Auswahl von Freunden auf der Grundlage von leichter zu beobachtenden Größen (die genannten Verhaltensweisen) zu erklären sind. Anhand von Regressionsanalysen konnte gezeigt werden, dass die Übereinstimmungen in den Wertvorstellungen und Persönlichkeitsaspekten fast vollständig auf den Übereinstimmungen in den beobachteten Verhaltensweisen beruhten. Die Interpretation lautete vor dem Hintergrund dieses Befundes, dass die Wahl von Freunden wohl vor allem auf der Grundlage beobachtbarer Verhaltensweisen erfolgt und die Übereinstimmung in Wertvorstellungen und Persönlichkeitsaspekten nur ein indirektes Ergebnis dieser Wahlen darstellt (Urberg et al. 1998).

2. Verschiedene Charakteristiken und ihre unterschiedliche Beeinflussbarkeit durch Freunde

Übereinstimmungen unter Freunden zeigen sich vor allem für Merkmale wie Alter, Geschlecht, ethnische Zugehörigkeit, Bildung und sozioökonomischer Status, aber auch für Verhaltensweisen wie Rauchen, Alkoholtrinken und den Genuss anderer Drogen, für Bildungsaspirationen und Schulnoten, für Freizeitaktivitäten, für Persönlichkeitseigenschaften und für politische Orientierungen (Kandel 1978a, Tolson/Urberg 1993).

Alter, Geschlecht, ethnische Zugehörigkeit und der sozioökonomische Status von Jugendlichen bilden Merkmale, die durch Freunde nicht beeinflusst werden können. Hier muss die Übereinstimmung vollständig auf sozialer Selektion beruhen, das heißt Jugendliche wählen überwiegend Freunde mit dem gleichen Geschlecht, mit derselben ethnischen Zugehörigkeit und mit ähnlichem sozioökonomischem Status (Hartup 1983). Begünstigt werden solche Auswahlprozesse durch strukturelle Bedingungen wie beispielsweise den Besuch altershomogener Schulklassen oder einer sozial homogenen Zusammensetzung von Wohnvierteln.

Beim Rauchen, Alkoholtrinken und dem Gebrauch anderer Drogen liegt der Fall anders. Riskantes Freizeitverhalten findet überwiegend in Gleichaltrigencliquen statt, so dass die Wahrscheinlichkeit, dass die Jugendlichen sich in diesen Verhaltensweisen gegenseitig beeinflussen, sehr hoch ist. Aber auch hier können durch das Elternhaus geprägte Dispositionen dafür sorgen, dass sich die Jugendlichen entsprechende Umwelten suchen. Der oben beschriebene Befund von Urberg u.a. (1998) wäre vor diesem Hintergrund zu interpretieren.

Inwieweit auf Politik bezogene Orientierungen und Verhaltensbereitschaften durch Gleichaltrige beeinflusst werden, ist eine noch weitgehend offene Frage. Angenommen werden kann, dass politische Orientierungen und Verhaltensbereitschaften nur dann zum Ziel gegenseitiger Beeinflussung werden, wenn sie für die Jugendlichen eine Bedeutung haben und in den Interaktionen der Jugendlichen untereinander zum Tragen kommen. Zu vermuten ist daher, dass die Übereinstimmungen in den politischen Orientierungen oder Verhaltensbereitschaften umso höher ausfallen, je stärker ihr Bezug zur Gleichaltrigenkultur ist. Hinweise auf die Gültigkeit dieser These finden sich beispielsweise in einer Untersuchung von Tedin (1980), in der die Übereinstimmung zwischen Jugendlichen und ihrer befreundeten Gleichaltrigengruppe in der Einstellung gegenüber der Drogengesetzgebung höher ausfiel als in der Einstellung gegenüber Parteien.

Ein weiterer Punkt, der die Höhe der Übereinstimmung beeinflussen kann, bildet die Wahrnehmbarkeit oder Sichtbarkeit [saliency] des entsprechenden Merkmals. Auch hier belegen Untersuchungen, dass die Übereinstimmungen mit der befreundeten Gleichaltrigengruppe umso höher ausfallen, je weniger abstrakt und je besser wahrnehmbar die untersuchte politische Orientierung oder Verhaltensbereitschaft ist (Tedin 1980; Campbell 1980).

3. Übereinstimmungen in Abhängigkeit von der Qualität der Freundschaft und vom Geschlecht

Ähnlichkeiten in Interessen, Einstellungen und Verhaltensweisen dürften in engen Freundschaften eine größere Rolle spielen als unter weniger eng befreundeten Jugendlichen. Von daher ist anzunehmen, dass die Übereinstimmungen in engen Freundschaften höher ausfallen als unter Gleichaltrigen, die nur als Teil einer Gleichaltrigengruppe miteinander befreundet sind. Tatsächlich zeigen die Untersuchungen von Kandel (1978b) und von Tolson und Urberg (1993), dass in Freundschaften, in denen sich die jeweiligen Beziehungspartner reziprok als beste Freunde bezeichnen, höhere Übereinstimmungen bestehen als in Freundschaften, in denen solche reziproken Nennungen nicht vorliegen.

Einerseits wird in der Literatur über soziale Netzwerke berichtet, dass weibliche Jugendliche ihren sozialen Beziehungen einen höheren Stellenwert beimessen und häufiger enge Freundschaften pflegen als männliche Jugendliche (Buhrmester/Furman 1987; Buhrmester 1990; vgl. auch Schmid 2004). Andererseits gilt der Bereich der Politik nach wie vor als männliche Domäne und männliche Jugendliche zeigen in der Regel ein stärker ausgeprägtes politisches Interesse als weibliche Jugendliche (Deutsche Shell 2002; Schmid 2004). Während der erstgenannte Befund zu der These führt, dass in weiblichen Freundschaften allgemein höhere Übereinstimmungen bestehen als in männlichen Freundschaften, wäre von dem zweitgenannten Befund zu erwarten, dass die Übereinstimmungen in männlichen Freundschaften höher ausfallen als in weiblichen Freundschaften.

Die empirische Befundlage hierzu ist widersprüchlich. In den Untersuchungen, die enge Freundschaften zur Grundlage hatten, wurden keine Geschlechtsunterschiede berichtet (Kandel 1978a; Tolson/Urberg 1993). In Untersuchungen, in denen die Übereinstimmungen zwischen Jugendlichen und ihren befreundeten Gleichaltrigengruppen im Fokus standen, fanden sich – insbesondere mit Bezug auf politische Orientierungen – entweder durchgehend (Sebert/Jennings/Niemi 1974) oder zumindest teilweise (Campbell 1980) höhere Übereinstimmungen bei den weiblichen Jugendlichen. Die Autoren führten die höheren Übereinstimmungen bei den weiblichen Jugendlichen auf eine allgemein größere soziale Beeinflussbarkeit von weiblichen Jugendlichen zurück, die ihre Wurzeln in der größeren Bedeutung haben soll, welche weibliche Jugendliche ihren sozialen Beziehungen beimessen.

4. Politische Orientierungen und Verhaltensbereitschaften und ihr möglicher Bezug zur Gleichaltrigenkultur

Die in die Analysen einbezogenen politischen Orientierungen und Verhaltensbereitschaften – das politische Interesse, die legale und die illegale Protestbereitschaft sowie die Selbstverortung der Jugendlichen auf der Links-Rechts-Skala – können als grundlegende Dimensionen der politischen Identität von Jugendlichen begriffen werden. Zu vermuten ist, dass die vier Merkmale in einem unterschiedlich starken Bezug zur Gleichaltrigenkultur stehen, was wiederum zur Folge haben könnte, dass sie in unterschiedlichem Maße dem Einfluss durch gleichaltrige Freunde unterliegen.

Das *politische Interesse* kann als Indikator für die prinzipielle Aufgeschlossenheit gegenüber dem Bereich der Politik und als motivationale Grundlage für die politische Beteiligungsbereitschaft der Jugendlichen gelten. Im Allgemeinen wird der Politik ein nur niedriger Stellenwert in der Rangskala der Themen, für die sich Jugendliche interessieren, zugeschrieben. In einer älteren Untersuchung von Oswald und Völker (1973) hatte sich jedoch gezeigt, dass Jugendliche in ihrem politischen Interesse stärker mit ihren Freunden als mit ihren Eltern übereinstimmten. Die Autoren interpretierten dieses Ergebnis dahingehend, dass die Frage, ob man sich für Politik interessiert, eher eine Frage ist, die unter Gleichaltrigen verhandelt wird, als eine, die über das Elternhaus tradiert wird.

Die *Bereitschaft zur Beteiligung an legalen und an illegalen Formen des Protests* bezieht sich auf die Handlungsebene politischer Identität. Repräsentative Jugendstudien (z.B. Gille/Krüger 2000) zeigen zwar, dass Jugendliche eine höhere Bereitschaft haben, sich an den spontan organisierten und konkret problemorientierten Formen des politischen Protests zu beteiligen als an konventionellen, stärker institutionell verankerten Formen der politischen Partizipation. Legaler politischer Protest bildet jedoch keineswegs eine jugendspezifische Form politischer Beteiligung. Bei den größeren politischen Protesten in der jüngeren Zeit, etwa bei den Montagsdemonstrationen in Leipzig und in anderen Städten der ehemaligen DDR sowie bei den bundesweiten Demonstrationen gegen den Irak-Krieg, waren fast alle Altersgruppen der Bevölkerung repräsentiert.

Im Vergleich zur Bereitschaft der Beteiligung an legalen Formen des Protests zeigen sich für die illegalen Formen des Protests deutlich niedrigere Beteiligungsquoten. Vor allem Formen, die Gewalt mit einschließen, werden nur von einer kleinen Minderheit von Jugendlichen in Erwägung gezogen, die zudem überwiegend männlich ist (Gaiser/de Rijke 2000). Es gibt Hinweise darauf, dass die Bereitschaft zur Beteiligung an illegalen Formen des Protests ihren Höhepunkt im Jugendalter erreicht. In den Jugendstudien, in denen die Protestbereitschaft nach Alter aufgeschlüsselt dargestellt wurde, beispielsweise im zweiten DJI-Jugendsurvey (Gaiser/de Rijke 2000, 282) und in der 12. Shell-Jugendstudie (Fischer 1997, 337), lag die höchste Quote der Beteiligungsbereitschaft an illegalen Formen des Protests übereinstimmend bei den 16- bis 17-jährigen Jugendlichen.

Möglicherweise gehören Formen des legalen Protests heute zum selbstverständlichen Repertoire jugendlichen Handelns, das zum Teil schon über das Elternhaus, zumindest aber über den breiteren Kontext von Gleichaltrigenbeziehungen und der Schulumwelt sozialisiert wird. Dagegen könnten Formen des illegalen Protests stärker an das Handeln in der eigenen Gleichaltrigengruppe oder in der eigenen Freundschaftsbeziehung gebunden sein. Jüngste Befunde

(Kuhn 2004, 2005) sprechen dafür, dass illegale und insbesondere Gewalt mit einschließende Formen des Protests als eine Form abweichenden Verhaltens betrachtet werden können.

Die vierte Dimension politischer Identität, die im vorliegenden Beitrag betrachtet werden soll, bezieht sich auf die *inhaltlich-ideologische Ausrichtung der Jugendlichen im Rahmen des Links-Rechts-Schemas*. Die Bedeutung der Begriffe „Links" und „Rechts" unterliegt einem historischen Wandel und ist in der Regel von den zentralen gesellschaftspolitischen Konfliktlinien abhängig. Inhaltsanalytische Auswertungen zeigen, dass Jugendliche Ende der 1990er Jahre mit dem Begriff „Links" neben den klassischen Positionen vor allem Ausländerfreundlichkeit und mit dem Begriff „Rechts" Ausländerfeindlichkeit verbanden (Weiss/ Mibs/Brauer 2002). Eine wichtige Rolle für dieses Ergebnis dürfte die Mitte bis Ende der 1990er Jahre geführte politische Diskussion um die Veränderung des Asylrechts gespielt haben (Deutsche Shell 2002). Wie die Analysen von Rucht und Roth (2000) zeigen, fand das Thema Ausländer bzw. ethnische Minderheiten schon zu Beginn der 1990er Jahre in den Auseinandersetzungen unter Jugendlichen großen Widerhall.

5. Vorgehensweise

Die im Folgenden präsentierten Analysen gliedern sich in vier Schritte: Im *ersten Schritt* werden die Übereinstimmungen zwischen den Jugendlichen und ihren Freunden für die vier genannten Dimensionen der politischen Identität auf der Grundlage von querschnittlichen Datensätzen ermittelt. Diese erste Darstellung dient einem Vergleich der Übereinstimmungen über die vier Dimensionen hinweg. Zu erwarten ist, dass die Übereinstimmungen bei den leichter wahrnehmbaren politischen Orientierungen und Verhaltensbereitschaften höher ausfallen als bei den weniger gut „sichtbaren" und abstrakteren, also beispielsweise für die „Links-Rechts-Orientierung" höher als für das „politische Interesse". Zu erwarten ist außerdem, dass die Übereinstimmungen bei den politischen Orientierungen und Verhaltensbereitschaften, die mehr an die Jugendphase gebunden sind und stärker in den Gleichaltrigeninteraktionen zum Tragen kommen, höher ausfallen als bei denjenigen, die in einem weniger engen Bezug zur Gleichaltrigenwelt stehen. Das könnte die „illegale Protestbereitschaft" im Vergleich zur „legalen Protestbereitschaft" betreffen.

Im *zweiten Schritt* soll geprüft werden, ob die Übereinstimmungen in engen, durch reziproke Nennungen als beste Freunde gekennzeichneten Freundschaften höher ausfallen als in weniger engen Freundschaften. Vor dem Hintergrund der zitierten Befunde kann angenommen werden, dass die politischen Orientierungen und Verhaltensbereitschaften von eng befreundeten Jugendlichen aufgrund der größeren Intimität der Freundschaft ähnlicher sind als die politischen Orientierungen und Verhaltensbereitschaften von weniger eng befreundeten Jugendlichen.

Im *dritten Schritt* sollen die Geschlechtsunterschiede in der Höhe der Übereinstimmungen untersucht werden. Auf der einen Seite haben weibliche Jugendliche nicht nur häufiger enge Freundinnen, sie berichten auch über eine größere Intimität in ihren Freundschaften. Die größere Intimität könnte für höhere Übereinstimmungen in weiblichen Freundschaften sorgen. Auf der anderen Seite bilden politische Orientierungen und Verhaltensbereitschaften einen Bereich, der vor dem Hintergrund eines stärker ausgeprägten politischen Interesses für die männlichen Jugendlichen von größerer Relevanz sein dürfte als für die weiblichen Jugendlichen. Dies könnte umgekehrt dazu führen, dass die Übereinstimmungen in den männlichen Freundschaften höher ausfallen.

Im *vierten* Schritt wird schließlich der Frage nach der Selektion von Freunden aufgrund ihrer politischen Orientierungen und Verhaltensbereitschaften versus der Sozialisation von politischen Orientierungen und Verhaltensbereitschaften innerhalb von Freundschaften nachgegangen. Für diese Analysen wird ein Längsschnittdatensatz herangezogen, der es ermöglicht, die Übereinstimmungen in stabilen Freundschaften mit den Übereinstimmungen in sich neu formierenden Freundschaften sowie mit den Übereinstimmungen in sich auflösenden Freundschaften über zwei Messzeitpunkte hinweg zu vergleichen. Schon vor Beginn der Freundschaft bestehende Übereinstimmungen in den sich neu formierenden Freundschaften können als Hinweise auf Selektion gewertet werden. Gleich bleibende oder größer werdende Übereinstimmungen in stabilen und in sich neu formierenden Freundschaften bei gleichzeitig geringer werdenden Übereinstimmungen in sich auflösenden Freundschaften können als Hinweise auf Sozialisation gewertet werden.

6. Methode

Die zugrunde liegenden Daten stammen aus einer von der Deutschen Forschungsgemeinschaft (DFG) geförderten Längsschnittuntersuchung zur politischen Sozialisation von Gymnasiastinnen und Gymnasiasten, die zwischen 1996 und 1998 in Brandenburg durchgeführt wurde und sich über vier Erhebungswellen hinweg erstreckte. In der ersten Erhebungswelle nahmen 1359 Schülerinnen und Schüler aller 10. Klassen aus 18 unter Repräsentativitätsgesichtspunkten ausgewählten Schulen teil. Die Schülerinnen und Schüler füllten während einer

Unterrichtsstunde einen Fragebogen aus, der von den Projektmitarbeitern verteilt und zum Ende der Schulstunde wieder eingesammelt wurde.

Die Erfassung ganzer Schuljahrgänge ermöglichte es, die Jugendlichen nach befreundeten Mitschülerinnen und Mitschülern sowie nach der besten Freundin bzw. dem besten Freund zu fragen und deren bzw. dessen Daten mit den Daten der Jugendlichen zu verbinden. In der 1. Welle gaben 68 Prozent der Jugendlichen an, einen besten Freund bzw. eine beste Freundin innerhalb der Schule zu haben. Für 59 Prozent lagen die Angaben der genannten besten Freundin bzw. des besten Freundes vor. In der 2. Welle (N = 974) nannten noch 51 Prozent eine beste Freundin bzw. einen besten Freund, für 46 Prozent lagen die Angaben der besten Freundin bzw. des besten Freundes vor.[2] Für die querschnittlich angelegten Analysen stehen somit Datensätze zur Verfügung, die in der 1. Welle N = 798 (66 Prozent weiblich) und in der zweiten Welle N = 436 Freundschaftsdyaden (68 Prozent weiblich) umfassen.

Die Bildung des Datensatzes zur Unterscheidung von stabilen, sich neu formierenden und sich auflösenden Freundschaften erfordert längsschnittlich erhobene Informationen. Längsschnittlich über die ersten beiden Erhebungswellen hinweg beteiligten sich 829 Jugendliche (65 Prozent weiblich) an der Untersuchung. Diese nannten in der 1. Welle zu 70 und in der 2. Welle zu 51 Prozent eine beste Freundin bzw. einen besten Freund. Angaben der besten Freundin bzw. des besten Freundes lagen für 61 bzw. 46 Prozent der Jugendlichen vor. Bei 165 Jugendlichen blieben die besten Freunde über die beiden Messzeitpunkte hinweg dieselben und es lagen gleichzeitig die Angaben dieser Freunde zu beiden Messzeitpunkten vor (stabile Freundschaften, 75 Prozent weiblich). Bei 182 Jugendlichen konnten die Angaben der besten Freunde zum zweiten Messzeitpunkt auch schon zum ersten Messzeitpunkt, als die Jugendlichen noch nicht eng befreundet waren, mit den Daten der Jugendlichen verbunden werden (sich formierende Freundschaften, 64 Prozent weiblich). Bei 175 Jugendlichen konnten die Angaben der besten Freunde zum ersten Messzeitpunkt auch zum zweiten Messzeitpunkt, das heißt zu einem Zeitpunkt, zu dem die Freunde nicht mehr als beste Freunde genannt wurden, mit den Daten der Jugendlichen verbunden werden (sich auflösende Freundschaften, 65 Prozent weiblich).[3]

---

2 Der Anteil Jugendlicher, der eine beste Freundin bzw. einen besten Freund nannte, nahm in der 3. und 4. Welle weiter ab. Diese Abnahme spiegelt nicht etwa eine Ermüdungserscheinung aufgrund wiederholter Befragungen wider, sondern stellt ein typisches Phänomen der Adoleszenz dar: Während der Adoleszenz nimmt der Anteil Jugendlicher mit engen gleichgeschlechtlichen Freundschaften ab, der mit gegengeschlechtlichen Partnerschaften im Gegenzug zu (Buhrmester 1990).

3 In der Untergruppe der stabilen Freundschaften findet sich ein höherer Anteil weiblicher Jugendlicher im Vergleich zu den anderen beiden Untergruppen. Dies dürfte kein Zufall sein, son-

Die politischen Orientierungen und Verhaltensbereitschaften der Jugendlichen wurden anhand standardisierter Fragen erhoben:

- Für das *politische Interesse* lautete die Frage: „Wie stark interessierst Du Dich für Politik?“ Die Antworten sollten auf einer 5-Punkt-Skala, die von (1) „überhaupt nicht“ bis (5) „sehr stark“ reichte, abgestuft werden.
- Die *legale und die illegale Protestbereitschaft* wurde mittels einer Itembatterie erfasst, die verschiedene politische Protestformen enthielt. Die Antworten sollten hier ebenfalls auf 5-Punkt-Skalen, die von (1) „ich würde mich bestimmt nicht beteiligen“ bis (5) „ich würde mich bestimmt beteiligen“ reichten, abgestuft werden. Die *legale* Protestbereitschaft setzt sich aus folgenden Items zusammen: „Teilnahme an einer genehmigten politischen Demonstration“, „Beteiligung an einer Unterschriftensammlung“ sowie „Beteiligung an Bürgerinitiativen“ (Cronbach's Alpha zum ersten bzw. zum zweiten Messzeitpunkt: .64 und .68). In die Skala zur Bereitschaft der Beteiligung an *illegalen* Formen des Protests gingen folgende Items ein: „Teilnahme an einer nicht genehmigten politischen Demonstration“, das „Aufhalten des Verkehrs mit einer Demonstration“, die „Teilnahme an Hausbesetzungen“, „Protestparolen sprühen“, „aus Protest Straßenschilder, Fensterscheiben oder ähnliches beschädigen“ sowie „bei Protesten, wenn nötig auch zuschlagen“ (Cronbach's Alpha zum ersten bzw. zum zweiten Messzeitpunkt: .82 und .81).
- Die *Links-Rechts-Orientierung* wurde anhand einer 10-stufigen Skala zur Selbsteinstufung erhoben, auf der (1) mit „links“ und (10) mit „rechts“ bezeichnet waren. Zusätzlich wurde die Kategorie „mit diesen Begriffen kann ich nichts anfangen“ angeboten, die als fehlender Wert behandelt wurde.[4]

Tabelle 1 dokumentiert die Mittelwerte und Standardabweichungen der männlichen und weiblichen Jugendlichen in den querschnittlichen Dyadendatensätzen der ersten und der zweiten Welle.

Die Mittelwerte zeigen die für Gymnasiastinnen und Gymnasiasten typischen Geschlechtsunterschiede: Die männlichen Jugendlichen sind stärker politisch interessiert als die weiblichen Jugendlichen. Die weiblichen Jugendlichen haben eine höhere legale, die männlichen Jugendlichen eine höhere illegale Pro-

---

sondern damit zusammenhängen, dass weibliche Jugendliche ihren Freundschaften eine größere Bedeutung beimessen (Buhrmester 1990; Schmid 2004). Die größere Bedeutung der Freundschaften könnte dazu führen, dass sie länger aufrechterhalten werden.

4 Diese Kategorie wurde zu beiden Messzeitpunkten von etwa 4 Prozent der Jugendlichen angekreuzt.

testbereitschaft. Die weiblichen Jugendlichen stufen sich auf der Links-Rechts-Skala im Schnitt etwas weiter links ein als die männlichen Jugendlichen.

Tabelle 1: Mittelwerte und Standardabweichungen (in Klammern) nach Geschlecht (querschnittliche Dyadendatensätze)

	politisches Interesse		legaler Protest		illegaler Protest		Links-Rechts-Orientierung	
	männl.	weibl.	männl.	weibl.	männl.	weibl.	männl.	weibl.
1. Mzp (N = 798)	3.11 (0.85)	2.73 (0.74)	3.22 (0.88)	3.59 (0.83)	2.08 (1.06)	1.80 (0.82)	5.22 (2.18)	4.88 (1.98)
2. Mzp (N = 436)	3.30 (0.95)	2.74 (0.67)	3.39 (0.86)	3.66 (0.77)	1.93 (0.88)	1.80 (0.77)	5.19 (1.73)	4.95 (1.77)

7. Ergebnisse

Um einen ersten Eindruck über die Höhe der Übereinstimmungen zwischen den Jugendlichen und ihren besten Freunden sowie über die Unterschiede in den Übereinstimmungen über die vier Dimensionen der politischen Identität hinweg zu bekommen, wurden auf der Grundlage der querschnittlichen Dyadendatensätze Pearson's Korrelationskoeffizienten berechnet. Die Korrelationskoeffizienten geben an, wie hoch die Übereinstimmungen zwischen Jugendlichen und ihren besten Freunden im Vergleich zu zufällig ausgewählten Paaren von Jugendlichen in der Stichprobe sind.

Tabelle 2 zeigt, dass bei allen vier ausgewählten Dimensionen der politischen Identität Übereinstimmungen mit den besten Freunden in mittlerer Höhe (zwischen r = .25 und .44) bestehen. Am niedrigsten fallen die Übereinstimmungen beim politischen Interesse, am höchsten bei der Links-Rechts-Orientierung aus.

Tabelle 2: Übereinstimmung mit den besten Freunden (Pearsons' r, querschnittliche Dyadendatensätze)

	politisches Interesse	legaler Protest	illegaler Protest	Links-Rechts-Orientierung
1. Mzp (N = 798)	.30***	.31***	.44***	.44***
2. Mzp (N = 436)	.25***	.32***	.35***	.42***

Die zweite Frage richtete sich auf den Unterschied zwischen engen, durch reziproke Nennungen gekennzeichneten, Freundschaften im Vergleich zu Freundschaften, bei denen nur eine einseitige Nennung von Seiten der Jugendlichen vorlag. Da weibliche Jugendliche häufiger reziproke Freundschaften pflegten als männliche Jugendliche, wurden für diesen Vergleich für das Geschlecht der Jugendlichen kontrollierte Partialkorrelationen berechnet.

Tabelle 3: Übereinstimmung mit den besten Freunden nach Reziprozität der Freundschaft (Partialkorrelationen kontrolliert für Geschlecht, querschnittliche Dyadendatensätze)

	politisches Interesse	legaler Protest	illegaler Protest	Links-Rechts-Orientierung
1. Mzp (59% der Freundschaften reziprok)				
reziprok	.35***	.28***	.51***	.47***
einseitig	.15**	.25***	.32***	.38***
2. Mzp (60% der Freundschaften reziprok)				
reziprok	.20***	.37***	.43***	.49***
einseitig	.10	.17*	.22**	.30***

Tabelle 3 zeigt, dass in allen Fällen in den engen, durch reziproke Nennungen gekennzeichneten, Freundschaften die Korrelationen höher ausfielen als in den durch einseitige Nennungen gekennzeichneten Freundschaften. Die Unterschiede in den Korrelationen wurden anhand des Fisher-Z-Tests für Korrelationen in zwei voneinander unabhängigen Stichproben (Bortz 1989, 264f.) auf Signifikanz geprüft. Zum ersten Messzeitpunkt waren die Unterschiede beim politischen Interesse ($Z = 2.95$) und bei der illegalen Protestbereitschaft ($Z = 3.14$, jeweils auf dem 5%-Niveau) sowie bei der Links-Rechts-Orientierung ($Z = 1.47$, auf dem 10%-Niveau) signifikant. Zum zweiten Messzeitpunkt waren die Unterschiede bei der legalen ($Z = 2.16$) und der illegalen Protestbereitschaft ($Z = 2.34$) sowie wiederum bei der Links-Rechts-Orientierung ($Z = 2.18$, alle auf dem 5%-Niveau) signifikant. Die Annahme, dass in engen Freundschaften die Übereinstimmungen in den politischen Orientierungen und Verhaltensbereitschaften höher ausfallen als in weniger engen Freundschaften, bestätigt sich demnach weitgehend.

Um die Frage nach höheren oder niedrigeren Übereinstimmungen in weiblichen im Vergleich zu männlichen Freundschaften prüfen zu können, wurden für die Reziprozität der Freundschaft kontrollierte Partialkorrelationen berechnet. Tabelle 4 zeigt, dass die Korrelationen bei drei der vier untersuchten Merkmale – beim politischen Interesse, bei der legalen Protestbereitschaft und bei der Links-Rechts-Orientierung – in den weiblichen Freundschaften höher ausfielen. Beim vierten Merkmal, der Bereitschaft zu illegalem Protest, lagen die Korrelationen in den männlichen Freundschaften etwas höher. Signifikant waren die Unterschiede zum ersten Messzeitpunkt nur beim politischen Interesse (Z = 1.97), bei der legalen Protestbereitschaft (Z = 3.04) und bei der Links-Rechts-Orientierung (Z = 1.72, jeweils auf dem 5%-Niveau). Zum zweiten Messzeitpunkt waren ebenfalls nur die Unterschiede beim politischen Interesse (Z = 1.77), bei der legalen Protestbereitschaft (Z = 1.73) und bei der Links-Rechts-Orientierung (Z = 1.95, ebenfalls alle auf dem 5%-Niveau) signifikant. Offenbar kann die Frage nach höheren Übereinstimmungen in männlichen oder in weiblichen Freundschaften nicht pauschal für alle politischen Orientierungen und Verhaltensbereitschaften in gleicher Weise beantwortet werden. Bei der illegalen Protestbereitschaft zeigte sich ein von den anderen untersuchten Merkmalen abweichendes Muster.

Tabelle 4: Übereinstimmung mit besten Freunden nach Geschlecht (Partialkorrelationen kontrolliert für die Reziprozität der Freundschaft, querschnittliche Dyadendatensätze)

	politisches Interesse	legaler Protest	illegaler Protest	Links-Rechts-Orientierung
1. Mzp (66% der Freundschaften weiblich)				
männlich	.18**	.14*	.47***	.36***
weiblich	.32***	.36***	.40***	.47***
2. Mzp (68% der Freundschaften weiblich)				
männlich	.06	.18*	.37***	.29***
weiblich	.24***	.35***	.33***	.47***

Um die Frage nach der Selektion von Freunden auf der Grundlage der in Frage stehenden Merkmale versus der Sozialisation der entsprechenden Merkmale innerhalb von Freundschaften beantworten zu können, wurden die Übereinstimmungen in längsschnittlich über die ersten beiden Messzeitpunkte hinweg stabilen Freundschaften mit den Übereinstimmungen in sich neu formierenden Freundschaften sowie in sich auflösenden Freundschaften verglichen. Tabelle 5 dokumentiert die entsprechenden Korrelationen.

In den stabilen Freundschaften zeigte sich eine Zunahme in den Korrelationen für das politische Interesse, für die illegale Protestbereitschaft und für die Links-Rechts-Orientierung. Am deutlichsten fiel die Zunahme bei der illegalen Protestbereitschaft aus, nur hier ergab sich ein auf dem 5%-Niveau signifikanter

Z-Wert (1.81).[5] Keine Zunahme zeigte sich bei der legalen Protestbereitschaft. Die Zunahmen in den Korrelationen zeigen an, dass sich die befreundeten Jugendlichen in stabilen Freundschaften über die beiden Messzeitpunkte hinweg ähnlicher werden.

Tabelle 5: Übereinstimmung in stabilen, sich neu formierenden und sich auflösenden Freundschaften (Pearsons' r, längsschnittliche Daten)

	politisches Interesse	legaler Protest	illegaler Protest	Links-Rechts-Orientierung
stabile Freundschaften				
(N = 165, davon 76% weiblich, zum 1. Mzp 73% und zum 2. Mzp 78% reziprok)				
1. Mzp	.21**	.30**	.24**	.29**
2. Mzp	.30**	.29**	.42**	.39**
sich formierende Freundschaften				
(N = 182, davon 64% weiblich, zum 2. Mzp 43% reziprok)				
1. Mzp	.03	.24**	.17*	.31**
2. Mzp	.16*	.28**	.30**	.42**
sich auflösende Freundschaften				
(N = 175, davon 65% weiblich, zum 1. Mzp 41% reziprok)				
1. Mzp	.24**	.29**	.46**	.49**
2. Mzp	.14	.25**	.24**	.44**

In den sich neu formierenden Freundschaften nahmen die Korrelationen ebenfalls zu. Die Zunahme fiel wiederum beim politischen Interesse, bei der illegalen Protestbereitschaft und bei der Links-Rechts-Orientierung recht deutlich aus, bei der legalen Protestbereitschaft dagegen war sie eher niedrig. Wiederum war nur der Z-Wert bei der illegalen Protestbereitschaft signifikant (Z = 1.28, 10%-Niveau). Auch in den sich neu formierenden Freundschaften wurden sich die Jugendlichen also über die beiden Messzeitpunkte hinweg ähnlicher. Bemerkenswert ist, dass bei der legalen und der illegalen Protestbereitschaft sowie bei der Links-Rechts-Orientierung schon zum ersten Messzeitpunkt signifikante Korrelationen mit den späteren besten Freunden bestanden. Diese weisen darauf hin, dass die Jugendlichen sich schon vor Beginn der Freundschaften ähnlich waren, was wiederum bedeutet, dass eine Auswahl von Freunden anhand der entsprechenden Kriterien stattgefunden haben kann.

5 Der Fisher-Z-Test für Korrelationen in unabhängigen Stichproben ist für die Überprüfung von Korrelationsunterschieden auf der Grundlage *einer* Stichprobe ein sehr konservativer Test. Er sollte von daher nicht als alleiniges Kriterium für die Beurteilung von Unterschieden herangezogen werden.

In den sich auflösenden Freundschaften zeigten sich wie erwartet keine Zunahmen, sondern Abnahmen in den Korrelationen zwischen den beiden Messzeitpunkten. Diese Abnahmen fielen relativ deutlich beim politischen Interesse und bei der illegalen Protestbereitschaft aus, weniger deutlich dagegen bei der legalen Protestbereitschaft und der Links-Rechts-Orientierung. Ein signifikanter Z-Wert ergab sich wiederum nur bei der illegalen Protestbereitschaft ($Z = 2.31$, 5%-Niveau). Die Abnahmen in den Korrelationen zeigen an, dass die Jugendlichen ihren ehemals besten Freunden nach der Auflösung der Freundschaften in den politischen Orientierungen und Verhaltensbereitschaften unähnlicher wurden.

8. Zusammenfassung und Diskussion

Das Anliegen des vorliegenden Beitrags war es, anhand von Korrelationen zu prüfen, wie hoch die Übereinstimmungen in politischen Orientierungen und Verhaltensbereitschaften unter eng befreundeten Jugendlichen sind. Die Höhe der Übereinstimmungen kann Hinweise darauf geben, welche Bedeutung politische Orientierungen und Verhaltensbereitschaften in den Interaktionen der Jugendlichen untereinander haben. Außerdem ging es um die Frage, inwieweit die Übereinstimmungen in den politischen Orientierungen und Verhaltensbereitschaften auf Selektion, das heißt auf der Wahl von Freunden, oder auf Sozialisation, also auf gegenseitiger Beeinflussung, beruhen. Um die zweite Frage beantworten zu können, wurde auf der Grundlage eines Längsschnittdatensatzes ein Verfahren gewählt, das erstmalig in den 1970er Jahren von Denise Kandel (1978b; 1986) angewandt und seither nur selten repliziert wurde.

Vier Dimensionen politischer Identität wurden in die Analysen einbezogen: Das politische Interesse als die motivationale Basis für die Auseinandersetzung mit politischen Themen, die legale und die illegale Protestbereitschaft als zwei unterschiedliche behaviorale Gesichtspunkte und die Selbstverortung auf der Links-Rechts-Skala als ein inhaltlich-ideologischer Aspekt der politischen Identität.

Im *ersten Schritt* der Analysen wurde ein Vergleich der Übereinstimmungen über die vier politischen Orientierungen und Verhaltensbereitschaften hinweg vorgenommen. Dabei zeigten sich höhere Übereinstimmungen für die Links-Rechts-Orientierung und die illegale Protestbereitschaft im Vergleich zur legalen Protestbereitschaft und zum politischen Interesse.

Die relativ niedrigen Übereinstimmungen im politischen Interesse können damit in Zusammenhang gebracht werden, dass das politische Interesse eine eher abstrakte Größe bildet, die für die Jugendlichen in den Interaktionen untereinander nicht gut wahrnehmbar ist. Eine schlechte Wahrnehmbarkeit politischer Orientierungen und Verhaltensbereitschaften geht in der Regel mit niedrigeren Übereinstimmungen einher (Tedin 1980; Campbell 1980).

Die höheren Übereinstimmungen in der Bereitschaft zur Beteiligung an illegalen Formen des politischen Protests im Vergleich zur Übereinstimmung in der Bereitschaft zur Beteiligung an legalen Formen des politischen Protests können einen Hinweis darauf bilden, dass die illegalen Aktivitäten in einem stärkeren Bezug zur Gleichaltrigenwelt stehen als die legalen Aktivitäten (Tedin 1980; Campbell 1980). Die eingangs dargelegten Befunde, wonach die illegale Protestbereitschaft im Unterschied zur legalen Protestbereitschaft ein eher jugendspezifisches Phänomen darstellt und zudem größere Ähnlichkeiten mit deviantem Verhalten aufweist, stützen diese Interpretation.

Die relativ hohe Übereinstimmung unter Freunden in der Links-Rechts-Orientierung weist darauf hin, dass diesem Konzept in den Interaktionen der Jugendlichen untereinander ebenfalls eine große Bedeutung zukam. Den Jugendlichen schien die Zuordnung ihrer Freunde zu linken oder rechten Positionen trotz der relativen Offenheit und unklaren Definition der Begriffe „Links" und „Rechts" nicht besonders schwer zu fallen. Der historisch bedingte, enge Zusammenhang zwischen der Links-Rechts-Orientierung und der Einstellung gegenüber Ausländern (Weiss/Mibs/Brauer 2002) dürfte die Zuordnungen erleichtert haben.

Im *zweiten Schritt* wurde ein Vergleich der Übereinstimmungen nach der Qualität der Freundschaftsbeziehungen vorgenommen. Geprüft wurde die Annahme, dass die Ähnlichkeiten in engen Freundschaften höher ausfallen würden als in weniger engen Freundschaften. Wie erwartet ergaben sich deutlich höhere Übereinstimmungen bei Freundespaaren, die sich reziprok als beste Freunde bezeichneten, im Vergleich zu Freundespaaren, bei denen nur einseitige Nennungen der besten Freundin bzw. des besten Freundes von Seiten der Jugendlichen vorlagen. Die Ergebnisse lassen sich dahingehend interpretieren, dass eng befreundete Jugendliche sich in ihren politischen Orientierungen und Verhaltensbereitschaften ähnlicher sind als weniger eng befreundete Jugendliche. Im Umkehrschluss bedeutet dieses Ergebnis, dass politische Orientierungen und Verhaltensbereitschaften nicht nur für die Zusammensetzung von Gleichaltrigengruppen, sondern auch für die Wahl und Aufrechterhaltung von engen Freundschaften eine Rolle spielen.

Im *dritten Schritt* wurde vor dem Hintergrund gegensätzlicher Annahmen geprüft, ob die Übereinstimmung in männlichen oder in weiblichen Freundschaften höher ausfallen. Für drei der vier Dimensionen der politischen Identität, für das politische Interesse, die legale Protestbereitschaft und die Links-Rechts-Orientierung, zeigten sich höhere Übereinstimmungen bei den weiblichen

Freundespaaren.[6] Bei der vierten Dimension, der illegalen Protestbereitschaft, zeigte sich kein signifikanter Unterschied zwischen den Geschlechtern, obgleich die Übereinstimmungen bei den männlichen Freundespaaren etwas höher lagen als bei den weiblichen. Offenbar liegen also selbst im Bereich politischer Orientierungen und Verhaltensbereitschaften die Übereinstimmungen in weiblichen Freundschaften im Allgemeinen höher. Zurückgeführt werden kann dies auf die größere Intimität und Wichtigkeit, die weibliche Jugendliche ihren Freundschaften beimessen. Ausnahmen von dieser Regel scheint es allerdings dann zu geben, wenn das untersuchte Merkmal eng an ein männliches Verhaltensmodell gebunden ist, wie das bei der illegalen Protestbereitschaft der Fall ist. Bei der illegalen Protestbereitschaft dürfte die Geschlechtsspezifik des Merkmals dem Einfluss der Intimität der Freundschaft entgegen gewirkt haben, so dass die Übereinstimmungen in Freundschaften beiderlei Geschlechts etwa gleich hoch bzw. bei den männlichen Jugendlichen etwas höher ausfielen.

Im *vierten Schritt* wurde der Frage nachgegangen, inwieweit die Übereinstimmungen in den politischen Orientierungen und Verhaltensbereitschaften auf Sozialisation, das heißt auf gegenseitiger Beeinflussung, und inwieweit sie auf Selektion, also auf der Wahl von Freunden aufgrund ähnlicher Einstellungen und Verhaltensweisen, beruhen. Dazu wurden auf der Grundlage eines Längsschnittdatensatzes die Übereinstimmungen in stabilen Freundschaften mit denen in sich neu formierenden und in sich auflösenden Freundschaften verglichen.

Zum einen zeigte sich, dass in den stabilen Freundschaften die Übereinstimmungen mit der Zeit zunahmen. Besonders deutlich war die Zunahme bei der illegalen Protestbereitschaft, keine Zunahme ergab sich dagegen bei der legalen Protestbereitschaft. Zum zweiten zeigte sich, dass in den sich neu formierenden Freundschaften die Übereinstimmungen ebenfalls zunahmen, dass aber außer beim politischen Interesse auch schon vor Beginn der Freundschaften signifikante Übereinstimmungen bestanden. Auch hier fiel die Zunahme bei der illegalen Protestbereitschaft besonders deutlich, bei der legalen Protestbereitschaft dagegen eher schwach aus. Zum dritten zeigte sich, dass die Übereinstimmungen in den Freundschaften, die sich auflösten, abnahmen. Diese Abnahmen fielen wiederum bei der illegalen Protestbereitschaft am deutlichsten, bei

---

6 Da männliche Jugendliche seltener als weibliche angaben, beste Freunde zu haben, liegt die Vermutung nahe, dass bei den männlichen Jugendlichen aufgrund von Selbstselektionseffekten stärkere Varianzeinschränkungen bestehen als bei den weiblichen Jugendlichen. Tabelle 1 zeigt, dass die Standardabweichungen für alle vier in die Analysen einbezogenen politischen Orientierungen bei den männlichen Jugendlichen entweder etwas höher oder mindestens gleich hoch ausfielen wie bei den weiblichen Jugendlichen. Die niedrigeren Korrelationen bei den männlichen Jugendlichen können somit nicht auf Varianzeinschränkungen zurückgeführt werden.

der legalen Protestbereitschaft, aber auch bei der Links-Rechts-Orientierung eher schwach aus.

Die Zunahmen in den Übereinstimmungen in den beiden Gruppen stabiler und sich neu formierender Freundschaften können im Sinne von Sozialisationseffekten interpretiert werden: Freunde beeinflussen sich gegenseitig und werden sich dadurch in ihren politischen Orientierungen und Verhaltensbereitschaften ähnlicher. Für die abnehmenden Übereinstimmungen in den sich auflösenden Freundschaften können entweder nachlassende Sozialisation oder „Deselektion"[7] verantwortlich gemacht werden. Nicht nur das Zustandekommen, auch die Aufrechterhaltung von Übereinstimmungen in Freundschaften erfordert eine Auseinandersetzung mit den entsprechenden Themen und geht deshalb mit gegenseitiger Beeinflussung einher. Findet diese gegenseitige Beeinflussung nicht mehr statt, ändern die ehemaligen Freunde ihre politischen Orientierungen und Verhaltensbereitschaften unabhängig voneinander und werden sich dadurch unähnlicher. Die schon vor Beginn der Freundschaften bestehenden Übereinstimmungen in den politischen Orientierungen und Verhaltensbereitschaften bei den sich neu formierenden Freundschaften schließlich können als Selektionseffekte interpretiert werden.[8]

Im politischen Interesse bestanden bei den sich neu formierenden Freundschaften zum ersten Messzeitpunkt, also vor Beginn der Freundschaften, keinerlei Übereinstimmungen. Das politische Interesse bildete demnach kein Kriterium bei der Wahl von Freunden. Die Übereinstimmung zum zweiten Messzeitpunkt, also bei bestehenden Freundschaften, muss somit vollständig auf Sozialisation beruhen. Die in der Tendenz zunehmenden Übereinstimmungen in den stabilen sowie die abnehmenden Übereinstimmungen in den sich auflösenden Freundschaften unterstützen diese Interpretation.

Bei der legalen Protestbereitschaft lagen im Gegensatz dazu die Korrelationen in den sich neu formierenden Freundschaften zum ersten Messzeitpunkt fast

---

7 Deselektion liegt dann vor, wenn die Änderung von Einstellungen bei einer oder bei beiden der beteiligten Personen in unterschiedliche Richtungen nicht nur Folge nachlassender Sozialisation, sondern der explizite Grund für die Aufkündigung der Freundschaft ist.

8 Die vor Beginn der Freundschaften existierenden Korrelationen können im Prinzip vollständig als Selektionseffekte interpretiert werden. Einschränkend muss jedoch angemerkt werden, dass in unserem Datensatz Jugendliche, die zum ersten Messzeitpunkt nicht als beste Freunde genannt wurden, dennoch ein Bestandteil des weiteren Freundeskreises sein konnten. Weil auch unter weniger eng befreundeten Jugendlichen Übereinstimmungen bestehen, könnte der Selektionseffekt durch die Korrelation zum ersten Messzeitpunkt *überschätzt* sein. Dieselbe Einschränkung besteht in Bezug auf die sich auflösenden Freundschaften. Auch bei den sich auflösenden Freundschaften ist es möglich, dass die Jugendlichen zwar nicht mehr als beste Freunde bezeichnet wurden, aber dennoch ein Bestandteil des weiteren Freundeskreises blieben. Der Sozialisationseffekt würde dadurch *unterschätzt* werden.

genauso hoch wie zum zweiten Messzeitpunkt. Die Übereinstimmungen scheinen somit nahezu vollständig auf Selektion zu beruhen. Wiederum unterstützen die über beide Messzeitpunkte hinweg gleich bleibenden Korrelationen in den stabilen Freundschaften sowie die nur geringfügig abnehmenden Korrelationen in den sich auflösenden Freundschaften diese Interpretation. Beide Befunde sprechen ebenfalls für nur geringe Sozialisationseffekte durch enge Freunde bei der legalen Protestbereitschaft.

Bei der illegalen Protestbereitschaft lag die Korrelation in den sich neu formierenden Freundschaften zum ersten Messzeitpunkt, also vor Beginn der Freundschaften, nur etwa halb so hoch wie zum zweiten Messzeitpunkt, bei dann bestehenden Freundschaften. Demnach beruht zwar ein guter Teil der Übereinstimmung bei der illegalen Protestbereitschaft auf Selektion, der andere Teil aber kann der Sozialisation zugeschrieben werden. Auch hier wird der Befund, dass sich eng befreundete Jugendliche nicht nur nach dem Kriterium der illegalen Protestbereitschaft wählen, sondern sich darin auch gegenseitig beeinflussen, durch die signifikante Zunahme der Korrelationen in den stabilen Freundschaften sowie durch die Abnahme der Korrelationen in den sich auflösenden Freundschaften unterstützt. Etwa die Hälfte der Übereinstimmung bei der illegalen Protestbereitschaft beruht auf der Wahl von Freunden, die andere Hälfte auf gegenseitiger Beeinflussung.

Auch bei der Links-Rechts-Orientierung zeigte sich neben einem deutlichen Selektionseffekt ein nicht zu vernachlässigender Sozialisationseffekt. Zum einen ergaben sich in den sich neu formierenden Freundschaften schon zum ersten Messzeitpunkt, also vor Beginn der Freundschaften, relativ hohe Korrelationen. Zum anderen nahmen auch hier die Übereinstimmungen in den stabilen und in den sich neu formierenden Freundschaften zum zweiten Messzeitpunkt in der Tendenz noch weiter zu, in den sich auflösenden Freundschaften dagegen etwas ab. Im Vergleich zum Anteil der Sozialisation an der Übereinstimmung in der illegalen Protestbereitschaft fiel der Anteil der Sozialisation an der Übereinstimmung in der Links-Rechts-Orientierung jedoch geringer aus.

Zusammenfassend kann festgehalten werden, dass sich für die vier untersuchten Dimensionen der politischen Identität Übereinstimmungen in mittlerer Höhe ergaben. Diese Übereinstimmungen fielen in engen Freundschaften höher aus als in weniger engen und mit einer Ausnahme in weiblichen Freundschaften höher als in männlichen. Außerdem variierten die Übereinstimmungen in ihrer Höhe je nach politischer Orientierung oder Verhaltensbereitschaft. Die Höhe der Übereinstimmung schien dabei sowohl von der Wahrnehmbarkeit der politischen Orientierung oder Verhaltensbereitschaft als auch von deren Relevanz in den Interaktionen unter Gleichaltrigen abzuhängen. Es zeigten sich höhere Übereinstimmungen in der Links-Rechts-Orientierung im Vergleich zum politischen

Interesse und – insbesondere bei den männlichen Jugendlichen – höhere Übereinstimmungen in der illegalen Protestbereitschaft im Vergleich zur legalen Protestbereitschaft.

Die Übereinstimmungen in den verschiedenen Dimensionen der politischen Identität fielen jedoch nicht nur unterschiedlich hoch aus, sie beruhten auch zu unterschiedlichen Anteilen auf Selektions- und auf Sozialisationsprozessen. Der jeweilige Anteil an Selektion und an Sozialisation scheint ebenfalls mit der Verankerung der jeweiligen Orientierung oder Verhaltensbereitschaft in den Interaktionen der Gleichaltrigen untereinander im Zusammenhang zu stehen. Vor allem die illegale Protestbereitschaft, in geringerem Maße die Links-Rechts-Orientierung sowie das politische Interesse erwiesen sich als durch die gleichaltrigen Freunde beeinflusst.

Mit Blick auf das politische Interesse bedeutet das Ergebnis, dass sich die Jugendlichen ihre Freunde zwar kaum entlang diesem Kriterium aussuchen, sich aber im Verlauf der Freundschaft aufgrund einer gegenseitigen Beeinflussung in dieser Hinsicht immer ähnlicher werden. Ob man sich für Politik interessiert, scheint demnach tatsächlich eine Frage zu sein, die unter befreundeten Jugendlichen verhandelt wird. Der Befund stützt somit die eingangs erwähnte These von Oswald und Völker (1973), kann allerdings nur für Gymnasiastinnen und Gymnasiasten der untersuchten Altersgruppe verallgemeinert werden.

Die Bereitschaft zu legalem politischen Protest spielte gemäß dem Ergebnis zwar eine Rolle bei der Wahl von Freunden, überraschenderweise fanden sich aber kaum Hinweise auf eine Sozialisation innerhalb von Freundschaften. Andere Sozialisationsinstanzen wie etwa das Elternhaus und die Schule, möglicherweise auch der weitere Freundeskreis, könnten hier eine wichtigere Rolle spielen.

Die stärksten Sozialisationseffekte durch enge Freunde zeigten sich bei der illegalen Protestbereitschaft. Die Ursache hierfür könnte darin liegen, dass illegaler Protest in stärkerem Maße als die anderen untersuchten Größen eine jugendspezifische Verhaltensweise darstellt. Der größte Teil des Sozialisationseffektes dürfte zudem auf das Konto der männlichen Freundschaften gegangen sein, denn illegaler Protest stellte eine Verhaltensbereitschaft dar, die überwiegend von den männlichen Jugendlichen in Betracht gezogen wurde.

Ein Einfluss enger Freunde zeigte sich auch bei der Links-Rechts-Orientierung, neben einem ebenfalls starken Effekt der Wahl von Freunden. Aufgrund des feststellbar engen Zusammenhangs zwischen der Links-Rechts-Orientierung und der Einstellung gegenüber Ausländern dürfte die Ähnlichkeit in der Links-Rechts-Orientierung vor allem an dem Merkmal Ausländerfeindlichkeit festgemacht worden sein.

Insgesamt belegen die vorliegenden Ergebnisse, dass politische Orientierungen und Verhaltensbereitschaften in Freundschaften eine Rolle spielen. Sie bilden sowohl Kriterien bei der Wahl von Freunden (Ausnahme: politisches Interesse) als auch Merkmale, die innerhalb von Freundschaften sozialisiert werden (Ausnahme: legale Protestbereitschaft).

Anzumerken bleibt abschließend, dass in den Analysen unterstellt wurde, dass Selektions- und Sozialisationsprozesse direkt anhand der in Frage stehenden politischen Orientierungen und Verhaltensbereitschaften erfolgten. Nicht weiter untersucht wurde, inwieweit die Übereinstimmungen nur indirekt, das heißt über Merkmale, die mit den untersuchten politischen Orientierungen und Verhaltensbereitschaften in einem engen Zusammenhang stehen, entstanden sind. Entsprechende Analysen könnten eine Aufgabe für die Zukunft darstellen.

Literatur

Bortz, J. (1989): Statistik für Sozialwissenschaftler. (3. neu bearb. Aufl.). Berlin, Heidelberg, New York, Tokyo: Springer.

Buhrmester, D. (1990): Intimacy of Friendship, Interpersonal Competence, and Adjustment During Preadolescence and Adolescence. In: Child Development, 61, 1101-1111.

Buhrmester, D./Furman, W. (1987): The Development of Companionship and Intimacy. In: Child Development, 58, 1101-1113.

Campbell, B. A. (1980): A Theoretical Approach to Peer Influence in Adolescent Socialization. In: American Journal of Political Science, 24, 2, 324-344.

Deutsche Shell (Hrsg.) (2002): Jugend 2002. Zwischen pragmatischem Idealismus und robustem Materialismus. Opladen: Leske + Budrich.

Fischer, A. (1997): Engagement und Politik. In: Jugendwerk der Deutschen Shell (Hrsg.): Jugend '97. Zukunftsperspektiven, Gesellschaftliches Engagement, Politische Orientierungen. Opladen: Leske + Budrich, 303-341.

Gaiser, W./de Rijke, J. (2000): Partizipation und politisches Engagement. In: Gille, M./ Krüger, W. (Hrsg.): Unzufriedene Demokraten. Politische Orientierungen der 16- bis 29jährigen im vereinigten Deutschland. Opladen: Leske + Budrich, 267-323.

Gille, M./Krüger, W. (Hrsg) (2000): Unzufriedene Demokraten. Politische Orientierungen der 16- bis 29jährigen im vereinigten Deutschland. Opladen: Leske + Budrich.

Hartup, W. W. (1983): Peer Relations. In: Mussen, P. H. (Ed.): Handbook of Child Psychology (Vol. 4). New York: John Wiley & Sons, 103-196.

Kandel, D. B. (1978a): Similarity in Real-Life Adolescent Friendship Pairs. In: Journal of Personality and Social Psychology, 36, 3, 306-312.

Kandel, D. B. (1978b): Homophily, Selection, and Socialization in Adolescent Friendships. In: American Journal of Sociology, 84, 2, 427-436.

Kandel, D. B. (1986): Processes of Peer Influences in Adolescence. In: Silbereisen, R. K./ Eyferth, K./Rudinger, G. (Eds.): Development as Action in Context. Berlin: Springer-Verlag, 203-227.

Kuhn, H.-P. (2005): Ziviler Ungehorsam und politisch motivierte Gewaltbereitschaft im Jugendalter: Entwicklung und Sozialisation. In: Schuster, B. H./Kuhn, H.-P./Uhlendorff, H. (Hrsg.): Entwicklung in sozialen Beziehungen: Heranwachsende in ihrer Auseinandersetzung mit Familie, Freunden und Gesellschaft. Stuttgart: Lucius & Lucius, 279-304.

Kuhn, H.-P. (2004): Adolescent Voting for Right-Wing Extremist Parties and Readiness to Use Violence in Political Action: Parent and Peer Contexts. In: Journal of Adolescence, 27, 5, 561-581.

Niemi, R. G. (1974): How Family Members Perceive Each Other. Political and Social Attitudes in Two Generations. New Haven and London: Yale University Press.

Oswald, H./Kuhn, H.-P. (2003): Erstwähler in den neuen Bundesländern. In: Aus Politik und Zeitgeschichte, B15, 18-25.

Oswald, H./Schmid, C. (2006): The Influence of Parents and Peers on Political Participation of Adolescents in the New States of Germany. In: Manfred, H./Sliwka, A./Diedrich, M. (Hrsg.): Citizenship Education in Youth – Theory, Research, and Practice. Münster: Waxmann.

Oswald, H./Völker, I. (1973): Gymnasiasten – Religiöse Partizipation und politische Orientierungen unter dem Einfluß der Eltern. In: Wehling, H.-G. (Hrsg.): Jugend zwischen Auflehnung und Anpassung. Stuttgart: Kohlhammer, 116-147.

Rucht, D./Roth, R. (2000): Weder Rebellion noch Anpassung: Jugendproteste in der Bundesrepublik 1950-1994. In: Roth, R./Rucht, D. (Hrsg.): Jugendkulturen, Politik und Protest. Vom Widerstand zum Kommerz? Opladen: Leske + Budrich, 283-304.

Schmid, C. (2004). Politisches Interesse von Jugendlichen. Eine Längsschnittuntersuchung zum Einfluss von Eltern, Gleichaltrigen, Massenmedien und Schulunterricht. Wiesbaden: Deutscher Universitäts-Verlag.

Sebert, S. K./Jennings, M. K./Niemi, R. G. (1974): The political Texture of Peer Groups. In: Jennings, M. K./Niemi, R. G. (Eds.): The political Character of Adolescence: The influence of Families and Schools. Princeton NJ: Princeton University Press, 229-248.

Silbiger, S. L. (1977): Peers and Political Socialization. In: Renshon, S. A. (Ed.): Handbook of Political Socialization. Theory and Research. New York: Free Press, 172-189.

Sünker, H. (1996): Informelle Gleichaltrigengruppe im Jugendalter und die Konstitution politischen Alltagsbewußtseins. In: Claußen, B./Geißler, R. (Hrsg.): Die Politisierung des Menschen. Instanzen der politischen Sozialisation. Opladen: Leske + Budrich, 101-111.

Tedin, K. L. (1980): Assessing Peer and Parent Influence on Adolescent Political Attitudes. In: American Journal of Political Science, 24, 1, 136-154.

Tolson, J. M./Urberg, K. A. (1993): Similarity Between Adolescent Best Friends. In: Journal of Adolescent Research, 8, 3, 274-288.

Urberg, K. A./Degirmencioglu, S. M./Tolson, J. M. (1998): Adolescent Friendship Selection and Termination: The Role of Similarity. In: Journal of Social and Personal Relationships, 15, 5, 703-710.

Wasmund, K. (1982): Sind Altersgruppen die modernen politischen Verführer? In: Claußen, B./Wasmund, K. (Hrsg.): Handbuch der politischen Sozialisation. Braunschweig: Agentur Pedersen, 104-118.

Weiss, K./Mibs, M./Brauer, J. (2002): Links-Rechts-Konzepte unter Brandenburger Jugendlichen. In: Boehnke, K./Fuß, D./Hagan, J. (Hrsg.): Jugendgewalt und Rechtsextremismus. Soziologische und psychologische Analysen in internationaler Perspektive. Weinheim und München: Juventa, 209-223.

Youniss, J. (2005): Die Entwicklung politischer Identität im Kontext sozialer Beziehungen. In: Schuster, B. H./Kuhn, H.-P./Uhlendorff, H. (Hrsg.): Entwicklung in sozialen Beziehungen. Heranwachsende in ihrer Auseinandersetzung mit Familie, Freunden und Gesellschaft. Stuttgart: Lucius & Lucius, 307-327.

Trends

Vorwort

Für den Abschnitt Trends haben wir in der diesjährigen Ausgabe des Jahrbuchs eine Arbeit aufgenommen, die eine Auswertungsstrategie in den Vordergrund stellt, von der deutsche Jugendforscher bislang eher weniger Gebrauch gemacht haben. Die hierzulande häufig angewandte Strategie, anhand von großen Datenmengen variablenbasierte Gruppenaussagen zu treffen, kann – so argumentieren die Autoren des Beitrags Alexander *von Eye* und G. Anne *Bogat* – den vielfältigen Charakteristika der unterschiedlichen Populationen und der Darstellung individueller Verhaltensmuster nur wenig gerecht werden. Die Autoren empfehlen daher, die Vorteile der Datenaggregation ernst zu nehmen, und erläutern eine Methode der Datenanalyse, die zwar weiterhin Gruppenvergleiche ermöglicht, diese aber auf personenorientierten Informationen vornimmt. Zudem werden anhand von Datenbeispielen aus einer großen empirischen Untersuchung zu jugendlichem Problemverhalten die statistischen Vorgehensweisen dieser personenorientierten Herangehensweisen erläutert.

Wir hoffen mit dem hier aufgenommenen Beitrag, die Aufmerksamkeit auf eine methodische Herangehensweise zu lenken, die bisher im methodischen Repertoire hiesiger Jugendforscher keine so große Beachtung gefunden hat. Wir möchten durch die anschauliche Darstellung der Herangehensweise Forscher ermutigen, die sich mit der Darstellung von Verhaltensentwicklung im Jugendalter beschäftigen, eine personenorientierte Auswertung ihrer Daten zunehmend in Betracht zu ziehen. Wir sind überzeugt, dass die personenorientierte Herangehensweise die herkömmlichen Verfahren standardisierender und quantifizierender Jugendforschung hervorragend ergänzt und erlaubt, umfassende theoretische Rückschlüsse über Verhaltensmustern im Jugendalter zu formulieren.

Angela Ittel und Hans Merkens

Abstract: In this article, two issues of concern to person-oriented research are discus issue is related to the distinction between person orientation and differential psycholog that both involve the comparison of groups. Only if dimensional identity exists, quantita sons are possible that use the same scales. The second issue concerns the statistical me be employed for data analysis in person-oriented research. Using the example of analys (ANOVA), it is shown that methods that usually are applied in the context of var research can also be of use in person-oriented research. Specifically, it is shown that AN one to compare groups of cases based on their means and their trend parameters. In shown that including parameters in the model that indicate group membership can increase the portion of variance that is accounted for, in particular in the presence of ou example is given from research on drug and alcohol use in adolescence.

Person-oriented research strategies have developed to become power social science scholarship. Concepts of person-orientation (Bergman/l 1997; Bergman/von Eye/Magnusson 2005; von Eye/Bergman : Eye/Bogat 2005) and, in parallel, ideographic research (Molenaar 200 2004), have experienced rapid development, and have found appl

many areas of social science research. One interesting aspect of pers research is that the arsenal of methods of data analysis is viewed dif protagonists of the strategy. Most authors agree that methods that al identify *a priori* unknown groups, such as cluster analysis, latent cla: exploratory factor analysis, and methods of data mining are key oriented research. The same applies to methods of exploratory Conf quency Analysis (Lienert/Krauth 1975; von Eye/Gutiérrez Peña 2C methods such as structural equations modeling are typically consider for variable-oriented research.

In this article, we propose that most methods of data analysis, inc se that are viewed by many as classical methods for variable-oriente can, if applied in a suitable context, be of use in person-oriented re: demonstrate this proposition using cross-sectional and repeated meas sis of variance as an example.

In the next section, we first review the seven tenets of person-(search (Bergman/Magnusson 1997; Bogat/Levendosky/von Eye 2 address their methodological implications. In the following section, analysis of variance (ANOVA) as a member of the general linear model. We discuss the regression approach to ANOVA and point to three main options of ANOVA that make it particularly useful for person-oriented research. Finally, we give a data example from a study published by von Eye, Bogat, and Rhodes (2005).

1. The tenets of person-oriented research

Bergman and Magnusson (1997) and von Eye and Bergman (2003) proposed seven tenets of person-oriented research. In brief, these tenets are:

(1) Behavior and its development are, at least in part, person-specific;
(2) because of the complexity of behavior and development, many components and their interrelationships must be accounted for;
(3) the description of patterns of individual behavior and development requires both trait and state perspectives; the same applies to the description of differences between individuals;
(4) the description of behavioral development requires the understanding of patterns of independent and patterns of dependent variables;
(5) the meaning of the multiple components under investigation is constituted by the interactions (associations) among these components;
(6) in a population, patterns of behavior will occur with greater or lesser frequency. The number of patterns is finite;
(7) to compare groups of individuals, or individuals over time, the instruments and variables used for comparison must exhibit dimensional identity; that is, their meaning must not change across comparison groups or over time.

The methodological implications of these eight tenets concern, in particular, the units of analysis. In standard, variable-oriented research, the unit of analysis is the variable. Individuals are just random data carriers. As such, they are interchangeable without loss of information. Characteristics considered unimportant are held constant or are randomized to ensure minimal bias. In contrast, person-oriented research focuses on individuals. It proposes that systematic differences exist between individuals and groups of individuals, especially as a result of time, space, and social context. These differences are established by comparing these groups or individuals with each other, over time, or with expected values. In person-oriented research, not the individuals but the measures used for the description of behavior are considered random and interchangeable indicators of behavior.

Most important here is the discussion concerning the reason for the existence of these groups. Three reasons are typically considered. First, *groups exist naturally*. For example, gender comparisons use the naturally existing gender groups. Person-oriented gender comparisons would attempt to describe, for instance, the development of spatial cognition in girls and boys. In addition, person-oriented gender comparisons would not automatically assume that the gender groups are homogeneous. Instead, subgroups may exist that are systematically different than the majority of a gender group.

Second, *groups are created*. This can be realized in many different ways. Here, we discuss two, one planned, the other accidental. One planned way of creating groups involves training, schooling, or other types of intervention. For example, the cognitive development of adolescents covaries with the amount and the kind of schooling they experience, the physical development of children depends on the amount and kind of physical training they undertake, or the understanding of music depends on the amount and kind of music to which individuals are exposed. Another way of creating groups is by way of therapy. For example, Karon (2005) believes that schizophrenics should get medicinal drugs only for short periods of time, at the beginning of a therapy. Analytic therapy should then take over and replace drug therapy. In contrast, modern therapists see more extended drug applications as helpful. It can be predicted that the course of therapy depends on kind (drug, talking) and amount of treatment. Another way of creating groups is by accidents. The injuries individuals incur in, for instance, skiing or traffic accidents can change the course of their development. In one word, interventions, whether planned, as in therapy, or accidental, as in serious physical injury, can result in systematically different person characteristics for individuals, whose development would, without the intervention, have taken a different course.

Finally, *groups or individuals who differ from the rest* may exist or develop without researchers awareness or expectation. Therefore, it is one of the standard routines of person-oriented research to explore and mine data to ensure, that no existing or developing subgrouping is overlooked.

The selection of *methods of analysis* clearly depends on the goals of a study. However, this selection also depends largely on the researchers' knowledge concerning the existence and importance of subpopulations or groups of individuals that are considered different than the rest, and on the kind of difference that is assumed or known to exist. This highlights the importance of the seventh tenet. If groups are known to differ only quantitatively, dimensional identity (von Eye/Bergman 2003) may exist, the same assessment instruments can be employed for each group, and standard statistical methods can be applied for group comparisons. If, however, groups are considered *qualitatively different*, methods need to be used that focus on or allow for structural differences. In addition, if

person-oriented research? To answer this question, we first review AN(
then highlight three ways in which ANOVA allows one to answer ques
are fueled by a person-oriented research strategy.

2. Analysis of Variance in person-oriented research

ANOVA is known to be a member of the methods of the General Line
(GLM). Specifically, let y be the array of observed dependent measur
matrix of coding vectors and covariates (X is the design matrix), β a
unknown parameters, and ε a vector of residuals. Then, a GLM represe
ANOVA is

$$y = X\beta + \varepsilon.$$

The unknown parameters are estimated as $\beta = (X'X)^{-1}X'y$. This is
known least squares solution for parameter estimation in the GLM. T
matrix contains all the effects that researchers intend to test. These are
main effects of the factors that span an ANOVA design, their interactio
al contrasts, and covariates. Main effects and their interactions are desig
les, and, thus, not measured. They are considered error-free. Special cor
often used in planned comparisons. They are also considered error-free.
tes are often measured variables, used to take into account effects that a
the control of the experimenters. Examples of such effects include S
time of the day a participant performed an experimental task. If cova
measured, they typically are not error-free, and one of the conditions f
application of ANOVA is violated.

There exists a number of coding schemes for design matrices. The
pular ones are dummy coding and effects coding. Models can be expres
valently using either. In the present article, we use effects coding (for m
on the GLM, ANOVA and coding, see Kutner/Nachtsheim/Neter/Li 2
fects coding assigns a 1 to the category of a factor that is expected to
higher mean. It assigns a-1 to the category that is expected to carry
mean. Categories not involved in a comparison are assigned a zero. U
system, a factor with *k* categories can have *k-1* independent coding vec
of which expresses a particular contrast, or mean comparison.

In the following sections, we illustrate three uses of ANOVA in the context of person-oriented research. We begin with two designs, one for cross-sectional, and the other for longitudinal studies. For each design, we present a sample design matrix, and we point to the use of these designs in person-oriented research. The third use of ANOVA involves outlier analysis.

2.1 A 2 x 3 fixed-factor design

In this section, we discuss a simple 2 x 3 factorial design. This format is certainly known to most readers. Consider the following example. A two-category variable, A, is crossed with a three-category variable, B. For the sake of simplicity, let the design be orthogonal, and let each of the resulting six cells contain two participants. Table 1 displays the design.

Table 1: Design of a 2 x 3 ANOVA (numbers in cells index participants)

	Factor B		
Factor A	b_1	b_2	b_3
a_1	1, 2	3, 4	5, 6
a_2	7, 8	9, 10	11, 12

The design in Table 1 contains 12 participants (also called cases; for reasons of statistical power, in real-world research designs, many more participants are needed). Table 2 displays the design matrix for the ANOVA, including both main effects and their interactions.

Table 2 shows a design matrix in which the two categories of Factor A are contrasted with each other in the first column vector, the first category of Factor B is contrasted with the third in the second vector, the first and the third categories of Factor B are jointly contrasted with the second in the third vector. The last two column vectors contain the interaction terms.

The design matrix in Table 2 presents the standard case. However, it is obvious that it can be used for the purposes of person-oriented research. Specifically, it can be used to compare existing groups of individuals based on their means. Consider, for example, a study on training in psychotherapy. Suppose, the two categories of Factor A denote the two gender groups, Factor B describes three forms of psychotherapy, and the dependent variable is the time it takes for the students to learn the techniques of the three forms of psychotherapy. This design can be used to compare male and female students, the length of time that students need to learn techniques of psychotherapy, and to compare the learning success of females and males. With the exception of the therapy main effect, the main effect of gender and the gender by form of psychotherapy interaction can be expressed in terms of importance to the person-oriented researcher. These are terms that describe and compare the two gender populations. In other words, three of the five effects specified in the design matrix in Table 2 are of specific interest to person-oriented researchers.

Table 2: Design matrix for the design in Table 1 (effects coding used; constant omitted)

Case	Coding vectors for effects				
	Main effect A	First main effect B	Second main effect B	First A x B interaction	Second A x B interaction
1	1	1	.5	1	.5
2	1	1	.5	1	.5
3	1	0	-1	0	-1
4	1	0	-1	0	-1
5	1	-1	.5	-1	.5
6	1	-1	.5	-1	.5
7	-1	1	.5	-1	-.5
8	-1	1	.5	-1	-.5
9	-1	0	-1	0	1
10	-1	0	-1	0	1
11	-1	-1	.5	1	-.5
12	-1	-1	.5	1	-.5

2.2 *Repeated measures ANOVA*

For a valid description of educational and developmental processes, repeated observations are needed. Therefore, repeated measures designs are most popular when researchers pursue the goal of delineating the course of behavior over time. In this section, we discuss the use of ANOVA using the example of a design that involves three waves of data and one two-category factor. Table 3 displays the design. As in Table 1, we use two participants per cell.

Table 3: 2 x 3 design with three repeated observations (numbers in cells index participants)

	Factor B (repeated)		
Factor A	Time 1	Time 2	Time 3
a_1	1, 2	1, 2	1, 2
a_2	3, 4	3, 4	3, 4

Table 3 shows that, for the same number of data points, a far smaller number of participants is needed. However, each of the participants produces more data. Thus, more detailed statements about the individual are possible, an option of importance to person-oriented research.

Computer programs arrange repeated observations in different ways. One option is to append data waves to existing ones in new lines of the data file. As a result, the number of data lines per individual equals the number of observation points. Another option involves attaching new information horizontally, thus restricting the number of lines per participant to one. In the following illustration, we use the first option. The second could be used, and outcomes of analyses would be identical. Table 4 presents a possible design matrix for the design in Table 3.

Table 4: Design matrix for the design in Table 3 (effects coding used; constant omitted; design matrix begins in third column)

Case	Time	Main effect A	Slope linear	Slope quadratic	A x linear	A x quadratic
1	1	1	-1	-1	-1	-1
1	2	1	0	2	0	2
1	3	1	1	-1	1	-1
2	1	1	-1	-1	-1	-1
2	2	1	0	2	0	2
2	3	1	1	-1	1	-1
3	1	-1	-1	-1	1	1
3	2	-1	0	2	0	-2
3	3	-1	1	-1	-1	1
4	1	-1	-1	-1	1	1
4	2	-1	0	2	0	-2
4	3	-1	1	-1	-1	1

The design matrix in Table 4 – it begins in the third column of the table – uses polynomial decomposition of the repeated observations. Specifically, the series of three measures that is available for each case is decomposed using the system of orthogonal polynomials

$$\hat{y}_t = \sum_{j=0} \beta_j \xi_j (x_t)$$

where $\hat{y}$ is the dependent measure that is predicted from the polynomial, j indexes the polynomials, the ξ_j are orthogonal polynomials, t indexes the observation points in time, and the x are the time points. For $j = 0$, the polynomial coefficients are constant (not included in Table 4).

In repeated measures ANOVA, the β parameter for this constant is the intercept. For $j = 1$, the β parameter is the linear slope, that is, the standard linear regression coefficient. It indicates whether the series of measures shows an increase or a decrease over time. For $j = 2$, the β parameter indicates acceleration or deceleration. This is the quadratic component of the series of measures. The polynomial coefficients are given in the design matrix. For the linear polynomial, the coefficients are, for three observation points, -1, 0, 1, thus reflecting a straight-line increase over time. The coefficients for the quadratic polynomial are -1, 2, -1, thus reflecting an arched curvature.

Thus, the columns and the corresponding ANOVA hypotheses of the design matrix in Table 4 can be interpreted as follows. Main effect A contrasts the mean observed for Category a_1 with the mean observed for Category a_2. For example, this could be the comparison of the number of cigarettes smoked by female and by male adolescents. The linear slope answers the question whether the number of cigarettes smoked increases, decreases, or stays constant over time. Note that, at this point, the estimator of the linear slope does not make a contribution to questions one would ask from a person-oriented perspective. The slope is hypothesized to be the same for each participant, as can be seen in Table 4. The same applies to the quadratic slope. It answers the question as to whether the increase or decrease in smoking occurs at a constant rate. This answer is given, again, such that it averages across respondents. Differences between respondents result in unreliable parameter estimates or in large residuals.

The analysis of the trends enters the person-oriented domain when interactions of person-variables with slopes are considered. In the design matrix in Table 4, this takes place in the last two columns. The A x linear interaction answers the question whether the linear increase or decrease is the same for the female and the male adolescents. With the A x quadratic interaction, we ask whether the acceleration/deceleration is gender-specific. These two interactions represent moderator effects of Gender.

In sum, the ANOVA design matrix in Table 4 shows that repeated measures designs can be analyzed such that questions can be addressed that are of importance from a person-oriented perspective. In this matrix, three of the five contrasts (the first, the fourth, and the fifth) speak to questions that are specific for person-oriented research, thus illustrating again that ANOVA can be a useful tool for person-oriented research. Specifically, the first contrast allows one to compare the means of two populations of respondents. The fourth and the fifth contrasts are not about the means of observed variables. Instead, they allow one to compare slopes and their accelerations or, in other words, pathways of change.

2.3 Outlier analysis in ANOVA

Outliers are defined as *extreme values*. There are various definitions of the term *extreme*. In the context of the GLM, *extreme* is typically discussed as either *large* or exhibiting *undue leverage*. Large values are far away from the mean. Values with undue leverage change parameters, e.g., slope parameters more than their share. For statistical tests to detect overly large scores or scores with undue leverage, see, for instance, Kutner et al. (2005) or von Eye and Schuster (1998).

When outliers are encountered, a first suspicion is that the observed score is the result of some error or extraneous effect that is not part of the study. If this is the case, there is a temptation to discard the outlier. One reason for this temptation is that the least squares methods used for parameter estimation in the GLM are known to be most sensitive to outliers. The sum of the squared deviations will be much larger with than without the outlier(s).

On the other hand, if the extreme score is truly a mistake, the remaining information that is provided by the case with the outlying score may still be *bona fide* information that should not be eliminated without good reason. Therefore, other methods of dealing with outliers have been discussed, including winsorizing and erasing the extreme score and substituting it by an estimate (for overviews of these methods see Everitt and Howell 2005). In either case, the often expensive, trustworthy part of the data will be conserved and used for analysis, and the estimate is typically better than the extreme value it replaces. This applies accordingly to so-called inliers. These are values that are not extremely large but exert overly large leverage (Hettmansperger/Sheather 1992).

From the perspective of person-oriented research, extreme scores are not immediately discarded. They are first considered valid and the possible conveyers of significant information. Examples of such information include the interaction of design variables with other variables that were not part of the model or study. There is also the possibility that the cases that carry those scores represent a different population of individuals that differ in important characteristics. Therefore, it can be recommended to discard or substitute extreme values only if compelling evidence exists that recording errors, miscalculations, exposing equipment malfunction, or similar disturbances have caused the extreme value. If the evidence fails to be compelling, it is almost always worth investing in the exploration of extreme scores.

In the following paragraphs, we present an artificial data example on the effect of outliers. We proceeded in four steps. First, we created 30 random numbers for variable Y, using SYSTAT 11's URN generator. The numbers range between 0 and 1. Variable X just numbers the scores.

In Table 5, we show that outliers can have dramatic effects on the portion of variance that is accounted for. The table presents the results of the three regression analyses, along with the R^2 values for each analysis.

Table 5: Three regression analyses of data with out outliers, with a leverage outlier, and with a distance outlier

	Outlier situation		
Estimates	no outlier	leverage outlier	distance outlier
constant	.553	.397	.631
b	.001	.015	.001
se_b	.006	.010	.011
t	.141	1.533	.075
p (2-tailed)	.889	.136	.941
R^2	.001	.075	.000

The regression runs show the expected results. A distance outlier has no large effect on the regression slope. However, it creates unexplained variance. In the present example, the R^2 becomes zero in its first three decimals. In contrast, a leverage outlier also creates variance, but a part of this variance is explained after the slope of the regression line has changed. In addition, the present example illustrates again that distance outliers can have strong effects on significance test results. A small number of outliers, strategically placed, can change non-significant results to become significant, and vice versa.

Now, as was discussed above, person-oriented researchers assume that extreme scores can be accurate, and the cases that carry these scores may belong to a different population. Therefore, in Step 4, we assumed that the researchers knew that cases 15.5 and 31 belong to a different population. Based on this knowledge, a coding variable can be included that assigns a different value to the two strangers than to the other 30 members of the sample. We now repeat the regression analyses under inclusion of this new coding variable. We obtain the regression table shown in Table 6.

Table 6: Regression analysis under inclusion of a coding variable, X that labels the two outliers

Effect	Coefficient	Std Error	Std Coef	t	P (2 Tail)
constant	-1.875	0.223	0.000	-8.411	0.000
X	0.001	0.006	0.011	0.139	0.890
outliers	2.428	0.205	0.912	11.829	0.000

The R^2 for this analysis 0.836. As is obvious from the results in Table 6, the variance that was created by the two outliers is the only variance that the regression model is able to explain. In addition, this is almost the entire variance in the data. We thus conclude that proper person-oriented analysis, in the present case outlier analysis plus coding of cases from different populations, can produce dramatically different results than standard variable-oriented analysis. Membership in populations can obviously be an unobserved variable of possibly colossal power.

3. Data example

In this section, we illustrate the possibilities that ANOVA makes available for person-oriented research. The data were collected as part of the National Cross-Site Evaluation of High Risk Youth Programs (HRY; Springer/Sale/Nistler/Kasim/Pann 2000). The goal of the evaluation was to examine the effectiveness of prevention programs that were funded by the Center for Substance Abuse Prevention (CSAP) in 1994 and 1995. This five-year national study was conducted from 1995 to 2000 by EMT Associates, Inc. and Macro International, Inc. Participants from the 48 sites included more than 10,500 nine to 18 year-olds from a wide variety of ethnic and cultural backgrounds. Among the participants, 6,031 participated in CSAP prevention programs, and 4,579 served as a comparison group. Youth in the comparison group were drawn from the same community in which the HRY program was offered, but did not receive services from the program. The youth were characterized as at-risk based primarily upon socioeconomic background. Program-level information describes lower- to lower-middle class communities characterized by poverty, high crime rates, and ambient substance use rates.

Only control group participants with complete data were included in the present data analysis (N = 3463). Females (67.7%) and members of ethnic minority groups (79.2%) accounted for more than half of the sample size. About one-third (30.3%) of participants were African-American, 25.1% Latino, 8.3% Native American, 12% non-Latino White, and 14.5% Asian or Pacific Islander, and 1% mixed race. Information for 8.8% of the participants was not available. The mean age of the participants was 12.76 (sd = 2.14), and their ages ranged from 9-18.

Parental consent was obtained prior to data collection. The data presented here were obtained at four time points (at program entry, two time points in-between, and at program exit). The average length of time between the first and the last of these four observation points was 4.46 months. This instrument was developed by the CSAP especially for this study in order to measure the use of cigarettes, alcohol, and illegal drugs, as well as risk and resiliency factors that have been shown to affect substance use. The questionnaire was available in both English and Spanish. The questions derived from proven measurement items, or subsets of measurement items, from existing instruments. Measures were selected for appropriate content and psychometric quality (i.e., demonstrated reliability and validity in appropriate populations). For the purposes of the present illustration, we focused on the youths' demographic characteristics and marijuana use.

Demographic Characteristics. Demographic information including gender (male = 1, female = 2) and race/ethnicity were asked of each youth. Two items were used to assess race/ethnicity. For the present analyses, the responses to these items were combined to form a 5-point scale with 1 = American Indian or Alaskan Native, 2 = Asian or Pacific Islander, 3 = Black or African American, 4 = White, and 5 = Other.

Marijuana use. The following question assessed participants' marijuana use: „On how many DAYS did you use marijuana in the last month (30 days)?" Participants endorsed 0 = I don't use marijuana, 1 = once a day, 2 = twice a day, 3 = 3 or more times a day. Table 7 presents descriptive information of marijuana use, per gender and per racial/ethnic group.

Table 7: Descriptive statistics for marijuana use over four points in time, per gender and racial/ethnic group

Time	Gender	Race	Mean	Std. Deviation	N
Time 1	1.00	1.00	.2394	.69374	142
		2.00	.1285	.55102	179
		3.00	.1471	.56935	374
		4.00	.4030	.92679	134
		5.00	.3053	.79780	190
		total	.2198	.69149	1019

	2.00	1.00	.3415	.74318	246
		2.00	.0490	.30963	408
		3.00	.0961	.43068	874
		4.00	.3592	.76699	387
		5.00	.0851	.39209	529
		total	.1522	.52734	2444
	total	1.00	.3041	.72624	388
		2.00	.0733	.40019	587
		3.00	.1114	.47682	1248
		4.00	.3704	.81039	521
		5.00	.1433	.53855	719
		total	.1721	.58120	3463
Time 2	1.00	1.00	.3592	.85338	142
		2.00	.0894	.44070	179
		3.00	.1578	.59419	374
		4.00	.1940	.70952	134
		5.00	.2158	.65930	190
		total	.1894	.64571	1019
	2.00	1.00	.3699	.76489	246
		2.00	.0417	.29027	408
		3.00	.1693	.58321	874
		4.00	.3669	.80461	387
		5.00	.1229	.46264	529
		total	.1894	.59651	2444
	total	1.00	.3660	.79733	388
		2.00	.0562	.34350	587
		3.00	.1659	.58631	1248
		4.00	.3225	.78425	521
		5.00	.1474	.52297	719
		total	.1894	.61131	3463
Time 3	1.00	1.00	.3099	.75497	142
		2.00	.0670	.40499	179
		3.00	.1123	.49470	374
		4.00	.2612	.70369	134
		5.00	.2316	.64164	190
		total	.1737	.58824	1019
	2.00	1.00	.5000	.95512	246
		2.00	.0515	.31318	408
		3.00	.1465	.54495	874
		4.00	.3127	.73613	387
		5.00	.1531	.50490	529

		total	.1939	.60900	2444
	total	1.00	.4304	.89084	388
		2.00	.0562	.34350	587
		3.00	.1362	.53042	1248
		4.00	.2994	.27260	521
		5.00	.1739	.54501	719
		total	.1880	.60295	3463
Time 4	1.00	1.00	.4155	.90109	142
		2.00	.0726	.38260	179
		3.00	.1257	.48321	374
		4.00	.2164	.69760	134
		5.00	.3474	.85781	190
		total	.2100	.66269	1019
	2.00	1.00	.4959	.92911	246
		2.00	.0956	.40047	408
		3.00	.2128	.61707	874
		4.00	.2920	.69790	387
		5.00	.2060	.60387	529
		total	.2328	.64506	2444
	total	1.00	.4665	.91861	388
		2.00	.0886	.39492	587
		3.00	.1867	.58139	1248
		4.00	.2726	.69793	521
		5.00	.2434	.65028	3463
		total	.2261	.65028	3463

In the following paragraphs, we analyze these data in two steps. The first involves a 2 (Gender) x 5 (Racial/ethnic Group) x 4 (Observation Point) mixed effects ANOVA in which the Observation Point variable was repeated. This step reflects the first two options outlined in Section 2. The third option outlined in Section 2 cannot be illustrated using these data. The scale for the dependent measure was restricted to have no more than 4 scale points. Therefore, and considering the large number of respondents, it is virtually impossible to obtain or identify outliers. This applies in particular to distance outliers.

From the perspective of person-oriented research, this observation is of importance. If person-oriented research with continuous variables is intended, response scales with limited numbers of scale points, e.g., Likert-type scales, prevent one from capturing that part of the variance that comes with the extremes.

However, in a follow-up step, we will perform a detailed residual analysis. The goal of this analysis is to increase the portion of variance of the dependent measure that can be explained.

3.1 ANOVA results

The within part of the ANOVA that was performed to illustrate the first two options in Section 2, is summarized in Table 8.

Table 8: Within-respondents results of the 2 (Gender) x 5 (Racial/ethnic Group) x 4 (Observation Point) mixed effects repeated measures ANOVA (Hynh-Feldt statistics reported)

Source	Type III SS	df	Mean Square	F	Sig.	Partial η^2	Obs. Power
Time	2.369	2.803	.845	3.785	.012	.001	.797
Time x Sex	3.384	2.803	1.207	5.407	.001	.002	.925
Time x Race	11.995	11.212	1.070	4.792	.000	.006	1.000
Time x Sex x Race	4.414	11.212	.394	1.763	.053	.002	.870
Error (Time)	2160.833	9678.458	.223				

The results in Table 8 suggest that marijuana use changes over time, and that these changes are specific to the gender and the ethnic/racial groups studied in this survey. The three-way interaction is not significant. To describe these changes, we now examine the polynomial contrasts. These are given in Table 9.

Table 9 shows a complex picture. The cross-time effects are carried by a linear and a quadratic trend (main effect Time), and so is the Time by Gender Interaction. The interaction between Time and Race is carried by a linear trend only. The interaction among Time, Gender, and Race comes with a non-significant overall effect (see Table 8). Therefore, we ignore the significant cubic trend in the following discussions.

The Gender groups did not differ in level of use (see Table 10, below). However, they differed in curvature. Male respondents reported use patterns that can be described by a convex curve, and female respondents reported use patterns that can be described by a concave curve (not shown here). Table 10 displays the variance table for the between-respondents effects.

Table 9: Polynomial decomposition of the repeated measures effects in Table 8

Source / Time		Type III SS	df	Mean Square	F	Sig.	Partial η^2	Obs. Power
Time								
	Linear	1.337	1	1.337	4.750	.029	.001	.587
	Quadratic	1.003	1	1.003	5.465	.019	.002	.647
	Cubic	.028	1	.028	.173	.678	.000	.070
Time x Sex								
	Linear	2.367	1	2.367	8.405	.004	.002	.826
	Quadratic	1.016	1	1.016	5.531	.019	.002	.652
	Cubic	.002	1	.002	.010	.921	.000	.051
Time x Race								
	Linear	9.049	4	2.262	8.034	.000	.009	.998
	Quadratic	1.585	4	.396	2.159	.071	.002	.642
	Cubic	1.361	4	.340	2.118	.076	.002	.633
Time x Sex x Race								
	Linear	.438	4	.109	.389	.817	.000	.141
	Quadratic	1.361	4	.340	1.853	.116	.002	.567
	Cubic	2.615	4	.654	4.071	.003	.005	.917
Error (Time)								
	Linear	972.284	3453	.282				
	Quadratic	634.045	3453	.184				
	Cubic	554.505	3453	.161				

Table 10: Between-respondents effects of the 2 (Gender) x 5 (Racial/ethnic Group) x 4 (Observation Point) mixed effects repeated measures ANOVA

Source	Type III SS	df	Mean Square	F	Sig.	Partial η^2	Obs. Power
Intercept	489.351	1	489.351	593.164	.000	.147	1.000
Gender	.029	1	.029	.036	.850	.000	.054
Race	105.914	4	26.478	32.096	.000	.036	1.000
Gender x Race	15.729	4	3.932	4.766	.001	.005	.955
Error	2848.672	3453	.825				

As can be seen in Table 10, only the gender effect is non-significant. All other effects are significant. To understand the Race/Ethnic Group effect, see Figure 1.

3.2 Analysis of residuals

The results presented in the previous section are all plausible and clear. However, each of the ANOVA tables also showed that the portions of variance of self-reported marijuana use that can be explained from Gender, Race/Ethnic Grouping and their interactions are very small. The largest partial η^2 that was found assumed the smallish value of 0.036 (Table 10). All other partial η^2 scores that came with effects, other than the intercept, indicated that only per mill portions of variance were explained. One might argue that this is what social and behavioral scientists are capable of, that self-report scales are notoriously unreliable, and that there is not much variability to explain anyway (given that, for example at the first observation point, 82% of all respondents indicated that they never use marijuana; at the last observation point, this portion was unchanged). Still, there may be variance that could be explained using other variables than the ones used in Section 3.1.

Therefore, we now attempt to explain a portion of the variance that was left unexplained in the first ANOVA. Using a person-oriented perspective, we look at behavioral variables to explain the left-over variance (which is over 90% of the original variance; see the small partial η^2 scores in the ANOVA tables in the preceding section). Behavioral variables reflect actual behavioral differences. Gender and Race/Ethnic Grouping are proxies, and it is not always clear or fully understood what these variables are proxies for.

Of the variables available in this data set, we select alcohol consumption. This was done for two reasons. First, we already know, from the analyses reported by von Eye et al. (2005) that almost 50% of the respondents in this survey consumed alcohol and that at least some of the respondents reported levels of alcohol consumption that varied in reaction of their parents' attitudes toward their alcohol consumption. Second, the nonlinear relationship between alcohol consumption and marijuana use in this young age bracket has only recently begun to be studied (e.g., Kosterman/Hawkins/Guo/Catalano/Abott 2000), and it is one of our goals to use the methods discussed in this article to shed light on this relationship.

In the following paragraphs, we analyze the residuals of the ANOVA from the last section. Specifically, we try to predict the residuals for each time point from the self-reported alcohol consumption for the same time period. We considered both linear and quadratic relationships. Alcohol consumption was measured in a way parallel to marijuana use. Specifically, the following question assessed participants' alcohol use: „On how many Days did you have an alcoholic drink in the last month (30 days)? (By a drink, we mean a can of beer, a glass of wine, a wine cooler, or a shot of hard liquor)". Participants selected „none", „1 or

2 days in the last month", „3 to 5 days in the last month", „6 to 9 days in the last month", „10 to 19 days in the last month", or „20-31 days in the last month". From these responses, we created a 6-point scale that was used to predict marijuana use. *Time 1*: Table 11 presents results of the regression model.

Table 11: Prediction of marijuana use from Alcohol Consumption at Time 1

Effect	Coefficient	Std Error	Std Coef	Tolerance	t	P (2 Tail)
Constant	-1.402	0.047	0.000	-	-29.887	0.000
Alcohol	1.519	0.032	3.183	0.018	47.740	0.000
Alcohol squared	-0.216	0.004	-3.455	0.018	-51.811	0.000

Table 11 shows clearly that, at Time 1, there is a strong relationship between alcohol consumption and marijuana use. In addition, this relationship is quadratic in nature. This is illustrated in Figure 1, below. The very low tolerance values in Table 11 also indicate that the correlation between the linear and the quadratic component of Alcohol Consumption is very high. Specifically, less than 2% of the variance of either is left when the respective other is taken into account. Still the Type III sums of squares come with very strong t-values for both the linear and the quadratic effects. The multiple R^2 is 0.276, a value far higher than the ones found in Section 3.1.

Figure 1: Quadratic relationship between Alcohol Consumption and Marijuana use at Time 1

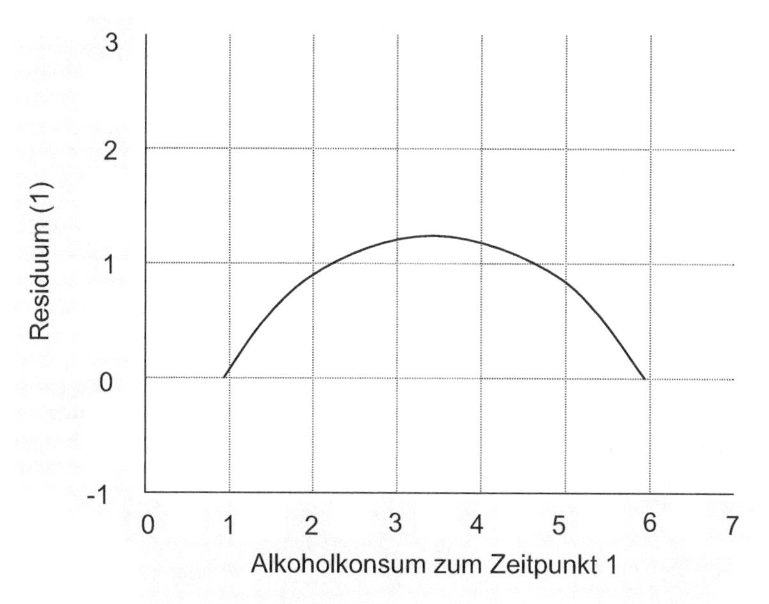

Time 2: Table 12 contains the results for Time 2.

Table 12: Prediction of marijuana use from Alcohol Consumption at Time 2

Effect	Coefficient	Std Error	Std Coef	Tolerance	t	P (2 Tail)
Constant	-1.116	0.052	0.000	-	-21.344	0.000
Alcohol	1.249	0.035	2.720	0.018	35.789	0.000
Alcohol squared	-0.180	0.005	-3.008	0.018	-39.581	0.000

The results for Time 2 are very similar to the ones for Time 1. The multiple R^2 is 0.231, a value that is also far higher than the ones encountered in Section 3.1 and only slightly below the one found for Time 1. The quadratic regression line is almost identical to the one in Figure 1, and therefore not shown.
Time 3: Table 13 contains the results for Time 3.

Table 13: Prediction of marijuana use from Alcohol Consumption at Time 3

Effect	Coefficient	Std Error	Std Coef	Tolerance	t	P (2 Tail)
Constant	-0.792	0.051	0.000	-	-15.508	0.000
Alcohol	0.966	0.033	2.187	0.020	28.998	0.000
Alcohol squared	-0.142	0.004	-2.481	0.020	-32.891	0.000

Again, the results are very much the same as for the first time points. The multiple R^2 is 0.194, a value that is far higher than the ones encountered in Section 3.1, but below the ones found for Time 1 and Time 2. The quadratic regression line is also almost identical to the one in Figure 1, and therefore not shown.
Time 4: Table 14 contains the results for Time 4.

Table 14: Prediction of marijuana use from Alcohol Consumption at Time 4

Effect	Coefficient	Std Error	Std Coef	Tolerance	t	P (2 Tail)
Constant	-0.910	0.066	0.000	-	-13.790	0.000
Alcohol	0.981	0.042	2.318	0.020	23.177	0.000
Alcohol squared	-0.142	0.005	-2.606	0.020	-26.058	0.000

For the fourth point in time too, the results are very much the same as for the first time points. The multiple R^2 is 0.207, a value that is far higher than the ones encountered in Section 3.1, and slightly below the ones found for Time 1 and Time 2. The quadratic regression line is, again, almost identical to the one in Figure 1, and therefore not shown.

In sum, the relationship between the uses of marijuana and alcohol in adolescence is obviously nonlinear and stable over time. It may be that three groups of adolescents can be discerned (see Figure 1). The first group uses neither alcohol nor marijuana (left end of the curve in Figure 1). The second group consumes average amounts of alcohol and the maximum amount of marijuana (peak of the curve in Figure 1). The third group consumes maximum amounts of alcohol, but no marijuana (right end of the curve in Figure 1). There seems to be no group of adolescents who only use marijuana. Details of this relationship will be made explicit in future analyses.

4. Summary and conclusions

It was the goal of this article to start a discussion about suitability of specific statistical methods of analysis for person-oriented research. We used ANOVA as a sample method. The following results and conclusions stand out:

A. ANOVA allows one to combine variable-oriented and person-oriented goals of research. Variable-oriented elements of ANOVA come with factors that describe treatments, time, and their interactions. Person-oriented elements of ANOVA come with two sets of factors: those that describe populations, and those that describe the interactions of the population factors with the factors from the variable-oriented part of a study.

B. ANOVA allows one to test hypotheses about mean differences. In addition, ANOVA allows one to test hypotheses about the equality of trends over time. These hypotheses concern the means of polynomial parameters. These are in units of the dependent measures. However, they describe time-related curve characteristics. These characteristics are variable-oriented, unless they prove specific to populations or even individuals.

C. Repeated measures ANOVA for person-oriented research requires dimensional identity in multiple dimensions. First, comparison of populations based on their means implies that the scales used for assessment are dimensionally identical across the comparison populations. Second, the dimensionality of the scales must not change over time. In long-term educational, therapeutic, or developmental studies, researchers can do worse than making sure that their scales are stable in their dimensional characteristics. If dimensional characteristics of scales and measures change, comparisons of populations based on their means can be meaningless and, thus, invalid.

D. Restricting scales to small numbers of scale points curtails the person-oriented researcher's options. In particular, distance outliers are close to impossible to emerge, and chances of finding different variable patterns are also reduced. Therefore, person-oriented research benefits from response scales that can have many scale points.

E. ANOVA in person-oriented research does not necessarily require that populations are known a priori. If populations are known, they can constitute a population factor. However, residual analysis can also lead to the conclusion that different populations exist.

References

Bergman, L. R./Magnusson, D. (1997): A person-oriented approach in research on developmental psychopathology. In: Development and Psychopathology, 9, 291-319.

Bergman, L. R./von Eye, A./Magnusson, D. (2005): Person-oriented research strategies in developmental psychopathology. In: Cicchetti, D. (Ed.): Developmental Psychopathology, nd 2 ed. (in press).

Bogat, G. A./Levendosky, A. A./von Eye, A. (2005): The future of research on inttimate partner violence: Person-oriented and variable-oriented perspectives. In: American Journal of Community Psychology (in press).

Everitt, B. S./Howell, D. C. (Editors-in-chief) (2005): Encyclopedia of statistics in behavioral science, Vol. 1-4. Chichester, UK: Wiley.

Hettmansperger, T. P./Sheather, S. J. (1992): A cautionary note on the method of least median squares. In: The American Statistician, 46, 79-83.

Karon, B. P. (2005): Recurrent psychotic depression is treatable by psychoanalytic therapy without medication. In: Ethical Human Psychology and Psychiatry, 7, 45-56.

Kosterman, R./Hawkins, J. D./Guo, J./Catalano, R. F./Abbott, R. D. (2000): The dynamics of alcohol and marijuana initiation: patterns and predictors of first use in adolescence. In: American Journal of Public Health, 90, 360-366.

Kutner, M. H./Nachtsheim, C. J./Neter, J./Li, W. (2005): Applied linear statistical models. 5th ed. Boston: McGraw-Hill Irwin.

Lienert, G. A./Krauth, J. (1975): Configural frequency analysis as a statistical tool for defining tpyes. In: Educational and Psychological Measurement, 35, 231-238.

Molenaar, P. C. M. (2004): A manifesto on Psychology as idiographic science: Bringing the person back into scientific Psychology – this time forever. In: Measurement: Interdisciplinary Research and Perspectives, 2, 201-218.

Springer, J. F./Sale, E./Nistler, M./Kasim, R./Pan, W. (2000): The National Cross-Site Evaluation of High-Risk Youth Programs: Final Technical Report. Report to the U.S. Department of Health and Human Services, Center for Substance Abuse Prevention, Rockville, MD.

von Eye, A. (2004): The treasures of Pandora's box. In: Measurement: Interdisciplinary Research and Perspectives, 2, 244-247.

von Eye, A./Bergman, L. R. (2003): Research strategies in developmental psychopathology: Dimensional identity and the person-oriented approach. In: Development and Psychopathology, 15, 553-580.

von Eye, A./Bogat, G. A. (2005): Person orientation – concepts, results, and development. In: Merrill Palmer Quarterly (in press).
von Eye, A./Bogat, G. A./Rhodes, J. E. (2005): Alcohol consumption in adolescence – variable-oriented and person-oriented perspectives of analysis. In: Journal of Adolescent Research (under review).
von Eye, A./Gutiérrez Peña, E. (2004): Configural Frequency Analysis – the search for extreme cells. In: Journal of Applied Statistics, 31, 981-997.
von Eye, A./Schuster, C. (1998): Regression analysis for social sciences – models and applications. San Diego: Academic Press.

Internationale Länderberichte

Vorwort

Auch in der 6. Ausgabe des Jahrbuchs schafft der Themenkomplex „Länderberichte“ Einblicke in Forschungsarbeiten und Überblicke zu Aktivitäten internationaler Jugendforscher aus europäischen und außereuropäischen Ländern. Länderspezifische Fragestellungen der Jugendforschung werden schon allein aufgrund sprachlicher Barrieren und internationaler Publikationsstandards international meist wenig wahrgenommen. Doch sind die Gegenstände der Jugendforschung unzweifelhaft geprägt von den aktuellen Fragen, die in einem Land derzeit gesellschaftlich und politisch relevant sind. In dieser Ausgabe haben wir die Beiträge nicht wie in vorherigen Ausgaben nach einem bestimmten Thema zusammengestellt, sondern Jugendforscher verschiedener Länder gebeten, über prominente Themen der Jugendforschung aus ihrem Land zu berichten. Die hier vorliegenden Beiträge aus Italien, Israel und (Ost)-Deutschland bieten somit einen interessanten Überblick über länderspezifische Fragen der heutigen Jugendforschung.

Jeff *Kiesner* und Elena *Cattelino* berichten über ihre Arbeiten mit italienischen Jugendlichen, in denen sie Zusammenhänge zwischen sozialen Interaktionen, etwa mit Peers und der Familie, und psychosozialer Anpassung untersuchen. Doch schauen die Autoren dabei immer wieder über den nationalen Tellerrand hinaus und verknüpfen ihre Ergebnisse mit internationalen Forschungsergebnissen.

Rachel *Seginer* und Shirli *Shoyer* bieten einen breiten Überblick über die Jugendforschung in Israel und machen auf der einen Seite deutlich, welche thematischen Gemeinsamkeiten die israelische Jugendforschung mit der internationalen Jugendforschung verbindet. Auf der anderen Seite kristallisieren die Autorinnen verschiedene Themen heraus, die sehr speziell aus den politischen und gesellschaftlichen Gegebenheiten Israels erwachsen. Hierzu werden Arbeiten zu jüdisch-arabischen Beziehungen Jugendlicher, zu den Auswirkungen des Militärdienstes und zu der Integration jugendlicher Immigranten vorgestellt.

Der letzte Beitrag dieses Komplexes kommt aus Deutschland. Wilfried *Schubarth* und Karsten *Speck* gehen der Frage nach, inwieweit das zunehmend schwindende Interesse an den Besonderheiten der Lebenswelt „Jugend Ost“ in der wissenschaftlichen Diskussion empirische Begründung findet. Die Autoren argumentieren, u. a. anhand von einer explorativen Expertenbefragung deutscher Jugendforscher, dass die Diskussion um Unterschiede in Ost- und Westdeutschland sehr wohl wichtige Einblicke in die Lebenswelten Jugendlicher aus beiden Teilen des Landes bietet.

Die hier zusammengestellten Beiträge aus Italien, Israel und Deutschland verdeutlichen die unterschiedliche Relevanz von jugendspezifischen Forschungsfragen im internationalen Vergleich. Die Bedeutung von Jugend ist geprägt von der politischen und öffentlichen Diskussion; daraus ableitend werden die unterschiedlichen Problemstellungen und Positionen der internationalen Jugendforschung deutlich.

Angela Ittel und Hans Merkens

Peer and Family Contexts of Italian Adolescents: Implications for Individual Adjustment

Jeff Kiesner and Elena Cattelino

Abstract: The present chapter focuses on two programs of research being carried out in Italy, and focusing on family and peer contexts of individual social development. Research on peer contexts of adolescent social development emphasizes the importance of considering multiple peer relationships in multiple social contexts. Research considering family contexts of adolescent development underscores the importance of parental *support* for youth adjustment. It is underlined that these programs of research represent a small part of the research focusing on adolescence that is being carried out in Italy.

Over the past two decades a great deal of research from the international scientific community has highlighted the importance of peers and families in child and adolescent social development (see for example, Moffitt 1993). In the present chapter we will present recent contributions to this important and growing literature, taken from the Italian context. Our goal in this chapter is provide a review of the work conducted, separately, by the two authors, and place this research within the broader context of the existing literature base provided by the international scientific community. Thus, although there will be a focus on our own work from within Italy, we believe that the scientific value of this work is found in its contribution to understanding child and adolescent development in general, not simply as a description of the Italian context.

We also would like to note that, although the present chapter focuses is on our own research, we do not mean to suggest that this is a adequate representation of the research on adolescence being conducted within Italy. Indeed, there are many researchers in Italy who are working on adolescent development, and who are focusing on similar problems of development. However, in a single chapter it would be impossible to provide an inclusive presentation of this research. Thus, rather than provide a superficial summary of the many Italian research programs focusing on adolescence, we have decided to focus on only two specific research programs.

1. Multiple Peers Across Multiple Contexts

Past research on peer relations during adolescence has shown that affiliation with deviant peers is associated with increased risk for drug use (Dishion/Capaldi/

Spracklen/Li 1995; Urberg/Degirmencioglu/Pilgrim 1997) and delinquency in general (Dishion/Spracklen/Andrews/Patterson 1996; Vitaro/Brendgen/Tremblay 2000). Moreover, past research has shown clear links between peer failure and adjustment problems such as depression (Boivin/Poulin/Vitaro 1994; Ollendick/ Weist/Borden/Greene 1992; Parker/Asher 1987; Patterson/Stoolmiller 1991). However, most of this research has focused on peer relations within very limited social contexts, typically focusing on classroom peer relations. Although conducting work within schools and classrooms provides access to large numbers of youth who have daily contact with each other, and has provided very important information upon which past research and theory has been based, it fails to capture a complete picture of adolescents' peer relations and contacts. This becomes especially important as youth enter adolescence and start to spend more time with peers, outside of the home or school, and unsupervised by adults (Csikszentmihalyi/Larson/Prescott 1977).

To address these limitations Kiesner, Poulin and Nicotra (2003) conducted a study in which peer relations were examined within the school and at the neighborhood level. In this paper we were interested in two main research questions. The first question was whether individuals would demonstrate unique similarity with both an in-school and an out-of-school peer group (after controlling for similarity with the other group). The second question was whether peer acceptance in-school and out-of-school would have unique and/or interacting effects on the individuals' depressive symptoms.

In order to address these questions we needed to have measures of peer relations both within the school and outside of the school. To do this, we identified a large neighborhood in Milan, Italy, that was relatively isolated from the rest of the downtown areas with regards to public transportation and walking distances. We asked all middle school students from the three middle schools serving that neighborhood to participate. By recruiting participants in this manner it was hoped that we would be able to identify, and have data for, a large proportion of each individual's out-of-school peer network. For example, if a sixth grader from school A nominated an eighth grader from school C, and if that eighth grader also participated in the study, then we would have data for that out-of-school peer relation (e.g., behavioral data on the eighth grader, reciprocity information on that particular out-of-school nomination, and a measure of out-of-school peer inclusion by counting the number of nominations received as an out-of-school group member).

Results provided strong support for the hypothesis that considering peer relations across contexts will be crucial for understanding how peers influence individual social development. Regarding the first research question, we used Structural Equation Models to test whether the behavioral characteristics of both an in-school and an after-school peer network would uniquely contribute to explaining variance in individual behavior, across these two contexts. Presented in Figure 1 are the results for a sub-sample of participants for whom we were able to identify at least 75% of the network members of both the in-school and out-of-school peer networks ($n = 131$).

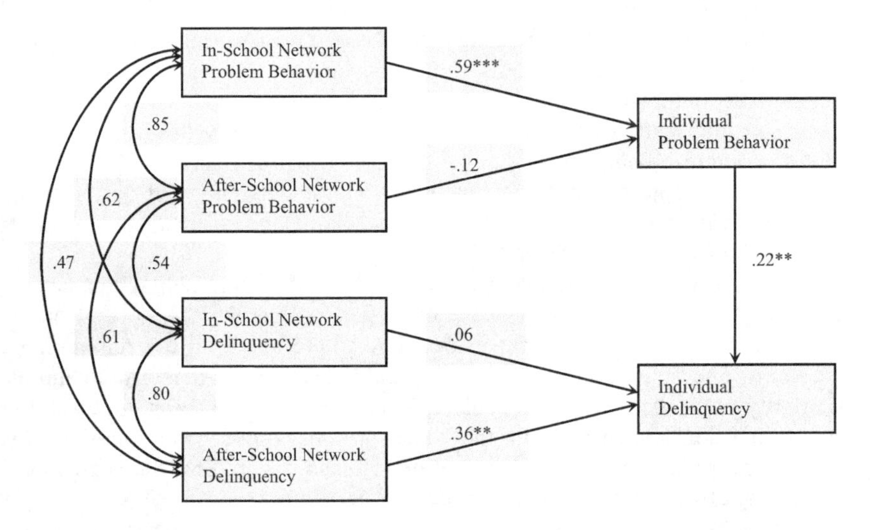

Figure 1: Structural Equation Model testing for unique contributions of in-school and after-school peer networks in explaining variance in individual in-school problem behavior and after-school delinquency

Note: Reprinted from Child Development, 74, Kiesner, J., Poulin, F., & Nicotra, E., Peer Relations Across Contexts: Individual-Network Homophily and Network Inclusion In and After School, pp. 1328-1343, Copyright (2003), with permission from Backwell.

Results clearly show that only the in-school peer network predicted individual in-school problem behavior, whereas only the out-of-school peer network significantly predicted individual (out-of-school) delinquency. These results suggest that selection of in-school and after-school peer networks may depend on the specific behaviors that occur within the specific context, and that research on peer relations must begin to consider the context specificity of problem behaviors and how peer affiliations are organized around this context-specificity of behaviors.

Regarding the second research question, it was found that the interaction between in-school peer inclusion and after-school peer inclusion significantly predicted individual depressive symptoms. Specifically, the pattern of results showed that if an individual had received a high number of nominations as an out-of-school peer network member, there was no relation between peer inclusion within the school and depressive symptoms, whereas, if the individual scored low on out-of-school peer inclusion there was a significant negative relation between in-school peer inclusion and depressive symptoms. This pattern of results suggests that peer acceptance in one context (i.e., the after-school context) provides a type of protection for the negative effects of peer failure in another context (i.e., the school context).

In another study, Kiesner, Kerr, and Stattin (2004) applied the same strategy for participant recruitment in order to further examine peer relations across contexts. The sample used was part of a large community-based study conducted in Sweden, and consisted of n = 1227 seventh to tenth graders. Although this study was not conducted with an Italian sample, it provides an excellent opportunity to test the importance of out-of-school peers also for a non-Italian sample, thus providing a test of the generalizability of this general idea. Results regarding the relations between individual antisocial behavior and three characteristics of the individuals first „VIP“ (Very Important Person) are presented in Figure 2. These results show that individuals who nominate school-based friends as a first VIP (the object of most studies on peer relations) typically show the lowest levels of antisocial behavior. On the hand, individuals who nominate *romantic partners* as a first VIP, who spend *free-time* with their first VIP, and who met their first VIP in the *neighborhood*, show the highest levels of antisocial behavior. Thus, also when considering a Swedish sample, the importance of considering peer relations across contexts, and across relationship types, is clearly demonstrated.

In a follow-up study of the sample used in the Kiesner et al. (2003) study, Kiesner and Pastore (2005) tested whether the relation between antisocial behavior and peer acceptance across contexts, would differ across the sixth, seventh, and eighth grades. Specifically, based on Moffitt's (1993) theory of adolescent-limited and life-course persistent antisocial behavior, it was hypothesized that, across adolescence, antisocial behavior would become associated with peer acceptance, rather than rejection, and that this would be found mostly for peer relations outside of the classroom. Results confirmed this hypothesis by showing that for sixth graders antisocial behavior was associated with classroom peer rejection but unrelated to out-of-class peer inclusion, whereas for the eighth graders antisocial behavior was positively associated with out-of-class peer inclusion, but unrelated to classroom peer-rejection.

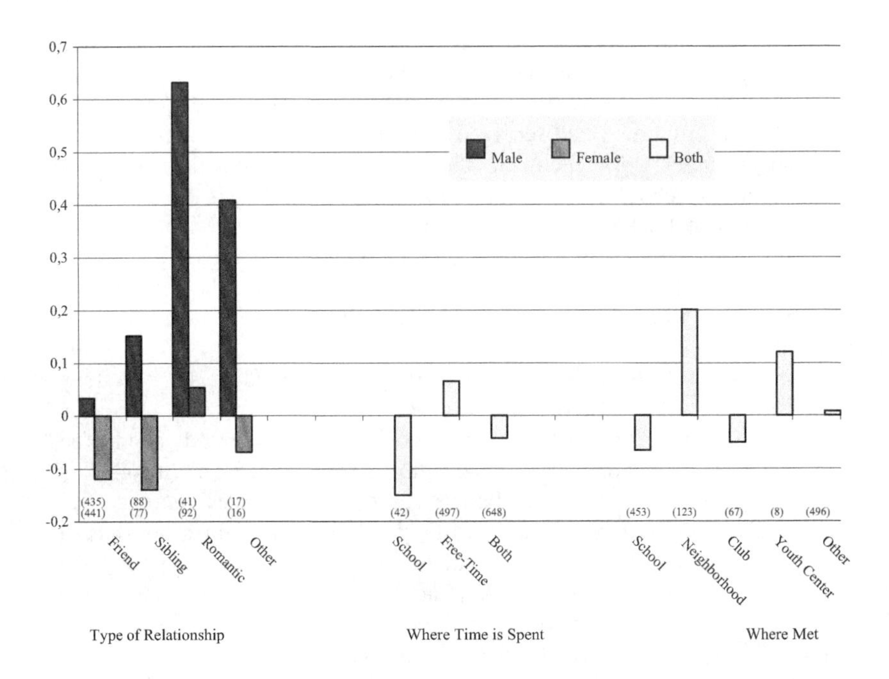

Figure 2: Mean Levels of Individual Antisocial Behavior by Type of Relationship (also by Gender), by Where Time is Spent Together (collapsed across gender), and Where They Met the VIP (collapsed across gender). Numbers of participants in each group are presented in parentheses; for Type of Relationship males are in top parentheses and females are in the bottom parentheses

Note: Reprinted from Journal of Adolescence, 27, Kiesner, J., Kerr, M., & Stattin, H., „Very Important Persons" in adolescence: Going beyond in-school, single friendships in the study of peer homophily, pp. 545-560, Copyright (2004), with permission from Elsevier.

Although these results appear to support Moffitt's (1993) theory, further analyses suggested that the higher level of peer acceptance of the eighth grade antisocial adolescents, as compared to those in the sixth grade, was mostly attributable to higher levels of affiliations *among* the antisocial youth, not higher levels of acceptance by average adolescents. This suggests that, although by the eighth grade antisocial youth experience higher levels of peer acceptance in certain contexts, this peer acceptance is mostly by other antisocial youth. Considered in the context of Dishion's Confluence Model (Dishion/French/ Patterson 1995;

Dishion/Patterson/Griesler 1994), and research on Deviancy Training (Dishion et al. 1996), the results presented by Kiesner and Pastore (2005) suggest that, during middle adolescence, the increased networking among antisocial youth may provide increased opportunities for reinforcement, and the associated escalation in delinquency.

One aspect of adolescent peer-group affiliations that has received relatively little attention regards the individual's level of identification with a particular peer group. Using a sample of 190 sixth and seventh graders from the north of Italy, Kiesner, Cadinu, Poulin, and Bucci (2002) examined the role of group identification in the peer influence process. In this study individuals nominated an in-school group, and then responded to a set of questions regarding their level of identification with that group (e.g., *How important is it for you to belong to this group?*). We then tested whether (1) reciprocity of group nominations, and (2) level of group identification, moderated (1) the behavioral similarity between the individual and their group, and (2) peer influence over a one-year period.

Results showed that reciprocity of network nominations did moderate individual-network similarity at time 1: Higher levels of reciprocity was associated with higher levels of similarity between the individual and the other network members, on a measure of antisocial behavior. However, level of reciprocity did not moderate peer influence: Individuals demonstrated peer influence whether or not the peer network nominations were reciprocated. Results for group identification showed the opposite pattern. Group identification did not moderate individual-network similarity, but it did moderate peer influence over the one-year period. Specifically, individuals who reported high levels of group identification were found to be influenced by their peer group on a measure of antisocial behavior, but individuals who reported low levels of group identification were not influenced by their peer group on this measure.

Overall, these results suggest that, whereas behavioral similarity may be important for peer selection, group identification is more important for determining whether or not peer influence will occur. One interesting aspect of these findings is that the physical reality of the group appears to be less important than how strongly the individual identifies with the group. Considered together with the results presented by Kiesner and Pastore (2005), and the Deviancy Training process described by Dishion et al. (1996), these results suggest that, as antisocial youth move into adolescence and begin to find higher levels of peer acceptance amongst themselves, these individuals may also experience a new sense of identity with these antisocial subgroups. If this is true, then we could expect that as these antisocial youth go through adolescence and develop networks of peer affiliations with other antisocial youth, and develop a strong sense of identification with these peer groups, the potential for peer influence may grow in a non-linear fashion. This could result because, as these antisocial youth develop more extensive networks of antisocial peers, they also may develop a stronger sense of identification with those peers. Thus, not only is there more opportunity for reinforcement and deviancy training, but these effects would also be magnified by the moderating effects of their identification with these groups. Moreover, because these youth have likely experienced peer rejection in the pre-adolescent years, they may have a tendency to develop even higher levels of group identification as compared to non-antisocial peers. Although Kiesner et al. (2002) did not find a correlation between group identification and antisocial behavior, that study examined these variables only at the sixth grade, and this relation may only develop later (towards the eighth grade) as these youth form more cohesive groups organized around antisocial behavior, as suggested by Kiesner and Pastore (2005).

Another line of research in Italy, which is relevant to group identification and peer networks across contexts, has been conducted by Palmonari and colleagues. These researchers have focused on formal and informal peer groups, and how these different types of groups may play different roles in the lives of adolescents. Although results have not demonstrated significant differences across these types of groups on measures such as delinquency (Pombeni/Kirchler/Palmonari 1990), results have shown important differences in group functions across delinquent and non-delinquent peer groups (Palmonari/Rubini/Graziani 2002). Specifically, these researchers have shown that members of delinquent groups tend to emphasize aspects such as inter-group comparison and competition, whereas members of non-delinquent groups tend to focus on how the group helps the individual gain insight and understanding of one-self. These results point to the importance of considering the different roles that groups play in adolescents' lives and how these roles vary as a function of group behavioral characteristics.

Overall, the research discussed above suggests that, like in other countries, peer relations among Italian adolescents play a critically important role in facilitating positive development, or placing individuals at higher risk for antisocial development. This research, however, has made important original contributions to the international literature by demonstrating that we must carefully consider the contexts in which peer relations take place, as well as how the functional role of these groups may differ across different groups exhibiting different levels of antisocial behavior.

2. Family Relationships and Psychological Well-Being during Adolescence

In Italy the family plays a central role in both the organisation of society and the individual lives of adolescents. Italian adolescents find a valuable source of support in their families, and view building a family of their own as a fundamentally important goal for their personal fulfilment (Bonino/Cattelino/Ciairano 2006).

The literature in developmental psychology has repeatedly emphasised the importance of family relationships for adolescents who are engaged in the transition to adulthood. Numerous studies, conducted both in Italy and other European countries, have examined factors such as the presence of both parents in the home (Coleman/Hendry 1990) as well as various aspects of family functioning such as good quality relationships between family members (Scabini 1995; Zani 1997), communication (Noller/Callan 1990; Marta 1997), flexibility in the family's equilibrium (Cigoli/Marta/Regalia 1998), stability and adequate control (Malagoli/Togliatti/Ardone 1993; Galambos/Almeida 1994). All of these aspects were found to be tied to the well-being of the family and to have a significant impact in protecting adolescents from psychosocial risk and promoting their positive development and greater well-being (Bonino/Cattelino/Ciairano 2005). Currently, a great deal of interest is being directed towards the interaction between the structure and the functioning of the family (Hoelter/Harper 1987; McFarlane/Bellissimo/Norman 1995; Cattelino/Calandri/Bonino 2001) and the reciprocal influences of different aspects of family functioning (Carrà/Marta 1995; Marta 1997). These studies have attempted to gain a better understanding of the processes that regulate the development of children and adolescents, and offer the best chances for positive psychosocial adjustment. Although many variables regarding the family have been found to play a role in promoting adolescents' well-being, in the present discussion we will consider only two of these variables: *support*, which is defined as openness to dialogue and sharing, and *control*, defined as the monitoring and guidance of behaviour. Parental support and control, interacting reciprocally, are two parenting behaviors through which an attitude of *flexible protection* (Scabini 1995) can be achieved. In reality, the balance between support and control is subject to constant adjustment throughout the years of adolescence (Larson/Moneta/Richards/Holmbeck/Duckett 1996) and, as children grow, parenting styles change in relation to the onset of psychosocial risk (Bonino et al. 2006). Based on these considerations, the main objective of this discussion is to analyze the balance between parental support and control, and to investigate whether there are differences in the relations between these factors and adolescent adjustment across adolescence.

In this discussion, the period of adolescence from age 14 to 19 years old is considered, during which time Italian adolescents attend high school. This period has been divided into three age groups, each characterized by social and developmental changes: at 14-15 years old, students in Italy have just transitioned from middle school to high school. At 16-17 years old, there is the shift from the first two years of high school, during which Italian students study core academic subjects, and the second three years of high school, when they study more specialised subjects. This period is often accompanied by the choice of a specific line of study, changes in many of the subjects studied, different teachers and at times, different classmates. Finally, at 18-19 years old legal adulthood is reached and, at this time, young people must make choices regarding their future (continue school by enrolling in university or professional training courses or enter the workforce).

In the research that we will describe, as in many other studies, control and support were measured using adolescent self-reports (Lamborn/Mounts/Steinberg/Dornbusch 1991; Juang/Silbereisen 1999). As measures of psychological well-being we used: positive self-perception (self-esteem and a sense of satisfaction with oneself), positive expectations and optimism about school, work and other aspects of one's future life, and confidence in coping abilities (adolescents' belief in their ability to cope effectively with the difficulties of daily life). As measures of psychological distress we used: levels of stress experienced across various life contexts, feelings of depression and a sense of alienation. These different measures were then combined to create a scale of psychological *well-being* and a scale of psychological *distress*.

The above measures and scales were chosen because of their associations with other measures of psychosocial well-being and levels of depressive symptoms (Harter/Jackson 1994). The specific instrument used to collect the data was the questionnaire „Io e la mia salute“ [Me and my health] (Bonino 1995, 1996) used in the first study presented below, and „Io, la scuola e il mio stile di vita“ [Me, the school and my lifestyle] (Cattelino/Begotti/Bonino 1999) in the second study presented below. These measures are Italian versions of the original „Health Behavior Questionnaire“ (Jessor 1992), which has been broadly employed in the U.S.A. and validated through cross-cultural research (Jessor et al. 2003). The questionnaires were administered in classrooms by trained researchers. For more information on the instruments and scales used in this program of research, readers are referred to Bonino et al. (2005).

In the present chapter we will discuss the results of two studies that address the following two research questions: (1) As adolescents pass from 14-15 to 18-19 years old, are there changes in the relations between family ties and feelings of psychological well-being and distress? (2) Using a longitudinal research design, can we identify reciprocal relations between perceived family functioning and feelings of psychological well-being or distress in adolescents?

To test the first research question, we used a sample of 2,273 adolescents between the ages of 14 and 19 years old. This sample was representative of adolescents from the northwest of Italy in terms of their socio-demographic characteristics (ISTAT 2004).

Adolescents generally reported a fairly high level of parental control (mean = 17.54; sd = 3.83; range = 7-28) and a high level of support (mean = 9.41; sd = 1.86; range = 3-12). No significant gender differences were found for either parental support or control. As shown in the Table 1, an age effect was found for both parental support ($F(2,2227) = 6.476$; $p = .002$; *Chi-squared* = 13.296; df = 4; $p = .01$) and parental control ($F(2,2042) = 111.500$, $p < .001$; *Chi-squared* = 228.798; df = 4; $p = .001$).

Table 1: Frequecies and Means of perceived parental support and control

	14-15 years		16-17 years		18-19 years	
Support	N	%	N	%	N	%.
Low (range 3-7)	195	23	215	27	186	32
Medium (range 8-9)	175	21	156	20	107	18
High (range 10-12)	473	56	417	53	292	50
Total	843	100	788	100	585	100
Mean (SD)	9.58 (1.77)		9.40 (1.81)		9.24 (1.96)	
Control						
Low (range 7-15)	189	23	282	37	325	56
Medium (range 16-19)	239	29	256	33	174	30
High (range 20-28)	390	48	227	30	78	14
Total	818	100	765	100	577	100
Mean (SD)	18.95 (3.65)		17.55 (3.43)		15.59 (3.70)	

On average, adolescents aged 18-19 reported lower levels of support and less parental control. This age difference may result because, by 18-19 years old, adolescents have internalised the rules set by their parents and are able to regulate their own behaviour, and because, by this age, parents respond more flexibly to their children's increasing need for autonomy. Although parental support decreases, it still remains high, providing evidence that the relationships between parents and children are strong and are based on dialogue and sharing, and on seeking advice and approval. The high levels of intimacy and communication, which are a common phenomenon in Italy (Claes 1998), seem to confirm the hypothesis of a transformation in the relationships between parents and children during adolescence, rather than a break in these ties (Larson et al. 1996).

Next, we conducted a series of multiple regression models using parental support and control to predict psychological well-being and distress. This was done separately for the three age groups. Marital status was also inserted as a control variable. As can be seen in Table 2, all models were statistically significant. The overall pattern of results suggests that across all three age groups parental support remains an important variable, significantly predicting both well-being and distress. The pattern of results for parental control was very different, demonstrating weak, and inconsistent effects. For example, at ages 14-15 parental control was weakly but positively associated with well-being, but for the 18-19 year-olds it was weakly but negatively related to well-being. Overall, these results suggest that parental support and control contribute to reducing feelings of distress and promoting psychological well-being in adolescents. Consistent with the results of other research (Meeus/Helsen/Vollebergh 1996), the most important variable appears to be open dialogue and sharing between parents and adolescent children; control also plays a role, though it may vary depending on the age group considered.

Table 2: Regression Analyses of Child Adjustment Regressed on Family Measures: Beta Values

	Well-being			Distress		
	14-15 years	16-17 years	18-19 years	14-15 years	16-17 years	18-19 years
Marital Status	.03	.00	.04	-.08*	-.08*	-.10
Support	.22***	.34***	.31***	-.32***	-.29***	-.31***
Control	.09*	-.05	-.11**	.08*	.16***	.10
R^2	.06***	.11***	.11***	.11***	.10***	.10***

$^{*}p < .05$, $^{**}p < .01$, $^{***}p < .001$

The sample used to examine the second research question included 1,297 adolescents aged 14 to 17 attending different types of high schools (classical or scientific lyceums, technical and vocational secondary schools) in the north of Italy. As for the sample used in the analyses described above, this sample was representative of adolescents from the northwest of Italy in terms of their socio-demographic characteristics (ISTAT 2004).

To examine the second research question we evaluated parental support (defined as parental warmth, acceptance and involvement; Jessor/Donovan/

Costa 1991; Scabini/Lanz/Marta 1999), and parental control (defined as severity of rules). This second research question was motivated by recent research examining the mutual influences between family climate and adolescent behavior (Lerner 1998). From this perspective, the relation between family functioning and adolescents' behavior is in part a consequence of parents constantly adjusting their behavior to that of their child's, thus resulting in reciprocal effects. As was pointed out by Kerr and Stattin (2003), traditional studies have often failed to consider the active role of the adolescent in his or her own development, interpreting correlations between parenting style and adolescent behaviour as causal and one-directional. However, with this project, we consider the reciprocal relations between family climate and adolescent psychological well-being and distress.

In Table 3, the relations between the time-1 family variables and the time-2 measures of well-being and distress (measured six months later) are reported.

Table 3: Multiple Regression Analyses of Time-2 Adjustment Regressed on Family Measures.

	Time 2			
	Well-Being		Distress	
	14-15 years	16-17 years	14-15 years	16-17 years
Well-Being Time-1	.68***	.71***	--	--
Distress Time-1	--	--	.61***	.64***
Parental support Time-1	.13**	.06	-.14**	-.10
Difference in parental support (Time-2 – Time-1)	.18***	.17***	-.14**	-.30***
Parental control Time-1	-.01	-.02	.04	.00
Difference in parental control (Time-2 – Time-1)	-.00	.05	-.03	.03
R^2	.55***	.53***	.46***	.49***

*$p < .05$, **$p < .01$, ***$p < .001$

The time-1 measures of well-being and distress were inserted as a control variables. The results that emerged suggest that only parental support plays an important role in predicting later adolescent adjustment. In particular, time-1 parental support is positively related to well-being and negatively related to distress for adolescents aged from 14 to 15 years. Changes in parental support were also important in predicting well-being and distress: a rise in support promotes well-being and reduces distress in adolescents of all the age groups. Parental control, however, did not predict children's psychological adjustment.

The relations between time-2 psychological adjustment variables and time-3 family variables (measured six months later) are presented in Table 4. Also in this case, the time-2 family variables were inserted as control variables. These results suggest that child adjustment longitudinally predicts changes in parental support. Specifically, changes in child well-being and distress was associated with changes in parental support. The child's psychological adjustment, however, does not seem to influence parental control.

Table 4: Multiple Regression Analyses of Time-3 Family Measures Regressed on Adjustment.

	Time 3			
	Parental Support		Parental Control	
	14-15 years	16-17 years	14-15 years	16-17 years
Parental support Time-2	.78***	.80***	--	--
Parental control Time-2	--	--	.74***	.78***
Well-Being Time-2	.04	.03	.01	.06
Difference in well-being (Time-3 – Time-2)	.13**	.12*	.04	.02
Distress Time-2	-.04	-.07	.04	.03
Difference in distress (Time-3 – Time-2)	-.12**	-.06	.00	.03
R^2	.66***	.67***	.55***	.61***

$^{*}p < .05$, $^{**}p < .01$, $^{***}p < .001$

Based on these results, it can be observed that characteristics of family functioning have an impact on the emotional states of adolescents, and reciprocally, the emotional states of adolescents appear to influence family functioning. The most important variable of family functioning seems to be parental support. In another study, which is still being carried out, the analysis of differences between fathers and mothers seems to point to the greater influence of maternal support on adolescent adjustment. This result is consistent with the central role played by the mothers in the Italian context.

Some effects of the predictors on the outcome variables measured after six months are weak or absent; this could be due to the fact that the relations between family functioning and adolescent adjustment are stronger in the short term, that is to say that most of the effects are probably temporally proximal (e.g., parenting today has its strongest effect on child behavior today and vice versa). Finally, the importance of the processes of change both in adolescent adjustment and in parental support must be underlined. In fact, the variables which measure change over a span of six months indicate a reciprocal relation between parental support and the child's well-being and distress. This result demonstrates the importance of evaluating these dynamic processes.

This initial data surely requires further examination and analysis within a complex model that also investigates gender differences (Calandri/Borca/Begotti/Cattelino 2004) and parental perception. However, on an initial exploratory level these results appear to confirm the importance of analyzing the reciprocal relationships between well-being, distress and family relationships, particularly in a transitional period such as adolescence.

3. Concluding Comments

In the present chapter we have examined research on adolescence conducted in Italy. This research focused on peer relations and family relations, and although important cultural differences exist between Italy and other European and non-European countries, many of the results presented in this research are similar to, or consistent with, findings from other countries. This similarity provides support for the idea that many of the processes that we are studying are to some degree common across cultures, and may represent basic psychological processes or needs. For example, the functions of peer affiliations and the importance of positive relationships with parents may be general phenomena common across cultures. This is not to say that differences do not exist, but simply that many similarities also exist. An important aspect of these similarities is that research from Italy, or other European and non-European countries are likely to make meaningful contributions to the scientific literature regarding general psychological needs and processes.

In the present chapter we have tried to link the findings of our research with the larger base of international research on these topics. Our hope was to link research from the Italian context to the growing literature base in these areas. We hope that the conclusions from these studies will not be viewed as a simple description or reflection of the Italian culture. Instead, we hope that they will be interpreted in the context of the international literature in the respective areas.

References

Boivin, M./Poulin, F./Vitaro, F. (1994): Depressed mood and peer rejection in childhood. In: Development and Psychopathology, 6, 483-498.

Bonino S. (1995; 1996): Io e la mia salute, Torino, Regione Piemonte; Aosta, Regione Autonoma Valle d'Aosta [Questionnaire ‚Me and my Health'. Department of Psychology, University of Turin].

Bonino, S./Cattelino, E./Ciairano S. (2006): „Italy". In: Arnett, J. J. (Ed.): Routledge International Enciclopedia of Adolescence. U.S.A.

Bonino, S./Cattelino, E./Ciairano, S. (2005): Adolescents and risk. Behaviors, functions and protective factors. Berlin, New York: Springer Verlag.

Calandri E./Borca G./Begotti T./Cattelino E. (2004): Relazioni familiari e rischio: un'analisi della circolarità [Familiar relationships and risk: an analysis of circularity]. In: Psicologia clinica dello sviluppo, VIII (2), 289-306.

Carrà, E./Marta, E. (Eds.) (1995): Relazioni familiari e adolescenza. Sfide e risorse nella transizione all'età adulta [Family relationships and adolescence. Challenges and resources during the transition to adulthood]. Milano: Franco Angeli.

Cattelino, E./Begotti, T./Bonino, S. (1999): Questionario „Io, la scuola e il mio stile di vita". Dipartimento di Psicologia, Università di Torino [Questionnaire ‚Me, the school and my lifestyle'. Department of Psychology, University of Turin].

Cattelino, E./Calandri, E./Bonino, S. (2001): Il contributo della struttura e del funzionamento familiare nella promozione del benessere di adolescenti di diversa fascia di età. In: Età Evolutiva, 69, 7-18.

Cigoli, V./Marta, E./Regalia, C. (1998): Transizioni in età adolescenziale e rischio psicosociale: un'analisi del clima familiare e della comunicazione genitori-figli [Transitions during adolescence and psychosocial risk: an analysis of familiar climate and parents-offspring communication]. In: Psicologia Clinica dello Sviluppo, II (1), 131-158.

Claes, M. (1998): Adolescents' closeness with parents, siblings and friends in three countries: Canada, Belgium and Italy. In: Journal of Youth and Adolescence, 27, 165-184.

Coleman, J. C./Hendry, L. (1990): The nature of adolescence. Routledge: Londra.

Csikszentmihalyi, M./Larson, R./Prescott, S. (1977): The ecology of adolescent activity and experience. In: Journal of Youth and Adolescence, 6, 281-294.

Dishion, T. J./Capaldi, D./Spracklen, K. M./Li, F. (1995): Peer ecology of male adolescent drug use. In: Development and Psychopathology, 7, 803-824.

Dishion, T. J./French, D. C./Patterson, G. R. (1995): The development and ecology of antisocial behavior. In: Cicchetti, D./Cohen, D. J. (Eds.): Developmental psychopathology. Vol. 2: Risk, disorder, and adaptation. New York: John Wiley & Sons, 421-471.

Dishion, T. J./Patterson, G. R./Griesler, P. C. (1994): Peer adaptation in the development of antisocial behavior: A confluence model. In: Huesmann, L. R. (Ed.): Aggressive behavior: Current perspectives. New York: Plenum, 61-95.

Dishion, T. J./Spracklen, K. M./Andrews, D. W./Patterson, G. R. (1996): Deviancy training in male adolescent friendships. In: Behavior Therapy, 27, 373-390.

Galambos, N. L./Almeida, D. M. (1994): The two-earner family as a context for adolescent development. In: Silbereisen, R./Todt, E. (Eds.): Adolescence in context. New York: Springer-Verlag, 222-243.

Harter, S./Jackson, B. K. (1994): Young adolescents' perceptions of link between low self-worth and depressed affect. In: Journal of Early Adolescence, 13, 383-407.

Hoelter, J./Harper, L. (1987): Structural and interpersonal family influences on adolescence self-conception. In: Journal of Marriage and the Family, 49, 129-139.

ISTAT (2004): Annuario Statistico Italiano [Italian Statistical Yearbook]. Roma: Istituto Nazionale di Statistica. Available: http://www.istat.it.

Jessor, R. (1992): Health Behavior Questionnaire. Institute of Behavioral Science, University of Colorado, USA.

Jessor, R./Donovan, J. E./Costa, F. M. (1991): Beyond adolescence. Problem behavior and young adult development. New York: Cambridge University Press.

Jessor, R./Turbin, M. S./Costa, F. M./Dong, Q./Zhang, H./Wang, C. (2003): Adolescent problem behavior in China and the United States: a cross-national study of psychosocial protective factors. In: Journal of Research on Adolescence, 13 (1), 329-360.

Juang, L. P./Silbereisen, R. K. (1999): Supportive parenting and adolescent adjustment across time in former East and West Germany. In: Journal of Adolescence, 22, 719-736.

Kerr, M./,Stattin, H. (2003): Parenting of adolescents: action or reaction? In: Booth, A./ Crouter, A. (Eds.): Children's influence on familiy dynamics: the neglected side of familiy relationships. Mahwah, NJ: Lawrence Earlbaum, 121-151.

Kiesner, J./Cadinu, M. R./Poulin, F./Bucci, M. (2002): Group identification in early adolescence: Its relation with peer adjustment and its moderator effect on peer influence. In: Child Development, 73, 196-208.

Kiesner, J./Kerr, M./Stattin, H. (2004): „Very Important Persons" in adolescence: Going beyond in-school, single friendships in the study of peer homophily. In: Journal of Adolescence, 27, 545-560.

Kiesner, J./Pastore, M. (2005): Differences in the relations between antisocial behavior and peer acceptance across contexts and across adolescence. In: Child Development, 76, 1278-1293.

Kiesner, J./Poulin, F./Nicotra, E. (2003): Peer Relations Across Contexts: Individual-Network Homophily and Network Inclusion In and After School. In: Child Development, 74, 1328-1343.

Lamborn, S. D./Mounts, N. S./Steinberg, L./Dornbusch, S. M. (1991): Patterns of competence and adjustment from authoritative, authoritarian, indulgent and neglectful families. In: Child Development, 62, 1049-1065.

Larson R. W./Moneta G./Richards M. H./Holmbeck G./Duckett E. (1996): Changes in adolescents' daily interactions with their families from age 10 to 18: disengagement and transformation. In: Developmental Psychology, 32 (4), 744-754.

Lerner, R. M. (1998): Theoretical models of human development. In: Damon, W. (Ed.): Handbook of child psychology, vol. 1. New York: Wiley.

Malagoli Togliatti, M./Ardone, R. (1993): Adolescenti e genitori. Roma: NIS.

Marta, E. (1997): Parent-adolescent interactions and psychosocial risk in adolescents: an analysis of communication, support and gender. In: Journal of Adolescence, 20, 473-487.

McFarlane, A. H./Bellissimo, A./Norman, G. R. (1995): Family structure, family functioning and adolescent well-being: the transcendent influence of parenting style. In: Journal of Child Psychology and Psychiatry, 36, 847-864.

Meeus, W./Helsen, M./Vollebergh, W. (1996): Parents and peers in adolescence: From conflict to connectedness – Four studies. In: Verhofstadt-Denève, L./Kienhorst, I./ Braet, C. (Eds.): Conflict and development in adolescence. Leiden: DSWO Press, 103-115.

Moffitt, T. E. (1993): Adolescent-limited and life-course-persistent antisocial behavior: A developmental taxonomy. In: Psychological Review, 100, 674-701.

Noller, P./Callan, V. (1990): Adolescents' perceptions of the nature of their communication with parents. In: Journal of Youth and Adolescence, 19, 349-362.

Ollendick, T. H./Weist, M. D./Borden, M. G./Greene, R. W. (1992): Sociometric status and academic, behavioral, and psychological adjustment: A five-year longitudinal study. In: Journal of Consulting and Clinical Psychology, 60, 80-87.

Palmonari, A./Rubini, M./Graziani, A. R. (2002): The perceived importance of group functions in adolescent peer groups. In: New Review of Social Psychology, 2, 60-67.

Parker, J. G./Asher, S. R. (1987): Peer relations and later personal adjustment: Are low-accepted children at risk? In: Psychological Bulletin, 102, 357-389.

Patterson, G. R./Stoolmiller, M. (1991): Replications of a dual failure model for boy's depressed mood. In: Journal of Consulting and Clinical Psychology, 59, 491-498.

Pombeni, M. L./Kirchler, E./Palmonari, A. (1990): Identification with peers as a strategy to muddle through the troubles of the adolescent years. In: Journal of Adolescence, 13, 351-369.

Scabini E./Lanz M./Marta E. (1999): Psychosocial adjustment and family relationships: a typology of Italian families with a late adolescent. In: Journal of Youth and adolescence, 28 (6), 633-644.

Scabini, E. (1995): Psicologia sociale della famiglia [The social psychology of the family]. Torino: Bollati Boringhieri.

Urberg, K. A./Degirmencioglu, S. M./Pilgrim, C. (1997): Close friend and group influence on adolescent cigarette smoking and alcohol use. In: Developmental Psychology, 33, 834-844.

Vitaro, F./Brendgen, M./Tremblay, R. E. (2000): Influence of deviant friends on delinquency: Searching for moderator variables. In: Journal of Abnormal Child Psychology, 28, 313-325.

Zani, B. (1997): L'adolescente e la famiglia. In: Palmonari, A. (Ed.): Psicologia dell'adolescenza. Bologna: Il Mulino.

Research on Adolescence in Israel: Recent developments

Rachel Seginer and Shirli Shoyer

Abstract: This review of research on the development of Israeli adolescents opens with a short introduction of Israel and its adolescents and proceeds with reporting about research regarding six issues. The first three topics are of special relevance to the Israeli context: (1) *Jewish-Arab relationships,* including peace education, (2) the developmental effect of *military service*, and (3) adolescent *new immigrants*. Although prompted by local concerns, each also contributes to general knowledge such as the asymmetry between majority and minority (peace education), psychological development in a constrained hierarchical setting (military service), and conditions for adjustment to major transition (adolescent new immigrants). The other three issues reflect major trends in world research on adolescent development and comprise: (4) the *self,* including studies on self image, identity and future orientation, (5) *family and peer relationships*, including work on adolescents' relationships with parents, siblings and peers, and romantic relationships, and (6) *education and schooling,* including research on the gifted.

This review draws on research carried out in recent years by psychologists, sociologists, and anthropologists whose work focuses on the development of Israeli adolescents. Guided by their work, we identified six main topics: *Jewish-Arab relationships,* the developmental effect of *military service*, adolescent *immigrants* to Israel, the *self, family and peer relationships*, and *education and schooling*. Given the contextual nature of this research, our review starts with a short introduction of Israel and its adolescents.

1. Israel and its Adolescents: Background Information

Like most contemporary societies, Israel is multi-ethnic and multi-cultural. An area of 22.145 km^2 (not including the West Bank area) is inhabited by 5.235.000 Jews, 1.337.000 Arabs and Druzes and 290.000 non-Jewish new immigrants (Israel Central Statistical Bureau 2004). Among the non-Jewish population, 63% are Moslems, 9% are Christians, 8% are Druze and 20% are of unclassified religion. About 4% of the Jewish population lives in the West Bank (*Jehuda Ve-Shomron*). The Jewish population is older than the Arab population: 33% and 51% of the Jewish and Arab and Druze population, respectively, are children and adolescents under age 20, and 25% and 41% of the Jewish and Arab and Druze population, respectively, are children and adolescents under age 14 (Israel Central Statistical Bureau 2004).

Geographically Israel is a Middle Eastern country, but unlike its neighboring countries Israel's political, economic and educational systems are likened to other Western industrial countries. Politically, Israel is a democratic nation state with many inner tensions. These tensions are of particular consequences for its Arab and Druze citizens who participate in the democratic process but do not have equal access to educational and economic resources. As a result, in 2002 (Israel Central Statistical Bureau 2003) the Arab and Druze level of education was lower than that of the Jews by over one grade (median years of education was 12.6 and 11.2 for Jewish and Arab and Druze population).

Period of adolescence. Israeli youths enjoy an extended adolescence. Although legally the end of adolescence period is marked by minimal age of marriage set at 17 for girls and 18 for boys, voting rights are granted at age 18. In practice, the mean age of marriage for Jewish women and men is 25 and 27, respectively; Moslem, Christian and Druze women marry on average at 22, 24, and 22 years of age respectively, and Moslem, Christian and Druze men marry on average at 26, 29, and 26 years of age respectively (Israel Central Statistical Bureau 2004).

Compulsory education ends at age 16, but Israeli adolescents are encouraged to complete high school (at age 18). High school graduation marks a split in Israeli adolescents' developmental course. Jewish and Druze boys enter a period of 3 years and Jewish girls of 2 years of military service. Adolescents exempted from military service (i.e., Jewish religious girls and Orthodox adolescents, Arab adolescents and Druze girls) may continue their education by entering one of Israel's universities, colleges, or teachers' colleges. Orthodox boys may continue their religious studies in *Yeshiva*s. In 2003 the total number of undergraduate students was 76.581 Do we know how may % that is of all adolescents in that age group? NO). Of them 81% were Jewish and 19% were Arab and Druze (Israel Central Statistical Bureau 2004).

In the short history of the Israeli Jewish society (whose onset was marked by the immigration of European Jews to Palestine at the end of the 19th century), adolescence has been considered an important developmental period, mainly due to two reasons: the Jewish society was founded by young people that to day would fall under the developmental period of emergent adulthood (Arnett 2000), and as a society at war, Israel continues to depend on its young generation for defense. Nevertheless, Israeli adolescents have not been extensively researched. In the following we provide an overview of existing research on several topics. We will begin with three topics that pertain particularly to the Israeli community: (1) *Jewish-Arab relationships,* (2) the developmental effect of *military service*, and (3) adolescent *immigrant*s to Israel, followed by three topics that are extensively examined with adolescents growing up in other parts of the world: (4) the *self*, (5) *family and peer relationships*, and (6) *education and schooling*.

2. Jewish-Arab Relationships and Peace Education

This research has mainly focused on the dialogue between Israeli-Jewish and Arab encounter groups (Maoz 2004; Maoz/Ellis 2001; Salomon 2004). Its findings showed that despite the difficulties inherent in changing the nature of the relationships between two conflicting groups (Bar-Tal 2004), adolescents participating in peace education intervention programs expressed more positive views of peace, greater sensitivity to the other side's perspective, and higher willingness for contact with the other side than control groups.

Two recent studies of Jewish and Arab adolescents examined how adolescents of each group relate to members of the other group. Although each study focuses on a different issue, they both underline the asymmetry between the majority Jewish group and the minority Arab group. The study (Pitner/Assor/Benbenisty/Haj-Yahia/Zeira 2003) that focused on in-group and out-group peer retribution showed that asymmetry was reflected in the stereotypes each group was holding about the other: 88% of the Jewish adolescents and 50% of the Arab adolescents believed adolescents from the out-group (Arabs in the case of Jews and Jews in the case of Arabs) were more violent than adolescents from the in-group.

Although the majority of respondents (75% and 76% of the Jewish and Arab adolescents, respectively) condemned violent retribution, Jewish and Arab adolescents differed in the number of violent retribution justifications. For reasons related to cultural orientations or to their status as an ethnic minority, Arab adolescents endorsed more social conventional („their families do not care“) and personal („they are self centered and primitive“) but not moral („they hate others for no reason“) justifications.

A second study (Kupermintz/Rosen/Hossessi 2005) examined the legitimacy and importance of the conflicting Palestinian and Zionist national narratives to themselves and to members of the other group. Close to 1600 Jewish and Arab 10th graders were asked about key issues such as the Palestinian catastrophe (the „Nakbe“), the 1948 war, the Holocaust, and historical rights. Not surprisingly, each side emphasized the legitimacy of its own national narrative and devalued that of the other. However, when asked how important the national ethos was *to the other side,* Arab adolescents acknowledged the, significance of the Zionist narrative to their Jewish counterparts whereas Jewish adolescents largely dismissed the importance of the Palestinian narrative to the Arab students. As noted by the authors, this „blind spot“ in Israeli Jewish youth perceptions of the Palestinian other must be heeded when designing peace education programs.

3. Military Service

Studies of the psychological development of mandatory service soldiers focused on two issues: the effect of military service on their sense of personal growth and the interdependence between adolescent-parent relationships and adjustment to military service. Although military service involves a significant change in the tasks, expectations and daily routines of its young recruits, it also creates a special developmental setting that presents opportunities to assume high personal responsibility within a hierarchical military framework. Israeli studies showed its positive effect on improved adolescent-parent relationships (Mayseless/Hai 1998) and on personal development. Specifically, military service had a positive effect on a sense of personal growth (Lieblich/Perlow 1988) and particularly on future orientation thinking and identity formation (Seginer/Ablin 2005), and on a growing sense of independence, self-confidence, social sensitivity and ability for intimate relationships (Dar/Kimhi 2001).

4. Adolescent Immigrants to Israel

The 1990s were marked by the arrival of new immigrants from two very different cultural and geographic areas: former Soviet Russia – in itself a diversified lot – and Ethiopia. Their transitional experiences and adjustment to Israel have been investigated from several perspectives. However, driven by the Israeli hegemonic ideology of cultural integration and the cultivation of the New Jew image, new immigrants have been expected to be „absorbed“ into this society and adopt its values and norms (Eisenstadt 1952; Kimmerling 2001). Thus, research on new immigrants in general and on recent new immigrants from former Soviet Union and Ethiopia in particular has been mainly concerned with acculturation patterns.

These studies showed that adolescents who immigrated from both former Soviet Union and Ethiopia were more inclined to balance between their old cultural identity and the new Israeli identity than to shed one and accept the other (Orr/Mana/Mana 2003). Although research on these groups shares much in common, they were studied separately, and will so be reviewed.

Adolescents immigrating from former Soviet Russia. The number of former Soviet Russia children and adolescents that immigrated to Israel during the 1989 to 1995 period was 151.517. They came from small families (57% of them were only children) and their chances of growing up in single-parent families (20%) was three times as high as that of children growing up in veteran Jewish families. About 6000 adolescents immigrated without their parents and were placed in kibbutz and *Youth Alia* boarding schools (Horowitz 1998).

The neglect of the study of academic achievement in the overall population did not generalize to the former Soviet Russia new immigrants, possibly because academic achievement has been considered an important criterion of children and adolescents' adjustment. Judging by this criterion, their adjustment has been partial: relative to the Russian immigration of the 1970s and the Israeli veteran population, the academic achievement of the former Soviet Russian immigrants was considerably low.

Specifically, fewer of them (78% vs. 97% of the non-immigrant Jewish students who attended academic programs) took the Ministry of Education Matriculation examinations and even fewer (14% of the entire 1992 cohort) obtained the Matriculation certificate (Horowitz 1998). The interdependence between academic achievement and the adoption of Israeli identity has been substantiated by a study reporting that students with high academic achievement in mathematics and science developed a more balanced identity than students with academic interest and achievement in the humanities and students of moderate academic achievement who upheld only their Russian identity (Eisikovitz 1995).

The second criterion of adjustment has been the development of Israeli identity and motivation for military service. Pertinent studies showed that the extent to which adolescent new immigrants forge an Israeli identity relates to two major factors. One pertains to the immigration process and particularly to whether they immigrated with their families and participated in the decision to immigrate to Israel (Mirsky 1994; Rapoport/Lomsky-Feder 2002). The second pertains to intrapersonal characteristics such as psychological well-being, and the extent to which they established social relationships outside the new immigrant community and mastered the Hebrew language (Mirsky 1994).

Studies of attitudes toward military service and actual experience while in military service (Eisikovitz 2006) showed that former Soviet Russian adolescent immigrants hold less positive attitudes toward military service, do not have prior knowledge about the army even though high schools offer preparation for military service programs (Israelashvili/Taubman 1997), and lack parental involvement in military service. Thus, former Soviet Russian immigrants enter military service unmotivated (see also Toren-Kaplan 1995), unprepared and lacking family support.

Consequently, the majority of soldiers (especially boys) do not feel a sense of growth and development during military service and severe interpersonal relationships with veteran Israelis soon after completing military service. New immigrant girls enter the army with more positive attitudes and do experience their military service as a period of personal growth. Nevertheless, like the new immigrant boys they do not keep social relationships with veteran Israelis (Eisikovitz 2006). Thus, while traditionally the Israeli army has been viewed as a cultural integration setting, for new immigrants from former Soviet Russia it has been only partly serving this purpose.

Adolescents immigrating from Ethiopia. Although immigration of Ethiopian Jews started in the 1970s and still continues, the majority of Ethiopian Jews arrived to Israel in one of two immigration waves known as the Moses Operation (*Mivzah Moshe*) in 1984-1985 and the Salomon Operation (*Mivzah Shlomo*) in 1991. The majority of Ethiopian Jews resided in remote rural areas, were illiterate (90%), detached from Orthodox Jewry and unaffected by the modernity brought by the Italian occupation prior to World War II and the reform of the Marxist revolution in the 1970s (Adler/Toker/Manor/Feuerstein/Feldman 1997).

The majority of the Ethiopian adolescents (85-90%), altogether over 10.000 girls and boys, were educated in *Youth Alia* boarding schools (Amir 1997). Among them, 22% were 1 to 2 years below the achievement level of their age group in *Youth Alia,* while the rest were further behind (3 to 4 years below their age group achievement or unable to take the tests). The educational gap, cultural differences and their dark complexion led to school dropout, alienation from the Israeli society and identification with Black culture (Sawicki 1994), and reduced motivation to serve in the army, effected by the difficulties of army graduates to find jobs.

Nevertheless, within a 10 year period (1985-1995) the percent of students completing high school education rose from 1.5% to 16% (Adler et al. 1997). Given that military service is considered an important marker of adjustment to Israeli society, overall Ethiopian youths have been known for their high motivation and good adjustment to military service, and the number of officers among them rose from 5 in 1991 to 15 in 1994 and 30 in 1996 (Adler et al. 1997). In a similar vein, in the early 1990s 3% of the 22 to 35 years old Ethiopian new immigrants were university students (Lifshitz/Noam 1994).

5. The Self

Self image. Research on adolescents' *self image* was carried out by studying young (Seginer/Somech 2000) and middle (Seginer/Flum 1987) adolescents. This research employed the Hebrew versions of the SIQYA (Petersen/Schulenberg/Abramowitz/Offer/Jarcho 1984) and the OSIQ (Offer/Ostrov/Howard 1982) for early and middle adolescence respondents, respectively. Although each study was guided by a different research question, their overall conclusion was that young and middle adolescents describe themselves favorably.

When compared to an American norm group, Israeli Jewish adolescents (aged 14 to 16) scored higher on all the psychological (e.g., impulse control), family, and coping (e.g., superior adjustment) selves scales and lower on the sexual self and two of the three social self scales (morals and vocational-educational goals) (Seginer/Flum 1987). Compared to the image their peers, teachers, and educational counselors held of them, young adolescents (8th graders) scored higher (4.3 to 4.8 on a scale of 1 to 5) on all SIQYA scales. These differences are particularly noted when adolescents' self image is compared with the images teachers and educational counselors hold of them. Teachers, and even more so educational counselors, regard adolescents particularly low on impulse control, emotional control, and family relationships (Seginer/Somech 2000).

Future orientation. Underlying its different conceptualizations is a shared understanding that future orientation pertains to engagement in future thinking. The psychological importance of future orientation derives from the fact that the future is the time in which hopes, goals and plans are placed, and its particular significance for adolescents from the contention that for adolescents, preparation for adult roles is an important developmental task (Dreher/Oerter 1986). In research carried out in Israel, future orientation has been defined in two ways: as the self constructed and consciously represented images that individuals have about the future, and as a three-component construct that can be applied to various life domains such as higher education, work and career, and marriage and family. The three components relate to *motivation* to construct future images, *cognitive* representation of the future, and future-related *behavior* affected by both.

Like the work of Trommsdorff (1983, 1986; Trommsdorff/Lamm 1980) in Germany, Nurmi (1987) in Finland, and Poole (Poole/Cooney 1987) in Australia, earlier Israeli research focused on the construction of future orientation by adolescents growing up in different socio-cultural settings. Analyses of the hopes and fears Israeli Arab, Druze, Jewish urban and Jewish kibbutz adolescents listed in responding to open ended hopes and fears questionnaire (Seginer 1988a, 1988b, 1988c; Seginer/Halabi 1991; Seginer/Halabi-Kheir 1998; Seginer/Schlesinger 1998) showed three main findings.

First, adolescents growing up in each of these socio-cultural settings described their future in terms of both *common core* and *culture-specific* domains. The common core domains pertained to higher education, work and career, marriage and family, and self concerns (e.g., „to be happy"). The culture-specific domain referred to by Jewish adolescents and Druze boys pertained to military service, and those listed by Arab and Druze adolescents pertained to significant others (e.g., „that my sister will get married"; „that my parents be proud of their children"), and collective issues (e.g., „that Palestinians will have an independent state"; „that Israelis stop discriminating against Arabs", „World peace").

Second, these domains can be subsumed under two overarching categories: The *prospective life course* that includes higher education, work and career, marriage and family and military service (where it applies), and the *existential* domains that consist of self concerns, significant others, and collective issues. These two overarching categories differ in two ways: (1) the extent to which they bear behavior-regulating qualities, and (2) the nature of their relation to indicators of psychological well-being.

Specifically, the prospective life course domains have behavior-regulating qualities („to study psychology at the university of Haifa; to be a TV announcer") that the non-specific („to be happy", „that all my wishes will be fulfilled") existential domains lack (Bandura 2001), and across a wide age range (4th grade to emerging adulthood) prospective life course domains are positively related and the existential domains are negatively related to several indicators of psychological well being: self esteem, optimism, capability for intimacy, and low loneliness (Seginer 2005).

The third finding concerns cross-cultural differences. In addition to expressing culture specific themes (i.e., military service by the Jewish adolescents and Druze boys and significant others and collective issues by Arab and Druze adolescents), Jewish and Arab adolescents also differ in the extent to which some of the common core domains are represented in the prospective life space. Our findings have consistently shown that the marriage and family domain is more salient for the Jewish than for the Arab adolescents, and the higher education domain is more salient for the Arab than for the Jewish adolescents.

Gender differences analysis shows that the difference in the marriage and family domain is due to its higher salience for Jewish boys, and the difference in the higher education domain is due to its higher salience for the Arab girls. The importance that Arab girls attribute to education as a means for emancipation and greater equality between the sexes (Seginer/Karayanni/Mar'i 1990) has been found in our studies since the end of the 1980s and voiced by expressions like „education is a weapon in women's hands" (Seginer/Mahajna 2003) and hopes like:

> „To do well in the matriculation exams and in the psychometric tests [statewide university entrance examinations]. After that I could continue at the university; therefore it is important to get as many good grades as possible (No. 239)" (Seginer/Mahajna 2004, 132).

Research testing the three-component future orientation construct is recent. However, analyses using structural equation modeling (SEM) techniques showed that across several prospective domains (education, career, and family) and for both Jewish (Seginer/Vermulst/Shoyer 2004) and Arab adolescents (Seginer/

Mahajna 2003), a model that consists of five steps – perceived autonomous-accepting parenting, self-evaluation, and the motivational, cognitive representation, and behavioral components of future orientation – and a model which also includes academic achievement as an outcome variable (Seginer, in preparation) were empirically estimated. Thus, our findings have shown that the construction of future orientation is effected by positive parenting as mediated by self evaluation; in turn, future orientation effects academic achievement.

Identity studies. Although issues of identity formation have been central to understanding adolescent development, relatively few Israeli studies have been devoted to its examination. Existing research reflects the range of conceptualizations and methodologies characterizing identity research. At one end are studies that use narrative analysis. Thus, guided by McAdams' (1988) contention that identity is represented by the individual's self constructed life story, Schachter (2002, 2004) examined how modern Orthodox Jews construct their identities.

His analysis of college students' life stories resulted in four configurations of identity formation, whose underlying theme is inner conflict resolution: configuration based on choice and suppression, assimilated or synthesized configuration, „confederacy of identifications" configuration, and the „thrill of dissonance" configuration (Schachter 2004). However, while the methodology has wide application, the configurations are idiosyncratic and apply to the subjective reality of individuals experiencing multiple worlds. The identity types relevant to adolescents growing up in other socio-cultural settings may be related to different themes. To illustrate, studies of identity development of Ethiopian born adolescents emphasized the role of identity exploration and continuity (Flum/Lax-Ades 2003) and the construction of embedded identity that integrates autonomy with commitment to the collective (Flum 1998).

Other identity studies examined identity in relation to constructs drawn on Erikson's (1968) and Marcia's (1993) work. Specifically, two studies (Knafo/ Schwartz 2004; Seginer/Ablin 2005) drew on Marcia's conceptualization of identity formation and assessed the four identity statuses by using quantitative methods. Knafo and Schwartz, known for their work on values, asked whether some identity statuses were more conducive to parent-child value congruence and acceptance than others. Their findings showed the differential effect of identity statuses. Thus, adolescents who developed high-exploration (identity achievement and moratorium) perceived their parents' values more accurately than did adolescents with low-exploration statuses (foreclosure and identity diffusion), and adolescents who developed high commitment statuses (identity achievement and foreclosure) were more inclined to accept their parents' values than were adolescents characterized by low-commitment statuses (moratorium and identity diffusion).

The studies by Seginer and Ablin (2005) and Seginer and Noyman (2005) both examined the relations between future orientation and identity formation. The first study used a short term longitudinal design and examined the relations between future orientation and identity formation and between them and adjustment to military service concurrently and longitudinally. Their findings showed that the effect of future orientation on identity statuses was domain specific.

The behavioral component of military service, higher education and career future orientation had a positive effect on identity achievement and the motivational component of military service, career and family had a negative effect on diffused identity. The relations between future orientation regarding career and family and identity were also found when following Erikson (1968) identity was defined in terms of three important aspects of the self: physical self, agency, and relatedness (Rosenthal/Gurney/Moore 1981), and data were collected from emergent adults who were past their military service and studying in university preparatory program (Seginer/Noyman 2005).

6. Family and Peer Relationships

Adolescent-parent relationships. The growing interest by adolescent development researchers in the effect of positive parenting on adolescents' functioning has been also reflected in the work carried out by Israeli researchers.

Their studies conceptualized positive parenting in terms of Epstein's (1983) acceptance and independence granting (Scharf/Mayseless 2001; Mayseless/Scharf/Sholt 2003; Seginer 1998; Seginer et al. 2004) or in terms of emotional closeness between adolescents and parents (Ben-Zur 2003; Shulman/Ben Artzi 2003). Nonetheless, their findings similarly indicated that positive parenting had a facilitating weight on a wide range of outcomes: life satisfaction (Ben-Zur 2003), coping and adaptation of adolescent boys (age 18) to military service (Mayseless et al. 2003), relationship with close friend (Scharf/Mayseless 2001), sibling and peer relationships (Seginer 1998; Seginer/Shoyer/Hossessi/Tanus, in press), the construction of future orientation about education (Seginer 2005), career and family (Seginer et al. 2004), adult psychological status, ego identity (Shulman/Ben Artzi 2003), and accurate perception of parents' values (Knafo/Schwartz 2003).

While much of this research was conducted as a single time-point design, two recent studies employed longitudinal design in which the effect of parenting (indexed by attachment representations) was assessed over a period of four (Scharf/Mayseless/Kivenson-Baron 2004) and 10 years (Aviezer/Sagi/Resnick/Gini 2002). The Aviezer et al. study examined the effect of infancy attachment to parents on school adaptation of kibbutz-raised early adolescents (12 year olds), demonstrating that infant attachment to mother (but not to father) had a direct net effect on young adolescents' emotional maturity and scholastic skills beyond concurrent effects of measures of relationships, self esteem and caregiving arrangements.

The effect of parenting on the psychological functioning of Arab and Druze adolescents was less often studied. However, recent studies employing Arabic version of the Mother-Father scale (Epstein 1983) showed that relative to Jewish adolescents, Arab adolescents and particularly Arab boys perceive their mothers and fathers as providing less emotional support and acceptance (Seginer 2000; Seginer et al., in press). Nonetheless, positive parenting has a positive effect on psychological empowerment (Mahajna, in preparation), optimism (Suleiman 2001), future orientation about higher education and family (Seginer/Mahajna 2003, 2004) and sibling relationships (Seginer et al., in press). Thus, the effect of positive parenting on the growth and development of Israeli Jewish, Arab, and Druze adolescents is similar to that reported in research conducted in Western countries.

Adolescent-sibling relationships. Research on adolescent-sibling relationships is scant, but includes multicultural data. Studies of Jewish (Seginer 1998), Arab and Druze (Seginer et al., in press) adolescents showed that 11th graders of all three ethnic groups describe relationships with closest sibling as consisting of high warmth and low rivalry, jealousy, and antagonism (Hossessi 1999; Tanus 1999). Moreover, positive parenting breeds warm sibling relationships which have a net effect on adolescents' sense of support above and beyond the effect of positive parenting. When compared to emergent adults, adolescents spend more time with siblings but are less involved in emotional exchanges with them (Scharf/Shulman/Avigad-Spitz 2005). Sibling responsibilities – particularly those of older sisters – are culture specific. In Arab, but not in Jewish families, older sisters are considered „mother deputy“ (Seginer 1992) particularly assuming child care responsibilities. These responsibilities change with siblings' age, from care of younger siblings to being a counselor and confidant to their adolescent sisters. Consequently, they also serve as mediator between younger sisters and mother, who in turn negotiates important issues with father, as the family head.

Peer relationships. Recent surveys (Harel/Ellenbogen-Frankovitz/Molcho/Abu-Asbah/Habib 2002; Sherer/Karnieli-Miller/Eizikovitz/Fishman 2000) of peer relationships reported that the majority of adolescents (75% to 80%) had close friends for many years and considered spending time with friends as important (Sherer et al. 2000). However, more Arab than Jewish adolescents (25% and 6%, respectively) reported having only one or no friends. The difference is particularly noticed among boys (29% and 6% for Arab and Jewish adolescents, respectively) and may be explained by the larger Arab sib size and greater proximity to extended family.

Romantic relationships. Obviously, opposite sex friendship intimacy (Sharabany/Gershoni/Hofman 1981) and romantic relationships go up with age. In one study of 14, 16, and 19 year-old Israeli Jewish adolescents (Shulman/Scharf 2000), the number of those reported currently involved in romantic relationships rose from 15% to 45% to 51%, respectively. Girls of all age groups reported being involved in romantic relationships for a longer duration and greater emotional intensity. Moreover, for adolescents engaged in romantic relationships, affect intensity was related to affect intensity with same-sex friend but not with parents.

7. Education and Schooling

Research on education, schooling and correlates of academic achievement has been scarce, mainly due to the cautious approach of the educational system and limited cooperation between schools and the academia. This may also explain why studies that were carried out in the school setting only rarely examine the effect of school, classroom, teacher-student relationships and adolescents' psychological characteristics on academic achievement. Studies that did focus on adolescents' schooling were limited to early adolescence, and particularly to the overlap of puberty and transition to junior high school (Flum/Melech 1989; Toren-Kaplan 2004). Other studies addressed theory derived issues that applied to the school setting.

Thus, drawing on self-determination theory Assor, Kaplan and Roth (2002) showed that children and early adolescents could differentiate among different types of teachers' behaviors that index autonomy enhancing and autonomy suppressing, and that these perceived teachers' behaviors had different effects on children and adolescents' engagement in schoolwork and feelings toward it. Teachers' autonomy related behaviors were more relevant to early adolescents' feelings toward schoolwork than to engagement in it, and of the six identified teacher behaviors, fostering relevance (an autonomy enhancing behavior) was most relevant to academic functioning.

The relevance of classroom climate to adolescents' academic functioning was also shown in a study that focused on the effect of parents' educational involvement on adolescents' self competence and academic achievement (Toren-Kaplan 2004). This study showed that school climate as perceived by parents was positively related to parents' educational involvement, in turn positively linked to adolescents' self competence and academic achievement.

The effect of parents' educational involvement on early adolescents' academic achievement was examined by two recent studies. In one (Seginer/Vermulst 2002), parental involvement was defined in terms of educational support and demandingness, and their effect on Jewish and Arab girls and boys was estimated by a four-step model: family background, perceived parental involvement, educational aspirations, and academic achievement. SEM analyses showed good fit of the model for all ethnicity by gender groups, but also underlined the distinct family learning environment of Arab girls. Unlike Jewish adolescents and Arab boys, their academic aspirations – directly linked to academic achievement – were not effected by parental support and demandingness. Thus, as early as 8th grade, Arab girls rely on their inner resources, unrelated to parental involvement.

In the second study (mentioned above), Toren-Kaplan (2004) distinguished between home-based and school-based parental involvement, and showed support for her hypotheses about the positive effect of home-based involvement (e.g., talking to adolescent about school matters) and negative effect of school-based involvement (e.g., contacting school when child encounters a problem at school) on self evaluation and via it on academic achievement.

Gifted students. Israeli gifted students attend either special classrooms or weekly pull-out enrichment day. Recent studies focused on two issues: the psychological benefits and costs of attending each of these programs (Zeidner/Schleyer 1999), and the relation between giftedness and emotional intelligence (Zeidner/Shani-Zinovich/Matthews/Roberts 2005).

These studies showed that gifted junior high school students that attended special gifted classes showed lower academic self concept, less positive perception of their giftedness, and higher test anxiety, thus showing the applicability of the „big fish little pond effect", initially formulated by Marsh and Parker (1984) in relation to academic self concept. On the benefits side, students in special classes for the gifted – consisting of a smaller number of students – were more satisfied with school environment and held more positive attitudes toward school. As indicated in a similar analysis of elementary school children (Zeidner/Schleyer 1998), these effects were age-independent and applied to elementary as well as to junior high school gifted students.

Examination of the second issue – pertaining to the extent to which gifted adolescents scored higher or lower than non-gifted adolescents on emotional intelligence – did not result in an unequivocal answer. Instead, the authors showed the dependence of the results on the nature of the instrument used for assessing emotional intelligence. Particularly, these findings contribute to the discussion on the development of emotional intelligence and its relations to verbal and non verbal skills (Zeidner/Matthews/Roberts/MacCann 2003).

8. Summary

This review has been guided by the scientific pursuits of Israeli researchers studying adolescent development. Of the research performed in recent years we identified six topics covering a relatively large part of research carried out on Israeli adolescents. Three of them – Jewish-Arab relationship, military service, and adolescent new immigrants – are particular to the Israeli setting. The other three – the self, family and peer relationships, and schooling and education – are of general interest to adolescent researchers. However, the study of all six topics is embedded in developmental conceptualizations and thus contribute both to the understanding of the specific Israeli context and adolescent development issues.

References

Adler, H./Toker, D./Manor, Y./Feuerstein, R./Feldman, M. (1997): Absorption of Ethiopian youth in Youth Alia, 1985-1995. In: Amir, E./Zehavi, A./Pragayi, R. (Eds.): One root many branches: The story of the absorption of young immigrants from Ethiopia in Youth Alia. Jerusalem: The Magnes Press, 255-303.

Amir, E. (1997): Introduction. In: Amir, E./Zehavi, A./Pragayi, R. (Eds.): One root many branches: The story of the absorption of young immigrants from Ethiopia in Youth Alia. Jerusalem: The Magnes Press, 8.

Assor, A./Kaplan, H./Roth, G. (2002): Choice is good, but relevance is excellent: Autonomy-enhancing and suppressing teacher behaviors predicting students engagement in schoolwork. In: British Journal of Educational Psychology, 72, 261-278.

Arnett, J. J. (2000): Emerging adulthood: A theory of development from the late teens through the twenties. In: American Psychologist, 55, 469-480.

Aviezer, O./Sagi, A./Resnick, G./Gini, M. (2002): School competence in young adolescence: Links to early attachment relationships beyond concurrent self-perceived competence and representations of relationships. In: International Journal of Behavioral Development, 26, 397-409.

Bandura, A. (2001): Social cognitive theory: A genetic perspective. In: Annual Review of Psychology, 52, 1-26.

Bar-Tal, D. (2004): Nature, rationale, and effectiveness of education for co-existence. In: Journal of social Issues, 60, 253-271.

Ben-Zur, H. (2003): Happy adolescents: The link between subjective well-being, internal resources, and parental factors. In: Journal of Youth and Adolescence, 32, 67-79.

Dar, Y./Kimhi, S. (2001): Military service and self-perceived maturation among Israeli youths. In: Journal of Youth and Adolescence, 30, 427-448.

Dreher, E./Oerter, R. (1986): Children's and adolescents' conceptions of adulthood: the changing view of a crucial developmental task. In: Silbereisen, R. K./Eyferth, K./Rudinger, G. (Eds.): Development as action in context. Berlin: Springer, 109-120.

Epstein, S. (1983): The Mother-Father-Peer scale. Unpublished manuscript. Amherst, MA: University of Massachusetts.
Eisenstadt, S. N. (1952): The Process of absorption of new immigrants in Israel. London: Tavistock Publication.
Eisikovitz, R. (1995): ‚I'll tell you what school should do for us': How immigrant youth from FSU view their high school experience in Israel. In: Youth and Society, 27, 230-255.
Eisikovitz, R. (2006): Intercultural learning among Russian recruits in the Israeli army. In: Armed Forces and Society, 32, 292-306.
Erikson, E. H. (1968): Identity: Youth and crisis. New York: Norton.
Flum, H. (1998): Embedded identity: The case of young high-achieving Ethiopian Jewish immigrants in Israel. In: Journal of Youth Studies, 1, 143-161.
Flum, H./Lax-Ades, T. (2003): Future orientation as an aspect of identity formation in adolescence: An example of Ethiopian Jewish adolescents in Israel. Unpublished manuscript. Beer Sheva, Israel: Ben Gurion University, Department of Education.
Flum, H./Melech, J. (1989): The effect of transition to junior high school on pupils' self image. In: Educational Counseling, 1, 7-16. [Hebrew]
Harel, Y./Ellenbogen-Frankovitz, S./Molcho, M./Abu-Asbah, K./Habib, J. (2002): Health behaviors in school-aged children (HBSC): A World Health Organization Cross-National study. Jerusalem: The Center for Children and Youth JDC-Brookdale Institute and Ramat Gan: Department of Sociology and anthropology, Bar Ilan University. [Hebrew]
Horowitz, T. (1998): Immigrant children and adolescent in the educational system. In: Sicron, M./Leshem, E. (Eds.): Profile of an immigration wave: The absorption process of immigrants from the former Soviet Union, 1990-1995. Jerusalem: The Magnes Press, 368-408. [Hebrew, with English Abstract]
Hossessi, R. (1999): The relationships with preferred older sibling among Druze adolescents. Unpublished master's thesis, University of Haifa, Haifa, Israel. [Hebrew]
Israel Central Statistical Bureau (2003): Israel Statistical Yearbook. Jerusalem: Central Bureau of Statistics.
Israel Central Statistical Bureau (2004): Israel Statistical Yearbook. Jerusalem: Central Bureau of Statistics.
Israelashvili, M./Taubman, O. (1997): Adolescents' preparation for military enlistment in Israel: A preliminary evaluation. In: Megamot, 38, 408-420. [Hebrew]
Kimmerling, B. (2001): The Invention and Decline of Israeliness. Berkeley, Los Angeles, London: University of California Press.
Knafo, A./Schwartz, S. H. (2003): Parenting and adolescents' accuracy in perceiving parental values. In: Child Development, 74, 595-611.
Knafo, A./Schwartz, S. H. (2004): Identity formation and parent-child value congruence in adolescence. In: British Journal of Developmental Psychology, 22, 439-458.
Kupermintz, H./Rosen, Y./Hossessi, R. (2005): Perceiving the Other: Arab and Jewish Youth in Israel. Unpublished manuscript. Haifa, Israel: University of Haifa, Center for Research on Peace Education.
Lieblich, A./Perlow, M. (1988): Transition to adulthood during military service. In: The Jerusalem Quarterly, 47 (Summer), 40-78.

Lifshitz, C./Noam, G. (1994): A survey of young Ethiopian immigrants: Interim report. Jerusalem: JDC-Brookdale Institute.
Maoz, I. (2004): Coexistence in the eye of the beholder: Evaluating intergroup encounter interventions between Jews and Arabs in Israel. In: Journal of Social Issues, 60, 437-452.
Maoz, I./Ellis, D. (2001): Going to ground: Argument in Israeli-Jewish and Arab encounter groups. In: Research on Language and Social Interaction, 34, 399-419.
Marcia, J. E. (1993): The ego identity status approach to ego identity. In: Marcia, J. E./ Waterman, A. S./Matteson, D. R./Archer, S. L./Orlofsky, J. L.: Ego identity: A handbook for psychological research. New York: Springer Verlag, 3-21.
Marsh, H. W./Parker, J. W. (1984): Determinants of student self-concept: Is it better to be a relatively large fish in a small pond even if you don't learn to swim as well? In: Journal of Personality and Social Psychology, 47, 213-231.
Mayseless, O./Hai, I. (1998): Leaving home transition in Israel: Changes in parent-adolescent relationships and adolescents' adaptation to military service. In: International Journal of Behavioral Development, 22, 589-609.
Mayseless, O./Scharf, M./Sholt, M. (2003): From authoritative parenting to an authoritarian context: Exploring the person-environment fit. In: Journal of Research on Adolescence, 13, 427-456.
McAdams, D. P. (1988): Power, intimacy and the life story: Personological inquiries into identity. New York: Guilford Press.
Mirsky, J. (November 21, 1994): Adjustment patterns of new immigrant university students. Paper presented in the Identity and Transition Culture conference. Jerusalem: The Hebrew University.
Nurmi, J. E. (1987): Age, sex, social class, and quality of family interaction as determinants of adolescents' future orientation: A developmental task interpretation. In: Adolescence, 22 (88), 977-991.
Offer, D./Ostrov, E./Howard, K. I. (1982): The Offer self-image questionnaire for adolescents: A manual, 3rd ed. Chicago, IL: Michael Reese Hospital.
Orr, E./Mana, A./Mana, Y. (2003): Immigrant identity of Israeli adolescents from Ethiopia and the former USSR: Culture specific principles of organization. In: European Journal of Social Psychology, 33, 71-92.
Petersen, A. C./Schulenberg, J. E./Abramowitz, R. H./Offer, D./Jarcho, H. D. (1984): A self–image questionnaire for young adolescents (SIQYA): Reliability and validity studied. In: Journal of Youth and Adolescence, 13, 93-111.
Pitner, R. O./Assor, R. A./Benbenishty, R./Haj-Yahia, M. M./Zeina, A. (2003): The effects of group stereotypes on adolescents' reasoning about peer retribution. In: Child Development, 74, 413-425.
Poole, M. E./Cooney, G. H. (1987): Orientation to the future: A comparison of adolescents in Australia and Singapore. In: Journal of Youth and Adolescence, 16, 129-151.
Rapoport, T./Lomsky-Feder, E. (2002): ‚Intelligentsia' as an ethnic habitus: the inculcation and restructuring of intelligentsia among Russian Jews. In: British Journal of Sociology of Education, 23, 233-248.

Rosenthal, D. A./Gurney, R. M./Moore, S. M (1981): From trust to intimacy: A new inventory for examining Erikson's stages of psychosocial development. In: Journal of Youth and Adolescence, 10, 525-537.

Salomon, G. (2004): Does peace education make a difference in the context of an intractable conflict? In: Peace and conflict: Journal of Peace Psychology, 10, 257-274.

Sawicki, T. (1994): Dancing to an African Beat. In: Jerusalem Report, 53, 22-24.

Schachter, E. (2002): Identity constraints: the perceived structural requirements of a „good" identity. In: Human Development, 45, 416-433.

Schachter, E. (2004): Identity configurations: a new perspective on identity formation in contemporary society. In: Journal of Personality, 72, 167-199.

Scharf, M./Mayseless, O. (2001): The capacity for romantic intimacy: exploring the contribution of best friend and marital and parental relationships. In: Journal of Adolescence, 24, 379-399.

Scharf, M./Mayseless, O./Kivenson-Baron, I. (2004): Adolescents' attachment representations and developmental tasks in emerging adulthood. In: Developmental Psychology, 40, 430-444.

Scharf, M./Shulman, S./Avigad-Spitz, L. (2005): Sibling relationships in emerging adulthood and in adolescence. In: Journal of Adolescent Research, 20, 64-90.

Seginer, R. (1988a): Adolescents facing the future: Cultural and socio-political perspectives. In: Youth and Society, 19, 314-333.

Seginer, R. (1988b): Social milieu and future orientation: The case of kibbutz vs. urban adolescents. In: International Journal of Behavioral Development, 11, 247-273.

Seginer, R. (1988c): Adolescents' orientation towards the future: Sex role differentiation in a socio-cultural context. In: Sex Roles, 18, 739-757.

Seginer, R. (1992): Sibling relationships in early adolescence: A study of Israeli Arab sisters. In: Journal of Early Adolescence, 12, 96-110.

Seginer, R. (1998): Adolescent Sibling Relationships in the Context of Other Close Relationships. In: Journal of Research on Adolescence, 8, 287-308.

Seginer (2000, July): Adolescent-sibling relationships in the context of adolescent-parents relationships: Congruence is not enough. In: Seginer, R./Vermulst, A./Gerris, J. (Conveners): Family congruence and adolescent well-being. Symposium conducted at the 16th biennial meeting of the International Society of Behavioral Development, Beijing, China.

Seginer, R. (2005): Adolescent future orientation: Intergenerational transmission and intertwining tactics in culture and family settings. In: Friedlmeier, W./Chakkarath, P./ Schwarz, B. (Eds.): Culture and human development: The importance of cross-cultural research to the social sciences. Hove, UK: Psychology Press, 231-251.

Seginer, R./Ablin, E. (2005): Can military service enhance the future orientation of emerging adults? A short-term longitudinal analysis. Unpublished manuscript. Haifa, Israel: University of Haifa.

Seginer, R./Flum, H. (1987): Israeli adolescents' self image profile. In: Journal of Youth and Adolescence, 16, 455-472.

Seginer, R./Halabi, H. (1991): Cross cultural variations of adolescents' future orientation: The case of Israeli Druze vs. Israeli Arab and Jewish males. In: Journal of Cross-Cultural Psychology, 22, 224-237.

Seginer, R./Halabi-Kheir, H. (1998): Adolescent passage to adulthood: Future orientation in the context of culture, age, and gender. In: International Journal of Behavioral Development, 22, 151-167
Seginer, R./Karayanni, M./Mar'i, M. (1990): Adolescents' attitudes towards women's roles: A comparison between Israeli Jews and Arabs. In: Psychology of Women Quarterly, 14, 119-133.
Seginer, R./Mahajna, S. (2003): „Education is a weapon in women's hands“: How Israeli Arab girls construe their future. In: Journal for Sociology of Education and Socialization/Zeitschrift für Soziologie der Erziehung und Sozialisation, 23, 200-214.
Seginer, R./Mahajna, S. (2004): How the future orientation of traditional Israeli Arab girls links beliefs about women's roles and academic achievement. In: Psychology of Women Quarterly, 28, 122-135.
Seginer, R./Noyman, M. S. (2005): Future orientation, identity and intimacy: Their relations in emerging adulthood. In: European Journal of Developmental Psychology, 2, 17-37.
Seginer, R./Schlesinger, R. (1998): Adolescents future orientation in time and place: the case of the Israeli Kibbutz. In: International Journal of Behavioral Development, 22, 151-167.
Seginer, R./Shoyer, S./Hossessi, R./Tanus, H. (in press): Adolescent family and peer relationships: Does culture matter. In: Brown, B. B./Mounts, N. S. (Eds.): Linking parents and family to adolescent peer relations: Ethnic and cultural considerations. San Francisco: Jossey-Bass.
Seginer, R./Somech, A. (2000): In the eyes of the beholder: How adolescents, teachers and school counselors construct adolescent images. In: Social Psychology of Education, 4, 139-157.
Seginer, R./Vermulst, A. (2002): Family environment, educational aspirations, and academic achievement in two cultural settings. In: Journal of Cross-Cultural Psychology, 33, 540-558.
Seginer, R./Vermulst, A./Shoyer, S. (2004): The indirect link between perceived parenting and adolescent future orientation: A multi-step model. In: International Journal of Behavioral Development, 28, 365-378.
Sharabany, R./Gershoni, R./Hofman, J. (1981): Girlfriend, boyfriend: Age differences in intimate friendship. In: Developmental Psychology, 17, 800-808.
Sherer, M./Karnieli-Miller, O./Eizikovitz, Z./Fishman, G. (2000): Attitudes of Israeli Jewish adolescents 2000. Haifa, Israel: The Minerva Center for youth Studies, University of Haifa. [Hebrew].
Shulman, S./Ben Artzi, E. (2003): Age related differences in the transition from adolescence to adulthood and links with family relationships. In: Journal of Adult Development, 10, 217-226.
Shulman, S./Scharf, M. (2000): Adolescent romantic behaviors and perceptions: Age and gender related differences, and links with family and peer relationships. In: Journal of Research on Adolescence, 10, 99-118.
Suleiman, M. A. (2001): Parental style and Arab adolescents' future orientation. Unpublished master's thesis, University of Haifa, Haifa, Israel. [Hebrew].

Tanus, H. (1999): Adolescent-Sibling relationships in the context of parent and Peer Relationships: The case of the Israeli Arab society. Unpublished master's thesis, University of Haifa, Haifa, Israel. [Hebrew]

Toren-Kaplan, N. (1995): Adolescent future orientation in the context of immigration and absorption: The case of former-USSR immigrants to Israel. Unpublished master's thesis, University of Haifa, Haifa, Israel. [Hebrew]

Toren-Kaplan, N. (2004): Parental involvement: links to young adolescents' self evaluation and academic achievement. Unpublished doctor's thesis, University of Haifa, Haifa, Israel. [Hebrew]

Trommsdorff, G. (1983): Future orientation and socialization. In: International Journal of Psychology, 18, 381-406.

Trommsdorff, G. (1986): Future orientation and its relevance for development as action. In: Silbereisen, R. K./Eiferth, K./Rudinger, G. (Eds.): Development as action in context: Problem behavior and normal youth development. Berlin: Springer, 121-136.

Trommsdorff, G./Lamm, H. (1980): Future orientation of institutionalized and non-institutionalized delinquents. In: European Journal of Social Psychology, 10, 247-287.

Zeidner, M./Matthews, G./Roberts, R. D./MacCann, C. (2003): Development of emotional intelligence: toward a multi-level investment model. In: Human Development, 46, 69-96.

Zeidner, M./Schleyer, E. J. (1998): The big-fish-little-pond effect for academic self-concept, test anxiety, and school grades in gifted children. In: Contemporary Educational Psychology, 24, 305-329.

Zeidner, M./Schleyer, E. J. (1999): The effects of educational context on individual difference variables, self-perceptions of giftedness, and school attitudes in gifted adolescents. In: Journal of Youth and Adolescence, 28, 687-703.

Zeidner, M./Shani-Zinovich, I./Matthews, G./Roberts, R. (2005): Assessing emotional intelligence in gifted and non-gifted high school students: outcomes depend on measure. In: Intelligence, 33, 369-391.

„Jugend Ost“ – kein Thema mehr für die Jugendforschung? Ergebnisse einer Jugend- und Expertenstudie zur „Jugend und Jugendforschung in Ostdeutschland“

„East German Youth“ – not a subject for youth research? Results of a study with young people and experts about „Youth and youth research in East Germany“

Wilfried Schubarth und Karsten Speck

Zusammenfassung: Im vorliegenden Beitrag wird der Frage nachgegangen, inwieweit der Bedeutungsverlust von „Jugend Ost“ in der (fach)öffentlichen Debatte seit Mitte der neunziger Jahre durch empirische Evidenzen belegt ist. Entgegen der öffentlichen Wahrnehmung wird die These vertreten, dass sich die objektiven und subjektiven Lebenslagen der Jugendlichen in Ost- und Westdeutschland auch 15 Jahre nach der Wiedervereinigung z.T. noch deutlich unterscheiden, so dass die Lebenssituation und Lebensbewältigung von Jugendlichen in den neuen Bundesländern auch weiterhin besonderer Aufmerksamkeit seitens der Jugendforschung bedürfen. Als empirische Belege werden neben Sekundäranalysen von Zeitschriften, Datenbanken und Statistiken Ergebnisse einer explorativen Jugend- und Expertenbefragung in Ost und West angeführt. Aufbauend auf den Analysen, die einem Lebenslagenkonzept folgen, werden Folgerungen für die Jugendforschung abgeleitet.

Abstract: In this paper we describe to which extent there are empirical evidences for the loss of importance in the issue of "East German Youth" in public and scientific discussions since the middle of the nineties. Contrasting the public opinion we propose the thesis that strong differences in objective and subjective circumstances in life between the East German and the West German youth are still partially existing 15 years after the German Unification. Thus youth research should continue to pay special attention to the situation of young people and their coping with this particular circumstances in East Germany. Our empirical results are based on secondary analyses of journals, databases and statistics as well as on an explorative survey of youth and experts in East and West Germany. Based on our analyses, which follow a circumstance of life approach, we derive consequences for youth research.

Einleitung

15 Jahre Deutsche Einheit heißt auch 15 Jahre Forschung zur Situation von Jugendlichen in den neuen Bundesländern. In den letzten Jahren scheint allerdings das Thema „Jugend Ost“ zunehmend aus den öffentlichen wie fachöffentlichen

Debatten zu verschwinden, was als Ausdruck einer „*schleichenden Normalisierung*“ (Andresen/Bock/Otto 2003, 27) gewertet werden kann. „Normalisierung“ würde bedeuten, dass das „Live-Experiment“ (Giesen/Leggewie 1991) des Zusammenwachsens von Ost und West als erfolgreich abgeschlossen und ostdeutsche Jugendliche als „integriert“ gelten könnten. Kann eine solche Normalisierungsannahme durch empirische Belege zur Lebenslage Jugendlicher in Ostdeutschland gestützt werden und welche Konsequenzen ergeben sich für die Jugendforschung und Jugendpolitik?

Ausgangspunkt unserer Betrachtungen ist die unseres Erachtens empirisch gut gesicherte Annahme, dass sich die *objektiven Lebenslagen* von Jugendlichen in Ost- und Westdeutschland nach wie vor deutlich unterscheiden. Dies gilt – wie kurz aufgezeigt werden soll – u.a. für die Lehrstellensituation, die Jugendarbeitslosigkeit, die ökonomische Situation in der Herkunftsfamilie, die Geschwistersituation sowie die Armutsrisiken:

- *Lehrstellensituation*: Während im Westen im Jahr 2002 lediglich 4,5% nichtbetriebliche Ausbildungsplätze existierten bzw. notwendig wurden, waren es im Osten 29,4% (vgl. BMBF 2003, 39).
- *Jugendarbeitslosigkeit*: Im Osten war 2001 jeder sechste 15- bis 19-jährige und sogar fast jeder vierte 20- bis 24-jährige Jugendliche arbeitslos, im Westen hingegen „nur“ ca. jeder zwölfte bzw. jeder zehnte (vgl. IAB 2005).
- *Ökonomische Situation in der Familie*: Eine Analyse der ökonomischen Familiensituation zeigt, dass z.B. im Jahr 2000 das durchschnittliche Haushaltsnettoeinkommen in Ostdeutschland rund 25% unter dem westdeutschen Einkommen lag (vgl. BMFSFJ 2003, 149). Die ostdeutschen Haushalte hatten zudem im Jahr 1998 etwa 57% niedrigere Ersparnisse als die westdeutschen Haushalte (vgl. ebd., 161).
- *Geschwistersituation*: Wie die amtliche Familienstatistik für das Jahr 2000 belegt (vgl. BMFSFJ 2003), wachsen ostdeutsche Kinder und Jugendliche unter 18 Jahren seltener als ihre westdeutschen Gleichaltrigen bei verheirateten Eltern (69% vs. 84%; vgl. ebd., 24) und deutlich häufiger bei der ledigen Mutter auf (13% vs. 4%; vgl. ebd.). Sie leben zudem häufiger als Einzelkinder in ihren Familien (32% vs. 23%; vgl. ebd., 28), da in Ostdeutschland – trotz Annäherungen – eine deutlich geringere Geburtenziffer als in Westdeutschland existiert (1,22 vs. 1,38; vgl. ebd., 71).
- *Armutsrisiken*: Wie der 2. Armuts- und Reichtumsbericht der Bundesregierung nachweist, sind Kinder und Jugendliche in Ostdeutschland im Vergleich zu ihren westdeutschen Gleichaltrigen öfter von Armut betroffen (vgl. Bundesregierung 2005, 101). Unterliegen nach der neuen OECD-Skala 22,5% der ostdeutschen Kinder bis 15 Jahre einem Armutsrisiko, sind es in Westdeutschland „lediglich“ 13,8% der Kinder. Bei den Jugendlichen zwi-

schen 16 und 24 Jahren sind die Unterschiede nicht mehr so deutlich, aber immer noch vorhanden (22,4 vs. 18,1).

Vor dem Hintergrund divergierender objektiver Lebenslagen stellt sich die Frage, wie Jugendliche, aber auch die Jugendforscher die Situation in den neuen Bundesländern wahrnehmen. Dieser Frage soll im vorliegenden Beitrag[1] entlang folgender Thesen nachgegangen werden:

1. Dem Thema „Jugend Ost" wird nach einem Boom Anfang der neunziger Jahre in der (fach)öffentlichen Debatte immer weniger Bedeutung beigemessen (*Konjunkturthese*).
2. Die Unterschiede in den objektiven Lebenslagen führen bei ost- und westdeutschen Jugendlichen auch zu Differenzen in den subjektiven Wahrnehmungen der Lebenslagen (*Differenzthese*).
3. Die Unterschiede in den Lebenslagen sprechen gegen eine Normalisierungsannahme und eher für eine erhöhte Aufmerksamkeit seitens der Jugendforschung für die Situation der Jugend in den neuen Bundesländern (*Fokussierungsthese*).

1. „Jugend Ost" als Objekt sozialwissenschaftlicher Forschung seit der Wende

Zahlreiche Wissenschaftler der unterschiedlichsten Wissenschaftsdisziplinen haben sich mit dem Zusammenwachsen des vereinten Deutschlands auseinandergesetzt und eine fast unüberschaubare Anzahl von Publikationen vorgelegt. Aus der Vielzahl der Befunde und Diskurse lassen sich mit Blick auf das Themenfeld „Jugend Ost" zumindest drei eigenständige Diskursstränge unterscheiden, die in sich allerdings weiter ausdifferenziert werden können.

a) „Die sind ja genau wie wir": mehr Gemeinsamkeiten als Unterschiede?

Den ersten Diskursstrang bilden die zahlreichen empirischen Jugendstudien zum Ost-West-Vergleich, die Gemeinsamkeiten und Unterschiede bei ost- und westdeutschen Jugendlichen identifizieren sollten. Dieser Diskurs war thematisch sehr breit, angefangen von der Frage nach den Werteprioritäten, über politische, familiäre, schulische und berufliche Orientierungen sowie Freizeitinteressen bis

1 An der Studie haben Ulrike Gladasch, Andreas Seidel und Frank Winter maßgeblich mitgewirkt. Wir danken außerdem Walter Friedrich und Hans Oswald für kritische Anmerkungen sowie den Studentinnen Nicole Vogel, Sina Abraham und Daniela Schultz für ihre Recherchearbeiten und Unterstützung.

hin zu Gewalt und Rechtsextremismus.[2] Eine zentrale Frage dabei war, wie die ostdeutsche Jugend in das neue Deutschland hineinwächst und ob die Gefahr für eine neue gewaltbereite Jugendprotestbewegung existiert (Zinnecker 1996). Als Interpretationsfolien dienten vor allem Modernisierungstheorien, die von einer „nachholenden Modernisierung“ im Osten ausgingen. Im Unterschied zum Westen, wo diese Prozesse allmählich verliefen, stellt der Umbruch demnach eine Modernisierung im Zeitraffer mit neuen Chancen, aber auch Risiken dar. Die vielen Untersuchungsergebnisse (vgl. den Überblick bei Merkens 2002a) lassen die Interpretation zu, dass zwischen Jugend Ost und West weit mehr Gemeinsamkeiten als Unterschiede bestehen und dass die Auswirkungen der Wiedervereinigung auf ostdeutsche Jugendliche weit weniger gravierend als ursprünglich vermutet sind (vgl. z.B. Deutsche Forschungsgemeinschaft 1999; Silbereisen/Zinnecker 1999).

Diese vorherrschende Annahme wird zunehmend hinterfragt, und zwar in dreifacher Hinsicht. Zum Ersten in thematischer Hinsicht: Im Bereich der politischen Kultur Jugendlicher lassen sich z.B. deutliche Ost-West-Unterschiede nachweisen, insbesondere bei der Demokratiezufriedenheit sowie bei Fremdenfeindlichkeit und Rechtsextremismus (vgl. z.B. Münchmeier 2003; Gille/Krüger 2000; Schubarth/Stöss 2001). Zum Zweiten ist die vorgenommene Interpretation der gefundenen Unterschiede zu problematisieren: So lassen sich einige Befunde aus Vergleichsstudien auch stärker in Richtung von Differenzen interpretieren[3] (vgl. z.B. Berth/Brähler 1999; Lindner/Schubarth 2003; Münchmeier 2003). Zum Dritten schließlich lassen qualitative Vergleichsuntersuchungen auf unterschiedliche Begriffsverständnisse, z.B. von „Arbeit“, „Leistung“, „Schule“ usw., in Ost und West schließen, was auf bestehende Unterschiede verweist, die durch quantitative Vergleichsstudien nur unzureichend erfassbar sind. In diesem Zusammenhang wurde wiederholt auf eine Reihe von Problemen bei Vergleichsstudien hingewiesen, insbesondere auf methodische Probleme des Vergleichs, auf ein mangelndes methodologisches Bewusstsein, aber auch auf die einseitige theoretische Rahmung oder auf differenzierte Sichtweisen von Forschern mit ost- oder westdeutscher Biografie (vgl. z.B. Griese 1995; Oswald 1998b; Merkens 2002a; Boehnke/Günther 2003; Kirchhöfer 2003).

---

2 Vgl. z.B. Behnken u.a. 1991; Büchner/Krüger 1991; Deutsches Jugendinstitut 1992; Melzer 1992; Bundesministerium für Familie, Senioren, Frauen und Jugend 1994; Heitmeyer u.a. 1995; Hoffmann-Lange 1995; Silbereisen/Vaskovics/Zinnecker 1996; Deutsche Shell 1997, 2000; Merkens 1999; Gille/Krüger 2000.

3 So kommen z.B. Berth und Brähler im Ergebnis von Vergleichsstudien zum Schluss, „dass ein klein wenig ein Zusammenwachsen der Deutschen in Ost und West zu verzeichnen ist. Allerdings nicht so sehr, wie allgemein nach 10 Jahren Mauerfall erwartet wurde“ (Berth/Brähler 1999, 8).

b) „Ihr könnt uns einfach nicht verstehen": zwei Kulturen in Deutschland?

Ein zweiter Diskursstrang wird von Kultursoziologen und Kommunikationswissenschaftlern vertreten. Danach wird der deutsche Vereinigungsprozess aus der Perspektive der betroffenen Ostdeutschen als *„Kulturschock"* erlebt. Unter „Kulturschock" wird eine Krise verstanden, die aus dem Überwältigtwerden durch die neue, fremde Kultur entsteht und zu psychischen Reaktionen wie Stress, Ohnmachts- oder Überforderungsgefühlen führen kann (Wagner 1996, Schubarth 1998). Dieses heuristische Modell aus der vergleichenden Kulturforschung vermag insbesondere den Phasenverlauf der Begegnung zweier Kulturen plausibel zu beschreiben. Für die Phase der Euphorie und der Entfremdung lassen sich auch einige empirische Hinweise finden, z.B. der zunächst starke Anpassungsdrang an den Westen, dann die Hinwendung zur eigenen Kultur („Ostidentität"), gegenseitige Schuldzuweisungen usw. (vgl. z.B. Mühlberg 2001; Förster 2002). Das Kulturschock-Modell geht von der Existenz unterschiedlicher (Teil-)Kulturen und Identitäten aus, wobei die unterschiedliche Kommunikationskultur zentral ist. Die wahrnehmbaren verbalen, emotionalen und körperlichen Irritationen und Missverständnisse bei der Interaktion von Ost- und Westdeutschen werden auf unterschiedliche Kommunikationskulturen zurückgeführt, die auf unterschiedlichen kulturellen Hintergründen und Wertehierarchien basieren (Klein 2001). Es stellt sich allerdings die Frage, inwieweit dieser „differenzbetonende" Diskursstrang der Kulturunterschiede auch für Jugendliche, die größtenteils im wiedervereinigten Deutschland aufgewachsen sind, noch zutreffend ist und wie sich dieses heuristische Erklärungsmodell empirisch prüfen lässt.

c) „Ostdeutsche gehen eigene Wege": ein anderer Weg in die Moderne?

Eine dritte, noch jüngere Diskussion lässt sich als „ostdeutscher" Diskursstrang kennzeichnen. Dieser ist eine radikalisierte Variante des zweiten, indem – fernab von Vergleichen – der eigenständige Weg ostdeutscher Kinder und Jugendlicher in eine noch offene Zukunft betont wird. Dieser Ansatz stützt sich auf „eigene" Denktraditionen und zielt sowohl auf die kritische Aufarbeitung von Kindheit in der DDR, einschließlich der kritischen Würdigung sozial-kultureller Einrichtungen der DDR, als auch auf die Kritik der Transformationsforschung (vgl. z.B. die Beiträge im Jahrbuch für Pädagogik 2003, Kirchhöfer u.a. 2003; Mühlberg 2004).[4] So sind z.B. ostdeutsche Forscher der Überzeugung, dass nach der – aus

4 Die Kritik an der Transformationsforschung hat sich insgesamt verstärkt: So fordern Fabel und Krüger einen Perspektivenwechsel – weg von „nachholender Modernisierung", um die Lebenslagen ostdeutscher Jugendlicher angemessen erfassen zu können (Fabel/Krüger 2001). Lutz spricht – bezogen auf die sozialwissenschaftliche Transformationsforschung – von „verpassten Gelegenheiten und nachzuholenden Lektionen" (Lutz 2003, 287).

ihrer Perspektive – wenig gelungenen ersten Transformation eine zweite Transformation bevorstünde. Im Unterschied zur Vereinigung handele es sich dabei um längerfristige Prozesse mit offenem Ausgang, deren Dynamik sich aus den Blockierungen der ostdeutschen Teilgesellschaft sowie dem Veränderungsdruck, dem das Modell „Deutschland" insgesamt ausgesetzt sei, ergebe. Dabei würden die endogenen Ressourcen zentrale Bedeutung erhalten (vgl. z.B. Reißig 1999; Kirchhöfer 2003). Ob Ostdeutschland als Avantgarde oder als Experimentierfeld sozialer Erosion fungieren wird, ist dabei offen (Engler 2002). Einige empirische Hinweise für diesen Ansatz der eigenständigen Entwicklungswege lassen sich vor allem bei längerfristig angelegten Untersuchungen unter ostdeutschen Kindern und Jugendlichen finden (vgl. z.B. Friedrich/Förster 1996; Friedrich 1997; Gensicke 1998; Kirchhöfer 1998; Oswald 1998a; Bock/Fiedler 2001; Förster 2002, Netzwerk Ostdeutschlandforschung 2005).

2. Methodische Anlage der Jugend- und Expertenstudie zur „Jugend und Jugendforschung in Ostdeutschland"

Die am Arbeitsbereich „Erziehungs- und Sozialisationstheorie" der Universität Potsdam im Frühsommer 2004 durchgeführte Jugend- und Expertenstudie zum Thema „Jugend und Jugendforschung in Ostdeutschland" weist zwei *methodische Besonderheiten* auf: Zum einen wurden neben ost- und westdeutschen Jugendlichen bzw. Studierenden auch ost- und westdeutsche Experten als Vergleichsgruppe einbezogen. Zum anderen wurden unterschiedliche methodische Zugänge angewandt (vgl. Abbildung 1).[5]

Als *Grundkonzept* für unsere Jugend- und Expertenstudie dient der „Lebenslagenansatz" (Geißler 2002, 123; Zimmermann 1998; Habich 1996; Hanesch 1994). Dieser Ansatz hat den Vorteil, dass er neben den objektiven Lebensbedingungen auch die subjektiven Wahrnehmungen, Belastungen und Bewältigungsressourcen der Jugendlichen berücksichtigt. Darüber hinaus sind neben vertikalen Differenzierungen ebenso horizontale Ungleichheiten durch so genannte vermittelnde Instanzen (z.B. Milieus, Ost-West-Herkunft) und Unterversorgungslagen in zentralen Lebensbereichen (z.B. Arbeit, Bildung, Wohnen, Gesundheit) erkennbar. Schließlich rücken beim Lebenslagenansatz auch beeinflussende Institutionen und deren Wirkungen auf die Lebenslage der Jugendlichen in den Fokus der Analyse (z.B. Politik, Jugendhilfe und Schule).

5 In den Abbildungen 1 und 2 sind diejenigen Zugänge grau unterlegt, auf die im Folgenden eingegangen wird.

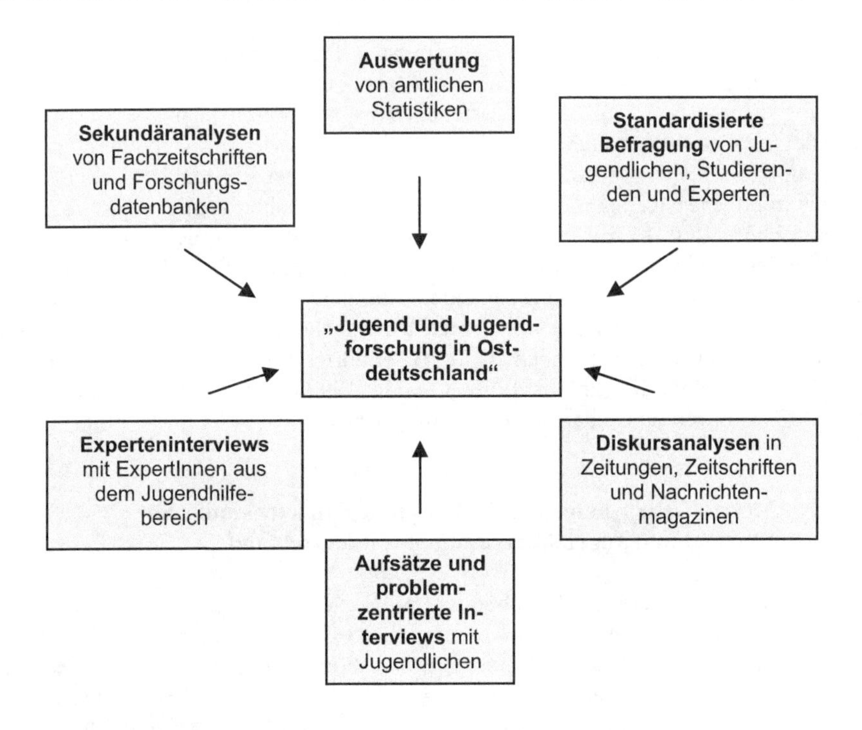

Abbildung 1: Methodische Zugänge in der Jugend- und Expertenstudie zur „Jugend und Jugendforschung in Ostdeutschland“

Aufbauend auf dem Lebenslagenansatz wurde ein Untersuchungsmodell entwickelt, das vier Bereiche umfasst (vgl. Abb. 2).

Das Modell beinhaltet Daten und Einschätzungen zu den Lebenslagen (1a), den Bewältigungsressourcen und -mechanismen (1b) sowie den umfeldbezogenen Unterstützungsressourcen (1c), wahrgenommenen Problemen und Belastungen (2), eine zusammenfassende Bewertung der Lebenssituation (3) und schließlich daraus abgeleitete Handlungsanforderungen für die Jugendforschung und die Jugendpolitik (4).

Den methodischen Schwerpunkt unserer Untersuchungen bilden die standardisierten Befragungen von Jugendlichen, Studierenden und ExpertInnen (vgl. Abb. 1), wobei die Studierenden im Begriffsverständnis der Jugendforschung als Jugendliche verstanden, jedoch aufgrund ihrer Besonderheiten als eigenständige Gruppe beschrieben werden.

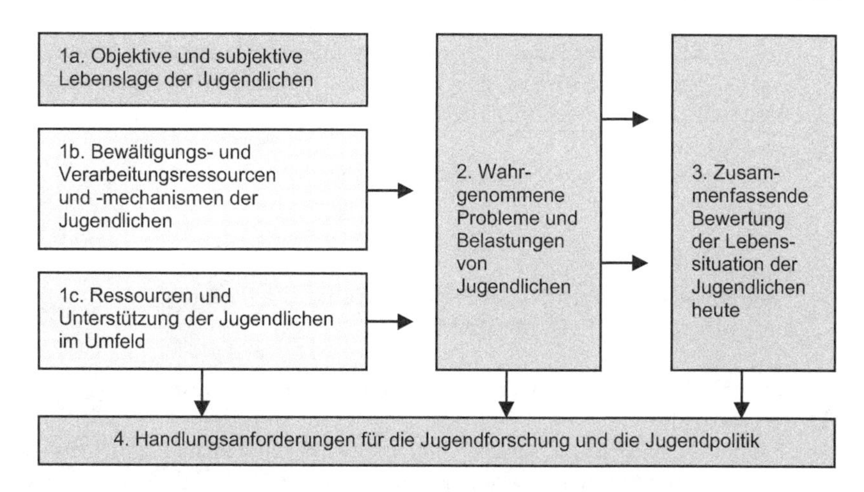

Abbildung 2: Untersuchungsmodell der Jugend- und Expertenstudie zur „Jugend und Jugendforschung in Ostdeutschland"

Einschränkend ist aufgrund des explorativen Charakters der Befragung und der nicht repräsentativen Gelegenheitsstichprobe auf den begrenzten Verallgemeinerungsgrad der Befragungsergebnisse hinzuweisen.[6] Aufgrund des Erhebungsverfahrens konnte bei den Jugendlichen und Studierenden ein nahezu vollständiger Rücklauf erreicht werden, während die *Rücklaufquote* bei den postalisch befragten Experten erwartungsgemäß niedriger lag (43%). Befragt wurden im Einzelnen:

- 1099 Jugendliche (überwiegend im Alter von 13 bis 19 Jahren; Median 16), davon 55% aus Ostdeutschland (meist aus Brandenburg), 28% aus Westdeutschland (meist aus Bremen und Hannover) und 17% aus dem Ausland,

6 So wurden die Studierenden in der Regel in Lehrveranstaltungen ausgewählter Universitäten (Potsdam, Bremen und Hannover) um die Beantwortung des Fragebogens gebeten. Um an die Kernzielgruppe der Jugendlichen im Alter von 13 bis 19 Jahren zu gelangen, wurden die Studierenden ferner gebeten, in ihrem Herkunfts- und Studienort Jugendliche zu befragen. Zusätzlich fanden Befragungen in Jugendklubs und Schulen statt. Angesichts dieser Herangehensweise gibt es z.B. gewisse Verzerrungen in der Abiturientenquote zwischen ost- und westdeutschen Jugendlichen. Die Auswahl der Experten erfolgte anhand von Fachbeiträgen in Handbüchern zur Jugendforschung (vgl. z.B. Merkens/Zinnecker 2001; Krüger/Grunert 2002) und anhand von einschlägigen Artikeln zum Thema „Jugend Ost". Ergänzend wurde eine begrenzte Anzahl weiterer Jugendforscher, Bildungsforscher und Jugendarbeiter, insbesondere aus Ostdeutschland und dem Land Brandenburg, angeschrieben, sofern sie für das Thema „Jugend Ost" relevant erschienen.

- 555 Studierende (im Alter von 20 bis 26 Jahren; Median 23), davon 70% aus Ostdeutschland (meist aus Brandenburg und Berlin Ost), 27% aus Westdeutschland (meist aus Bremen, Hannover und Berlin West) und 3% aus dem Ausland,
- 187 Experten, davon 58% aus Ost-, 34% aus Westdeutschland und 8% aus dem Ausland.

3. Ergebnisse der Jugend- und Expertenstudie „Jugend und Jugendforschung in Ostdeutschland"

3.1 „Jugend Ost" – ein Thema in der Jugendforschung? (These 1)

Für das Thema „Jugend Ost" kann – ähnlich wie bei anderen Jugendthemen – ein zyklischer, konjunktureller Verlauf angenommen werden (vgl. z.B. Schubarth 1999, Griese/Mansel 2003). Durch die deutsche Vereinigung und das starke öffentliche Interesse wurde ein Forschungsboom zu „Jugend Ost" ausgelöst, der mit Abschluss der institutionellen Transformation und dem Auslaufen der Sonderprogramme zur Erforschung des politischen und sozialen Wandels in Ostdeutschland Mitte der neunziger Jahre rasch wieder nachließ. Zur Prüfung dieser Annahme wurden in einem *ersten Schritt* ausgewählte erziehungswissenschaftliche, pädagogische und soziologische Zeitschriften im Zeitraum von 1990 bis 2004 auf ihre Auseinandersetzung mit dem Thema „Jugend Ost" hin analysiert.[7]

Abbildung 3 verdeutlicht, dass sich – nach einer mehr oder weniger intensiven Auseinandersetzung in den Jahren 1992 bis 1995 – etwa ab 1996 ein Abwärtstrend vollzog. Der „Ausschlag" im Jahr 2001 in der Abbildung ist auf einen Themenschwerpunkt der Zeitschrift für Pädagogik zum Thema Transformation der Schule zurückzuführen. Als weiterer Befund ist außerdem auffällig, dass der Anteil des Themas „Jugend Ost" in den Zeitschriften insgesamt relativ gering ist. So variiert die Anzahl der jährlichen Beiträge über alle Themen in den drei untersuchten Zeitschriften insgesamt im Zeitraum von 1990-2004 etwa zwischen 80 bis 115.

7 In die Analyse einbezogen wurden a) die „Zeitschrift für Soziologie der Erziehung und Sozialisation" (ZSE) (bis 1997 unter dem Namen „Zeitschrift für Sozialisationsforschung und Erziehungssoziologie" veröffentlicht), b) die „Zeitschrift für Pädagogik" sowie c) die „deutsche Jugend". Dabei wurden ausschließlich solche erziehungswissenschaftlichen Beiträge, Berichte und Diskussionsbeiträge berücksichtigt, die sich explizit im Titel oder im abstract bzw. der Zusammenfassung mit dem Thema „Jugend Ost" beschäftigten.

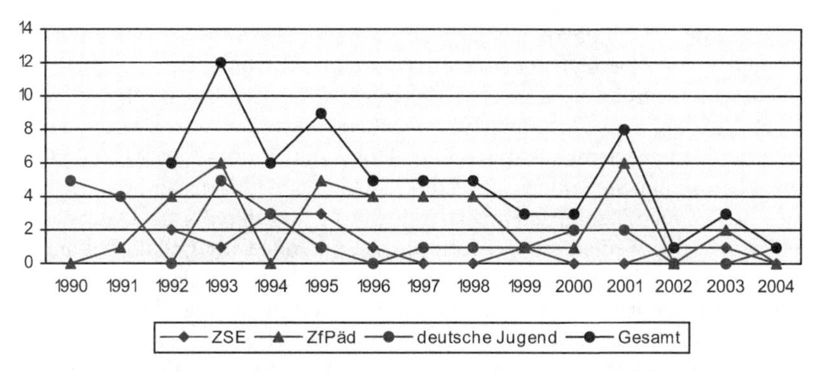

Abbildung 3: Thema „Jugend Ost“ in Fachzeitschriften im Zeitraum 1990-2004

In einem *zweiten Schritt* fand ergänzend eine Datenbankrecherche nach Projekten und Beiträgen zum Thema „Jugend Ost“ und „Ostdeutschland“ statt. Die folgende Abbildung 4 zeigt anhand der „Wiso-Datenbank“ und der Literaturdatenbank „Wiedervereinigung.de“, dass kurze Zeit nach der Wiedervereinigung eine mehrjährige Konjunkturphase zum Ost-Thema begann.

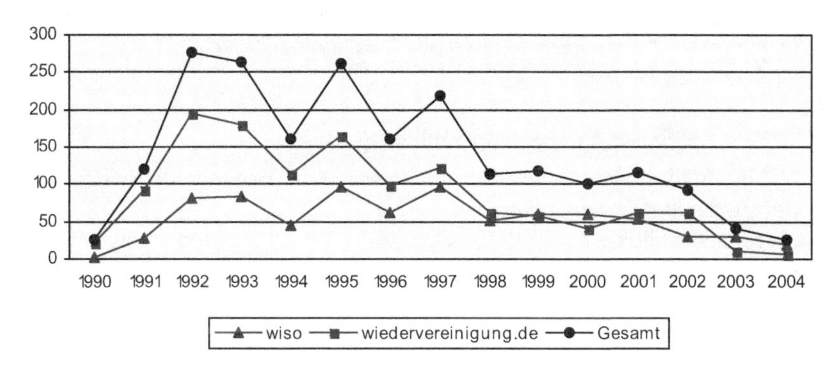

Abbildung 4: „Jugend Ost“ als Thema in ausgewählten Projekt-Datenbanken

Spätestens ab 1998 ist dann allerdings ein deutlicher Rückgang zu konstatieren. Etwa ab 2002 ist nochmals ein stärkerer „Einbruch“ erkennbar. Die Daten für die Jahre 2003/2004 liegen deutlich unter den Anfangswerten der Jahre 1990/91 und sprechen für ein Ausklingen der DDR- und Transformationsthematik. Da beide zugrunde liegenden Datenbanken über einen umfangreichen Datenbestand verfügen, eine hohe Frequentierung aufweisen und von Fachexperten kontinuierlich gepflegt werden, kann davon ausgegangen werden, dass diese Befunde durchaus auch einen Trend innerhalb der Jugendforschung widerspiegeln.

Unsere Rechercheergebnisse zu „Jugend Ost" bzw. „Ostdeutschland" in den Fachzeitschriften und Forschungsdatenbanken werden in ihrer Grundaussage durch Studien aus anderen institutionellen Kontexten bestätigt, so z.B. durch eine Untersuchung zum Stellenwert des DDR-Themas als Gegenstand der Lehre an deutschen Universitäten (Pasternack/HOF 2001) und durch eine Untersuchung zum Umgang der Medien mit der Deutschen Einheit (Stiftung Aufarbeitung und Medien Tenor 2004). Zusammenfassend betrachtet lässt sich damit unsere These erhärten, dass der spezifischen Situation in Ostdeutschland und der ostdeutschen Jugend nach einer Hochkonjunktur seit etwa Mitte der neunziger Jahre nur noch eine untergeordnete Bedeutung beigemessen wird (Konjunkturthese).[8] Sollte tatsächlich eine gelungene Integration und eine Annäherung zwischen Ost- und Westdeutschen stattgefunden haben, erscheint diese Abwärtsentwicklung durchaus einleuchtend. Problematisch wird eine solche Entwicklung jedoch vor allem dann, wenn sich diese Voraussetzungen nicht bestätigen und Differenzen und spezifische Lebenslagen dadurch bewusst oder unbewusst nivelliert werden.

3.2 Gemeinsamkeiten oder Unterschiede in der Bewertung der subjektiven Lebenslage? – Ergebnisse einer explorativen Jugend- und Expertenbefragung (These 2)

Im Folgenden geht es um die Beantwortung der Fragen

a) wie ost- und westdeutsche Jugendliche sowie die Experten die Lebenssituation Jugendlicher beurteilen,
b) ob es Unterschiede in der Wahrnehmung persönlicher Problemlagen bei Jugendlichen in Ost und West gibt,
c) welche wechselseitigen Wahrnehmungen ost- und westdeutsche Jugendliche haben und
d) welche Themen die Experten als Schwerpunkte für die Jugendforschung präferieren (vgl. Konzept).

8 Wenn der „Osten" zum Thema wird, dann häufig in pejorativer Bedeutung, z.B. als „Milliardengrab", „Jammertal", „Brauner Osten" oder „Katastrophe" (vgl. z.B. Der Spiegel, 15 und 39, 2004; Focus, 21, 2005).

a) Gemeinsame oder geteilte Zukunftssicht?

Die Jugendlichen und die Studierenden wurden danach gefragt, wie sie a) alles in allem ihre jetzige Situation, b) ihre eigene Zukunft, c) die Zukunft der heutigen Jugend und d) die Zukunft der Gesellschaft sehen. In der Grundtendenz bewertete die Hälfte der Befragten die eigene jetzige Situation und die eigene Zukunft als zuversichtlich. Dagegen wird die Zukunft der heutigen Jugend und der Gesellschaft etwa von der Hälfte der Befragten als eher düster eingeschätzt (vgl. Abb. 5). Der Befund könnte als „jugendlicher Egozentrismus" interpretiert werden.

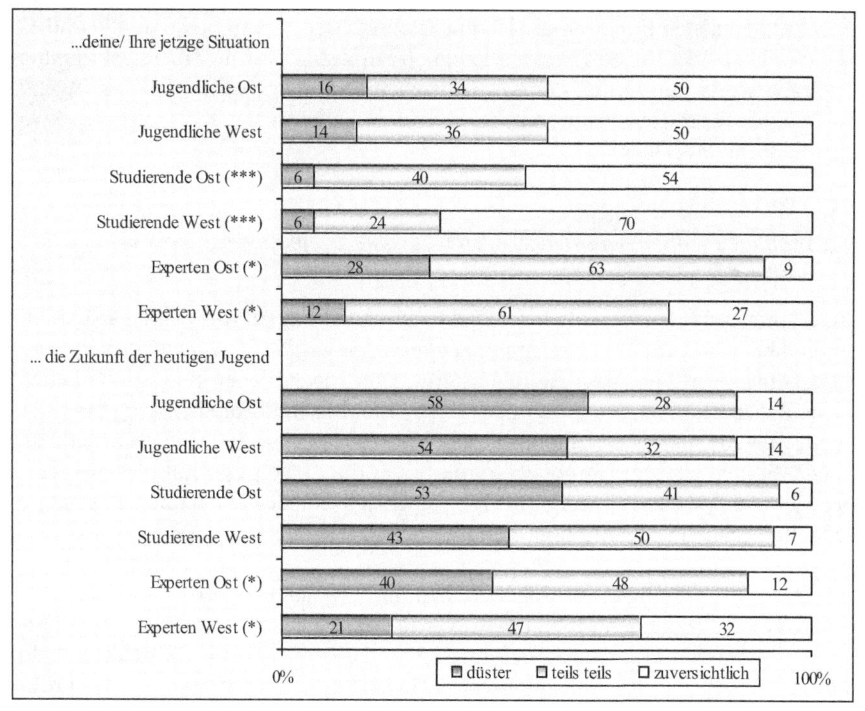

* $p <= 0.05$ (signifikant); ** $p <= 0.01$ (sehr signifikant); *** $p <= 0.001$ (hoch signifikant)

Abbildung 5: Bewertung der jetzigen Situation und der Zukunft der Jugend durch Jugendliche, Studierende und Experten (in Prozent)

Eine differenzierte Analyse zeigt weiterhin Folgendes:

1) Zwischen Jugendlichen in Ost und West gibt es offenbar große Übereinstimmungen in der Gegenwarts- und Zukunftssicht: Die jetzige persönliche Situation wird ähnlich zuversichtlich und die Zukunft der eigenen Jugendgeneration ähnlich düster bewertet.
2) Im Unterschied zu den Jugendlichen, bei denen keine Ost-West-Unterschiede auftreten, sehen ostdeutsche Studierende ihre eigene Situation jedoch nicht so zuversichtlich wie ihre westdeutschen Kommilitonen.
3) Die Experten bewerten – im Vergleich zu den Jugendlichen – die aktuelle Situation der Jugendlichen deutlich negativer.
4) Die ostdeutschen Experten sehen sowohl die Gegenwart als auch die Zukunft viel düsterer als ihre westdeutschen Kollegen. So sieht ein Viertel der westdeutschen Experten die jetzige Situation der Jugend positiv, während es bei den ostdeutschen Experten lediglich ein Zehntel ist. In Übereinstimmung dazu wertet ein Drittel der westdeutschen Experten die Zukunft der Jugend als zuversichtlich, während dies von den ostdeutschen Kollegen nur etwa ein Zehntel so sieht.

b) Ähnliche Problemwahrnehmungen trotz unterschiedlicher objektiver Lebenslagen?

Angesichts der unterschiedlichen objektiven Lebenslagen von ostdeutschen Jugendlichen war von Interesse, ob es *Differenzen in der Problemwahrnehmung* bei ost- und westdeutschen Befragten gibt. Den Jugendlichen und Studierenden wurde daher eine Fragebatterie mit dreizehn möglichen Problemen vorgelegt, für die sie jeweils angeben sollten, wie stark sie sich davon belastet fühlen (erste Frage). Beiden Befragtengruppen wurde ferner die Frage gestellt, ob es aus ihrer Sicht „Jugendprobleme“ gibt, die für die neuen Bundesländer eine besondere Bedeutung haben (zweite Frage). Dieselbe Frage wurde auch den Experten vorgelegt.

Die Einschätzungen der Jugendlichen und Studierenden zu den selbstwahrgenommenen Problemen (erste Frage) verdeutlicht zunächst, dass sich die Mehrheit der Befragten von den aufgeführten Problemen nicht so stark belastet sieht und auch klassische Identitätsprobleme offenbar nicht im Mittelpunkt der Problemsicht stehen. Als größte Belastungen werden Arbeitslosigkeit, finanzielle Sorgen, Leistungsdruck und Zukunftsangst angegeben. Die geringsten Probleme gibt es – den Aussagen der Befragten zufolge – mit der Gesundheit, den Eltern und den Freunden.

Frage: Wie stark fühlst Du dich/fühlen Sie sich von den folgenden Problemen persönlich belastet?

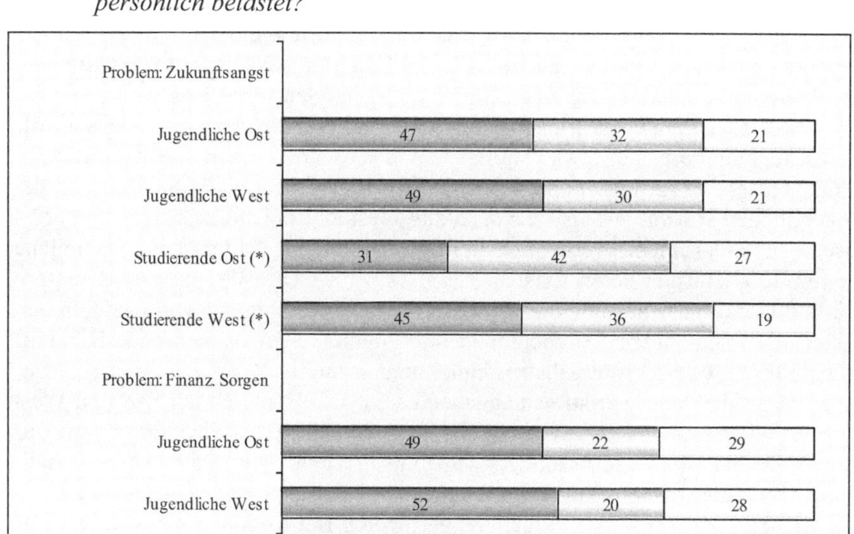

* p <= 0.05 (signifikant); ** p <= 0.01 (sehr signifikant); *** p <= 0.001 (hoch signifikant)

Abbildung 6: Wahrnehmung ausgewählter Problemlagen bei Jugendlichen und Studierenden (in Prozent)

Analysiert man die Problemsicht der ost- und westdeutschen Befragten genauer, dann zeigt sich, dass zwischen ost- und westdeutschen Jugendlichen bzw. Studierenden eine erstaunlich hohe Übereinstimmung über aktuell bedeutsame Probleme existiert. Lediglich bei einzelnen Items lassen sich Unterschiede feststellen (vgl. Abbildung 6). So beurteilen ostdeutsche Studierende ihre finanzielle Situation sorgenvoller und äußern eine größere Zukunftsangst als ihre westdeutschen Kommilitonen. Die ungünstige Wirtschaftslage in Ostdeutschland wirkt sich insofern auf die Studierenden aus. Erstaunlicherweise lassen sich diese „Effekte" jedoch nicht bei den befragten Jugendlichen nachweisen. Hierfür kommen unterschiedliche Gründe in Betracht (z.B. vergleichbare ökonomische Absicherung der Jugendlichen durch die Eltern oder Ost-West-Annäherung bei Jugendlichen).

Befragt nach der Existenz spezifischer „Jugendprobleme“ in Ostdeutschland (zweite Frage) zeigt sich Folgendes: Für die Experten aus Ost und West ist nahezu übereinstimmend völlig unstrittig, dass es ostdeutsche Problemlagen gibt. Mehrheitlich ist auch die Einschätzung der Studierendengruppe, wobei die ostdeutschen Studierenden etwas häufiger als die westdeutschen spezifische Problemlagen sehen (82% vs. 71%). Bemerkenswert erscheint, dass die Mehrheit der Jugendlichen sowohl aus Ost- als auch aus Westdeutschland besondere ostspezifische Jugendprobleme verneint. Allerdings bestätigen ostdeutsche Jugendliche geringfügig häufiger deren Existenz (31% vs. 21%). Die Befunde lassen folgende Interpretationen zu: Für die etwas stärkere Wahrnehmung von ostdeutschen „Jugendproblemen“ bei Studierenden und Jugendlichen ostdeutscher Herkunft könnte ihre größere Problembetroffenheit und -nähe im Vergleich zu ihren westdeutschen Gleichaltrigen ausschlaggebend sein. Die Experten aus Ost und West dürften wiederum durch ihre fachliche und berufliche Auseinandersetzung für ostspezifische Probleme besonders sensibilisiert sein. Die relativ hohe Verneinung von ostdeutschen „Jugendproblemen“ bei den ost- und westdeutschen Jugendlichen könnte mit einer allgemein geringeren Betroffenheit, Sensibilität oder Kenntnis im Vergleich zu den Studierenden zusammenhängen. Sie könnte allerdings auch mit den geringen „Wende“- und Transformationserfahrungen und -problemen der Jugendlichen in Verbindung zu bringen sein.

c) Nicht fremd, aber verschieden?

Von einem gelungenen Transformationsprozess und einer erfolgreichen Wiedervereinigung kann dann gesprochen werden, wenn Ostdeutsche und Westdeutsche über grundlegende Informationen über die andere Personengruppe verfügen, diese jeweils mit ihren kulturellen Besonderheiten grundsätzlich anerkennen sowie gleichberechtigte und vorurteilsarme Kommunikations- und Interaktionsstrukturen nutzen. Inwieweit dieser normative Anspruch von den Befragten in der Praxis bereits umgesetzt wird, wurde in der Jugend- und Expertenbefragung mittels fünf Statements erfasst. Die Befragten sollten beurteilen, inwieweit ihrer Meinung nach die folgenden Aussagen zutreffen:

a) „Trotz der Einheit sind Westdeutsche und Ostdeutsche einander bis heute fremd geblieben“,
b) „Die Menschen in Ost- und Westdeutschland können viel voneinander lernen“,

c) „Die Menschen in den neuen Bundesländern erwarten zu viel an Unterstützung",
d) „Westdeutsche behandeln Ostdeutsche als Menschen zweiter Klasse",
e) „Zwischen den Jugendlichen in Ost- und Westdeutschland gibt es keine Unterschiede".

Auffallend an den Befragungsergebnissen ist zunächst, dass – je nach Statement – jeder vierte bis jeder sechste Jugendliche (vor allem aus den alten Bundesländern) angibt, die Aussagen nicht beurteilen zu können. Diesen Befragten fehlen offenbar – im Gegensatz zu den Studierenden – entsprechende Kontakte und Erfahrungen mit dem anderen Teil Deutschlands. Lässt man die Befragten außer Acht, die die Aussagen nicht beurteilen können, zeigen sich dennoch beachtliche wechselseitige Vorurteile und Abwertungstendenzen. Aus Abbildung 7 ist beispielsweise zu erkennen, dass bei den Studierenden aus Ost und West knapp ein Fünftel übereinstimmend der Ansicht ist, dass sich West- und Ostdeutsche bis heute fremd geblieben sind. Nur ein knappes Drittel stimmt dieser Einschätzung nicht zu. Bei den Jugendlichen gehen die Meinungen darüber – auch zwischen Ost- und Westdeutschen – deutlicher auseinander. Ostdeutsche Jugendliche bejahen die Fremdheit zwischen Ost und West gegenüber ihren westdeutschen Gleichaltrigen öfter (30% vs. 21%) und verneinen sie seltener (39% vs. 52%). Dass die Ostdeutschen zu viel Unterstützung erwarten, wird wiederum von westdeutschen Studierenden und Jugendlichen – nicht unerwartet – deutlich häufiger bejaht (vgl. Abbildung 7).

Erhebliche Differenzen gibt es auch bei den Fragen, ob die Westdeutschen die Ostdeutschen wie Menschen zweiter Klasse behandeln und ob es keine Unterschiede mehr zwischen ost- und westdeutschen Jugendlichen gibt: Ostdeutsche Studierende, vor allem aber Jugendliche, sind häufiger der Ansicht, dass Ostdeutsche wie Menschen zweiter Klasse behandelt würden. Stimmen diesem Statement 21% bzw. 52% der ostdeutschen Befragten zu, sind es bei den westdeutschen Befragten „lediglich" 10% bzw. 31%. Zu hinterfragen ist vor allem, ob die Jugendlichen tatsächlich durch persönliche Ost- bzw. West-Erfahrungen oder aber vermittelt über ihre Eltern oder Medien zu ihren kritischeren Einschätzungen gelangt sind.

Dass es keine Unterschiede zwischen ost- und westdeutschen Jugendlichen mehr gibt, wird von den Jugendlichen häufiger bejaht als von den Studierenden, die sich zudem in den Urteilen hinsichtlich ihrer Ost-West-Herkunft unterscheiden. Insgesamt gesehen kann der sozial-kulturelle Integrationsprozess auf der Basis dieser Einschätzungen kaum als abgeschlossen gelten.

Frage: Inwieweit treffen Deiner/Ihrer Meinung nach die folgenden Aussagen zu?

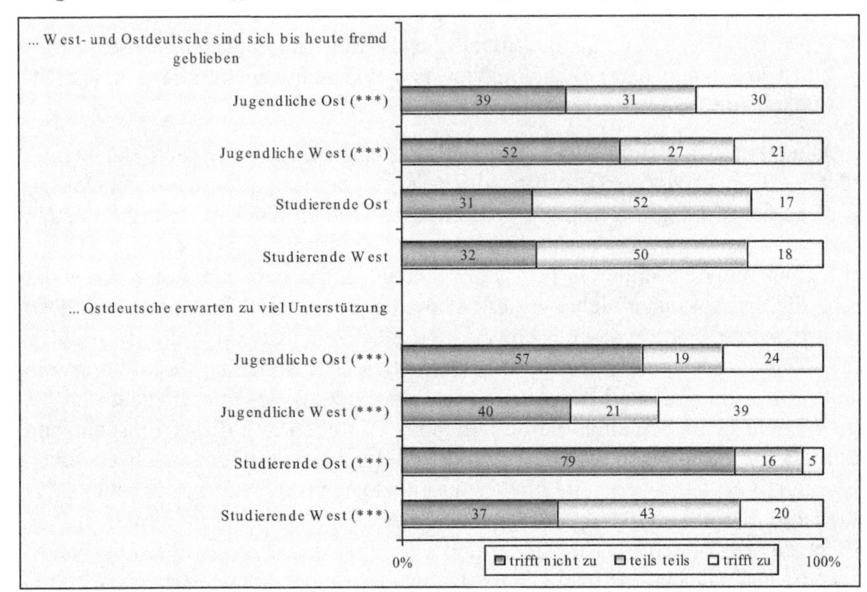

* p <= 0.05 (signifikant); ** p <= 0.01 (sehr signifikant); *** p <= 0.001 (hoch signifikant)

Abbildung 7: Zustimmung zu Ost-West-Statements bei Jugendlichen und Studierenden (in Prozent; ohne: „kann ich nicht beurteilen")

d) „Jugend Ost" – hohe Relevanz bei Jugendexperten?

Zur Beantwortung dieser Frage wurden die Experten in Ost und West zunächst gefragt, ob es aus ihrer Sicht Probleme für Jugendliche gibt, die in den neuen Bundesländern eine besondere Bedeutung haben. Eine große Mehrheit in Ost wie West (jeweils 94%) bejaht diese Frage. In der sich anschließenden offenen Frage, welche besonderen Probleme das wären, wurden am häufigsten genannt: 1) Ausbildung/Arbeitslosigkeit, 2) Ausländerfeindlichkeit/Extremismus/Rassismus, 3) Abwanderung, 4) Perspektivlosigkeit und 5) Ökonomie/Infrastruktur.

Die Experten sehen die besondere Situation für Jugendliche in den neuen Bundesländern in der prekären Wirtschafts- und Arbeitsmarktlage mit ihren negativen Auswirkungen auf Jugendliche (Ausländerfeindlichkeit, Abwanderung, Perspektivlosigkeit). Damit heben sie die Bedeutung objektiver Lebenslagen für das Aufwachsen junger Menschen hervor. Dies wird offenbar als Unterschied zur Situation in den alten Bundesländern wahrgenommen. Als weitere ostspezifische Probleme werden mit geringer Häufigkeit genannt: DDR-Vergangenheit, Wertewandel, Depression, soziale Ungleichheit, Bildungssystem, Freizeit, Gewalt, Ost-West, Demographie, Drogen und Armut/Überschuldung.

Angesichts dieser deutlichen Problembenennungen ist von Interesse, welche Rolle das Ost-West-Thema im Rahmen präferierter Themen der Jugendforschung spielen soll? Außerdem wäre zu fragen, ob dabei Unterschiede zwischen Jugendexperten in Ost- und Westdeutschland auftreten? Beide Fragen sollten mittels einer Fragebatterie von 15 Einzelthemen und einer Differenzierung nach Ost und West beantwortet werden (vgl. Abbildung 8).

Frage: Wie stark sollte sich Ihrer Meinung nach die Jugendforschung auf die folgenden Themen konzentrieren? (nur stark und sehr stark: Pos. 4+5)

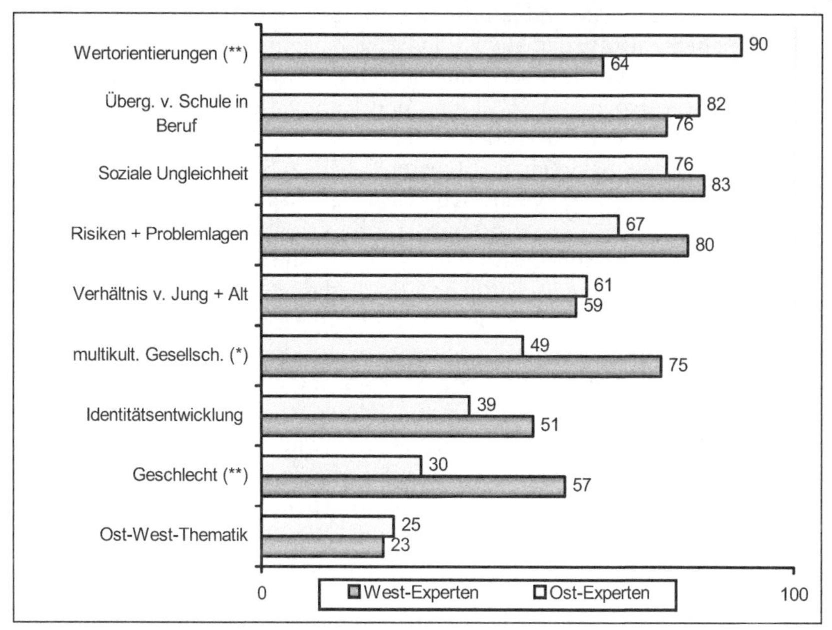

* p <= 0.05 (signifikant); ** p <= 0.01 (sehr signifikant); *** p <= 0.001 (hoch signifikant)

Abbildung 8: Prioritäten für ausgewählte Themen der Jugendforschung aus Sicht der befragten Experten (in Prozent)

Vergleicht man insgesamt die Aussagen der ost- und westdeutschen Experten miteinander, zeigen sich sehr viele Übereinstimmungen. Vereinzelt existieren allerdings auch einige signifikante Unterschiede. So halten ostdeutsche Experten das Thema Wertorientierung für deutlich wichtiger als ihre westdeutschen Kollegen. Westdeutsche Experten sind umgekehrt häufiger der Meinung, dass sich die Jugendforschung mit den Themen multikulturelle Gesellschaft und Geschlechtsspezifik beschäftigen sollte. Dies bestätigt die bereits von Oswald (1998b) formulierte Annahme unterschiedlicher Forschungsperspektiven in Ost und West, was Auswirkungen auf mögliche Fragestellungen, Forschungsprojekte und Interpretationen haben dürfte. Davon sind die Autoren des vorliegenden Beitrages nicht ausgenommen.

Auf tendenzielle Ost-West-Unterschiede deuten auch die Antworten der Experten auf die offen gestellte Frage nach möglichen Verbesserungsvorschlägen zur Situation der Jugend hin. Nach einer ersten Analyse der Antworten fällt auf, dass ostdeutsche Experten neben vielen gemeinsamen Vorschlägen in der Tendenz eher institutionelle und politische Lösungen präferieren, während westdeutsche Experten eher Partizipations- und Unterstützungsangebote für alle Jugendlichen bzw. für besonders benachteiligte Gruppen für sinnvoll erachten. So fordern ostdeutsche Experten z.B. „Eltern und Familien unterstützen", „System von Kinderkrippen und Kindergärten ausbauen und qualifizieren", „Schulbildung pädagogisch und inhaltlich qualifizieren", „jedem Schüler eine Ausbildung garantieren" und „jedem Ausgebildeten einen Arbeitsplatz garantieren (Recht und Pflicht auf Arbeit)".

Westdeutsche Experten hingegen präferieren z.B. solche Vorschläge: „Jugendliche sollten mehr eine gesellschaftliche Stimme erhalten", „aktive Integration von jungen Menschen mit Migrationshintergrund", „flexible Gestaltung von (Aus-) und (Weiter-)Bildungsangeboten für alle Jugendlichen", „Selektion in der Schule abschaffen", „Jugendliche und ihre Anliegen ernst nehmen – ihnen überall Partizipationsmöglichkeiten einräumen", „aktive Zusammenarbeit aller Personen/Institutionen, die mit Jugendlichen beschäftigt sind – politische Lobby!"

Zusammenfassend betrachtet deuten die Befunde der standardisierten Jugend- und Expertenbefragung vor allem auf folgende Ergebnisse hin: Erstens gibt es zwischen den Befragtengruppen in Ost und West viele Ähnlichkeiten. Die Unterschiede in den subjektiven Wahrnehmungen sind nicht so deutlich, wie aus den zum Teil gravierenden Differenzen in den objektiven Lebenslagen zu erwarten war. Unterstellt man größere Wahrnehmungsunterschiede zwischen Ost und West unmittelbar nach der Wiedervereinigung, dann sprechen die Ergebnisse für Annäherungsprozesse. Zweitens lassen sich allerdings – differenziert nach den Befragtengruppen – Unterschiede beobachten. Dies gilt beispielsweise für die Problembetroffenheit. Die Befunde verweisen darauf, dass zwischen ost- und westdeutschen Jugendlichen offenbar auch 15 Jahre nach der Wende (weiterhin) Vorurteile und Fremdheitsgefühle existieren. Schließlich lässt sich drittens feststellen, dass die große Mehrheit der Experten aus Ost *und* West das Thema „Jugend Ost" als bedeutsam erachtet, wobei zwischen ost- und westdeutschen Experten gewisse Differenzierungen hinsichtlich der Präferenz von Forschungsthemen und Handlungsperspektiven bestehen. Insgesamt sprechen die Befunde bei allen Befragtengruppen einerseits durchaus für Ähnlichkeiten zwischen Ost und West, andererseits jedoch ebenso für längerfristige soziale und kulturelle Unterschiede.

4. Diskussion

Im Mittelpunkt unserer Jugend- und Expertenstudie stand die Frage, ob das Thema „Jugend Ost" aus dem Fokus der (fach-)öffentlichen Debatten verschwindet und inwieweit – bei einer Bejahung dieser Frage – die dahinter liegende Normalisierungsannahme durch empirische Befunde zu den Lebensbedingungen ostdeutscher Jugendlicher belegt ist. Unsere Jugend- und Expertenstudie liefert deutliche Hinweise dafür, dass das Thema „Jugend Ost" als Forschungsgegenstand in den letzten Jahren stark an Bedeutung verloren hat. Von den eingangs gestellten Thesen, konnte die *erste These* vom nachlassenden Interesse an „Jugend Ost" sowohl durch unsere eigenen Zeitschriften- und Datenbankenanalysen als auch durch die Befunde aus anderen Wissenschaftskontexten gestützt werden: Nach einer Konjunktur in der ersten Hälfte der 1990er Jahre ist das Thema aus der (fach-)öffentlichen Debatte zunehmend verschwunden.[9] Das nachlassende Interesse könnte zweifelsohne Ausdruck einer thematischen Sättigung, Anzeichen einer wachsenden Gleichgültigkeit oder möglicherweise Indiz für eine Abwehrhaltung bei ostdeutschen Forschern sein. Eine naheliegendere Erklärung ist allerdings, dass Sozialforscher von einer mehr oder weniger gelungenen Integration Ostdeutschlands ausgehen und somit eine weitere Auseinandersetzung mit Ostdeutschland wenig sinnvoll erscheint. Dies hängt vermutlich mit der theoretischen Einordnung des Vereinigungsprozesses als „nachholende Modernisierung" zusammen. Normalisierungserwartungen auf der Subjektdimension in Ostdeutschland waren die Folge. Eine weitere Ursache für die nachlassende Bedeutung des Themas sehen wir allerdings auch in der geringeren Einbindung ostdeutscher Forscher in gewachsene Forschungsnetzwerke und dementsprechende Schwierigkeiten ostdeutscher Forscher, das Ost-West-Thema – in der Wissen-

9 Das heißt natürlich nicht, dass ostdeutsche Jugendliche kein Forschungsgegenstand mehr wären (vgl. z.B. Kuhn/Weiss/Oswald 2001; Sturzbecher 2002; Krüger/Pfaff 2003). Es geht uns vielmehr darum, dass die besonderen Lebensbedingungen von Jugendlichen in den neuen Bundesländern durch Gewöhnungs- und Normalisierungseffekte zunehmend aus dem Blickfeld von Wissenschaft und Politik geraten.

schaft, den Medien oder der Politik – auf die Agenda zu setzen, ohne unter Ideologieverdacht oder den Vorwurf einer einseitigen Perspektive zu geraten. Der Bedeutungsverlust von „Jugend Ost" in der (Fach-)Öffentlichkeit sagt allerdings noch nichts über die reale Entwicklung in den neuen Bundesländern aus.

Die divergierenden objektiven Lebensbedingungen beeinflussen auch die subjektiven Wahrnehmungen. Zahlreiche Untersuchungen weisen nach, dass sich ost- und westdeutsche Jugendliche in ihren Urteilen über die eigene Lebenssituation deutlich unterscheiden (vgl. z.B. Andresen u.a. 2003; Deutsche Shell 2000). Etliche Befunde unserer explorativen Jugend- und Expertenbefragung sprechen ebenfalls für eine Bestätigung der *Differenzthese*, wenngleich die Ergebnisse insgesamt nicht so deutlich und einheitlich ausfallen, wie erwartet. Dass es „ostspezifische Probleme" gibt, bejaht beispielsweise die Mehrheit der Studierenden und der Jugendexperten, aber nur eine Minderheit der Jugendlichen. Ostdeutsche Studierende sehen im Vergleich zu ihren westdeutschen Kommilitonen ihre eigene Situation pessimistischer, fühlen sich durch Zukunftsängste stärker belastet und haben mehr finanzielle Sorgen. Bei Jugendlichen dagegen zeigen sich diese Unterschiede nicht. Auffallend ist, dass die Ost-West-Unterschiede bei den Experten größer sind als bei Jugendlichen und Studierenden. So sehen die Experten im Osten die gegenwärtige und künftige Situation der Jugend deutlich pessimistischer als ihre westdeutschen Kollegen, und auch bei der Bedeutung von Forschungsthemen zeigen sich unterschiedliche Prioritäten. Vergleicht man die Ost-West-Differenzen bei Jugendlichen, Studierenden und Jugendexperten miteinander, so ergibt sich – vereinfacht dargestellt – eine Zunahme der Unterschiede von den Jugendlichen über die Studierenden bis hin zu den Experten. Unsere explorative Studie kann erwartungsgemäß nicht klären, von welchen Faktoren diese unterschiedlichen Ost-West-Differenzen abhängen (z.B. Alter, Status, gegenseitige Kontakte, Grad der DDR- bzw. West-Sozialisation usw.). Dessen ungeachtet deuten die u.E. sehr interessanten Befunde zu den wechselseitigen Wahrnehmungen darauf hin, dass auch 15 Jahre nach der Vereinigung zwischen jungen Ost- und Westdeutschen eine Reihe von Vorurteilen und Fremdheitsgefühlen bestehen und dass – insgesamt gesehen – der kulturelle Integrationsprozess noch nicht als abgeschlossen gelten kann.

Im Rahmen unserer Jugend- und Expertenstudie kann aufgrund der methodischen Anlage nur bedingt geklärt werden, ob die gefundenen Unterschiede wirklich Ost-West-Unterschiede oder eher regionale Differenzen sind. Zu berücksichtigen ist dabei in jedem Fall, dass es *die* „ostdeutsche Jugend" ebenso wenig wie *die* Jugend in Deutschland gibt. Entsprechende Ausführungen zu ost- bzw. westspezifischen Unterschieden stellen insofern immer Verallgemeinerungen dar. Analysen zu den Lebenslagen verweisen allerdings auf deutliche Ost-West-Unterschiede, während die Länderspezifik kaum ins Gewicht fällt.

In Übereinstimmung dazu stellt die 13. Shell-Studie fest, dass die Differenzen zwischen Ost und West so deutlich ausfallen, dass sie die Differenzen zwischen den Regionen überlagern (Münchmeier 2003, 86). Entsprechende Unterschiede wurden beispielsweise in den unterschiedlichen Lebenslagen, den Lebenshaltungen, der biografischen Planung, dem Erleben der gesellschaftlichen Zukunft, den politischen Einstellungen und der Ausländerfeindlichkeit nachgewiesen. Die Autoren kommen zum Schluss: „Von einer Vereinheitlichung der Jugend in Ost und West sind wir noch weit entfernt. Die Fortschritte, die seit 1991 auf dem Weg dorthin gemacht wurden, scheinen nach unseren Befunden eher als geringfügig einzuschätzen zu sein“ (Deutsche Shell 2000, 93). Quer zu dieser Ost-West-Perspektive ist aufgrund gravierender sozialpolitischer Veränderungen (z.B. Hartz IV) zu befürchten, dass sich die Lebenslagen in Ost und West weiter ausdifferenzieren und wachsende Gruppen von Jugendlichen in den neuen wie alten Bundesländern von der gesellschaftlichen Teilhabe ausgeschlossen werden.

5. Folgerungen für die Jugendforschung

Wenn einerseits die Unterschiede in den objektiven und zum Teil den subjektiven Lebenslagen zwischen Ost und West fortexistieren und andererseits Prozesse der sozialen Ungleichheit in Ost und West übergreifend von wachsender Bedeutung sind, so gilt es, künftig Fragen der sozialstrukturellen und lebenslagenbezogenen Sozialisationsforschung erhöhte Aufmerksamkeit zu schenken (*dritte These*). So könnte eine Hauptaufgabe darin bestehen, soziale und kulturelle Faktoren zu identifizieren, die die individuelle Entwicklung in der Familie begrenzen bzw. fördern und deren Wirkungen auf die Persönlichkeit zu rekonstruieren (Hurrelmann 2002, 185f.). Für die neuen Bundesländer ist dabei von besonderer Bedeutung, wie sich Aufwachsen in sozial belasteten Regionen vollzieht und welche Auswirkungen prekäre Lebensbedingungen, z.B. in materieller, soziokultureller oder politisch-kultureller Hinsicht, auf die kognitive und soziale Entwicklung von Kindern und Jugendlichen haben. Aus eher umgekehrter, subjektiver Perspektive werden Fragen der Lebensbewältigung bzw. Lebensführung und mögliche Unterstützungsressourcen gerade bei benachteiligten Jugendlichen zentral. Hier sind qualitative Forschungsansätze gefragt, aber auch pädagogische Interventionsstrategien, die wissenschaftlich zu begleiten sind. Gleichzeitig stellt sich die Frage nach Einflussfaktoren und Strategien der Lebensbewältigung bei Jugendlichen in risikoreichen Lebensverhältnissen. Damit im Einklang stehen Themen, die nach Ansicht der Experten in Ost und West weiter an Relevanz gewinnen, wie „soziale Ungleichheit“, „Übergang Schule-Beruf“ und „Risiken und

Problemlagen".[10] Zur Berücksichtigung unterschiedlicher Perspektiven empfiehlt sich die Bildung von Ost-West-Teams.

Mit Blick auf die Ost-West-Thematik ergeben sich anhand unserer Jugend- und Expertenstudie folgende Fragestellungen und Desiderate für die Jugendforschung:

- *Theoretische und methodische Zugänge:* Welche forschungstheoretischen Zugänge und Methoden bieten sich an, um ost- und westspezifische Unterschiede – über modernisierungstheoretische Annahmen hinausgehend – als kulturelle Besonderheiten und nicht als Defizit zu analysieren, zu verstehen und zu akzeptieren? Mit welchen Modellen können Zusammenhänge zwischen der objektiven und der subjektiven Lebenslage Jugendlicher angemessen untersucht werden?
- *Objektive und subjektive Lebenslagen:* Welche Gemeinsamkeiten und Unterschiede in den objektiven und subjektiven Lebenslagen von ost- und westdeutschen Jugendlichen gibt es? Wo sind Annäherungen bzw. Auseinanderentwicklungen erkennbar? Welche Strategien der individuellen Lebensbewältigung lassen sich identifizieren? Welchen forschungsbezogenen, praxisbegleitenden und anwaltschaftlichen Auftrag hat Jugendforschung in einer alternden und für Jugendliche risikoreichen Gesellschaft?
- *Vorurteile und Stereotypen:* Wie entstehen die Vorurteile und Stereotype zwischen ost- und westdeutschen Jugendlichen und wovon hängen sie ab? Welchen Einfluss haben die Eltern, die Peergroup und die Medien? Welche Auswirkungen haben die Vorurteile und Stereotype auf das Handeln? Nivellieren oder verstärken sich Vorurteile und Stereotype mit zunehmendem Alter oder zeitlichem Abstand zur Wende?
- *Perspektive der Jugendforscher:* Welche Unterschiede und Gemeinsamkeiten in den Interessen und Wahrnehmungen bestehen zwischen ost- und westdeutschen Jugendforschern? Welche Auswirkungen hat die jeweilige ost- bzw. westdeutsche Herkunft der Jugendforscher auf die Wahrnehmung und Interpretation von Untersuchungsergebnissen? Wie können ost- und westdeutsche Perspektiven zusammengeführt werden?

Insgesamt geht aus den Antworten der Experten in Ost- und Westdeutschland eine problembewusste Haltung gegenüber der Situation der Jugend in den neuen Bundesländern hervor. Dies ist angesichts unserer Befunde zur Lebenslage der Jugendlichen auch angemessen. Offen bleibt allerdings, ob der schwierige Transformationsprozess in Ostdeutschland bereits gesamtdeutsche Entwicklungen

10 Unsere Befunde korrespondieren mit Ergebnissen einer Expertenbefragung von 1999, wenngleich das Thema „Jugend-Ost" dort nicht explizit genannt wird (vgl. Stecher 2001; vgl. auch Merkens 2002b).

vorweggenommen hat und somit das „Experiment Vereinigung" ein Labor der „Zukunft" ist (Thumfart 2003, 137). Nicht zuletzt spricht dieses Szenario für eine erhöhte und differenzierte Sichtweise der Jugendforschung auf die Situation der Jugendlichen in den neuen, aber auch in den alten Bundesländern.

Literatur

Andresen, S./Bock, K./Otto, H.-U. (2003): Jugend als gesellschaftliche Markierung. In: Andresen, S. u.a. (Hrsg.): Vereintes Deutschland – geteilte Jugend. Ein politisches Handbuch. Opladen: Leske + Budrich, 15-28.

Behnken, I./Guenther, C./Kabat-vel-Job, O./Keiser, S./Karig, U./Krueger, H.-H./Lindner, B./von Wensierski, H. J./Zinnecker, J. (1991): Schülerstudie '90. Jugendliche im Prozess der Vereinigung. Weinheim, München: Juventa.

Berth, H./Brähler, E. (Hrsg.) (1999): Deutsch-deutsche Vergleiche: Psychologische Untersuchungen 10 Jahre nach dem Mauerfall. Berlin: Verlag für Wissenschaft und Forschung.

Bock, K./Fiedler, W. (Hrsg.) (2001): Umbruch in Ostdeutschland. Politik, Utopie und Biographie im Übergang. Wiesbaden: Westdeutscher Verlag.

Boehnke, K./Günther, R. (2003): Transformationsstudien: Ein großes deutsch-deutsches Missverständnis? In: Keim, W./Kirchhöfer, D./Uhlig, Ch. (Hrsg.) (2003): Jahrbuch für Pädagogik 2002. Frankfurt/M.: Peter Lang, 129-144.

Büchner, P./Krüger, H.-H. (Hrsg.) (1991): Aufwachsen hüben und drüben. Deutsch-deutsche Kindheit und Jugend vor und nach der Vereinigung. Opladen: Leske + Budrich.

Bundesministerium für Bildung und Forschung (BMBF) (Hrsg.) (2003): Berufsbildungsbericht 2003. Bonn: BMBF.

Bundesministerium für Familie, Senioren, Frauen und Jugend (BMFSFJ) (Hrsg.) (1994): Neunter Jugendbericht. Bericht über die Situation der Kinder und Jugendlichen und die Entwicklung der Jugendhilfe in den neuen Bundesländern. Bonn: BMFSFJ.

Bundesministerium für Familie, Senioren, Frauen und Jugend (BMFSFJ) (Hrsg.) (2003): Die Familie im Spiegel der Statistik. Lebensformen, Familienstrukturen, wirtschaftliche Situation und familiendemographische Entwicklung in Deutschland (erweiterte Neuauflage). Berlin: BMFSFJ.

Bundesregierung (2005): Lebenslagen in Deutschland. Der zweite Armuts- und Reichtumsbericht der Bundesregierung. Berlin: Bundesregierung.

Deutsche Forschungsgemeinschaft (1999): Pressemitteilung, Nr. 19. Kindheit und Jugend vor und nach der Wende – Wissenschaftler untersuchen Sozialisation in Ost und West.

Deutsche Shell (Hrsg.) (1997): Jugend `97. Zukunftsperspektiven. Gesellschaftliches Engagement. Politische Orientierungen. 12. Shell-Jugendstudie. Opladen: Leske + Budrich.

Deutsche Shell (Hrsg.) (2000): Jugend 2000. 13. Shell-Jugendstudie. Band 1+2. Opladen: Leske + Budrich.

Deutsches Jugendinstitut (1992): Schüler an der Schwelle zur deutschen Einheit. Politische und persönliche Orientierungen in Ost und West. Opladen: Leske + Budrich.

Engler, W. (2002): Die Ostdeutschen als Avantgarde. Berlin: Aufbau-Verlag.

Fabel, M./Krüger, H.-H. (2001): Nachholende Modernisierung? Plädoyer für einen Perspektivenwechsel in der erziehungswissenschaftlichen Transformationsforschung. In: Bock, K./Fiedler, W. (Hrsg.): Umbruch in Ostdeutschland. Politik, Utopie und Biographie im Übergang. Wiesbaden: Westdeutscher Verlag, 91-119.

Förster, P. (2002): Junge Ostdeutsche auf der Suche nach der Freiheit. Opladen: Leske + Budrich.

Friedrich, W. (1997): Zur Mentalität der ostdeutschen Jugend. In: Schlegel, U./Förster, P. (Hrsg.): Ostdeutsche Jugendliche. Vom DDR-Bürger zum Bundesbürger. Opladen: Leske + Budrich.

Friedrich, W./Förster, P. (1996): Jugend im Osten. Politische Mentalität im Wandel. Leipzig: Kommunalpolitisches Forum Sachsen.

Geißler, R. (2002): Die Sozialstruktur Deutschlands. Die gesellschaftliche Entwicklung vor und nach der Vereinigung (3. überarb. Aufl.). Wiesbaden: VS Verlag für Sozialwissenschaften.

Gensicke, Th. (1998): Die neuen Bundesbürger. Eine Transformation ohne Integration. Wiesbaden: Westdeutscher Verlag.

Giesen, B./Leggewie, C. (Hrsg.) (1991): Experiment Vereinigung. Ein sozialer Großversuch. Berlin: Rotbuch-Verlag.

Gille, M./Krüger, W. (Hrsg.) (2000): Unzufriedene Demokraten. Politische Orientierungen der 16- bis 29jährigen im vereinigten Deutschland. Opladen: Leske + Budrich.

Griese, H. M./Mansel, J. (2003): Jugendtheoretische Diskurse. In: Mansel, J./Griese, H. M./ Scherr, A. (Hrsg.):Theoriedefizite der Jugendforschung. Standortbestimmung und Perspektiven. Weinheim, München: Juventa, 11-30.

Griese, H. M. (1995): Deutsch-deutsche Jugendforschung seit dem gesellschaftlichen Umbruch. In: Bolz, A./Griese, H. M. (Hrsg.): Deutsch-deutsche Jugendforschung. Theoretische und empirische Studien aus ostdeutscher Sicht. Weinheim, München: Juventa, 13-44.

Habich, R. (1996): Objektive und subjektive Indikatoren – Ein Vorschlag zur Messung des Wandels von Lebenslagen. In: Zapf, W./Schupp, J./Habich, R. (Hrsg.): Lebenslagen im Wandel: Sozialberichterstattung im Längsschnitt, Sozio-ökonomische Daten und Analysen für die Bundesrepublik Deutschland, Bd. 7. Frankfurt, New York: Campus Verlag, 46-65.

Hanesch, W./Adamy, W./Martens, R. (Hrsg.) (1994): Armut in Deutschland. Der Armutsbericht des DGB und des Paritätischen Wohlfahrtsverbandes. Reinbek bei Hamburg: Rowohlt.

Heitmeyer, W./Collmann, B./Conrads, J. (1995): Gewalt. Schattenseiten der Individualisierung bei Jugendlichen aus unterschiedlichen Milieus. Weinheim, München: Juventa.

Hoffmann-Lange, U. (Hrsg.) (1995): Jugend und Demokratie in Deutschland. Opladen: Leske + Budrich.

Hurrelmann, K. (2002): Einführung in die Sozialisationstheorie (8. Aufl.). Weinheim, Basel: Beltz Verlag.

Institut für Arbeitsmarkt- und Berufsforschung (IAB) (2005): Arbeitslosenquoten nach Altersgruppen, download über www.iab.de (20.05.2005).

Keim, W./Kirchhöfer, D./Uhlig, Ch. (Hrsg.) (2003): Jahrbuch für Pädagogik 2002. Kritik der Transformation – Erziehungswissenschaft im vereinigten Deutschland. Frankfurt/M.: Peter Lang.

Kirchhöfer, D. (1998): Aufwachsen in Ostdeutschland. Weinheim: Juventa.

Kirchhöfer, D. (2003): Transformationsforschung als Fortschritts- oder Verfallsgeschichte. In: Keim, W./Kirchhöfer, D./Uhlig, Ch. (Hrsg.): Jahrbuch für Pädagogik 2002. Frankfurt/M.: Peter Lang, 105-128.

Kirchhöfer, D./Neuner, G./Steiner, I./Uhlig, Ch. (Hrsg.) (2003): Kindheit in der DDR. Die vergegenwärtigte Vergangenheit. Frankfurt/M.: Peter Lang.

Klein, O. G. (2001): Ihr könnt uns einfach nicht verstehen – Warum Ost- und Westdeutsche aneinander vorbeireden. Frankfurt/M.: Eichborn.

Krüger, H.-H./Grunert, C. (Hrsg.) (2002): Handbuch Kindheits- und Jugendforschung. Opladen: Leske + Budrich.

Krüger, H.-H./Pfaff, N. (Hrsg.) (2003): Parteipolitische, jugendkulturelle und ausländerfeindliche Orientierungen in den neuen Bundesländern, In: Andresen, S. u.a. (Hrsg.): Vereintes Deutschland – geteilte Jugend. Ein politisches Handbuch. Opladen: Leske + Budrich, 63-84.

Kuhn, H.-P./Weiss, K./Oswald, H. (Hrsg.) (2001): Jugendliche Wähler in den neuen Bundesländern. Eine Längsschnittstudie zum Verhalten von Erstwählern bei der Bundestagswahl 1998. Opladen: Leske + Budrich.

Lindner, B./Schubarth, W. (2003): Jugend als Zukunft – Jugend ohne Zukunft. Jugend und politische Kultur in Ostdeutschland im Wandel. In: Bauer-Volke, K./Dietzsch, I. (Hrsg.): Labor Ostdeutschland. Berlin: Kulturstiftung des Bundes, 342-332.

Lutz, B. (2003): Verpasste Gelegenheiten und nachzuholende Lektionen. Einige (selbst)-kritische Überlegungen zur deutschen Transformationsforschung der 90er Jahre. In: Brussig, M./Ettrich, F./Kollmorgen, R. (Hrsg.): Konflikt und Konsens: Transformationsprozesse in Ostdeutschland. Opladen: Leske + Budrich, 287- 305.

Melzer, W. (1992): Jugend und Politik in Deutschland. Opladen: Leske + Budrich.

Merkens, H. (1999): Schuljugendliche in beiden Teilen Berlins seit der Wende. Reaktionen auf den sozialen Wandel. Hohengehren: Schneider Verlag.

Merkens, H. (2002a): Kindheit und Jugend in Ost- und Westdeutschland. In: Krüger, H.-H./ Grunert, C. (Hrsg.): Handbuch Kindheits- und Jugendforschung. Opladen: Leske + Budrich, 354-370.

Merkens, H. (2002b): Jugendforschung im Spannungsfeld von Bilanzen über das Normale in einer Generation und der Besonderheit einzelner Gruppen. In: Merkens, H./Zinnecker, J. (Hrsg.): Jahrbuch Jugendforschung 2/2002, 2. Ausg. Opladen: Leske + Budrich, 299-306.

Merkens, H./Zinnecker, J. (Hrsg.) (2001): Jahrbuch Jugendforschung 1/2001. Opladen: Leske + Budrich.

Mühlberg, D. (2001): Beobachtbare Tendenzen zur Ausbildung einer ostdeutschen Teilkultur. In: Aus Politik und Zeitgeschichte, B 11, 30-38.

Mühlberg, D. (2004): „Leben in der DDR“ – Warum untersuchen und wie darstellen. In: Badstübner, E. (Hrsg.): Befremdlich anders – Leben in der DDR. Berlin: Karl Dietz Verlag, 648-695.

Münchmeier, R. (2003): Unterschiede trotz Annäherung. Jugendliche in Ostdeutschland und Jugendliche in Westdeutschland im Vergleich. In: Andresen, S. u.a. (Hrsg.): Vereintes Deutschland – geteilte Jugend. Ein politisches Handbuch. Opladen: Leske + Budrich, 85-93.

Netzwerk Ostdeutschlandforschung (2005): Eine neue Ostdeutschlandforschung. Ein Podiumsgespräch. In: Berliner Debatte. Initial 17, 3, 81-93.

Oswald, H. (Hrsg.) (1998a): Sozialisation und Entwicklung in den neuen Bundesländern. Zeitschrift für Soziologie der Erziehung und Sozialisation. 2. Beiheft.

Oswald, H. (1998b): Editorial. In: Oswald, H. (Hrsg.): Sozialisation und Entwicklung in den neuen Bundesländern. Zeitschrift für Soziologie der Erziehung und Sozialisation. 2. Beiheft, 4-16.

Pasternack, P./Institut für Hochschulforschung an der Martin-Luther-Universität Halle-Wittenberg (Hrsg.) (2001): Die DDR als Gegenstand der Lehre an deutschen Universitäten 1990-2000, HoF-Arbeitsbericht 5/2001. Halle-Wittenberg: MLU.

Reißig, R. (1999): Spezifika und Eigenheiten des ostdeutschen Transformationsfalles. BISS public, Heft 27. Berlin: BISS e.V., 133-147.

Schubarth, W. (1998): Systemtransformation und Schulentwicklung. In: Neue Sammlung 38, 4, 465-488.

Schubarth, W. (1999): „Jugendprobleme" machen Karriere. Zum Verhältnis von Medienöffentlichkeit, Politik, Wissenschaft und Praxis am Beispiel der Gewaltdebatte. In: Timmermann, H./Wessela, E. (Hrsg.): Jugendforschung in Deutschland. Eine Zwischenbilanz. Opladen: Leske + Budrich, 81-94.

Schubarth, W./Stöss, R. (Hrsg.) (2001): Rechtsextremismus in der Bundesrepublik Deutschland. Eine Bilanz. Opladen: Leske + Budrich.

Silbereisen, R. K./Vaskovics, L. A./Zinnecker, J. (Hrsg.) (1996): Jungsein in Deutschland. Jugendliche und junge Erwachsene 1991 und 1996. Opladen: Leske + Budrich.

Silbereisen, R. K./Zinnecker, J. (Hrsg.) (1999): Entwicklung im sozialen Wandel. Weinheim: Psychologie Verlags Union.

Stecher, L. (2001): Jugendforschung im 21. Jahrhundert. Namhafte Jugendforscher und Jugendforscherinnen nehmen Stellung zu den Zielen und Aufgaben zukünftiger Jugendforschung. In: Merkens, H./Zinnecker, J. (Hrsg.): Jahrbuch Jugendforschung 1/2001. Opladen: Leske + Budrich, 379-395.

Stiftung Aufarbeitung und Medien Tenor (2004): Zum 15. Jahrestag des Mauerfalls. Vom gemeinsamem Anliegen zur Randnotiz – DDR, Wiedervereinigung und der Prozess der Deutschen Einheit im Spiegel der Medien. Berlin und Bonn: Stiftung.

Sturzbecher, D. (Hrsg.) (2002): Jugendtrends in Ostdeutschland: Bildung, Freizeit, Politik, Risiken. Opladen: Leske + Budrich.

Thumfart, A. (2003): Ostdeutschland als Gegenwart einer gemeinsamen Zukunft. Ein Laborversuch. In: Busse, T./Dürr, T. (Hrsg.): Das neue Deutschland. Die Zukunft als Chance. Berlin: Aufbau-Verlag.

Wagner, W. (1996): Kulturschock Deutschland. Hamburg: Rotbuch.

Wiedervereinigung 2004: Bibliographie zur Deutschen Einheit. download über http://www.wiedervereinigung.de (23.05.2005).

Wiso III 2005: Sozialwissenschaftliche Literatur und Projekte. download über http://www.wiso-net.de (23.05.2005).

Zimmermann, G. E. (1998): Formen von Armut und Unterversorgung im Kindes- und Jugendalter. In: Klocke, A./Hurrelmann, K. (Hrsg.): Kinder und Jugendliche in Armut. Umfang, Auswirkungen und Konsequenzen. Opladen: Westdeutscher Verlag, 51-71.
Zinnecker, J. (1996): Jugendforschung in Deutschland. Bilanz und Perspektiven. In: Edelstein, W./Sturzbecher, D. (Hrsg.): Jugend in der Krise. Ohnmacht der Institutionen. Potsdam: Verlag für Berlin-Brandenburg, 88-108.

Projekte

Trends in der Jugendforschung: Ein thematischer und methodologischer Überblick über die aktuelle Jugendforschung in Deutschland

Trends in youth research: A thematic and methodological outline of current youth research in Germany

Susanne Bergann und Tina Kretschmer

Zusammenfassung: Dieser Artikel hat zum Ziel, einen thematischen und methodologischen Überblick gegenwärtiger deutscher Jugendforschung zu präsentieren. Kernthemen der Forschung in diesem Bereich umfassen nach wie vor Entwicklungsaufgaben Jugendlicher, beinhalten aber auch problematische Verhaltensweisen, Aggression und Interventionsstrategien. Weitere thematische Schwerpunkte beziehen sich auf Jugend und Medien wie auch auf geschlechtsspezifische Themen. Daneben lässt sich eine starke Ausrichtung auf Bildungsforschung konstatieren. Im Bereich methodischer Ansätze wird eine große Vielfalt qualitativer, quantitativer und kombinierender Ansätze verwandt. Neben traditionellen Methoden wie strukturierte und unstrukturierte Interviews, Beobachtungen und Diskussionen, erfahren innovative Ansätze wie telefonische Befragungen Bedeutungszuwachs. Insgesamt ist die deutsche Jugendforschung im Jahre 2005 durch eine außerordentliche thematische wie auch methodische Vielfalt gekennzeichnet.

Abstract: The present article aims to provide an overview on present youth research in Germany from a thematic and methodological perspective. Key issues in this field still include research on development and socialization of adolescents, but also emphasize deviant behavior, aggression at school, and intervention research. Further research areas include young people and media use as well as gender related topics. The context of school plays a major role in German youth research, however, here the focus lies on educational or learning processes rather than on young people themselves. A great variety of qualitative, quantitative, and combining approaches are used in current German youth research. Traditional methods such as structured and unstructured interviews, observations and discussions are still widely applied. However, more innovative methods such as telephone surveys also expand into youth research in Germany. In summary, current German youth research is characterized by a high appreciation of plurality in thematic as well as methodological orientations.

Der vorliegende Überblicksartikel setzt sich zum Ziel, die deutsche Jugendforschung aus thematischer und methodologischer Perspektive darzustellen und Trends zu identifizieren. Dabei soll es nicht um eine vollständige Aufzählung aller Projekte an deutschen Forschungseinrichtungen gehen, die ihren Fokus auf die Jugendphase legen, sondern vielmehr um eine exemplarische Darstellung derzeitiger thematischer und methodischer Ausrichtungen. Aufgrund der Vielfalt jugendbezogener Forschung in Deutschland ist es angebracht, in dieser Darstellung Schwerpunkte zu setzen. So liegt der Fokus zunächst auf thematischen bzw.

inhaltlichen Trends der in Deutschland stattfindenden Jugendforschung, um anschließend Tendenzen der methodischen Bearbeitung der jeweiligen Fragestellungen zu untersuchen. Zur Recherche der Projekte wurden dabei neben den relevanten Internetauftritten der pädagogischen, soziologischen und psychologischen Institute deutscher Universitäten auch online verfügbare Datenbanken des Deutschen Jugendinstituts und des Portals *jugendforschung.de* genutzt. Die Auswahl der in diesem Artikel angeführten Projekte trafen die Autorinnen vor allen nach dem Kriterium der Aktualität, das heißt, dass weder bereits abgeschlossene noch sich in der Planungsphase befindliche Projekte einbezogen wurden. Besonderes Augenmerk wurde darauf gelegt, nur jene Projekte zu inkludieren, welche sich auch tatsächlich auf die Jugendphase, also auf die Altersgruppe im Alter von etwa 11 bis 20 Jahren, konzentrieren. Zusätzlich war es Ziel, auch kleine und neue Projekte darzustellen, die bis zu diesem Zeitpunkt keine oder nur wenige Publikationen hervorgebracht haben, aber trotzdem auf neuere Trends in der Jugendforschung hinweisen.

1. Thematische Trends in der deutschen Jugendforschung

1.1 Entwicklungsaufgaben im Jugendalter

Ein klassischer Themenbereich der Jugendforschung in Deutschland ist früher wie heute sicherlich die Sozialisation beziehungsweise Entwicklung Jugendlicher und deren Bedingungen und Korrelate. Auch im 21. Jahrhundert haben Fragen nach den Bedingungen des Aufwachsens, nach den Besonderheiten der Jugendkultur und den spezifischen Entwicklungsaufgaben im Jugendalter nichts von ihrer Aktualität verloren. Dabei existieren, resultierend aus der speziellen Ausrichtung der jeweiligen Wissenschaftler und Forschergruppen, natürlich unterschiedliche Schwerpunktsetzungen. Besonderes Augenmerk erfährt dabei der Übergang von der Lebensphase der Kindheit zum Jugendalter und dabei entstehende Bewältigungsprobleme. Bearbeitet wird dieses Thema beispielsweise von Wolfgang Melzer und Kollegen an der Technischen Universität Dresden (*Bewältigungsprobleme im Übergang von der Kindheit zur Jugend: Erscheinungsformen und soziale Bedingungen internalisierender Störungen*) sowie im Projekt *Bewältigung von Alltagsbelastungen im Übergangsfeld vom Kindes- zum Jugendalter* von Arnold Lohaus an der Philipps-Universität Marburg. Auch die Gruppe um Peter Noack an der Friedrich-Schiller-Universität Jena thematisiert spezifische Entwicklungsaufgaben im Jugendalter und untersucht dabei, inwiefern sich die Partizipation Jugendlicher in sportlich oder religiös motivierten Gruppen auf ihre psychische und physische Gesundheit auswirkt.

1.2 Problemverhalten und Intervention

Der Themenbereich der problematischen Verhaltensweisen und Interventionen stellt nach wie vor ein wichtiges Forschungsgebiet innerhalb der aktuellen Jugendforschung dar. Es lassen sich vor allem projektbezogene Studien, welche der wissenschaftlichen Begleitforschung oder der Evaluation verschiedener (Präventions- und Interventions-) Projekte dienen, als auch Wirkungsanalysen strafrechtlicher Interventionen und der Schwerpunkt Gewalt in der Schule nennen.

Im Bereich der wissenschaftlichen Begleitforschung ist eine starke Konzentration auf Interventions- beziehungsweise Präventionsprogramme im Bereich Politische Bildung und Rechtsextremismus zu konstatieren. Die Projekte befassen sich zumeist mit der Analyse der Wirksamkeit einzelner Strategien zur Verhinderung rechtsextremistischer Gewalttaten und mit Strategien zur Stärkung zivilgesellschaftlicher Prozesse und Strukturen. Dabei werden auch Besonderheiten des Sozialraumes der Jugendlichen berücksichtigt und, wie im Projekt *Entimon – gemeinsam gegen Gewalt und Rechtsextremismus* der Forschergruppe um Ulrich Brüggemann u.a. am Deutschen Jugendinstitut (DJI), der Fokus auf inter- bzw. transkulturelles Lernen und interreligiösen Diskurs gerichtet. Besonderen Wert legt das Projekt der Ludwig-Maximilians-Universität München *Erfolgreiche Strategien gegen den Rechtsextremismus* um Viola Georgi auf die Analyse möglicher Ursachen rechtsextremer und fremdenfeindlicher Einstellungen und die Analyse erfolgreicher Interventionsstrategien im internationalen Vergleich.

Eine weitere projektbezogene Studie dient der Evaluation eines Präventionsprogramms der Berliner Polizei zur Verhinderung jugendlicher Intensivtäterschaft. Als Auftragsforschung der Berliner Polizei richtet sich das Projekt an gefährdete männliche Jugendliche mit Migrationshintergrund im Alter von 12 bis 14 Jahren und wird in Kooperation mit dem Forscherteam um Herbert Scheithauer an der Freien Universität Berlin hinsichtlich seiner Implementation und Wirksamkeit evaluiert (*COOLE KIDS STARTEN DURCH /CKSD: Evaluation eines Präventionsprogramms zur Verhinderung jugendlicher Intensivtäterschaft*). Im Bereich der Wirkungsanalyse strafrechtlicher Interventionen besteht das Anliegen vorliegender Studien vor allem in dem Vergleich verschiedener Maßnahmen nach Verfahrensbeendigung und in der Diskussion der Wirksamkeit einzelner Maßnahmen. Das Team um Arthur Hartmann der Ruprecht-Karls-Universität Heidelberg beispielsweise vergleicht die Wirksamkeit des Täter-Opfer-Ausgleiches im Jugendstrafverfahren in Bezug zu anderen Formen der Verfahrensbeendigung. Demgegenüber untersucht eine Forschergruppe der Universität Hannover um Bernd-Dieter Meier, Britta Wegerich und andere die Unterschiede in der Legalbewährung jugendlicher Gewalttäter bei der Anwendung von Jugendstrafrecht beziehungsweise allgemeinem Strafrecht.

1.3 Gewalt an Schulen und Bullying

Gewalt an Schulen beziehungsweise das Phänomen des Bullying stellt einen weiteren Schwerpunkt im Bereich der Forschung zu problematischen Verhaltensweisen und Möglichkeiten zur Prävention und Intervention dar. Untersucht werden dabei zumeist (geschlechtstypische) Erscheinungsformen des schulischen Mobbings, langfristige Auswirkungen auf die Opfer und Verhaltenstendenzen der verschiedenen am Bullying Beteiligten wie Täter, Opfer, Außenseiter oder Verstärker. Die Studie *Gewalt unter Schülern* sowie die internationale Untersuchung *Die Erscheinungsformen und die Prävention von Bullying*, welche an der Ludwig-Maximilians-Universität München angesiedelt sind und von Mechthild Schäfer und Stefan Korn (letztere auch von Maria Kulis) betreut werden, dienen über eine Analyse vorhandener Phänomene hinaus auch der Konzeptualisierung von Interventions- und Präventionsstrategien und -programmen.

Weitere Ansätze sind das Projekt *Gewaltprävention durch Budo* der Universität Lüneburg (Ansprechpartner: Mathias von Saldern), das sich mit der Wirksamkeit des Budo-Sports auf die Aggressionsneigung von Jugendlichen beschäftigt, und die Studie *Der Sportverein als Protektivfaktor jugendlichen Alkoholkonsums – Möglichkeiten und Grenzen der Intervention* unter der Leitung von Dietrich Kurz an der Universität Bielefeld. Letztere untersucht den tatsächlichen Alkoholkonsum der Jugendlichen und die Möglichkeiten der Intervention innerhalb des Sportvereins und geht somit auf neue empirische Befunde ein, die neben den positiven Effekten organisierter Jugendarbeit in Deutschland auch negative Effekte wie gesteigerten Alkoholkonsum postulieren.

1.4 Jugend und Medien

Einen anderen thematischen Schwerpunkt in der Jugendforschung bildet der Themenbereich Medien. Neben der längsschnittlichen Basisuntersuchung *JIM (Jugend, Information, (Multi-) Media)* durch den Medienpädagogischen Forschungsverbund Südwest, welche bereits im fünften Jahr den Medienumgang 12- bis 15-jähriger Jugendlicher untersucht, lassen sich zwei weitere forschungsrelevante Schwerpunkte im Themenbereich Medien identifizieren: Zum einen beschäftigen sich die Forschergruppe um Barbara Krahè und Ingrid Möller an der Universität Potsdam wie auch das Forscherteam der Ruprecht-Karls-Universität Heidelberg um Jörg Zumbach mit den Auswirkungen gewalthaltiger Videospiele auf explizite und implizite Aggressionsmaße von Jugendlichen. Hierbei legt die aktive Rolle des jugendlichen Konsumenten in der Interaktion mit dem Medium die Vermutung nahe, dass Computerspiele mit einem gewalthaltigen Inhalt die

Aggression der Jugendlichen stärker als gewalthaltige Film- und Fernsehinhalte beeinflussen können. Methodisch stützen sich beide Studien vor allem auf (quasi-) experimentelle Online- und Offline-Studien, welche insbesondere kurzfristige Wirkungen der Gewaltspiele auf die Jungen und Mädchen bestimmen sollen.

Neben der aggressionsfördernden Wirkung und den verschiedenen Einflussfaktoren, die das Aggressionsmaß beeinflussen können (wie Erfolg/Misserfolg im Spiel, Fiktionsgehalt oder Typ des Spiels etc.), untersucht das Forscherteam um Barbara Krahè und Ingrid Möller zudem die potentielle Generalisierung gelernten aggressiven Verhaltens und richtet ihren Blick auch verstärkt auf mögliche Ursachen für die Geschlechtsunterschiede in der Vorliebe für solche gewalthaltigen Spiele.

Neben der Untersuchung negativer Auswirkungen einzelner Medien auf Jugendliche gibt es eine beachtenswerte Anzahl an Studien, die den kognitiven und habituellen Wandel untersuchen, welcher sich durch und im Umgang der Jugendlichen mit den neuen Medien vollzogen hat. Ausgehend von dem immensen Bedeutungszuwachs der Medien innerhalb des Sozialisationsprozesses widmen sich die Studien vor allem der Rolle neuer Medien im Identitätsbildungsprozess der Jugendlichen. Der Fokus vorliegender Untersuchungen richtet sich dabei zumeist auf das Medium Computer und damit verbunden auf die Bedeutung des Internet und des Chat für die Identitätsbildung von Jungen und Mädchen. Exemplarisch wären hier etwa die Studie *Jugendliche und Neue Medien. Eine qualitative Analyse der Nutzung Neuer Medien für jugendliche Identitätsbildung unter besonderer Berücksichtigung des Chat* der Forschergruppe um Sabina Misoch (Universität Potsdam) und das internationale Vergleichsprojekt *Log on Kids!* der Forschergruppe um Angela Ittel (Technische Universität Berlin) und Linda Juang (State University San Fransisco, USA) zur psychosozialen Anpassung und Computernutzung zu nennen. Des Weiteren sollen kognitive Veränderungen in der Weltwahrnehmung und -verarbeitung wie auch veränderte Handlungspraxen und Aneignungsformen von Wissen durch den Umgang mit den neuen Medien eruiert werden. Derartige Prozesse werden beispielsweise im Projekt *Interneterfahrungen und Habitusformen von weiblichen und männlichen Jugendlichen im Haupt- und Realschulbereich* um Sylvia Buchen und Ingo Straub am hochschulartenübergreifenden Kompetenzzentrum für Genderforschung und Bildungsfragen in der Informationsgesellschaft (KGBI) in Freiburg und in der Studie *Wandel bei Schüler/innen durch Nutzung von Computer und Internet in Freizeit und Unterricht* der Heinrich-Heine-Universität Düsseldorf unter der Leitung von Gerhard Rupp untersucht. Hierbei zeigt sich ein sehr differenzierter Zugang zu den einzelnen Forschungsfragen in dem Sinne, dass jugendliche Orientierungsmuster zu einem großen Teil geschlechts-, bildungsmilieu- und schulformspezifisch erfasst werden und auch Desintegrationserfahrungen durch mangelnden

Medienzugang und damit einhergehende Verarbeitungsprozesse betrachtet werden. Perspektivisch dienen die Ergebnisse zumeist der Identifizierung pädagogischer und bildungstheoretischer Implikationen und der Genese konzeptioneller Perspektiven für den schulischen und außerschulischen Bereich.

1.5 Jugend und Geschlecht

Trotz der relativ weit verbreiteten geschlechtssensiblen Perspektive der meisten jugendbezogenen Forschungsprojekte stellt die Untersuchung expliziter geschlechtsspezifischer Themeninhalte einen eher geringen Teil der aktuellen Jugendforschung dar. Der Schwerpunkt in diesem Themenbereich liegt vor allem bei geschlechtsspezifischen Aspekten der Delinquenz- und Aggressionsneigung von Jugendlichen und den verschiedenen Ausdrucksformen aggressiven Verhaltens. Anliegen der meisten Studien ist hierbei, neben der Identifizierung von geschlechtsspezifischen Aggressionsformen, die Analyse möglicher Ursachen für derartige Geschlechtsunterschiede. Beispielhaft sind hierzu das Projekt der Freien Universität Berlin *GERO – Geschlechterrollen im Jugendalter – Zur Bedeutung des Geschlechts bei der Entwicklung von Delinquenz im Jugendalter* um Hans Merkens und Angela Ittel und das Projekt *Offene Aggression und Beziehungsaggression: geschlechtsspezifische Aspekte* um Mechthild Schäfer und Stefan Korn der Ludwig-Maximilians-Universität München zu nennen. Des Weiteren beschäftigt sich das Forscherteam um Elisabeth Rohr an der Philipps-Universität Marburg mit *Interkulturellen Identitätsfindungsprozessen junger Migrantinnen* und ihren spezifischen Besonderheiten im Vergleich zu Reifungsprozessen weiblicher Jugendlicher ohne Migrationshintergrund. Zudem ist auch das vom Thüringer Kultusministerium geförderte Schulprojekt *Evaluation von Lehraktivitäten zur Förderung geschlechtsunabhängiger Berufswahlorientierungen im Bereich Naturwissenschaft und Technik* um Ernst Hany und Katja Driesel-Lange (Universität Erfurt) zu nennen, welches dem auch heute noch vorhandenen Einfluss von geschlechtsrelevanten Stereotypen und Vorurteilen bei der Studien- und Berufswahl der Jugendlichen Rechnung trägt.

1.6 Der Kontext Schule

Neben den dargestellten Schwerpunkten jugendbezogener Forschung in Deutschland bietet der Bereich der Bildungs- und Schulforschung ein aktuell großes Betätigungsfeld, welches sich jedoch weitgehend nicht explizit mit Jugend an sich, sondern eher mit bildungs- bzw. schulrelevanten Fragestellungen befasst.

Daher konzentrieren wir uns im Folgenden auf die Darstellung jener Forschungstätigkeiten, die sich nicht ausschließlich mit schulischer Kompetenzentwicklung, der Lernumgebung und anderen rein schulbezogenen Themen beschäftigen, sondern vielmehr das schulische und Bildungsumfeld als Teil der jugendlichen Lebenswelt sehen. Ein großer Anteil dieser Studien konzentriert sich hierbei auf die Analyse von Ursachen und Einflussfaktoren für und auf die politische und soziale Kompetenzentwicklung von Jugendlichen im Kontext institutioneller Bildungsprozesse. So beschäftigt sich beispielsweise die vom Deutschen Jugendforschungsinstitut (DJI) München unter Leitung von Claus Tully durchgeführte Studie *Informelle Lernprozesse im Jugendalter in Settings des freiwilligen Engagements* mit Bildungsprozessen und dem Kompetenzzuwachs junger Menschen im Rahmen aktiven, freiwilligen Engagements. Andere Studien, wie das Projekt *Schule und Toleranz* unter der Leitung Peter Noacks an der Friedrich-Schiller-Universität Jena, widmen sich demgegenüber der Untersuchung schulbasierter Einflüsse auf die politische und soziale Toleranz von Jugendlichen, wobei besonderes Augenmerk auf Effekte des Fachunterrichts sowie auch auf den Einfluss von Erfahrungen der Toleranz und Partizipation innerhalb des schulischen Kontextes auf soziale Einstellungen und die Handlungsbereitschaft von Jugendlichen gelegt wird. In einer Verbindung von Ansätzen der Schulkultur-, Rechtsextremismus- und Gewaltforschung untersucht ein Forscherteam um Werner Helsper und Heinz-Hermann Krüger am Zentrum für Schulforschung und Fragen der Lehrerbildung der Universität Halle-Wittenberg des Weiteren rechtsorientierte und gewaltförmige Orientierungen Jugendlicher im Rahmen schulischer Anerkennungsprozesse.

Die Analyse der Wechselwirkungen und Bedeutungen von Schule und Familie für den individuellen Bildungsprozess von Jugendlichen stellt einen weiteren Themenbereich innerhalb der bildungsrelevanten Forschung dar. Die Bildungsbedeutsamkeit der Familie beispielsweise ist der Schwerpunkt der Studie *Familiale Bildungsstrategien als Mehrgenerationenprojekt: ein von der DFG gefördertes Forschungsprojekt zu den bildungs- und kulturbezogenen Austauschprozessen zwischen Großeltern, Eltern und Enkeln in unterschiedlichen Familienkulturen*. Das Forscherteam der Philipps-Universität Marburg um Peter Büchner ist dabei vor allem an der Frage interessiert, wie bildungsbezogene Gelegenheitsstrukturen und Gestaltungschancen für den Lebenslauf individuell und familienspezifisch genutzt werden und widmen sich zudem der Aufgabe, Kontinuitäten und Diskontinuitäten zwischen den Generationen zu identifizieren, welche sich im Kontext von Familientradition und sozialem Wandel als auch im Spannungsfeld von individuellem Lebensverlauf und Familiengeschichte ergeben können. Des Weiteren werden auch Wechselwirkungen von Schule, Familie und Peergroup auf die Entstehung von politischer Beteiligungsbereitschaft von

Jugendlichen oder auch die Bedeutung der Schule für Familie und Jugendliche untersucht.

1.7 Spezielle Probleme der Migration

Einige weitere Studien thematisieren die zum Teil prekäre Situation junger MigrantInnen im Kontext von Bildung und institutioneller Sozialisation in Deutschland. Das Projekt „Netzwerke im Stadtteil" des DJI beispielsweise führt die wissenschaftliche Begleitung des Programms *Entwicklung und Chancen junger Menschen in sozialen Brennpunkten* des Bundesministeriums für Familie, Senioren, Frauen und Jugend (BMFSFJ) durch. Die Forschungsgruppe Migration und interkulturelle Kommunikation (mikom) um Manfred Bayer hingegen, lokalisiert an der Universität Duisburg-Essen, widmet sich der Aufgabe der *Verbesserung der Bildungs- und Ausbildungssituation junger Migrantinnen und Migranten für den öffentlichen Dienst der Stadt Duisburg.* Neben der Eruierung der Kenntnisse junger Menschen mit Migrationshintergrund bezüglich der Ausbildungsmöglichkeiten in der städtischen Verwaltung und deren Bildungsvoraussetzungen wie auch der Analyse der Effektivität der Auswahlverfahren, richtet sich das Projekt im Kontext der projektbezogenen wissenschaftlichen Begleitforschung auf die Optimierung einzelner Maßnahmen und die Evaluation neuer Verfahren sowie die Qualitätssicherung.

2. Methodologischer Überblick

Ähnlich der Vielfalt in der thematischen Ausrichtung jugendbezogener Forschung in Deutschland, lässt sich auch eine Mannigfaltigkeit bezüglich methodologischer Ansatzweisen konstatieren. Trends in diesem Bereich werden im folgenden dargestellt, besonderes Augenmerk liegt dabei auf vorrangig angewandten Methoden in der qualitativen wie auch quantitativen Jugendforschung und der Kombination verschiedener Untersuchungstechniken sowie auf der Zusammensetzung von Zielgruppen beziehungsweise Stichproben.

2.1 Qualitative Methoden

Qualitative Methoden sind in der Jugendforschung nach wie vor weit verbreitet und werden in einem großen Themenspektrum jugendbezogener Forschungsprojekte angewandt, um zu Informationen über bestimmte Zielgruppen und Phänomene zu gelangen. So zielt beispielsweise das Forschungsprojekt zu *Interneterfahrung und Habitusformen von weiblichen und männlichen Jugendlichen im Haupt- und Realschulbereich* unter der Leitung von Sylvia Buchen (Pädagogische Hochschule Freiburg) auf die grundlegende Eruierung jugendlicher Orientierungsmuster und stützt sich methodisch dabei auf Einzelinterviews und Gruppendiskussionen. Dieser Kombination folgen auch thematisch anders angesiedelte Projekte wie zum Beispiel die Forschergruppe um Peter Büchner (Philipps-Universität Marburg) in ihrer Untersuchung zu *Familialen Bildungsstrategien* oder auch Heinz-Herrmann Krüger (Martin-Luther-Universität Halle-Wittenberg) zum *Einfluss schulischer und außerschulischer Gleichaltrigengruppen auf den bildungsbiographischen Erfolg Jugendlicher*. Neben den Einzelinterviews – welche je nach thematischer Ausrichtung in narrativer oder strukturierter Form Anwendung finden beziehungsweise als problembezogene oder Experteninterviews geführt werden – und Diskussionen in Gruppen bildet auch die teilnehmende, zum Teil strukturierte, Beobachtung ein nach wie vor beliebtes Mittel zur Erfassung qualitativer Daten. Eingesetzt wurde die teilnehmende Beobachtung beispielsweise von der Forschungsgruppe um Ronald Hitzler an der Universität Dortmund, die sich auf die Erforschung der jugendlichen Szene der Globalisierungskritiker konzentriert.

2.2 Quantitative Methoden

Für den Bereich der quantitativen Methodik haben schriftliche Fragebogenuntersuchungen nichts von ihrer Attraktivität der Datengewinnung vor allem größerer Stichproben eingebüßt. Die Gruppe der Forscher um Wolfgang Melzer (Technische Universität Dresden) setzt sich so beispielsweise mit den *Bewältigungsproblemen im Übergang von der Kindheit zur Jugend* anhand der gewonnenen standardisierten Fragebogendaten von 5.650 Schülern auseinander. Neben der schriftlichen Form kommen auch standardisierte face-to-face-Befragungen zum Beispiel im Projekt *Jugend heute* der Forschergruppe unter der Leitung von Heinz-Jürgen Ebenrett am Sozialwissenschaftlichen Institut der Bundeswehr in Strausberg wie auch telefonische Befragungen in standardisierter Form beispielsweise in der Studie *Jugend, Information, (Multi) Media - JIM* zum Medienumgang Jugendlicher zum Einsatz. Die in der genannten Studie verwendete CATI –Technik (computerunterstützte, telefonische, standardisierte Interviews) werden unter Einbezug kommerzieller Umfrageinstitute durchgeführt und in der deutschen Jugendforschung noch eher selten angewandt. Abgesehen von standardisierten Befragungen auf schriftlichem, persönlichem oder auch telefonischem Wege kann der Einsatz quantitativer Methoden auch im Rahmen von standardisierten Aktenanalysen beziehungsweise der Sekundärauswertung statistischer Daten geschehen. Einen solchen Ansatz wählte die Forschergruppe um Bernd-Dieter Meier an der Universität Hannover sowie jene um Dieter Dölling an der Ruprecht-Karls-Universität Heidelberg, die sich beide mit Aspekten des Legalverhaltens ehemals straffälliger Jugendlicher befassen.

2.3 Kombinierende Ansätze

Neben rein quantitativen beziehungsweise qualitativen Erhebungen finden sich in der Jugendforschung in Deutschland auch Projekte in relativ großer Zahl, die eine Kombination beider Methoden zur Datengewinnung bevorzugen. Dietrich Kurz und seine Mitarbeiter des Forschungsprojekts zum *Sportverein als Präventivfaktor jugendlichen Alkoholkonsums* der Universität Bielefeld nutzen so zunächst standardisierte Fragebögen zur Überblicksgewinnung, um dieser Erhebung qualitative Interviews mit ausgewählten Jugendlichen anzuschließen. Auch die Untersuchung Jürgen Baumerts und Kollegen zu *Bildungsverläufen und psychosozialer Entwicklung im Jugend- und jungen Erwachsenenalter* am Max-Planck-Institut für Bildungsforschung setzt auf eine Kombination quantitativer und qualitativer Erhebungen und inkludiert dabei neben teilnehmenden Beobachtungen auch schriftliche, standardisierte Befragungen und psychologische Tests. Zusammenfassend lässt sich bereits festhalten, dass Jugendforscher in Deutschland auf ein großes Spektrum an Methoden zurückgreifen und diese teilweise auch dankenswerterweise kombinieren.

2.4 Stichproben

Natürlich hängt die Wahl der Technik zur Datengewinnung außerordentlich davon ab, welchen Erkenntnisgewinn man anstrebt und welche Zielgruppe die Stichprobe der Untersuchung bildet. Im Bereich der Jugendforschung kommen dafür je nach Fragestellung Untersuchungsobjekte der frühen, mittleren oder späten Jugend in Frage. Allerdings gibt es nicht nur in der altersmäßigen Zielgruppenfokussierung große Unterschiede zwischen verschiedenen Forschungsprojekten, auch beispielsweise ethnische oder geschlechtsspezifische Dimensionen tragen dazu bei, dass sich die Stichproben verschiedener Projekte der Jugendforschung in Deutschland zum Teil stark voneinander unterscheiden.

Interkulturelle Jugendforschung wie beispielsweise im Projekt zum *Vergleich der religiösen Sozialisation und Entwicklung von muslimischen und christlichen Jugendlichen in der Türkei und in Deutschland* von Heinz Streib und Kollegen an der Universität Bielefeld involviert selbstverständlich Jugendliche mit Migrationshintergrund in die Stichprobe, während *JIM – Jugend, Information, (Multi) Media* erst zur 3. Erhebung im Jahr 2004 nicht nur Jugendliche mit deutscher Staatsangehörigkeit befragt hat. Elisabeth Rohr und Kollegen an der Philipps-Universität Marburg thematisieren *Weibliche Adoleszenz im interkulturellen Vergleich – Polyvalente Identitätsbildung in der Migration und postmoderne Transformation* und bestimmen damit einen Fokus auf die eingegrenzte Stichprobe jugendlicher Mädchen mit Migrationshintergrund. Nicht nur die Fokussierung auf bestimmte Zielgruppen trägt dabei zur Mannigfaltigkeit deutscher Jugendforschung bei, sondern auch die sehr unterschiedlichen Stichprobengrößen. Während standardisierte schriftliche und telefonische Befragungen nicht selten auf Daten von mehreren tausend Jugendlichen zurückgreifen können, konzentrieren sich Forschergruppen, die qualitative Designs anwenden, häufig auf kleinere Stichproben. Zur Wissensgenerierung über das Jugendalter in all seinen Facetten tragen Forschungen jedoch fast immer bei, ganz gleich, ob es sich um kleine oder größere Stichproben handelt oder ob qualitative, quantitative oder kombinierte Forschungsmethoden zur Datengewinnung herangezogen wurden. Technische Entwicklungen im letzten Jahrzehnt erschließen nicht nur neue Forschungsfelder – beispielsweise zum Thema Jugend und Medien – sondern bieten auch innovative Methoden der Forschung. Hierbei birgt vor allem die Möglichkeit, Studien am Computer bzw. über das Internet durchzuführen, Potenzial für zukünftige Forschungsprojekte. Die Forschungsgruppe um Hans-Uwe Otto (Universität Bielefeld) untersucht beispielsweise *Jugend- und Jugendhilfe-Internetangebote im Bereich der informellen Bildung auf der Basis der Anforderungen von Nutzern* und führt die Studie als Methodenset aus Interviews, Gruppendiskussionen und teilnehmenden Beobachtungen ebenso wie Fragebogenerhebungen und Analysen der Log-Dateien, also des tatsächlichen Navigierens im Internet, durch. Weit über 20 Projektpublikationen in den vergangenen 3 Jahren sprechen dabei eindeutig für die Nutzbarkeit des Mediums im Jugendforschungsbereich.

3. Zusammenfassung

Dem Charakter des Überblicks entsprechend, konnten in diesem Artikel natürlich weitaus nicht alle jugendbezogenen Forschungsprojekte, die derzeit in Deutschland durchgeführt werden, auf ihre jeweilige thematische und methodologische Ausrichtung hin beleuchtet werden. Vielmehr war es das Ziel dieses Überblicks, thematische Schwerpunkte wie auch die angewandten Methoden in ihrer heutigen Verwendung projektübergreifend darzustellen und Trends herauszuarbeiten. Die thematische Fülle der Schwerpunkte, die von deutschen Jugendforschern bearbeitet werden und die Vielfalt der in der deutschen Jugendforschung zur Anwendung kommenden Methoden und Techniken der Datenerfassung sind in jedem Fall bemerkenswert und tragen eminent zu einer abwechslungsreichen und interessanten Jugendforschung in Deutschland bei.

Anhang

Auflistung aller dargestellten Projekte in alphabetischer Reihenfolge der Autoren

Prof. Dr. Jürgen Baumert: Bildungsverläufe und psychosoziale Entwicklung im Jugend- und jungen Erwachsenenalter. Forschungsbereich Erziehungswissenschaft und Bildungssysteme, Max-Planck-Institut für Bildungsforschung Berlin. Kontakt: sekbaumert@mpib-berlin.mpg.de.

Prof. Dr. Manfred Bayer: Verbesserung der Bildungs- und Ausbildungssituation junger Migrantinnen und Migranten für den öffentlichen Dienst der Stadt Duisburg. Forschungsgruppe Migration und Interkulturelle Kommunikation (mikom), Rhein-Ruhr-Institut für Sozialforschung und Politikberatung e.V., Universität Duisburg-Essen. Kontakt: manfred.bayer@uni-duisburg.de.

Ulrich Brüggemann: Entimon – gemeinsam gegen Gewalt und Rechtsextremismus. Abteilung Jugend und Jugendhilfe, Deutsches Jugendinstitut München, Außenstelle Halle. Kontakt: ulrich.brueggemann@dji.de.

Prof. Dr. Sylvia Buchen & Ingo Straub: Interneterfahrungen und Habitusformen von weiblichen und männlichen Jugendlichen im Haupt- und Realschulbereich. Hochschulartenübergreifendes Kompetenzzentrum für Genderforschung und Bildungsfragen in der Informationsgesellschaft (KGBI), Pädagogische Hochschule Freiburg. Kontakt: ingo.straub@ph-freiburg.de.

Prof. Dr. Peter Büchner: Familiale Bildungsstrategien als Mehrgenerationenprojekt: ein von der DFG gefördertes Forschungsprojekt zu den bildungs- und kulturbezogenen Austauschprozessen zwischen Großeltern, Eltern und Enkeln in unterschiedlichen Familienkulturen. Fachbereich Erziehungswissenschaft, Institut für Erziehungswissenschaft, Philipps-Universität Marburg. Kontakt: buechner@staff.uni-marburg.de.

Dr. Heinz-Jürgen Ebenrett: Jugend heute. Sozialwissenschaftliches Institut der Bundeswehr Strausberg. Kontakt: http://www.sowi-bundeswehr.de/.

Viola Georgi, Britta Schellenberg & Dr. Hauke Hartmann: Erfolgreiche Strategien gegen den Rechtsextremismus. Sozialwissenschaftliche Fakultät, Centrum für angewandte Politikforschung, Bertelsmann Forschungsgruppe Politik, Ludwig-Maximilians-Universität München.
Kontakt: britta.schellenberg@lrz.uni-muenchen.de.

Prof. Dr. Ernst Hany & Katja Driesel-Lange: Evaluation von Lehraktivitäten zur Förderung geschlechtsunabhängiger Berufswahlorientierungen im Bereich Naturwissenschaft und Technik. Erziehungswissenschaftliche Fakultät, Fachbereich Psychologie, Universität Erfurt. Kontakt: ernst.hany@web.de.

Prof. Dr. Arthur Hartmann & Prof. Dr. Dieter Dölling: Rückfall und Täter-Opfer-Ausgleich. Juristische Fakultät, Institut für Kriminologie, Ruprecht-Karls-Universität Heidelberg. Kontakt: doelling@krimi.uni-heidelberg.de.

Prof. Dr. Werner Helsper & Prof. Dr. Heinz-Hermann Krüger: Die Diversifizierung des Schülers oder der Schüler als jugendliche Lebensform? Befunde und theoretische Optionen aus der Erforschung schulischer Anerkennungsverhältnisse. Fachbereich Erziehungswissenschaften, Zentrum für Schulforschung und Fragen der Lehrerbildung, Martin-Luther-Universität Halle-Wittenberg.
Kontakt: helsper@paedagogik.uni-halle.de.

Prof. Dr. Ronald Hitzler & Ivonne Bemerburg: Globalisierungsgegner: Eine bewegte Szene. Lehrstuhl für Allgemeine Soziologie, Fachbereich 12, Universität Dortmund. Kontakt: ronald@hitzler-soziologie.de.

PD Dr. Angela Ittel & Prof. Dr. Linda Juang (State University San Fransisco, USA): Log on Kids! Fakultät I, Geisteswissenschaften, Institut für Erziehungswissenschaften, Technische Universität Berlin. Kontakt: ittel@zedat.fu-berlin.de.

Dr. phil. Barbara Krahè und Ingrid Möller: Auswirkungen des Konsums gewalthaltiger Bildschirmspiele auf Aggression. Institut für Psychologie, Abteilung Sozialpsychologie, Universität Potsdam. Kontakt: krahe@rz.uni-potsdam.de.

Prof. Dr. Heinz-Herrmann Krüger: Welche Bedeutung haben jugendkulturelle Kontexte im Prozess der politischen Sozialisation? Fachbereich Erziehungswissenschaften, Institut für Pädagogik, Martin-Luther-Universität Halle-Wittenberg.
Kontakt: krueger@paedagogik.uni-halle.de.

Prof. Dr. Dietrich Kurz: Der Sportverein als Protektivfaktor jugendlichen Alkoholkonsums – Möglichkeiten und Grenzen der Intervention. Abteilung Sportwissenschaft, Arbeitsbereich Sport und Erziehung, Universität Bielefeld. Kontakt: dietrich.kurz@uni-bielefeld.de.

Prof. Dr. Arnold Lohaus: Bewältigung von Alltagsbelastungen im Übergangsfeld vom Kindes- zum Jugendalter. Fachbereich Psychologie, Institut für Pädagogische Psychologie und Entwicklungspsychologie, Philipps-Universität Marburg. Kontakt: lohausa@mailer.uni-marburg.de.

Wolfgang Mack: Entwicklung und Chancen junger Menschen in sozialen Brennpunkten, wissenschaftliche Begleitung des Programms des Bundesministeriums für Familie, Senioren, Frauen und Jugend (BMFSFJ) durch das Projekt „Netzwerke im Stadtteil" des Deutschen Jugendinstitutes München.
Kontakt: mack@dji.de.

Prof. Dr. Bernd-Dieter Meier & Britta Wegerich: Legalverhalten Heranwachsender nach Anwendung von Jugendstrafrecht bzw. allgemeinem Strafrecht. Juristische Fakultät, Lehrstuhl für Strafrecht, Strafprozessrecht und Kriminologie, Universität Hannover. Kontakt: wegerich@jura.uni-hannover.de.

Prof. Dr. Wolfgang Melzer: Bewältigungsprobleme im Übergang von der Kindheit zur Jugend: Erscheinungsformen und soziale Bedingungen internalisierender Störungen. Fakultät Erziehungswissenschaften, Institut für Schulpädagogik und Grundschulpädagogik, Technische Universität Dresden.
Kontakt: Wolfgang.Melzer@mailbox.tu-dresden.de.

Prof. Dr. Hans Merkens & PD Dr. Angela Ittel: GERO: Geschlechterrollen im Jugendalter – Zur Bedeutung des Geschlechts bei der Entwicklung von Delinquenz im Jugendalter. Fachbereich Erziehungswissenschaft und Psychologie, Arbeitsbereich Empirische Erziehungswissenschaft, Freie Universität Berlin. Kontakt: ittel@zedat.fu-berlin.de.

Dr. Sabina Misoch: Jugendliche und Neue Medien. Eine qualitative Analyse der Nutzung Neuer Medien für jugendliche Identitätsbildung unter besonderer Berücksichtigung des Chat. Humanwissenschaftliche Fakultät, Institut für Erziehungswissenschaft, Universität Potsdam. Kontakt: misoch@rz.uni-potsdam.de.

Prof. Dr. Peter Noack: Partizipation in organisierten Gruppen und psychosoziale Anpassung Jugendlicher. Institut für Psychologie, Abteilung Pädagogische Psychologie, Friedrich-Schiller-Universität Jena. Kontakt: s7nope@rz.uni-jena.de.

Prof. Dr. Peter Noack: Schule und Toleranz. Institut für Psychologie, Abteilung Pädagogische Psychologie, Friedrich-Schiller-Universität Jena.
Kontakt: s7nope@rz.uni-jena.de.

Prof. Dr. Dr. h.c. Hans-Uwe Otto: Jugend- und Jugendhilfe-Internetangebote im Bereich der informellen Bildung auf der Basis der Anforderungen von Nutzern.

Fakultät Pädagogik, AG Sozialarbeit/Sozialpädagogik, Universität Bielefeld. Kontakt: hansuwe.otto@uni-bielefeld.de.

Thomas Rathgeb: JIM /Jugend, Information, (Multi-) Media: Basisuntersuchung zum Medienumgang 12- bis 19-Jähriger in Deutschland. Medienpädagogischer Forschungsverbund Südwest. Kontakt: info@mpfs.de.

Prof. Dr. Elisabeth Rohr: Weibliche Adoleszenz im interkulturellen Vergleich – Polyvalente Identitätsbildung in der Migration und postmoderne Transformation. Fachbereich Erziehungswissenschaften, Institut für Erziehungswissenschaften, Philipps-Universität Marburg. Kontakt: erohr@staff.uni-marburg.de.

Prof. Dr. Gerhard Rupp: Wandel bei Schüler/innen durch Nutzung von Computer und Internet in Freizeit und Unterricht. Philosophische Fakultät, Lehrstuhl Germanistik V, Heinrich-Heine-Universität Düsseldorf.
Kontakt: rupp@phil-fak.uni-duesseldorf.de.

Prof. Dr. Mathias von Saldern: Gewaltprävention durch Budo. Fachbereich Erziehungswissenschaften, Institut für Pädagogik, Universität Lüneburg.
Kontakt: matthias.von.saldern@uni-lueneburg.de.

PD Dr. Mechthild Schäfer, Maria Kulis M.A. & Stefan Korn M.A.: Die Erscheinungsformen und die Prävention von Bullying. Institut für Pädagogische Psychologie, Lehrstuhl für Empirische Pädagogik und Pädagogische Psychologie, Ludwig-Maximilians-Universität München. Kontakt: schaef@edupsy.uni-muenchen.de.

PD Dr. Mechthild Schäfer & Stefan Korn M.A.: Gewalt unter Schülern. Institut für Pädagogische Psychologie, Lehrstuhl für Empirische Pädagogik und Pädagogische Psychologie, Ludwig-Maximilians-Universität München.
Kontakt: schaef@edupsy.uni-muenchen.de.

PD Dr. Mechthild Schäfer & Stefan Korn M.A.: Offene Aggression und Beziehungsaggression: geschlechtsspezifische Aspekte. Institut für Pädagogische Psychologie, Lehrstuhl für Empirische Pädagogik und Pädagogische Psychologie, Ludwig-Maximilians-Universität München.
Kontakt: schaef@edupsy.uni-muenchen.de.

Prof. Dr. Herbert Scheithauer: COOLE KIDS STARTEN DURCH (CKSD): Evaluation eines Präventionsprogramms zur Verhinderung jugendlicher Intensivtäterschaft. Fachbereich Erziehungswissenschaft und Psychologie, Arbeitsbereich Entwicklungswissenschaft und Angewandte Entwicklungspsychologie, Freie Universität Berlin. Kontakt: hscheit@zedat.fu-berlin.de.

Prof. Heinz Streib PH.D: Vergleich der religiösen Sozialisation und Entwicklung von muslimischen und christlichen Jugendlichen in der Türkei und in Deutschland. Fakultät für Geschichtswissenschaft, Philosophie und Theologie, Forschungsstelle Biographische Religionsforschung, Universität Bielefeld. Kontakt: Heinz.Streib@uni-bielefeld.de.

Dr. Claus Tully: Informelle Lernprozesse im Jugendalter in Settings des freiwilligen Engagements. Deutsches Jugendinstitut München. Kontakt: tully@dji.de.

Dr. Jörg Zumbach: Gewalt in Computerspielen und Aggressivität. Psychologisches Institut, Arbeitseinheit Pädagogische Psychologie, Universität Heidelberg. Kontakt: zumbach@uni-hd.de.

Lebensstiltypologien Jugendlicher und junger Erwachsener in Deutschland – Eine Metaanalyse und Forschungsüberblick

Life Style Typologies of Adolescents and Young Adults in Germany – A Meta-Analysis and Research Perspective

Jürgen Raithel

Zusammenfassung: Die Lebensstilforschung wird in jüngster Zeit von Bilanzierungsversuchen geprägt. Dabei fehlt bisher gänzlich ein systematisierender Überblick unter altersspezifischer und speziell jugendsoziologischer Perspektive. Obwohl gerade mit dem Lebensstilansatz eine differenzierende Erfassung entscheidender Sozialisationsgrößen im Heranwachsendenalter möglich ist. In dem Beitrag werden Lebensstiltypologien Jugendlicher vorgestellt und miteinander verglichen. Dabei konnten drei „Meta-Lebensstile" identifiziert werden. Auf dieser Grundlage wird das unterstellte Hauptproblem der Lebensstilforschung der Diversifikation theoretischer Konzeptionen und Operationalisierungen in Hinsicht auf eine Vergleichbarkeit und Replizierbarkeit neu bewertet.

Abstract: In recent time, life style approaches are characterized by attempts to sum up. So far a systematical survey concerning differential age groups as well as a specific juvenile perspective is missing. Nevertheless, life style approaches offer a more differentiated registration and inclusion of structural and individual influences on socialization. This contribution introduces life style typologies and compares them to each other. In doing so, three meta-life styles have been established. Based on this output, the main problem assumed in life style research, the diverse theoretical conceptions and operationalizations, is weighted anew and discussed in regard to a possible comparability and replicability.

1. Einleitung

In den 1980er-Jahren und Anfang der 1990er-Jahre erfreute sich die Lebensstilforschung in Deutschland eines erheblichen Bedeutungszuwachses innerhalb der Ungleichheits- und Sozialstrukturforschung. Hintergrund hierfür sind fundamentale sozialstrukturelle Wandlungen (als Hauptmotoren können Wohlstandssteigerung und Wertwandel benannt werden), die zu einer Entstrukturierung und Individualisierung führen. Die Ausdehnung der Freizeit und eine gewaltige Expansion von marktvermittelten Angeboten haben dazu geführt, dass der Einzelne in höherem Maße sein Leben nach eigenen Wünschen gestaltet (Beck 1986; Schulze 1992), was auch insbesondere für die Jugendphase zutrifft (Kohli 1986, 1998;

Heitmeyer/Olk 1990). Wandlungen im subjektiven Lebens- und Erfahrungsbereich sind für eine Auflösung von (klassischen) Jugendsubkulturen verantwortlich zu machen (Ferchhoff 1990; Hitzler 1994; Vollbrecht 1995). Dies führt zu vielgestaltigen jugendlichen Verlaufsmustern und Lebensstilen.

Der gegenwärtige Stand der Lebensstilforschung ist allerdings eher von Stagnation und Bilanzierungsversuchen gekennzeichnet, wobei ein überwiegend ernüchterndes Fazit gezogen wird (Hartmann 1999; Allmendinger/Ludwig-Mayerhofer 2000; Garhammer 2000; Meyer 2001; Hermann 2004). Otte (2005) fordert als zentrales Fazit seiner „Auseinandersetzung mit aktuellen Bilanzierungsversuchen" eine stärkere Systematisierung des Forschungsfeldes.

Diese Forderung so weit wie möglich einzulösen, ist das Anliegen dieses Beitrags, und zwar für Lebensstiltypologien von Jugendlichen und jungen Erwachsenen. Ausgangspunkt hierbei ist die These, dass konventionelle Sozialstrukturkonzepte immer weniger zu befriedigenden Erklärungen geeignet sind und der Lebensstilansatz eine Alternative darstelle (Hradil 1987, 2001; im Überblick Otte 2005). Mit Lebensstilmodellen ist eine akteursnähere Form der Sozialstrukturanalyse möglich. Mit ihnen lässt sich Verhalten besser vorhersagen als mit demographischen und sozioökonomischen Variablen (Hartmann 1999).

Nicht zuletzt aufgrund der umfangreich rezipierten Arbeit von Bourdieu (1982) um eine Vermittlung zwischen ökonomisch-sozialer Lage durch die Kategorien Habitus und Lebensstil und seiner Betonung des kulturellen Kapitals haben in der deutschen Sozialstrukturforschung Konzepte wie Lebensstil, Mentalität und Milieu einen breiten Platz eingenommen (vgl. z.B. Lüdtke 1989; Schulze 1992; Vester et al. 2001; Spellerberg 1996; Georg 1998). *Bourdieu (1982) beschreibt den Lebensstil als die expressive Form eines klassentypischen Habitus.* Allmendinger und Ludwig-Mayerhofer (2000) identifizieren die Beschäftigung mit Lebensstilen als eine deutsche Sonderentwicklung.

Allerdings existiert keine einheitliche Lebensstildefinition; der Lebensstilbegriff hat eine lange Tradition und ist in der heutigen Lesart auf Max Weber (1920/1972) zurückzuführen. Weiterhin trägt dazu bei, dass zwischen dem theoretischen Anspruch des Lebensstilkonzepts in der Sozialstrukturanalyse und seiner empirischen Erfassung eine Lücke klafft (Georg 1998).

In einer breiten Definition wird unter Lebensstil ein regelmäßig wiederkehrender Gesamtzusammenhang der Verhaltensweisen, Interaktionen, Meinungen, Wissensbestände und bewertenden Einstellungen eines Menschen verstanden (Hradil 1999, 42).

Als Bestimmungsmerkmale des Lebensstils können nach Hartmann (1999) Performanz, Mentalität und Strukturkontext benannt werden. In der empirischen Lebensstilforschung lassen sich entsprechend den Dimensionen Performanz und Mentalität grob zwei Richtungen unterscheiden (Spellerberg 1996, 76f.), wobei eine dritte Richtung die kombinierten Ansätze im Sinne von Hradil (1999) darstellt:

- die *bedürfnis-werttheoretischen Lebensstilkonzeptionen* messen den Werten, Einstellungen und Lebensplänen eine zentrale Bedeutung für Lebensstile zu (Becker/Nowak 1982; Mitchell 1983; Gluchowski 1987);
- die *verhaltens- bzw. performanztheoretischen Lebensstilkonzeptionen* gehen davon aus, dass sich Lebensstile in erster Linie durch ihren Aktivitätsgehalt, sichtbare Verhaltensweisen, expressive Stilisierung und manifeste Alltagsästhetik auszeichnen (Bourdieu 1982; Lüdtke 1989; Georg 1998; Ulbrich-Herrmann 1998; Raithel 2004a);
- die *kombinierten Lebensstilkonzeptionen* berücksichtigen sowohl Werthaltungen als auch Verhaltensweisen und Alltagsästhetik, meist mit einem deutlichen performanzbezogenen Übergewicht (Richter 1989; Georg 1992; Schulze 1992; Spellerberg 1996; Lange 1997).

Zentrale Annahmen über die Funktion und sozialstrukturelle Bedeutung von Lebensstilen werden zwar theoriegeschichtlich abgeleitet, es fehlt jedoch weitgehend eine empirische Fundierung dieser Annahmen, weil es an empirischen Studien mangelt, die auf repräsentativer Grundlage Lebensstile untersuchen. So ist es weitgehend unklar, ob sich Lebensstile vorwiegend entlang horizontaler Merkmale der sozialen Lage unterscheiden oder ob Lebensstile doch eher vertikale Statusgruppen differenzieren, ja sogar ob unterschiedlichen Statusgruppen überhaupt dominante Lebensstilmerkmale zugeordnet werden können.

Bezüglich des Verhältnisses von Lebensstilen und Strukturkontext finden sich zwei konträre Positionen:

- Auf der einen Seite wird der Standpunkt vertreten, dass kein systematischer Zusammenhang zwischen sozialstruktureller Lage und Lebensstilen besteht (Hradil 1987; Richter 1994; Michailow 1994).
- Auf der anderen Seite wird jedoch davon ausgegangen, dass Lebensstile selbst durch sozioökonomische und soziodemographische Bedingungen bestimmt werden (Schulze 1992; Konietzka 1995; Spellerberg 1996; Lange 1997; Georg 1998; Hartmann 1999; Hradil 2001). Müller (1992) ist besonders darum bemüht, Lebensstile in den Kontext strukturierter sozialer Ungleichheit zu stellen und den Zusammenhang von gesellschaftlichen Bedingungen und individuellen Lebensstilen zu berücksichtigen. Lebensstile sind nach Müller als Produkt der Auseinandersetzung eines Individuums mit den strukturellen Bedingungen zu sehen. Darüber hinaus müssten die subjektiven Neigungen den Restriktionen der strukturellen Bedingungen angepasst werden. Daraus resultiert der individuelle Lebensstil. Müller sieht die strukturellen Ungleichheiten um die Dimensionen Kultur und Handeln erweitert

und warnt davor, in eine neue Einseitigkeit zu geraten. Denn Lebensstilanalysen seien kein Ersatz für Sozialstrukturanalysen, sondern notwendige Ergänzungen und sinnvolle Verfeinerungen (Müller 1992).

Im Verständnis eines solchen Lebensstilansatzes können einerseits Sinnstrukturen des Handelns in spezifischen sozialen Kontexten (Prozess) rekonstruiert werden und andererseits die sozialstrukturelle Einbettung (Struktur) spezifischer Verhaltensweisen analysiert werden. Der Lebensstil stellt so ein soziologisches Konzept zwischen Handlungs- und Strukturtheorie dar (Abel 1999). Somit wird eine Überwindung des Grabens zwischen Mikro- und Makroebene ermöglicht.

In jugendspezifischer Hinsicht sind Lebensstile als Ausdruck des Sozialisationsprozesses zu verstehen, da über sie Stilisierung und Ausdruck von Individuations- und Integrationsprozessen erfolgt (Ulbrich-Herrmann 1998; Raithel 2005).

Auch wenn sich bisher Lebensstiltypologien als ertragreich in der Jugendforschung herausgestellt haben (z.B. Georg 1992; Ulbrich-Herrmann 1998; Raithel 2004a, 2005), so liegt ein (vermeintliches) Hauptproblem der Anwendung von Lebensstiltypologien in der Diversität theoretischer Konzeptionen und ihrer operationalen Umsetzung, womit eine Vergleichbarkeit und Replizierbarkeit von Befunden als besonders schwer erscheint (Otte 2005, 24f.). Im Folgenden werden Lebensstilanalysen Jugendlicher und junger Erwachsener vorgestellt und danach in Hinsicht auf ihre Vergleichbarkeit, ihren gemeinsamen Ertrag sowie ihre Unvereinbarkeiten diskutiert.

2. Lebensstiltypologien Jugendlicher und junger Erwachsener

Die Anwendung eines Lebensstilkonzepts und die Generierung einer entsprechenden Typologie Jugendlicher bzw. junger Erwachsener (vgl. Raithel 2005) erfolgte bisher „allgemein“ (ohne explanatorische Absicht) durch Georg (1992), zum Straßenverkehrsverhalten von Schulze (1996), zum Konsumverhalten und zur Kaufsucht von Lange (1997), zur Jugendgewalt durch Ulbrich-Herrmann (1998) sowie zum Gesundheitsverhalten und zur Delinquenz von Raithel (2004a, 2004b).

2.1 Die Lebensstilanalyse (Werner Georg)

Bei der Lebensstilkonzeption von Georg (1992) der 13- bis 29-Jährigen handelt es sich um einen wert- und performanzkombinierten Ansatz, wobei verhaltensorientierte Merkmale zur Ermittlung der Stiltypen überwiegen. Als Datenbasis diente die Shell-Jugendstudie 1992 für West- und Ostdeutschland, die 4.005

Jugendliche und junge Erwachsene umfasst, wovon 2.669 Befragte aus den alten Bundesländern und 1.336 Befragte aus den neuen Bundesländern stammen (Fischer 1992, 59f.). Georg (1992, 269f.) operationalisierte die Stiltypen für einen West-Ost-Vergleich anhand folgender *Lebensstilbereiche*:

(1) Filmgenres: kritisch-informative Filme, Actionfilme
(2) Kleidungsstil: ausgefallen-freche Kleidung, markenorientiert/qualitätsbewusst, zeitlos-zurückhaltend, sportlich-praktisch
(3) Freizeitaktivitäten: Sozialkontakte und Vergnügen, Produktion subjektiver Kultur und Entspannung, Kulturkonsum und Informationsaneignung, „outdoor"-Vergnügen, familienzentrierte Freizeit, Regeneration, Beschäftigung mit Computer und Lesen von Comics, ein Musikinstrument spielen und klassische Konzerte besuchen, häusliche Freizeit
(4) Musikgeschmack: Jazz/Chanson/Blues, Klassik, deutsche Unterhaltungsmusik, Pop- und Disco-Musik, Heavy Metal und Independent
(5) Präferenzen für jugendliche Gruppen: subkulturelle Gruppenstile, neue soziale Bewegung, Körpernarzissmus, kommerzielle Gruppenstile
(6) Wertorientierungen: Konvention/Sicherheit, Ungebundenheit/Kreativität, soziale Dominanz/Reichtum, ökologisch-ganzheitliche Orientierung.

Mittels einer Faktorenanalyse 2. Ordnung ermittelte Georg folgende sechs *Lebensstile*, die mit Hilfe eines multivariaten Regressionsmodells in einen sozialstrukturellen Kontext (Alter, Geschlecht, Bildung) gestellt wurden (Georg 1992, 274ff.):

1) Hochkulturelle Orientierung: Dieser Lebensstil wird vor allem von den älteren Jugendlichen und Jugendlichen mit höherer Schulbildung bevorzugt. Die Struktur des Stils unterstützt Bourdieus (1982) Schilderung der Klassenfraktionen mit mittlerem und hohem kulturellen Kapital.
2) Konventionell-kommerzielle Orientierung: Kinder von Eltern mit niedriger Bildung präferieren diesen Stil.
3) Modisch-hedonistische Orientierung: Dieser Lebensstil ist in Westdeutschland durch eine hohe Bildung der Befragten und ihrer Eltern beschreibbar, während er in Ostdeutschland bildungsunabhängig ist.
4) Subjektbezogenheit und ökologisch-ganzheitliche Orientierung: In Westdeutschland fällt für diesen Lebensstil der dominante Einfluss des Geschlechts auf, wobei Mädchen die Bezugsgruppe dieses Stils bilden. In Ostdeutschland spielt das Geschlecht keine nennenswerte Rolle. Offensichtlich spiegelt dieser Stil im Westen eine bedeutsame Facette von „Mädchenkultur" wider. Insgesamt kommen die Befragten aus Elternhäusern mit höherer Bildung.
5) Konsumorientiert-materialistische Orientierung: Diesen Stil bevorzugen Jungen und Jugendliche mit hohem Einkommen.

6) Unterhaltung und Action: Diesem Lebensstil stehen eher junge männliche Jugendliche mit niedriger Bildung nahe, die über mehr Taschengeld oder Verdienst verfügen.

2.2 Die Lebensstilanalyse zum Straßenverkehrsverhalten (Horst Schulze)

Schulze (1996) untersuchte auf der Basis von zwei repräsentativen Befragungen 18- bis 24-Jähriger in den alten und neuen Bundesländern 1989 und 1991 die Fragestellung, inwieweit sich Lebens- und Freizeitstile als Prädiktoren verkehrsabträglicher Einstellungen und Verhaltensweisen junger Kraftfahrer eignen.

Für die Ermittlung von Lebensstilgruppen erfasste Schulze (1996, 23) fünf *Freizeitstilkomponenten* (insgesamt 17 stilkonstituierende Subdimensionen), die er in habitueller Hinsicht als besonders relevant für das Straßenverkehrsverhalten erachtet:

(1) Freizeitaktivitäten: Outdoor/Konsum, Sport/Verein, Familie/Wandern, Rumfahren/Nichtstun
(2) Musikinteressen: Pop/Rap, Klassik/Jazz/Blues, Rock/Punk, Deutschrock
(3) Film- und Fernsehinteressen: Actionfilme, Liebesfilme, politische und sozialkritische Filme
(4) Selbstdarstellung über Image und Kleidung: sexy/cool/Durchblick, modebewusst, jung/zum Liebhaben
(5) Gruppenaffinität: Umwelt/Frieden/Anti-AKW, Punks/Rocker/Skins, Fußball-/Discofans.

Clusteranalytisch konnten auf der Basis von 1.024 interviewten Personen in Privathaushalten für Westdeutschland sieben *Typen* (von Führerscheinbesitzern) ermittelt werden:

1) Action-Typ: Dieser unterscheidet sich von allen anderen Stiltypen durch das hohe Maß seiner außerhäuslichen Freizeitaktivitäten, wozu insbesondere der Besuch von Kneipen, Gaststätten und Disco zählt.
2) Fan-Typ: Hier finden sich vor allem die Fußball- und Discofans. Außer dem Herumfahren mit dem Auto und dem Nichtstun kann er den übrigen Freizeitaktivitäten kaum etwas abgewinnen.
3) Kontra-Typ: Die Angehörigen dieser Gruppe lehnen Sporttreiben, Vereinszugehörigkeit, das Zusammensein mit der Familie und Wandern deutlich ab. Sie fahren eher mit dem Auto herum oder schlagen die Zeit einfach so tot. Sie sind „gewissermaßen eine moderne Variante des Rockers“ (ebd., 28).
4) Fashion-Typ: Der Freizeitstil dieser Personen zeichnet sich durch starke expressive Selbstdarstellungstendenzen in Verbindung mit höchstem Modebewusstsein aus und besitzt gehobene Medieninteressen.

5) Kritischer Typ: Charakteristisch ist die Ablehnung konsumorientierter Aspekte der Freizeit und Vorliebe für intellektuelle Auseinandersetzungen. Bei klassischer Musik und Jazz sowie bei politischen und sozialkritischen Fernsehsendungen fühlt sich diese Gruppe angemessen gefordert.
6) Häuslicher Typ: Die markanteste Eigenschaft dieser Personengruppe besteht in der Vorliebe für das Zusammensein mit der Familie und das Wandern in der Freizeit. Alle anderen Formen sportlicher Betätigung sowie Vereinsmitgliedschaften werden abgelehnt.
7) Sportlicher Typ: Im Mittelpunkt dieses Typs steht das Sporttreiben und die Eingebundenheit in einen Sportverein. Daneben besitzt für ihn das Zusammensein mit der Familie und das Wandern eine überdurchschnittlich große Attraktivität.

2.3 Die Lebensstilanalyse zum Warenkonsum (Elmar Lange)

Das Warenkonsumverhalten sowie die Kaufsucht Jugendlicher im Alter zwischen 15 und 20 Jahren analysierte Lange (1997) unter Einbeziehung von expressiven Freizeitstilelementen und „gesonderten Lebensstilen". Der Studie liegt eine Quotenstichprobe von 548 Befragten zugrunde, wovon 287 Jugendliche in Bielefeld und 261 Jugendliche in Halle an der Saale befragt wurden.

Die als Lebensstile benannten Konstrukte wurden in einem ersten Schritt über insgesamt 11 auf mögliche Lebensstile hinweisende Verhaltensweisen erfasst (vgl. Raffée/Wiemann 1987, 161ff.; zit. nach Lange 1997). Faktorenanalytisch konnten drei *Verhaltensmuster* ermittelt werden:

(1) sozial-politisch engagiertes und ökologisch-gesundheitlich ausgerichtetes Verhalten,
(2) kleinbürgerliches, unauffälliges Verhalten,
(3) hedonistisches Verhalten.

In einem zweiten Schritt wurden die endgültigen Lebensstile wiederum faktorenanalytisch auf Grundlage der drei Verhaltensmuster und acht Werthaltungsdimensionen (Pflicht und Akzeptanz, Selbstverwirklichung, beruflicher Erfolg, Hedonismus, Kinder/Heimat, Liebe/Treue, Materialismus, Postmaterialismus) ermittelt. Hierbei wurden die drei Verhaltensmuster inhaltlich bestätigt. Die *Faktoren* wurden wie folgt beschrieben:

1) „Faktor 1: Der kleinbürgerliche, pflichtbetonte und materialistisch orientierte Lebensstil, in dem man ein einfaches Leben in gleichmäßigen und geordneten Bahnen führt, sehr viel Wert auf die eigene Familie mit Kindern, aber

gleichzeitig auch auf die Berufstätigkeit mit gutem Einkommen und Aufstiegsmöglichkeiten legt.

2) Faktor 2: Der hedonistische Lebensstil. Hier dominieren die erwähnten hedonistischen Verhaltensweisen, wie ,das Leben genießen', ,abwechslungsreich Leben', ,das Leben in erster Linie nach den eigenen Bedürfnissen gestalten' sowie die hedonistische Orientierung, die hier zugleich eine Allianz mit den Selbstentfaltungs- und Selbstverwirklichungswerten eingehen.
3) Faktor 3: Der sozial, politisch und ökologisch orientierte Lebensstil, in dem man sich verstärkt um soziale und politische Angelegenheiten kümmert, ein hohes Umweltbewusstsein besitzt und sich auch umweltfreundlich verhält" (Lange 1997, 128-129).

Die Operationalisierung der Freizeitstilelemente – die allerdings nicht in die Lebensstilkonstruktion einflossen – wurde anhand folgender *Dimensionen* durchgeführt (Lange 1997):

(1) Freizeitaktivitäten: außerhäusliche Action, sportliche Aktivitäten, außerhäusliches Bummeln, Lesen, künstlerische Aktivitäten, hauswirtschaftliche Aktivitäten, Weiterbildung/Politik, Faulenzen
(2) Musikrichtungspräferenzen: alternativer Rock, anspruchsvolle „weiche" Musik, Modern Dance Music, Musik für die „Älteren", Rockmusik
(3) Fernsehpräferenzen: Kultursendungen, Talk-/Gameshows, Spielfilme und Musiksendungen, Sportsendungen
(4) Videopräferenzen: Thriller/Horror/Science Fiction, Musicals/Musikfilme, Western/Kriegsfilme
(5) Zeitschriftenlektüre und Bücherpräferenzen.

2.4 Die Lebensstilanalyse zu Gewalt (Matthias Ulbrich-Herrmann)

Ulbrich-Herrmann (1998) entwickelte eine Lebensstiltypologie der 15- bis 22-Jährigen, um das Phänomen Gewalt zu beschreiben und zu erklären. Die Analysestichprobe umfasst 804 Schülerinnen und Schüler aus Nordrhein-Westfalen (Köln, Hamm und Kreis Minden-Lübbecke).

In Orientierung an Lüdtke (1989) verwendet Ulbrich-Herrmann ausschließlich expressive und interaktive Verhaltensweisen Jugendlicher als konstitutive Merkmale der Generierung der Lebensstiltypologie. Es handelt sich dabei um folgende 13 „*Bereiche stilisierungsfähigen Handelns*" (Ulbrich-Herrmann 1998, 97ff.):

(1) Freizeitaktivitäten allgemein: außerhäusliche Geselligkeit mit Freunden, kreative Handarbeiten, Hochkulturfreizeit
(2) Freizeitaktivitäten mit anderen Jugendlichen: Herumhängen und Konsum elektronischer Medien, außerhäusliche gemeinsame Zerstreuung

(3) Orte der Freizeitverbringung: öffentlich zugänglicher Treffpunkt in Stadt/Ort, Wohnung, Sporthalle/Sportplatz
(4) Einrichtungsstil: praktisch, komfortable Gemütlichkeit, flippig, phantasievolle Einrichtung, auf Sauberkeit und Ordnung bedachte Sachlichkeit
(5) Kleidungsstil: provozierende Auffälligkeit, elegante Korrektheit mit Qualitäts- und Markenorientierung, praktisch orientierte Natürlichkeit, zurückhaltend und zeitlos
(6) Bezugsquellen für Kleidung: preiswert Gebrauchtes oder Selbstgemachtes, Kaufhaus, Boutique
(7) Körperpflegeaufwand: tägliche Körperpflege, etwas tun für Gewicht und Fitness
(8) Essgewohnheiten: zu Hause mit ausreichend Zeit, schnell zu Hause, vegetarisch
(9) Musikkonsum: provokative Jugendmusik, etablierte, anspruchsvolle Musik, moderne Tanzmusik
(10) Tanzstile: Techno/HipHop/Reggae, Gesellschaftstanz, freier Stil
(11) Fernsehverhalten: kulturelle, politische und informative Programme, Action-/Katastrophenfilme/Horrorfilme/Science Fiction/Pornos, Unterhaltungssendungen, Spielfilme und Filmkomödien
(12) Leseverhalten (Bücher): gehobene Literatur, Horrorliteratur, Ratgeber
(13) Leseverhalten (Zeitungen und Zeitschriften): Jugendzeitschriften, Hifi-Magazine, Kinozeitschriften, Wochenmagazine, Magazine für junge kauffreudige Meinungsführer.

Aus den bereichsspezifischen Verhaltensmustern wurden clusteranalytisch sechs *Lebensstiltypen* ermittelt und wie folgt beschrieben (Ulbrich-Herrmann 1998, 198):

1) Prosozialer und unauffälliger Hochkultur-Lebensstil bei eher weiblichen Jugendlichen höherer Schulbildung.
2) Passiv-resignativer Lebensstil mit Tendenzen zur Flucht in legalen und illegalen Drogenkonsum bei überwiegend männlichen Jugendlichen.
3) Auf die Peer-Group und auf Jugendthemen ausgerichteter, apolitischer und Orientierung suchender Lebensstil in einem Verbund von konservativer Wertorientierung und jugendlicher Flippigkeit.
4) Proaktiver flippiger, kultur- und bildungsbeflissener Lebensstil eher weiblicher Jugendlicher höherer Bildung mit Tendenz zum politisch alternativen Engagement bei gleichzeitiger Distanz zu den gesellschaftspolitischen Verhältnissen.
5) Der Outfit-orientierte, außerhäusliche Geselligkeit suchende Lebensstil eher männlicher und älterer Jugendlicher mit schulischem oder sozialem Problemdruck bei gleichzeitiger Pflicht- und Leistungsorientierung.
6) Auf Film, Fernsehen und Techniknutzung abgestellter Lebensstil eher männlicher Jugendlicher.

2.5 Die Lebensstilanalyse zum gesundheitsrelevanten Verhalten sowie zur Delinquenz (Jürgen Raithel)

Die performanzorientierte Lebensstilstudie von Raithel (2004a, 2004b) wurde in Tradition an Lüdtke (1989) in Anlehnung an Ulbrich-Herrmann (1998) mit dem Anliegen einer Kürzung der Erhebungsinstrumente konzipiert und auf gesundheitsrelevantes Verhalten der 15- bis 18-Jährigen angewandt. Die Analysestichprobe umfasst 608 Schülerinnen und Schüler aus Bayern.

Anhand folgender sechs *Hauptdimensionen* wird die Lebensstiltypologie ermittelt:

(1) Freizeitverhalten: Ausgehen (Partys, Kneipe, Disco), kulturelle Aktivitäten (Theater besuchen, klassische Konzerte, Bücher lesen), kreative Aktivitäten (Basteln, Zeichnen, Handarbeit), Computer-/Internetnutzung (Internet, Computer spielen/arbeiten)
(2) Film- und Fernsehkonsum (Video/DVD, Kino, Fernsehen): Actionformat (Action-/ Katastrophenfilme, Kriegsfilme, Kung-Fu-/Karate-/Boxfilme, Science-Fiction, Horrorfilme), Informationsformat (Dokumentarfilme, Nachrichten, politische Sendungen), Unterhaltungsformat (Unterhaltungs-/Talkshows, Soaps, Musikvideos)
(3) Musikkonsum: moderne Tanzmusik (Techno, Discomusik), provokative Jugendmusik (Punk, Independent, Heavy Metal), anspruchsvolle Musik (Jazz, Klassik)
(4) Kleidungsstil: hip/flippig (verrückt, frech, ausgefallen), qualitätsbewusst/markenorientiert (korrekt, qualitätsbewusst, markenorientiert, elegant), salopp (zeitlos, zurückhaltend, praktisch)
(5) Zeitschriftenleseverhalten: Zeitgeschehen („Spiegel", „Focus", Tageszeitung), erotisch-sexuelle Magazine (pornographische Zeitschrift, „Playboy", „Praline"), Fachzeitschriften (Autozeitschrift, Sportzeitschrift, PC-Zeitschrift), Jugendzeitschriften („Bravo", „Mädchen"), Unterhaltungsmagazine (Kinomagazin, Musikmagazin)
(6) Einrichtungsstil: ordentlich (sauber, sachlich, stilvoll), kreativ (phantasievoll, flippig), bequem (gemütlich, praktisch, komfortabel).

Aus den Stilisierungsbereichen wurden clusteranalytisch vier Lebensstile ermittelt. Die Lebensstile wurden kreuztabellarisch mit sieben Wertorientierungsdimensionen (Familienorientierung, Berufsorientierung, Materialismus, Autonomie, Hedonismus, Konservatismus, politische Partizipation) und soziodemographischen Merkmalen in Verbindung gesetzt, um so die generierten Lebensstile näher zu charakterisieren (Raithel 2004a, 106ff.). Es handelt sich um folgende *Lebensstiltypen*:

1) Hochkultureller Lebensstil: Dieser mädchen- und gymnasiastendominante Lebensstil ist insbesondere durch eine stark überdurchschnittliche Beschäftigung mit Kulturgütern (kulturelle und kreative Tätigkeiten) geprägt. Das mediale Actionformat wird abgelehnt. Es wird anspruchsvolle Musik bevorzugt. Im Interessenfokus steht Zeitgeschehen. Autonomie und politische Partizipation sind ausgeprägte Orientierungen.
2) Darstellender, konservativ-materialistischer Lebensstil: Diese noch am ehesten geschlechtsparitätische, haupt- und realschulstarke Lebensstilgruppe zeichnet

sich durch eine Präferenz von moderner Tanzmusik und eines markenorientierten Kleidungsstils aus. Der Einrichtungsstil hat eine große Gewichtigkeit. Die höchste Distinktion besteht gegenüber kreativen Freizeitbeschäftigungen. Eine konservative und materialistische Orientierung ist besonders stark ausgeprägt.

3) Zurückhaltender Lebensstil: Die jungendominante Lebensstilgruppe ist insgesamt am ehesten durch Zurückhaltung bzw. Unauffälligkeit gekennzeichnet. Auffällig für diese Gruppe stellen sich die vielen distinktiven Stilelemente dar. Es gibt keine einzige überdurchschnittlich positive Stilisierungsausprägung. Diese Jugendlichen gehen nicht aus und legen keinen Wert auf ihr eigenes Aussehen und das ihres Zimmers. Familien- und Berufsorientierung sowie Materialismus sind bei diesen Jugendlichen am geringsten ausgeprägt.
4) Hedonistischer Lebensstil: Der jungen- und hauptschuldominante Lebensstil ist vor allem durch erlebnis- und lustbezogenes Verhalten sowie entsprechende Wertorientierung charakterisiert. Besonders stark sind in dieser Lebensstilgruppe das Ausgehen in der Freizeit, die Computer- und Internetnutzung, die Medienpräferenz des audio-visuellen Actionformats, das Lesen von erotisch-sexuellen Magazinen sowie Fachzeitschriften ausgeprägt. Es besteht eine deutliche Abgrenzung zu kulturellen Aktivitäten und einem kreativen Einrichtungsstil.

3. Lebensstilanalysen im Vergleich und identifizierbare „Meta-Lebensstile“

Wie der Überblick zeigt, finden sich in der deutschen Lebensstilforschung zu Jugendlichen und jungen Erwachsenen genuin performanztheoretische Ansätze und kombinierte Konzeptionen. In Tabelle 1 sind die einzelnen „aktiven“ wie „passiven“ Lebensstildimensionen der Lebensstilanalysen der jungen Generation synoptisch dargestellt (in Erweiterung zu Raithel 2005, 87). Die aktiven Variablen sind jene, die die Grundlage der Generierung der Typologie darstellen – also entweder in die Faktoren- oder (wie meist) in die Clusteranalyse einflossen. Die passiven Variablen werden erst in einem zweiten Schritt mit den ermittelten Lebensstilen assoziiert und dienen so rein deskriptiven Zwecken. In der Gesamtschau fällt eine eindeutige Tendenz zum performanzdominanten Ansatz auf. Der Ausdifferenzierungsgrad der erhebungsrelevanten Lebensstildimensionen bestimmt den Umfang des Instruments und somit gleichzeitig den zeitökonomischen Aufwand der Befragungsdurchführung.

Tabelle 1: Erhebungsdimensionen einzelner Lebensstilanalysen der jungen Generation

	Georg 1992	Schulze 1996	Lange 1997	Ulbrich-H. 1998	Raithel 2004a 2004b
Freizeitverhalten/-aktivitäten	a	a	p	a	a
Orte der Freizeitverbringung	-	-	-	a	-
Film- und Fernsehkonsum	a	a	p	a	a
Musikkonsum	a	a	p	a	a
Kleidungsstil	a	a	-	a	a
Bezugsquellen für Kleidung	-	-	-	a	-
Lesepräferenzen	-	-	p	a	a
Einrichtungsstil	-	-	-	a	a
Tanzstile	-	-	-	a	-
Essgewohnheiten	-	-	-	a	-
Körperpflegeaufwand	-	-	-	a	-
Gruppenaffinität	a	a	-	-	-
Wertorientierungen	a	-	a	-	p
sonstige	-	-	a (1)	p (2)	-
Explanandum	-	Verkehrs-verhalten	Waren-konsum	Gewalt	Gesund-heits-verhalten; Delinquenz

a = aktive Variable; p = passive Variable
(1) spezifische Verhaltensmuster (s. Kap. 2.3); (2) gewaltaffine Einstellungen

Trotz der unterschiedlich operationalisierten Lebensstilanalysen sticht ein Befund über alle Typologien heraus. Denn es lassen sich drei grobe Lebensstiltypen so genannte „Meta-Lebensstile“ in allen Typologien wieder finden. Dies ist

- ein hedonistisch-actionbezogener Lebensstil,
- ein bildungsbeflissen-hochkultureller Lebensstil und
- ein konservativ meist materialistisch kombinierter Lebensstil.

Der *hedonistisch-actionbezogene Lebensstil* ist in erster Linie durch erlebnis- und lustbezogene Verhaltensweisen und eine hedonistische Wertorientierung gekennzeichnet. Dieser Lebensstil ist vor allem unter Jungen und Jugendlichen niedrigeren Bildungsniveaus vorzufinden. Gegensätzlich dazu ist der *bildungsbeflissen-hochkulturelle Lebensstil*, welcher sich durch kulturelle und kreative Tätigkeiten sowie politische Partizipation auszeichnet. In dieser Lebensstilgruppe finden sich überwiegend Mädchen und Gymnasiasten. Der *konservativ-materialistische Lebensstil* vertritt eher die mittlere Bildungsschicht und ist noch am ehesten geschlechtsparitätisch. Besonders charakteristisch sind eine konservative und materialistische Orientierung.

Mit diesen „Meta-Lebensstilen" gehen deutlich vertikal-sozialstrukturelle Differenzen einher (Ulbrich-Herrmann 1998; Raithel 2004a). Polarisierend verhalten sich hierbei sowohl in bildungs- und somit herkunftsspezifischer als auch in geschlechtsspezifischer Hinsicht der hedonistische und hochkulturelle Lebensstil (s. Abb. 1).

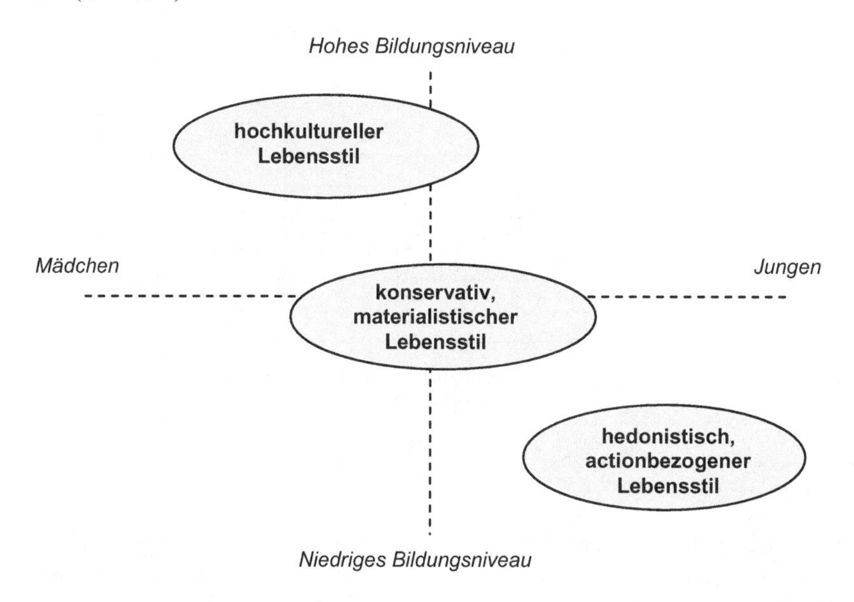

Abbildung 1: Meta-Lebensstile Jugendlicher in ihrer primären strukturellen Lagerung nach Bildung und Geschlecht

Dieses Ergebnis primärer struktureller Lagerung ist ein deutlicher Hinweis darauf, dass die „traditionellen" Ungleichheitsmerkmale nach wie vor Bedeutung und Wirkkraft besitzen. Damit wäre die These der Auflösung klassenspezifischer Jugendsubkulturen (z.B. Ferchhoff 1990; Hitzler 1994; Vollbrecht 1995) auf den ersten Eindruck nicht widerspruchslos aufrechtzuerhalten. Jedoch handelt es sich bei den Lebensstilen um individuelle Verhaltensmuster auf Performanzbasis, die sich zwar auf einer kollektiven Ebene abbilden, jedoch nicht mit einer Jugendsubkultur mit salienter Struktur und Wir-Identität vergleichen lassen (Farin 2001; Hitzler/Bucher/Niederbacher 2001). Dementsprechend plädiert Hitzler (1994) dafür, nur dann von Lebensstilen zu reden, wenn der Handelnde sich selbst als Stilisierender erlebt. Typischerweise gilt dann, „daß der je vorhandene Lebensstil (temporär) vom Akteur aus einem pluralen ‚Angebot' vorhandener (lebens-)sinnstiftender Selbst-Stilisierungs-Alternativen (mehr oder minder) ‚frei' selegiert ist, und daß er erst als selegierter wiederum zur (teilzeitlich wirksamen) ‚Selektionsinstanz' für die Filterung sozialer Sinnangebote [...] werden kann und in der Regel wohl auch wird" (Hitzler 1994, 79). Somit sind die jugendlichen Lebensstilgruppen nicht mit Jugendsubkulturen gleichzusetzen. Vielmehr geht der Lebensstilansatz von einer Individualisierung und Entstrukturierung der Jugendphase aus und extrahiert lediglich Performanzen bzw. Expressivitäten, Verhaltensmuster und/oder Wertorientierungen.

In Hinsicht auf das Verhältnis von Lebensstil und Strukturkontext lässt sich ein Zusammenhang bestätigen (z.B. Müller 1992; Georg 1998; Hartmann 1999). Stilisierungen und entsprechende Verhaltensweisen werden in Abhängigkeit von strukturellen Ressourcen und Restriktionen über Werthaltungen umgesetzt (Lange 1997). Somit kann auch an dieser Stelle der Anspruch einiger Autoren, dass Lebensstile traditionelle Sozialstrukturkonzepte ablösen, als unangemessen bewertet werden. Vielmehr sind sie ergänzend einzusetzen und sollten sinnverstehend im Sinne eines „erklärenden Verstehens" von sozialen Phänomenen interpretiert und einer theoretischen Mikrofundierung unterworfen werden (Otte 2005).

4. Forschungsperspektive

Trotz der Diversität der Lebensstilkonzeptionen und ihrer operationalen Umsetzungen hat der Vergleich der vorgestellten Typologien eine – möglicherweise überraschende – relativ große Übereinstimmung in Hinsicht auf die Identifizierung von „Meta-Lebensstilen" aufgezeigt. Da somit alle Lebensstilanalysen Jugendlicher zu den substanziell gleichen Ergebnissen führten, stellt sich nun die Frage nach einer theoretisch plausiblen, validen und erhebungsökonomischen Konzeption für zukünftige Lebensstilanalysen.

Als besonders anschlussfähiges theoretisches Fundament erweisen sich die Konzepte von Bourdieu (1982) und Lüdtke (1989). Georg (1998) benennt diese Konzepte am geeignetsten und als im engeren Sinne angemessen konzeptualisiert und operationalisiert. Ihnen ist die Formulierung einer expliziten soziologischen Theorie der individuellen und kollektiven Funktion und Struktur von Lebensstilen gemeinsam. Weiterhin teilen sie eine Konzeptualisierung, die Lebensstile auf die expressive Ebene manifesten und klassifizierbaren Verhaltens bezieht und sie als einen Handlungstyp versteht, der auf kollektiver Ebene symbolische soziale Schließungsprozesse markiert, so dass sich soziale Interaktionen innerhalb von Lebensstilkollektiven verdichten (Georg 1998). Dementsprechend basieren auch die jugendspezifischen Konzeptionen von Ulbrich-Herrmann (1998) und Raithel (2004a) auf der Konzeption von Lüdtke (1989).

Die Konzeption von Lüdtke kann hier deshalb durchaus als ein paradigmatisches Modell gelten. Lüdtke (1989) stellt (expressive und interaktive) Verhaltensvariablen in den Mittelpunkt seines Lebensstilansatzes. *Lebensstile sind nach Lüdtke äußerliche, über Verhalten und Symbolgebrauch erkenn- und bestimmbare Gefüge der individuellen Alltagsorganisation.*[1]

Die Mentalität fließt in die performanztheoretische Lebensstilgenerierung als passive Variable ein (Ulbrich-Herrmann 1998; Raithel 2004). Das heißt, dass diese assoziativ analysiert wird und der Deskription dient. So liefern die Mentalitäten ergänzend differenzierende und präzisierende Informationen über die Lebensstile. Georg (1992) und Lange (1997) erachten hingegen die Einstellungsebene als ein wichtiges und relevantes Konstruktionsmerkmal (aktive Variable) für die Rekonstruktion von jugendlichen Lebensstilen. Doch da gerade das expressive Verhalten im Jugendalter bei der Bewältigung von Entwicklungsaufgaben im Mittelpunkt steht, scheint das operationale Vorgehen der performanztheoretischen Lebensstilkonzeption gegenüber einem kombinierten Ansatz das alltagsnähere zu sein. Zudem Werthaltungen in entsprechenden Verhaltensweisen und Stilisierungen umgesetzt werden (Lange 1997).

Georg (1992) führt bereits aus, dass in einem kombinierten Lebensstilansatz für Jugendliche die expressiven Dimensionen *Kleidungsstil, Zeitschriftenpräferenzen, Wohnstil* und *Musikstil* die bedeutsamsten Lebensstilbereiche sind. Georg betont weiterhin, dass insbesondere auf audio-visueller Ebene differentielle Zugehörigkeiten direkt darstellbar, wahrnehmbar und klassifizierbar sind. Diese Stilisierungselemente eignen sich besonders für Integrations- und Individuationsprozesse im jugendlichen Entwicklungs-/Sozialisationsprozess, auch in Hinsicht auf die Stilisierung des Geschlechts (Raithel 2005).

Wie kann nun ein Erhebungsinstrument für zukünftige Lebensstilanalysen aussehen? Ausgehend von einer performanztheoretischen Lebensstilkonzeption wird mit dem Ziel eines erhebungsökonomischen Erfassungsinstruments die Arbeit von Raithel (2004a, 2004b) als besonders anschlussfähig gesehen. Hier wurde

1 Jedoch ist die Ausrichtung der empirischen Lebensstilanalyse auf Aspekte der Performanz nicht als ein eindimensionales Verständnis zu interpretieren. Lüdtke (1989) geht vielmehr von einem elaborierten Lebensstilansatz aus, in dem der Lebensstil aus persönlichen Kompetenzen und Motivationen, der sozioökonomischen Situation und der Performanz-Dimension verstanden wird. Die Aspekte der Kompetenz und Motivation werden als Ergebnisse eines Sozialisationsprozesses gesehen. Zur vertikalen und horizontalen Ungleichheit tragen Lebensstilgruppen insbesondere deshalb bei, weil sie über symbolische und mentale Gemeinsamkeiten zu sozialer und sozialräumlicher Verdichtung führen und über eine selektive Nutzung von Interaktion und sozialen Netzwerken die Träger anderer Lebensstile ausschließen.

das sehr umfangreiche Instrument von Ulbrich-Herrmann (1998) in Orientierung an die „bedeutsamen Lebensstilbereiche“ nach Georg (1992) stark gekürzt und hat sich außerordentlich gut bewährt.

Das Instrument von Raithel (2004a) umfasst mit 60 Items die sechs aktiven Dimensionen Freizeitverhalten, Film- und Fernsehkonsum, Musikkonsum, Kleidungsstil, Zeitschriftenleseverhalten und Einrichtungsstil sowie als passive Variablen eine Mentalitätsskala (20 Items) und soziodemographische/sozio-strukturelle Merkmale (Alter, Geschlecht und Schulbildung der Jugendlichen, Schulbildung und Berufsstatus beider Elternteile). Das Instrument wird von Jugendlichen innerhalb von 15 bis 20 Minuten bearbeitet, ist damit sehr zeitökonomisch und gewährleistet somit auch eine gute Mitarbeitsbereitschaft von Seiten der Befragten.

In Hinsicht auf die Generierung einer Lebensstiltypologie stellt sich nach erfolgter Datenerhebung die Frage nach dem geeigneten statistischen Verfahren (Georg 1998). Am häufigsten finden die Faktorenanalyse und Clusteranalyse Anwendung, wobei die Clusteranalyse überwiegt. Bei den vorgestellten Lebensstilanalysen Jugendlicher wurde dieses Verfahren von Schulze (1996), Ulbrich-Herrmann (1998) und Raithel (2004a) für die Generierung der Jugendtypologien erfolgreich angewandt und ist als die „Methode der Wahl“ gegenüber anderen „strukturen-entdeckenden Verfahren“ (Backhaus et al. 1994) zu sehen, wenngleich die erhebliche „Relativität“ der Clusterlösung – die Vielzahl von Algorithmen (Blasius/Georg 1992), „die Fallzuweisung erfolgt durch einen mathematischen Algorithmus und liegt außerhalb der Kontrolle des Forschers“ (Otte 2005, 25) – als operationales Kriterium der Lebensstilabgrenzung nicht ganz unproblematisch ist (Lüdtke 1989, 140). *Induktiv-empirisches* Vorgehen stellt sich in Hinsicht auf Typologiereplikationen generell eher problematisch dar (Spellerberg/Berger-Schmitt 1998). Eine exakte Replizierbarkeit von Typenkonstruktionen bieten beispielsweise additive Indizes, wodurch sich eine Person aufgrund einer bestimmten Merkmalskombination einem Typus zuweisen lässt. Empirisch bliebe lediglich zu klären, welche Besetzungsstärken die Typen aufweisen (Otte 2004).

Abschließend ist festzuhalten, dass sich die performanztheoretische Lebensstilkonzeption nach Lüdtke (1989) als ein tragfähiges Modell erwiesen hat, dass mittlerweile in mehreren Studien zu Jugendlichen erfolgreich zum Einsatz kam. Für die Datenerhebung stellt das Kurz-Instrument von Raithel (2004a) eine erhebungsökonomische Erfassungsmöglichkeit dar, weshalb dies auch in allgemeinen Jugendstudien zur detaillierteren Erfassung von sozialen Strukturierungsmerkmalen ergänzend zur Anwendung kommen sollte.

Literatur:

Abel, T. (1999): Gesundheitsrelevante Lebensstile: Zur Verbindung von handlungs- und strukturtheoretischen Aspekten in der modernen Ungleichheitsforschung. In: Maeder, C./Burton-Jeangros, C./Haour-Knipe, M. (Hrsg.): Gesundheit, Medizin und Gesellschaft. Beiträge zur Soziologie der Gesundheit. Zürich: Seismo, 43-61.

Allmendinger, J./Ludwig-Mayerhofer, W. (2000): Sozialstruktur: Auf der Suche nach der verlorengegangenen Ungleichheit. In: Münch, R./Jauß, C./Stark, C. (Hrsg.): Soziologie 2000. Kritische Bestandsaufnahme zu einer Soziologie für das 21. Jahrhundert. Soziologische Revue, Sonderheft 5. München: Oldenbourg, 264-278.

Backhaus, K./Erichson, B./Plinke, W./Weiber, R. (1994): Multivariate Analysemethoden. Eine anwendungsorientierte Einführung. Berlin: Springer.

Beck, U. (1986): Risikogesellschaft. Auf dem Weg in eine andere Moderne. Frankfurt/M.: Suhrkamp.

Becker, U./Nowak, H. (1982): Lebensweltanalyse als neue Perspektive der Markt- und Meinungsforschung. In: ESOMAR-Kongreß, Band 2, 247-267.

Blasius, J./Georg, W. (1992): Clusteranalyse und Korrespondenzanalyse in der Lebensstilforschung – ein Vergleich am Beispiel der Wohnungseinrichtung. In: ZA-Information, 30, 112-133.

Bourdieu, P. (1982): Die feinen Unterschiede. Zur Kritik der gesellschaftlichen Urteilskraft. Frankfurt/M.: Suhrkamp.

Farin, K. (2001): generation-kick.de. Jugendsubkulturen heute. München: Beck.

Ferchhoff, W. (1990): Jugendkulturen im 20. Jahrhundert. Von den sozialmilieuspezifischen Jugendsubkulturen zu den individualitätsbezogenen Jugendkulturen. Frankfurt/M.: Peter Lang.

Fischer, A. (1992): Jugend '92. Band 4: Methodenberichte – Tabellen – Fragebogen. Opladen: Leske + Budrich.

Garhammer, M. (2000): Das Leben: eine Stilfrage – Lebensstilforschung hundert Jahre nach Simmels „Stil des Lebens“. In: Soziologische Revue, 23, 296-312.

Georg, W. (1992): Jugendliche Lebensstile – ein Vergleich. In: Zinnecker, J. (Hrsg.): Jugend ´92. Lebenslagen, Orientierungen und Entwicklungsperspektiven im vereinten Deutschland. Band 2: Im Spiegel der Wissenschaften. Opladen: Leske + Budrich, 265-286.

Georg, W. (1998): Soziale Lage und Lebensstil. Eine Typologie. Opladen: Leske + Budrich.

Gluchowski, P. (1987): Feizeit und Lebensstil. Plädoyer für eine integrierte Analyse von Freizeitverhalten. Erkrath: DGFF.

Hartmann, P. H. (1999): Lebensstilforschung. Darstellung, Kritik und Weiterentwicklung. Opladen: Leske + Budrich.

Heitmeyer, W./Olk, T. (1990): Das Individualisierungs-Theorem – Bedeutung für die Vergesellschaftung von Jugendlichen. In: Heitmeyer, W./Olk, T. (Hrsg.): Individualisierung von Jugend. Gesellschaftliche Prozesse, subjektive Verarbeitungsformen, jugendpolitische Konsequenzen. Weinheim: Juventa, 11-34.

Hermann, D. (2004): Bilanz der empirischen Lebensstilforschung. In: Kölner Zeitschrift für Soziologie und Sozialpsychologie, 56, 153-179.

Hitzler, R. (1994): Sinnbasteln. Zur subjektiven Aneignung von Lebensstilen. In: Mörth, I./Fröhlich, G. (Hrsg.): Das symbolische Kapital der Lebensstile. Zur Kultursoziologie der Moderne nach Pierre Bourdieu. Frankfurt/M.: Campus, 75-92.
Hitzler, R./Bucher, T./Niederbacher, A. (2001): Leben in Szenen. Formen jugendlicher Vergemeinschaftung heute. Opladen: Leske + Budrich.
Hradil, S. (1987): Sozialstrukturanalyse einer fortgeschrittenen Gesellschaft. Opladen: Leske + Budrich.
Hradil, S. (1999): Soziale Ungleichheit in Deutschland. Opladen: Leske + Budrich.
Hradil, S. (2001): Eine Alternative? Einige Anmerkungen zu Thomas Meyers Aufsatz „Das Konzept der Lebensstile in der Sozialstrukturforschung". In: Soziale Welt, 52, 273-282.
Kohli, M. (1986): Gesellschaftszeit und Lebenszeit. Der Lebenslauf im Strukturwandel der Moderne. In: Berger, J. (Hrsg.): Die Moderne – Kontinuität und Zäsuren. Soziale Welt, Sonderband 4, 183-208.
Kohli, M. (1998): Lebenslauftheoretische Ansätze in der Sozialisationsforschung. In: Hurrelmann, K./Ulich, D. (Hrsg.): Handbuch der Sozialisationsforschung. Weinheim, Basel: Beltz, 303-317.
Konietzka, D. (1995): Lebensstile im sozialstrukturellen Kontext. Opladen: Westdeutscher Verlag.
Lange, E. (1997): Jugendkonsum im Wandel. Konsummuster, Freizeitverhalten, Lebensstile und Kaufsucht 1990 und 1996. Opladen: Leske + Budrich.
Lüdtke, H. (1989): Expressive Ungleichheit. Zur Soziologie der Lebensstile. Opladen: Leske + Budrich.
Meyer, T. (2001): Das Konzept der Lebensstile in der Sozialstrukturforschung – eine kritische Bilanz. In: Soziale Welt, 52, 255-272.
Michailow, M. (1994):Lebensstilsemantik. Soziale Ungleichheit und Formationsbildung in der Kulturgesellschaft. In: Mörth, I./Fröhlich, G. (Hrsg.): Das symbolische Kapital der Lebensstile. Zur Kultursoziologie der Moderne nach Pierre Bourdieu. Frankfurt/M.: Campus, 107-128.
Mitchell, A. (1983): The Nine American Life Styles. New York: Macmillan.
Müller, H.-P. (1992): Sozialstruktur und Lebensstile. Der neuere theoretische Diskurs über soziale Ungleichheit. Frankfurt/M.: Suhrkamp.
Otte, G. (2004): Sozialstrukturanalysen mit Lebensstilen. Eine Studie zur theoretischen und methodischen Neuorientierung der Lebensstilforschung. Wiesbaden: VS Verlag für Sozialwissenschaften.
Otte, G. (2005): Hat die Lebensstilforschung eine Zukunft? In: Kölner Zeitschrift für Soziologie und Sozialpsychologie, 57, 1, 1-31.
Raithel, J. (2004a): Gesundheitsrelevantes Verhalten und Lebensstile Jugendlicher. Lengerich: Pabst.
Raithel, J. (2004b): Delinquenz und Lebensstile Jugendlicher. In: Kriminologisches Journal, 36, 3, 179-197.
Raithel, J. (2005): Die Stilisierung des Geschlechts. Jugendliche Lebensstile, Risikoverhalten und die Konstruktion der Geschlechtlichkeit. Weinheim: Juventa.
Richter, R. (1989): Subtile Distinktion zur Reproduktion sozialer Ungleichheit im mikrosozialen Bereich. In: Österreichische Zeitschrift für Soziologie, 14, 3, 53-63.

Richter, R. (1994): Stile im Konflikt in der Begegnung zwischen Ost und West. Ein kultursoziologischer Beitrag aus der Lebensstilforschung. In: Schwenk, O. G. (Hrsg.): Lebensstil zwischen Sozialstrukturanalyse und Kulturwissenschaft. Opladen: Leske + Budrich, 261-282.

Schulze, G. (1992): Die Erlebnisgesellschaft. Kultursoziologie der Gegenwart. Frankfurt/M.: Campus.

Schulze, H. (1996): Lebensstil und Verkehrsverhalten junger Fahrer und Fahrerinnen. Bergisch Gladbach: Bundesanstalt für Straßenwesen, Heft M 56.

Spellerberg, A. (1996): Soziale Differenzierung durch Lebensstile. Eine empirische Untersuchung zur Lebensqualität in West- und Ostdeutschland. Berlin: Ed. Sigma.

Spellerberg, A./Berger-Schmitt, R. (1998): Lebensstile im Zeitvergleich. Typologien für West- und Ostdeutschland 1993 und 1996. Berlin: Wissenschaftszentrum Berlin für Sozialforschung.

Ulbrich-Herrmann, M. (1998): Lebensstile Jugendlicher und Gewalt. Eine Typologie zur mehrdimensionalen Erklärung eines sozialen Problems. Münster: Lit.

Vester, M./v. Oertzen, P./Geiling, H./Hermann, T./Müller, D. (2001): Soziale Milieus im gesellschaftlichen Strukturwandel. Zwischen Integration und Ausgrenzung. Frankfurt/M.: Suhrkamp.

Vollbrecht, R. (1995): Die Bedeutung von Stil. Jugendkulturen und Jugendszenen im Licht der neueren Lebensstildiskussion. In: Ferchhoff, W./Sander, U./Vollbrecht, R. (Hrsg.): Jugendkulturen – Faszination und Ambivalenz. Einblicke in jugendliche Lebenswelten. Festschrift für Dieter Baacke. Weinheim: Juventa, 23-37.

Zum Verhältnis von Jugend und Gesellschaft[1]

Ludwig von Friedeburg

Kaum ein Phänomen der gesellschaftlichen Entwicklung scheint auch sachverständige Beobachter so sehr zu irritieren wie das Erscheinungsbild der Jugend im modernen Industriestaat. „Die skeptische Generation“, „Notstand der Jugend“, „Wie stark sind die Halbstarken?“, „Die Generation der Gefährdeten“ lauten die Titel deutschsprachiger Veröffentlichungen, mag in ihnen nur dargetan sein, daß es so schlimm um die Jugend – und die Gesellschaft – gar nicht stehe, oder umgekehrt, daß Gefahr im Verzug sei. Auf einer breiten Skala zwischen Pessimismus und Optimismus reihen sich die Diagnosen widerspruchsvoll aneinander. Zur Illustration seien von den Rändern dieser Skala lediglich zwei Stimmen zitiert.

Der Augenschein lehre, schreibt Richard Kaufmann, daß es noch nie in unserer Geschichte eine so unglückliche Generation gegeben hat wie die der 14- bis 21jährigen von heute: „Eine Jugend, hungrig trotz der Übersättigung, leer trotz der Fülle des Gebotenen, ratlos, nervös, unzufrieden und erfüllt von einer tiefen Animosität gegen die Erwachsenen, die doch dieses Jugendparadies geschaffen haben“.[2] Von derselben Generation heißt es dagegen bei Schelsky, sie sei zwar skeptisch, aber von einer ungewöhnlichen Lebenstüchtigkeit: „Die Generation ist im privaten und sozialen Verhalten angepasster, wirklichkeitsnäher, zugriffsbereiter und erfolgssicherer als je eine Jugend vorher. Sie meistert das Leben in der Banalität, in der es sich dem Menschen stellt, und ist darauf stolz“[3].

Die Widersprüche zwischen den pessimistischen und optimistischen Aussagen über die heutige Jugend erklären sich zum Teil durch das Anschauungsmaterial der Autoren. „Negative“ Urteile werden vornehmlich mit persönlicher Erfahrung und Einzelfallanalysen belegt. Halbstarkenkrawalle, Straftaten einzelner Jugendlicher, Kinder, die es nicht mehr der Mühe wert erachten, mit ihren Eltern auch nur zu sprechen, Tagebucheintragungen Jugendlicher, in denen der Vater als „der Heini“ – „dieses Rindvieh“ – „der dämliche Idiot“ bezeichnet wird, spielen in der Argumentation eine große Rolle. Die „positiven“ Aussagen, in denen die Normalität der großen Zahl betont wird, stützen sich dagegen vorwiegend auf

---

1 Mit freundlicher Genehmigung der Europäischen Verlagsanstalt, Frankfurt a.M., entnommen aus: *Zeugnisse.* Theodor W. Adorno zum 60. Geburtstag, hrsg. von Max Horkheimer, Frankfurt 1963, S. 410-426.

2 Die Generation der Gefährdeten. *Süddeutsche Zeitung* 1958, Nr. 280.

3 Schelsky, Helmut, *Die skeptische Generation.* Düsseldorf-Köln 1957, S. 488.

die Befunde statistisch repräsentativer Umfragen. Mit diesem Hinweis soll nicht auf die Überlegenheit systematischer, empirischer Sozialforschung gegenüber der Alltagserfahrung angespielt werden. So verständlich es einerseits ist, daß die Interpretation aufregender Einzelfälle häufig der Neigung zu vorschneller Verallgemeinerung erliegt, so klar ist doch andererseits, daß beim derzeitigen Stand des Wissens über das Phänomen „Jugend" insbesondere normierte Jugendumfragen unvermeidlich die Tendenz haben, die Realität in ihren Befunden zu „normalisieren" und damit zu verharmlosen.

Im übrigen ist es zu vermuten, daß in den auseinanderweisenden Urteilen über die heutigen Jugendlichen jeweils bestimmte Aspekte und Konsequenzen des Sozialisierungsprozesses hervorgehoben und verabsolutiert werden, deren Zusammenhang erst ein Bild von jener durchaus nicht widerspruchsfreien Wirklichkeit ergibt, in der Jugendliche wie Erwachsene leben. Im folgenden soll zunächst versucht werden, an Hand des empirischen Materials der zahlreichen neueren jugendsoziologischen Untersuchungen charakteristische Züge der modernen Jugend nachzuzeichnen. Dabei bleibt die Darstellung auf Westdeutschland beschränkt; jedoch mögen die Ergebnisse in Grenzen auch für andere hochindustrialisierte Länder gelten. Auf eine Definition von „Jugend" wird bewußt verzichtet. Diese Entwicklungsphase wird quantitativ wie qualitativ, in ihrer zeitlichen Ausdehnung wie inhaltlichen Ausprägung, jeweils von den gesellschaftlichen Verhältnissen bestimmt. In der Gegenwart ist die Jugendphase soziologisch nur als schwer abgrenzbarer Übergang zwischen Kindheit und Erwachsensein zu charakterisieren, nicht aber durch eine ihr zugehörige soziale Rolle. Unsere Überlegungen sollen durch starre Altersgrenzen nicht eingeschränkt werden; sie beziehen sich vornehmlich auf die 15- bis 25jährigen, ohne die etwas Jüngeren und etwas Älteren auszuschließen, und betreffen vorwiegend männliche Jugendliche, da Untersuchungen über Mädchen nur spärlich vorhanden sind. Bei einem Versuch, auf knappem Raum typische Reaktionsformen Jugendlicher in der modernen Gesellschaft zu bezeichnen, läßt es sich allerdings nicht immer vermeiden, pauschal von den Jugendlichen zu sprechen, so sehr Differenzierungen auch geboten wären.

Die Beschreibung orientiert sich an den gesellschaftlichen Instanzen des Sozialisierungsprozesses. Sie vermitteln die Normen und handhaben die Sanktionen, welche die Eingliederung der Heranwachsenden in die Gesellschaft bestimmen. Grad, Art und Folgen von Anpassung an oder Widerstand gegen die Gesellschaft ist am Verhältnis der Jugendlichen zu diesen Institutionen abzulesen. Vor der Industrialisierung wurde die Eingliederung der Heranwachsenden in erster Linie von der Familie geleistet. Seitdem übernahm Schule und Betrieb wichtige Sozialisierungsaufgaben, ganz abgesehen vom Einfluß formeller Jugendgruppen, dem Zugriff der Konsum- und Kulturindustrie sowie dem Anspruch der großen

Organisationen. Ob die zweifellos vielfältigeren Normen, denen Jugendliche heute begegnen, zwangsläufig und in der Regel einander widersprechen und so den Übergang von der Kindheit zum Erwachsensein strukturell mit Konflikten beladen, oder ob sie sich tendenziell ergänzen und, nicht im Widerspruch untereinander, sondern im Verein miteinander, gesamtgesellschaftliche Widersprüche reproduzieren, ist eine der bedeutsamsten Forschungsfragen für die Soziologie der modernen Jugend.

Die Entwicklung der Familie vom Produktionsverband mehrerer Generationen unter dem Dach des gemeinsamen Hauses zur kleinen Konsumgemeinschaft, beschränkt in ihren Funktionen und daher reduziert auf ihren Kern, die Eltern und ihre unmündigen Kinder, begünstigte die Heranwachsenden. Sie vermögen sich früher zu emanzipieren und die ersehnte Selbständigkeit zu erlangen. Die traditionelle Basis elterlicher Autorität zerbröckelte, da Lebens- und Berufserfahrung ihre produktive Funktion durch die Mechanisierung der Arbeit einbüßte und tradierbarer Familienbesitz dahinschwand. Die jüngsten Erfahrungen mit dem Nationalsozialismus und seinen schrecklichen Konsequenzen bestärken die Erwachsenen ebensowenig darin, auf bessere Einsicht und überlieferte Vorrechte zu pochen, wie der Strukturwandel in allen Bereichen des gesellschaftlichen Lebens, dem sich anzupassen die Älteren schlechter gerüstet sind als die Jüngeren. Die objektiven Voraussetzungen für den Konflikt zwischen den ungeduldigen Nachkommen und den überlegenen Eltern haben sich drastisch vermindert, das Generationsproblem im ursprünglichen Sinn verlor seine weitausstrahlende Bedeutung.

Das Verhältnis der heranwachsenden Kinder zu den Eltern ist immer weniger durch Subordination als vielmehr durch Kollegialität bestimmt. Die Erziehung soll Selbständigkeit fördern, nicht Abhängigkeit verlängern. Reibereien bleiben kaum aus, doch bemühen sich beide Seiten, Schwierigkeiten zwischen den Generationen zu überspielen, anstatt Konflikte auszutragen. Selbst die im Vergleich zu früheren Zeiten begrenzten Möglichkeiten der Kontrolle Heranwachsender, auch und gerade im Hinblick auf deren sexuelle Regungen, werden zumeist von den Eltern nur oberflächlich wahrgenommen. Kaum überrascht daher die durchweg positive Einstellung der Jugendlichen zur Institution der modernen Familie im allgemeinen wie zum eigenen Elternhaus im besonderen. Überwiegend wollen sie ihre Kinder einmal ebenso erziehen, wie sie selbst erzogen wurden. Die Eltern werden weder idealisiert, noch dramatisiert man ihre Fehler, sondern toleriert ihre Schwächen und gelegentlich etwas „altmodischen“ Ansichten. Häufig allerdings wünschen sich Jugendliche mehr Verständnis von den älteren Generationen für ihre eigene Anschauung und Lebensweise. Sie argwöhnen zumeist mit Recht, daß das Urteil der Erwachsenen über die Jugend ungünstiger gefärbt ist als das der Jugendlichen über die Älteren, die mit der Zeit nicht immer Schritt zu halten vermögen, aber darum nicht verurteilt werden. Schwerer jedoch als mangelndes Verständnis dürfte für die personale Entwicklung der Kinder die Autoritätseinbuße der Eltern wiegen. Sie erleichtert gewiß die gesellschaftlich notwendige frühzeitige Lösung der Heranwachsenden von der Familie, beschränkt aber zugleich durch Verringerung der Identifikationsmöglichkeiten die Chancen für die Ausbildung autonomer, ich-starker Individuen, deren eine veränderte Einrichtung der Gesellschaft dringend bedürfte, so schwer sie die gegenwärtige erträgt, die eher Anpassung als unabhängiges Mitwirken ihrer Bürger ermöglicht und erfordert.

Die wachsende Bedeutung der Schulausbildung für die Eingliederung der Heranwachsenden in die moderne Gesellschaft braucht kaum hervorgehoben zu werden. Für die meisten Schüler endet sie in Deutschland allerdings immer noch im Kindesalter. Über den Besuch weiterführender Schulen entscheidet weniger ihre Begabung als die soziale Stellung der Eltern. Da die intellektuellen Anforderungen der Berufsarbeit stiegen und der demokratische Staat mehr rationales Verständnis und Kooperationsbereitschaft seiner Mitglieder benötigt, verwandelte sich die Schule von der Zuchtanstalt in die Lerngemeinschaft. Die Schüler haben es daher erheblich leichter, sich mit der Schule als sozialer Institution zu identifizieren. Sie gehen nach eigener Aussage zumeist gern zum Unterricht. Widerstand gegen den sachlich vermittelten Lernzwang findet sich kaum, Kritik an den Lehrern selten. Sie fühlen sich im allgemeinen angemessen behandelt und häufiger zu gut denn ungerecht beurteilt. In der Rückschau wird das positive Urteil über die Schule durch den Vergleich mit dem Berufsleben erleichtert; man hatte in der Schulzeit mehr „Freiheit“, was vor allem mehr Freizeit meint. Mit zunehmendem Alter wird die Schule aber selbst entgegen ihrem pädagogischen Selbstverständnis als Berufsausbildung betrachtet. Das gilt nicht nur für den Berufsschulunterricht, sondern auch für die weiterführenden Schulen. Schelsky vermutet wohl zu Recht, daß „heute für jegliche Form von Arbeit und Leistung, die von Jugendlichen mit einem gewissen Anspruch auf Lebensernst verlangt wird, als soziale Sinndeutung überhaupt nur noch die Vorstellung des ‚Berufes‘ zur Verfügung steht“[4]. Nüchtern und sachverständig werden Qualifikation und Unterrichtsvorbereitung der Lehrer begutachtet. Die höhere Schule braucht ihren Schülern den Wandspruch „non scholae, sed vitae discimus“ nicht mehr vorzuhalten; sie selbst wird an diesem Maßstab gemessen, ihr Angebot nicht zuletzt danach beurteilt, ob es für das Leben verwertbar und nützlich ist.

Die große Mehrheit der Heranwachsenden, die aus der Volksschule in das Erwerbsleben tritt, hat freilich von den konkreten Berufsanforderungen nur verschwommene Vorstellungen. Elternhaus und Schule, Berufsberatung und Betrieb

4 op.cit., S. 303.

übernehmen zumeist die Entscheidung über Ausbildung oder Beschäftigung. Doch die Berufswünsche Jugendlicher und ihre allgemeinen Erwartungen an die Arbeitswelt eilen der Zeit eher voraus und lassen erkennen, wie frühzeitig und nachhaltig sich der Stil der industriell-technischen Gesellschaft den Heranwachsenden mitteilt. Ihre Einstellung zur Arbeit orientiert sich an deren instrumentell entwickeltster Form. Frühindustrielle Arbeitsweisen, charakterisiert durch körperliche Belastung, Schmutz, Monotonie und personalen Druck durch Vorgesetzte – und erst recht vorindustrielle Arbeitsformen, wie sie in der Landwirtschaft und im Haushalt noch zu finden sind, werden von den Jugendlichen entschiedener und schärfer abgelehnt als von ihren älteren Berufskollegen. Die Ansprüche der Jugend reflektieren, bewusst oder unbewusst, die objektive Entwicklung von der schweren zur leichten Arbeit, von lang erlernter, handwerksähnlicher Berufstätigkeit zu kurzfristig angelernter, spezialisierter Beschäftigung.

Im vergleichsweise großen Arbeitsstellen- und Berufswechsel Jugendlicher kommt nicht so sehr Unstetigkeit und Mangel an Ausdauer zum Ausdruck, als die Prämiierung von Berufsmobilität zumindest in Phasen der Vollbeschäftigung. Die Arbeit ist für die Jugendlichen weniger Selbstzweck als ein Mittel, Geld zu verdienen, beruflich voranzukommen und soziale Geltung und Sicherheit zu gewinnen, eine Leistung, deren Aufwand zeitlich klar begrenzt und, gemessen an den technischen Möglichkeiten, in einem vernünftigen Verhältnis zum Ertrag stehen soll. Dabei ist die Einstellung der Jugendlichen zur Arbeit zumeist durchaus positiv. Arbeitsfreude und Leistungswille, Fleiß und Lerneifer der überwiegenden Mehrheit lassen das starke Anpassungsbedürfnis erkennen. Ihre Ansprüche und Erwartungen können sich aber häufig nicht erfüllen. Weder die vorwiegend kleinbetrieblichen Ausbildungsstätten der Lehrlinge noch die Arbeitsplätze der Ausgelernten und Angelernten entsprechen im allgemeinen dem letzten Stand der technischen Entwicklung. Mit zunehmender Berufs- und Betriebserfahrung werden die Aufstiegsbarrieren deutlich, durch die immer noch häufig bessere Plätze für die Älteren reserviert sind. Die Einstellung der 20- bis 30jährigen Arbeiter und Angestellten zum Betrieb, nicht aber zu den älteren Arbeitskollegen, ist durchweg kritischer als die aller anderen Altersgruppen. Jugendliche haben heute im allgemeinen mehr Freizeit und verfügen über größere finanzielle Mittel als ihre Altersgenossen in früheren Generationen. Gemessen am Stand der wirtschaftlichen Entwicklung und in Anbetracht der starken Anspannung während der Berufsausbildung und -einübung ist ihre Freizeit freilich immer noch knapp bemessen. Ihr Taschengeld eröffnet ihnen zwar fraglos den Zugang zu zahlreichen Freizeitbeschäftigungen. Gegenüber dem Angebot der Konsum- und Kulturindustrie nehmen sich die finanziellen Mittel der meisten Jugendlichen jedoch recht bescheiden aus. Die von Arbeit, Schule und häuslichen Verpflichtungen freie Zeit verbringen die Jugendlichen zumeist mit Gleichaltrigen. Ungefähr die

Hälfte gehört einem Kreise von Freunden oder Bekannten an, der sich mit einiger Regelmäßigkeit trifft. Diese Kontakte vermitteln wichtige Orientierungsmaßstäbe für das Freizeitverhalten. Fest strukturierte informelle Gruppen Gleichaltriger mit spezifischen Normensystemen und fixierten Rollenerwartungen für bestimmte Positionen finden sich jedoch augenscheinlich sehr selten. Der Einfluß des Elternhauses auf die Freizeit ist gering, effektive Freizeitkontrolle durch die Eltern eine seltene Ausnahme. Auch der Einfluß der meist von Erwachsenen geleiteten Jugendorganisationen, denen etwa vierzig Prozent der Jugendlichen nominell angehören, deren Veranstaltungen – sieht man einmal von den Sportvereinen ab – indessen nur eine Minderheit der Mitglieder regelmäßig besucht, darf nicht überschätzt werden. Gelangweilte Rezeption der mehr oder minder unterhaltsamen Bemühungen des „Veranstalters" ist für die Teilnahme zumeist charakteristischer als aktive Mitarbeit und Identifikation mit den Zielen der Organisation.

Keine Altersgruppe fügt sich dem Konsumdruck der Vergnügungsindustrie so willig wie die Jugendlichen. Nur eine Minderheit der erwachsenen westdeutschen Bevölkerung, aber die große Mehrheit der Heranwachsenden geht regelmäßig ins Kino. Häufiger als die Erwachsenen lesen Jugendliche illustrierte Zeitschriften, hören Schallplatten und Rundfunk. Lediglich das Fernsehen frequentieren Jugendliche vermutlich nicht so oft wie Erwachsene und Kinder, da die Empfangsgeräte zumeist im Wohnzimmer der Familie stehen. In den sogenannten Heimen zur Offenen Tür jedoch, die für die nichtorganisierte Jugend eingerichtet wurden, wird kein Raum so gut besucht wie das Fernsehzimmer. Andererseits ist nicht zu verkennen, daß der moderne Freizeitbetrieb seine jugendlichen Konsumenten kaum recht befriedigt, daß die Pausen zwischen den „Unternehmungen" häufig von dem Gefühl der Leere und Langeweile gezeichnet sind. Die Beobachtungsberichte vom Freizeitverhalten Jugendlicher in den Wohnungen und Heimen, in Lokalen und auf den Straßen geben über die Langweile und das unterschwellige Missvergnügen deutlicher Auskunft als die Befragungsergebnisse.

In der entwickelten Industriegesellschaft bleibt allerdings auch jugendliches Unbehagen nicht ungenutzt. Die Protestbedürfnisse Jugendlicher werden ebenso kanalisiert und verwertet wie ihr Integrationseifer. Die kurzen Hosen der gegen die Erwachsenen protestierenden Jugendbewegung waren einstmals Symbol einer eigenen Welt. Die Twenkleidung der heutigen Jugend repräsentiert den modernsten Stand der Herrenmode. Symptomatisch ist, daß Teenager-Clubs sich heute als neue Jugendbewegung deklarieren und dabei als Lobby im Dienste der ökonomischen Interessen ihrer Idole samt deren Managern und Produzenten fungieren. In einer Sendung des Bremer Jugendfunks im April 1960 erklärte der Leiter der Club-Union, einer Vereinigung von Jugendclubs, unverblümt: „... das alles beruht auf Gegenseitigkeit. Man sagt: Eine Hand wäscht die andere. Es ist so: Wir machen für die Firmen eben ein bisschen Reklame. Und als Gegenleistung geben sie uns für unsere Zeitschrift Inserate und eventuell kleine Geldbeträge." Über die Art der Reklame befragt, erläutert er: „Indem wir zum Beispiel für die Schallplattenfirmen ganze Pakete von Postkarten verschicken und auf diese Art eben ein klein wenig die Meinung des gesamten Jugendlichenkreises vortäuschen. Von seiten verschiedener Firmen haben wir ab und zu am Sender, bei Zeitschriften und Verlagen verschiedene Bild- und Programmwünsche vorgetragen. Es ist Mode geworden, daß wir auswärtige Clubs, die uns angeschlossen sind, mit Post und Briefmaterial versehen haben, um eine Häufung speziell aus München zu vermeiden."[5] Produktion und Vertrieb der Vergnügungsindustrie werden simuliert, indem man hilft, jene Nachfrage der Konsumenten erst zu schaffen oder durch massierten Druck von Hörer- und Leser-Konsumenten erst zu schaffen oder durch massierten Druck von Hörer- und Leserbriefen vorzuspiegeln, nach der sich das Angebot vorgeblich richtet. Die jugendlichen Funktionäre der Clubs kennen sich in den Spielregeln der Konsumindustrie nicht schlechter aus als die Stars und Produzenten. Über die Arbeit des Teenager-Clubs „Siebzehn", der von der Illustrierten *Ihre Freundin* initiiert wurde und Filialen in etwa 40 deutschen Städten unterhält, berichtet Helmut Lamprecht, die Firmen „machen Kosmetikabende und Modeschauen, und immer werden dann an die Club-Mitglieder kostenlose Werbeartikel verteilt. Auch die Saalmieten bezahlen die Firmen, die darüber hinaus auch Essen und Getränke stiften. Das ständige Club-Lokal wird von der Karlsruher Zentrale bezahlt. Eine Reporterin fragte Angelika (die neunzehnjährige Leiterin der Bremer Filiale): ‚Sind sich die Club-Mitglieder eigentlich darüber klar, daß sie für Werbezwecke ausgenutzt werden, daß sie eine Art Werkzeug sind für Firmen aller Art?' Angelika: ‚Nein, das wissen unsere Teenager nicht, und ich möchte auch nicht, daß sie dahinterkommen'.[6]" Das Geschäft mit den Teenagern wird nicht zuletzt von Teenagern selbst betrieben, die gegen die Welt der Erwachsenen zu protestieren und dem grauen Alltag zu entfliehen trachten. Der Hamburger Jugendpsychologe Muchow, der in den Jazzfans die Jugendbewegung von heute zu erkennen glaubt, hat diese Art jugendlichen Protests als „Ausbruch aus dem System mit den Mitteln des Systems" bezeichnet[7]. Hinzuzufügen wäre nur, daß das System die Mittel bereitwillig zur Verfügung stellt.

In mancher Beziehung sind selbst noch die sogenannten Halbstarkenkrawalle als systemgerechtes Ausbruchsverhalten zu interpretieren, mag auch der Zusammenstoß überschüssiger Vitalität, die in den großen Städten häufig weder in noch nach der Arbeit recht ausgelebt werden kann, mit den Regeln und Autoritäten der verwalteten Welt, die Ruhe der Bürger heftiger stören als die Aktivität der

5 Zitiert nach Lamprecht, Helmut, *teenager und manager*. Bremen 1960, S. 125f.
6 op. cit., S. 130.
7 Muchow, Hans Heinrich, *Sexualreife und Sozialstruktur der Jugend*. Hamburg 1959, S. 141.

Star- und Jazzfans. Muchow kommt nach einer Analyse der Untaten der sogenannten Halbstarken zu dem Schluß, daß sie zumeist strafrechtlich nicht besonders schwer bestraft werden. Man verstehe, daß unter den Jugendlichen das Wort umgehe: „Was kann uns schon passieren?!“[8] Sie wüßten das Risiko genau abzuschätzen, das dem Lustgewinn aus ihren Unternehmungen gegenübersteht. Augenscheinlich verbürgt das handgreifliche Spiel mit diesem Risiko selbst Lustgewinn, nicht nur für die aktiv Beteiligten, fast ausnahmslos männliche Jugendliche im Alter von 15 bis 20 Jahren, sondern auch für die sich rasch einfindenden Zuschauer. Symptomatisch waren die Krawalle in der Berliner Afrikanischen Straße im Jahre 1956, in der allwöchentlich am gleichen Tage eine Mopedgang vor ihrem Verkehrslokal randalierte. Bald versammelten sich erwartungsvolle Zuschauer, unter ihnen viele Erwachsene und zahlreiche Zeitungsreporter, schon vor dem Eintreffen der jugendlichen Krakeeler. Beim ersten Vorfall waren rund 100 Personen, beim vierten bereits etwa 500 in der Afrikanischen Straße anwesend. In der fünften Woche warteten fast 1000 Personen vergebens auf die Mopedclique, die den Spaß an der Sache anscheinend längst verloren hatte. Zu ruhestörendem Lärm, Verkehrsbehinderung und Provokation der Polizei kam es dann wegen des dichten Gedränges trotzdem.

Die rasche Ausbreitung der Jugendkrawalle ist durch die sensationelle Aufmachung der Presseberichterstattung nachweislich begünstigt worden. Bildreporter hingen sich an die Fersen athletisch aussehender Schutzpolizisten und verfolgten diese so lange, bis sie brauchbare Aufnahmen „schießen“ konnten. Teilweise nachträglich gestellte Fotografien stempelten jugendliche Anführer zu „Stars“. Doch trug vielfach auch die Polizei das Ihrige dazu bei, das Spektakel zu vergrößern oder gar in Gang zu bringen. Seit im Faschingstreiben auf der Frankfurter Zeil Lautsprecherwagen der Polizei Tanzmusik übertragen, ist es zu ernsten Zusammenstößen nicht mehr gekommen. Mag sich in den sogenannten Halbstarkenkrawallen neben überschüssiger Vitalität auch dumpfer Protest gegen die Welt der Erwachsenen aggressiv entladen, mögen sie Gelegenheit für Mutproben geben, die zur Aufnahme in Banden erforderlich sind, soziologisch interessanter als das jugendliche Aufbegehren gegen die Autorität der manipulierten Ordnung ist der Einfluß dieser Ordnung auf die Krawalle selbst. Nur durch die Reaktionen der Öffentlichkeit: der Presse, des Publikums und der Polizei, dürfte ihre Häufigkeit und rasche Ausbreitung im Jahre 1956 sowie ihr Abklingen in den folgenden Jahren zu erklären sein. Erst als in München zum Sommeranfang 1962 die genannten Bedingungen wieder provozierend sich einstellten, war eine neue Krawall-Serie zu verzeichnen.

8 Vgl. op. cit., S. 126 ff.

Als die Großkrawalle abebbten, rückte die Jugendkriminalität in den Mittelpunkt der Diskussion über die angeblich aggressiv rebellische Jugend. Kurzschlüssig verbanden sich statistische Informationen über die Zunahme der Straffälligkeit Jugendlicher mit dramatischen Zeitungsberichten über vereinzelte Terrorakte halbwüchsiger Mörder zur Vorstellung, es wachse eine Generation brutaler jugendlicher Gewaltverbrecher heran. Demgegenüber ist zu betonen, daß zumindest in Deutschland, die von Jugendlichen und Heranwachsenden begangenen Delikte Mord, Totschlag und Körperverletzung in den letzten fünfzig Jahren abgenommen haben. Die charakteristische Straftat Jugendlicher ist vielmehr – sowohl absolut betrachtet wie im Vergleich zu den Delikten der Erwachsenen – das Eigentumsdelikt: eine illegale Reaktion auf den Konsumdruck und wachsenden Wohlstandskomfort in der Gesellschaft. Kraftfahrzeuge werden zum Beispiel von Jugendlichen 15mal häufiger gestohlen als von Erwachsenen. Die Zunahme der Jugendkriminalität bezeugt eher den Wunsch nach Anpassung als das Bedürfnis nach Sezession und Widerstand. Sie ist wegen der dominanten Eigentums- und Verkehrsdelikte zu Recht mit den Begriffen Wohlstands- und Zivilisationskriminalität interpretiert worden.

Nach diesen Exkursen *über verschwindend kleine Minderheiten*, deren Impulse und Verhalten allerdings symptomatische Bedeutung haben, soll wieder die Jugend in ihrer Gesamtheit, und zwar ihr Verhältnis zur Politik und zum demokratischen Staat betrachtet werden. Ihre Beziehung zur politischen Öffentlichkeit ist leichter negativ denn positiv zu charakterisieren: durch den Mangel an Information, Urteilsvermögen und Interesse, durch eine konformistische Indifferenz gegenüber dem demokratischen System, das, solange die Wirtschaft funktioniert, affektlos bejaht wird und dessen politischen Ansprüchen man so weit nachkommt, wie sie amtlichen Charakter haben, im Sozialkundeunterricht, beim Wehrdienst und bei den Wahlen. Mögen auch viele Jugendliche ein latentes Sachinteresse an politischen Problemen haben, die für ihre eigene Situation relevant sind, offensichtlich wird es unter den gegenwärtigen Umständen kaum aktualisiert. Der institutionelle Aufbau unseres Staates ist so gut wie unbekannt, um so stärker die Tendenz, staatliche und politische Funktionen zu personalisieren. Das abstrakte System der Demokratie versage sich den Vertrautheitsansprüchen und Symbolbedürfnissen gerade der Jugendlichen, kommentiert Schelsky. Daß die vorpolitische Haltung der meisten Jugendlichen zum Staat durch ein totalitäres System antidemokratisch mobilisiert werden kann, bestreitet auch er nicht, wiewohl er bemüht ist, den politischen Habitus der Jugend als „unpolitisch-demokratisch" zu charakterisieren. Schelsky glaubt im Wandel der konkreten Forderungen an den Staat und in dem Bedürfnis nach unbedingter Freiheit gegenüber staatlicher und politischer Organisation, die sich mit den allgemeinen Vorstellungen vom Staat als Ordnungsmacht paradoxerweise durchaus vertrügen,

Garantien gegen eine antidemokratische Beeinflussung der Jugend entdeckt zu haben[9]. Er unterschätzt dabei die Tendenz, eben wegen jener konkreten Forderungen an den Staat, für Ordnung und Wohlstand, für politische und soziale Sicherheit zu sorgen, die eigene Situation auf Kosten der persönlichen Freiheit von staatlichen Instanzen erst präformieren und dann auch interpretieren zu lassen. Auf der Grundlage des nun einmal geschaffenen Zustandes wird zum Beispiel die Wiederbewaffnung von der Mehrheit der Jugendlichen nicht nur als politische Notwendigkeit hingenommen und bejaht, sondern noch als Erziehungsinstitution glorifiziert: Sie glauben, daß es für junge Männer gut ist, eine Zeitlang Soldat zu sein, weil das Militär sie zu Disziplin und Ordnung erziehe. Drei Viertel der Heranwachsenden sind dagegen, auf die Gebiete östlich der Oder-Neiße-Linie zu verzichten; über die Hälfte aber weiß gar nicht, wo die Oder-Neiße-Linie verläuft. Zur jüngsten Geschichte besteht bestenfalls ein Schulbuchverhältnis, soweit Ziele und Konsequenzen des Nationalsozialismus überhaupt bekannt sind. Die Vergangenheit hat für die meisten Jugendlichen nichts Beunruhigendes, sie fühlen sich weder betroffen noch aufgefordert, aus ihr zu lernen. Nur wenige vermögen sich überhaupt konkret vorzustellen, was eine Diktatur für sie persönlich bedeuten würde.

Die kleine Gruppe der Schüler höherer Lehranstalten und Studenten unterscheidet sich in manchen Einzelzügen des politischen Habitus recht erheblich von der Mehrheit der übrigen Jugendlichen. Vor allem Studenten verfügen häufig über das sonst vermisste Verständnis für den institutionellen Aufbau und die funktionalen Zusammenhänge in der Demokratie. Die Chance, sich während des Studiums um Politik zu kümmern, wird durchaus gesehen und als Verpflichtung aufgenommen. Trotz reger Benutzung der Informationsquellen und häufiger Gespräche über politische Sachverhalte bleibt aber das Wissen um aktuelle politische Themen und die Einsicht in konkrete politische Situationen weit hinter der Apparatekenntnis zurück. Im Bestreben pragmatistischer Anpassung an die sogenannten äußeren Notwendigkeiten stehen die studierenden den übrigen Jugendlichen nicht nach. Die Geschichte wird auch von den Studenten selten als ein Prozeß erfahren, in dem Vergangenheit in die Gegenwart hineinreicht und zum Moment politischer Entscheidung wird. Unter den gegenwärtigen wirtschaftlichen und politischen Umständen votieren die Studenten eindeutig für die parlamentarische Demokratie. Wie sie sich allerdings im Krisenfalle verhalten würden, ist eine andere Frage. Die Verwandlung des demokratischen Systems in einen Obrigkeitsstaat antikommunistischer Prägung würde vermutlich auch bei der studierenden Jugend wenig Widerstand finden.

9 Schelsky, op. cit,. S. 450 ff.

Die skizzierten Befunde der zahlreichen Jugenduntersuchungen drängen zu einigen Schlußfolgerungen und Hypothesen für die weitere Forschung. Vieles spricht dafür, daß die überwiegende Mehrzahl der Jugendlichen dem Angebot der Gesellschaft, sich ihr frühzeitig zu integrieren, bereitwillig und unreflektiert nachkommt. Dieser Sachverhalt lässt sich *die Anpassung der Unbelasteten* nennen, die Integrationstendenz einer Generation, die weder die ökonomische noch die politische Entwicklung unserer Gesellschaft ernsthaft für problematisch hält und halten kann, da ihr eigene Erfahrung von Terror und Krieg, Krisen und Massenarbeitslosigkeit mangelt. Das Charakteristische dieser Anpassung scheint in der Identifikation mit den jeweils entwickeltsten Zügen der modernen Gesellschaft zu bestehen. Die Mehrheit der Jugendlichen hält es mit der längst begonnenen Zukunft: mit dem Sachzwang und Leistungsanspruch der modernen industriellen Arbeit, ihrer technischen Perfektion, ihrem unpersönlichen Vollzug und der Beschränkung personaler Vorgesetztenautorität; mit dem Konsumzwang vor allem beim Geltungskonsum und bei den Gütern und Dienstleistungen der Freizeit- und Kulturindustrie; mit der affektneutralen Kollegialität der modernen Generationsbeziehungen und mit der Verselbständigung der politischen Bürokratie, deren manipulativen Bedürfnissen ihre politische Abstinenz und „Verbraucherhaltung gegenüber der Politik“ (Schelsky) entspricht. Unter diesem Aspekt kann man die moderne Jugend kaum als eine „skeptische“, eher als eine „fügsame“ Generation bezeichnen, tüchtig als Arbeitende in Ausbildung und Beruf sowie als Konsumenten in der Freizeit, tolerant gegenüber den Älteren, die mit der Zeit nicht mitkommen, konformistisch indifferent gegenüber den gesellschaftlichen Machtverhältnissen.

Weniger gut belegt, wenngleich im Einzelfall nicht minder deutlich zu erkennen, sind gewisse Symptome der Repression bei der gegenwärtigen Jugend. Es ließe sich an den häufig vertretenen Wunsch der berufstätigen Jugendlichen denken, einer anderen Beschäftigung nachgehen zu wollen, obwohl man die gegenwärtige kaum begonnen hat und mit der Arbeit nicht direkt unzufrieden ist; an die Leere und Langeweile in der regen Freizeitaktivität, einschließlich der sexuellen Beziehungen; an das, was „unbefriedigtes Symbolbedürfnis“ (Schelsky) genannt worden ist und vielleicht als Sehnsucht nach sachverständiger personaler Autorität interpretiert werden kann; an die unproduktive Distanzierung vom öffentlichen Betrieb und nicht zuletzt an bestimmte Aspekte der Wohlstandskriminalität Jugendlicher. *Das Missvergnügen der Unbefriedigten* und *die Distanz der Gelangweilten* scheinen für die heutige Jugend nicht minder charakteristisch zu sein als die Anpassung der Unbelasteten.

Die mit Missvergnügen und Distanz bezeichneten Schwierigkeiten der Heranwachsenden sucht Schelsky in seiner *Soziologie der deutschen Jugend* durch den Kontrast zu erklären, der zwischen der Familie und den großen bürokratischen Organisationen bestehe, die die Welt der Erwachsenen bestimmen. Früher, in der vorindustriellen, patriarchalisch-feudalen Ständegesellschaft waren Arbeitswelt, Öffentlichkeit und Staat „familienkonform“ und damit dem Heranwachsenden vertraut. Heute dagegen trete er in eine familienfremde, wenn nicht familienfeindlich strukturierte soziale Umwelt, in der seine „Vertrautheitsansprüche“ enttäuscht würden und er ständig „Fremdheitserlebnisse“ zu bewältigen habe[10].

Augenscheinlich operiert Schelsky hier mit einem Begriff von der Familie, der ihren gesellschaftlichen Wandel im Laufe der industriellen Entwicklung unterschlägt und von dem der Autor übrigens in seiner Darstellung später selbst abrückt. Den Strukturwandel der Familie, insbesondere die frühe Emanzipation der Jugendlichen berücksichtigt König in seinen einleitenden Bemerkungen zur *Soziologie der Jugendkriminalität*[11]. Er postuliert eine eigene Jugendwelt, eine Teenager-Kultur, deren Normen mit denen der Erwachsenen kollidieren. Heute leben bereits die Kinder nur noch marginal in der Familie, wohl aber zentral in Gruppen von Gleichaltrigen im Kindergarten, in der Schule und später in der Berufsausbildung und Freizeit. Damit gewönnen die Normen jugendlicher „Subkultur“ eine ganz ungewöhnliche Chance, sich differenzierter auszubilden und zu einem System zu gerinnen. Der Übergang von der Welt des Kindes in die der Erwachsenen könne unter diesen Umständen gar nicht gleitend und allmählich vor sich gehen, er *müsse* vielmehr konfliktgeladen sein.

---

10 op. cit,. S. 32 ff. Dieser Gedankengang ist von Kluth weiterentwickelt und differenziert worden. Kluth meint, daß den Jugendlichen heute von der Gesellschaft drei soziale Rollen zugemutet werden, die des Kindes im Elternhaus, die des Jugendlichen nach dem Willen bestimmter Gesetze und Freizeitforderungen und die des Erwachsenen im Berufsleben, die widersprechende Verhaltensvorschriften enthalten und nicht miteinander zu verbinden seien. Diese unlösbare Aufgabe erzeuge notwendig eine tiefgreifende Unsicherheit bei den Heranwachsenden. Vorausgesetzt, es bestünde wirklich ein gravierender Widerstreit zwischen den Normen für das Verhalten Jugendlicher in Familie, Beruf und Freizeit, so ist nicht recht einzusehen, warum ein Jugendlicher dann am ehesten und schärfsten dem Konflikt ausgesetzt sein soll, wie Kluth erklärt, „wo die stürzende, einbindende Umwelt, z.B. die Familie, so weit aufgelöst oder zerstört ist, daß sie ein Umschlagen des labilen Zustandes weder zu verhindern noch aufzufangen vermag“ (Kluth, Heinz, Die Stellung der Jugend in der industriellen Gesellschaft. In: *Die Jugend in den geistigen Auseinandersetzungen unserer Zeit*. Göttingen 1962, S. 44 f.). Der postulierte Normenkonflikt müßte doch im Gegenteil für den Jugendlichen im Falle einer stabilen, ungestörten Familie besonders stark sein. Daß aber in der Tat zerrüttete Familienverhältnisse für den Jugendlichen in der Regel ungünstige Folgen haben, eine gut funktionierende Familie ihn aber beim Übergang in das Erwachsenenleben stützt, legt eher die Annahme von der Ergänzung der Verhaltenserwartungen in den verschiedenen Bereichen nahe als die ihrer Unvereinbarkeit.

11 König, René, Einige Bemerkungen zur Stellung des Problems der Jugendkriminalität in der allgemeinen Soziologie. In: *Soziologie der Jugendkriminalität.* Hrsg. von Peter Heintz und René König. Sonderheft 2 der *Kölner Zeitschrift für Soziologie und Sozialpsychologie*, Köln und Opladen o. J., S. 9.

Wie aber sehen die Normen dieser angeblichen Subkultur aus, und was ist ihre gesellschaftliche Funktion? Die sozialen Beziehungen zwischen gleichaltrigen Kindern und Jugendlichen sind zumeist recht lose und wenig strukturiert. Ihre vagen Normen beziehen sich fast immer auf die Welt der Erwachsenen. Die Star- und Fanclubs, von denen die Rede war, mögen als symptomatisches Beispiel dienen. In den informellen Gruppen Gleichaltriger bietet sich den Jugendlichen eher als in der Familie die Chance, Vorformen jener Verhaltensweisen zu lernen, die eine fortgeschrittene Tauschgesellschaft von den Erwachsenen erwartet. Die informellen Gruppen müssen als Vermittlungsinstanzen zwischen den Individuen und der modernen Gesellschaft und zugleich als Reaktionsbildung auf gesellschaftliche Verhältnisse verstanden werden. Sie haben bestimmte Funktionen: soziale Kontrolle zu gewährleisten und Verhaltensweisen einzuüben, Zusammenhalt und Schemata der Identifikation zu verheißen, kompensatorisch für die Kälte der Massengesellschaft Nestwärme zu gewähren und Affektstauungen abzureagieren. Ihr wesentlich funktionaler Charakter schließt ernsthafte Normenkonflikte aus.

König scheint denn auch inzwischen seine These vom Normenkonflikt aufgegeben zu haben. In einem Vortrag über Probleme der Jugendsoziologie[12] bemerkte er, daß mit der Industrialisierung die festgefügte Jugendwelt verschwunden ist. Im Unterschied zu seiner früheren Ansicht, die moderne Gesellschaft böte ungewöhnlich gute Chancen zur Ausbildung einer Jugendkultur, vertritt er nun die entgegengesetzte, es sei heute besonders schwer, eine eigene Jugendwelt abzusondern. Nicht mehr aus dem angeblichen Normenkonflikt, sondern aus einem anscheinend angeborenen, aber in dieser Gesellschaft unbefriedigten Bedürfnis der Jugendlichen nach einer durch feste Normen strukturierten Jugendkultur sollen sich jetzt die Schwierigkeiten der Heranwachsenden erklären. Der Wunsch, die Bedeutung eigenständiger Subkulturen zu retten, ist der Vater dieses Gedankens[13].

Missvergnügen und Distanz der Heranwachsenden lassen sich kaum zureichend als Zeichen mangelnder Integrationsbereitschaft oder als Symptome für das Misslingen der Eingliederung in die Welt der Erwachsenen interpretieren,

---

12 Vor der Frankfurter Gesellschaft für Handel, Industrie und Wissenschaft am 31. Mai 1961.

13 Die Schwierigkeiten der Anwendung des Teilkultur-Theorems auf die Jugend in der modernen Gesellschaft kommen auch in den Ausführungen Tenbrucks zu unserem Thema beispielhaft zum Ausdruck (Tenbruck, Friedrich H., *Jugend und Gesellschaft.* Freiburg im Breisgau 1962, S. 49f.). Einerseits soll die moderne Jugend eine eigene Teilkultur besitzen, deren Formen und Normen „einen Grad der Eigenart und Autarkie erreicht, der früher selbst dort fehlte, wo die Rebellion gegen die Welt der Erwachsenen zum Programm wurden". Andererseits aber spricht er von einem „Puerilismus der Gesamtkultur", so daß die Jugend in mancher Hinsicht zur „dominanten Teilkultur" einer Gesellschaft geworden sei, deren industrielle Lebensbedingungen nationale und andere Unterschiede einebnen.

begründet in naturgegebener jugendlicher Opposition und postpubertären Schwierigkeiten, die reale Welt realistisch zu erleben und zum rechten Selbstverständnis und richtigen Platz in der Gesellschaft zu finden. Vielmehr scheinen in diesen Phänomenen die problematischen Folgen *gelungener* Anpassung zum Ausdruck zu kommen. Selbst wenn die Erfüllung aller Wünsche, die die Reklameagenturen der entwickelten Industriegesellschaft in den Jugendlichen erwecken, garantiert und nicht durch ihre beschränkte Verfügung über Geld und Zeit sowie durch traditionelle Normen und Rechtsbestimmungen gehemmt würde, selbst und erst recht dann gewährte die beliebige Auswahl zwischen dem Immergleichen auf dem Markt der Waren und Stellen, der kollegialen und intimen Beziehungen nicht das versprochene Glück. Der Weg jugendlicher Anpassung in der modernen Gesellschaft führt durch eine halbgeöffnete Tür zu einer ziellosen Freiheit. Nicht die Barrieren auf diesem Wege, sondern der Vorgeschmack seiner Vergeblichkeit dürfte letzten Endes der Grund für das Missvergnügen der Unbefriedigten sein. Da dieser Zusammenhang nicht bewußt, ja die Reflexion auf ihn in vieler Weise vorsätzlich erschwert und der Energie des dumpfen Unbehagens so weiter Auslaufspielraum eingeräumt wird, mangelt den Jugendlichen das Potential zu Verbesserung des unbefriedigenden Zustandes, von dem sie sich lediglich, soweit und solange sie es sich leisten können, gelangweilt distanzieren, ohne doch auf die Prämien der Anpassung verzichten zu wollen und zu können.

Zum Verständnis der Situation der gegenwärtigen Jugend vermag eine Anthropologie des Jugendalters nur wenig beizutragen. Der augenfälligen körperlichen Reifungsbeschleunigung entsprechen durchaus nicht, wie häufig angenommen wird, im Regelfall psychische Entwicklungsverzögerungen. Die Befunde der umfangreichen „Längsschnittuntersuchungen über die körperliche und seelische Entwicklung" deutscher Nachkriegskinder haben die Befürchtungen einer ungünstigen Einwirkung der Akzeleration gegenstandslos gemacht. Akzelerationserscheinungen finden sich vorwiegend bei Kindern mit gutem, Entwicklungsverzögerungen bei Kindern mit schlechtem Allgemeinzustand. Die akzelerierten Jungen sind überdurchschnittlich berufstüchtig und verhaltenssicher[14].

Eine Erklärung ist demnach eher im Entwicklungsprozeß der Gesellschaft als in dem der Individuen zu suchen. Die Dynamik der Gesellschaft als eines funktionalen Zusammenhangs zwischen Menschen drückt sich vor allem im Anwachsen der Vergesellschaftung der Menschen aus. Diese These spielt bekanntlich in den geschichtsphilosophischen Systemen der Soziologie des neunzehnten Jahrhunderts, insbesondere bei Spencer, eine zentrale Rolle. Angesichts des organizistischen Ansatzes von Spencer überrascht jedoch nicht, daß die ent-

14 Coerper, C. u. a., *Deutsche Nachkriegskinder*. Stuttgart 1955; Hagen, Wilhelm u. a., *Jugendliche in der Berufsbewährung*. Stuttgart 1958.

scheidende Bedingung für die rasche Zunahme der Vergesellschaftung seit Beginn des letzten Jahrhunderts, die Entfaltung der Produktivkräfte durch die Industrialisierung, von ihm lediglich als einer unter vielen anderen sekundären Faktoren behandelt wird[15]. Nicht aber durch die Natur und in „organischer" Weise, sondern vielmehr gegen die Natur, durch ihre Bewältigung und die Verfestigung jener zweiten Natur, wie Balzac die Gesellschaft nannte, wächst die Vergesellschaftung an.

Unmittelbar damit hängt zusammen, daß in dem Maße, in dem die Menschen durch die Entwicklung der Technik von der Natur unabhängiger werden, auch die gesellschaftlichen Spielregeln: die Verhaltensvorschriften und Verhaltenserwartungen, die den Inhalt gesellschaftlicher Rollen ausmachen, sich von naturgegebenen Differenzierungen ablösen. Das heißt, die Bedeutung von Naturkategorien wie Geschlecht, Klima, Rasse und Naturnähe der Produktion, die einmal den Gegensatz von Stadt und Land bestimmte, als Kristallisationselemente für soziale Rollen schwindet – so auch die Bedeutung des Lebensalters[16]. Gewiß können solche an natürliche Unterschiede angeschlossenen Rollenvorschriften ideologisch fixiert werden und sich noch lange erhalten, obwohl die gesellschaftliche Entwicklung ihren Kern bereits aushöhlte. Die Stellung der Frau in der modernen Gesellschaft und die Diskussion um ihre Gleichberechtigung bieten dafür vielfältige Belege. Auch beim Studium jugendsoziologischer Probleme begegnet man dem Phänomen des Nachhinkens sozialer Normen und Wertungen hinter der realen gesellschaftlichen Entwicklung, doch in vergleichsweise geringerem Maße. Mit der Industrialisierung kam die Gesellschaft gleichsam ihren jüngeren Mitgliedern entgegen. Der handwerkliche Begriff der „Erfahrung", langer Berufs- und Lebenserfahrung, verlor durch die fortschreitende Mechanisierung der Arbeit an Bedeutung. Das durch Technik und Bürokratie verwandelte Gesicht der Welt hat für die Heranwachsenden nichts bedrohend Überraschendes, sondern von Jugend auf vertraute Züge.

Der Begriff vom Anwachsen der Vergesellschaftung und der daraus folgende vom Bedeutungsverlust naturgegebener Differenzen für das soziale Verhalten ist nicht identisch mit dem Begriff der Nivellierung, den Schelsky zur Diagnose der modernen Gesellschaft und der gegenwärtigen Jugend verwandte. Es ist um so wichtiger, den Unterschied festzuhalten, als manche gesellschaftliche Entwicklungstendenzen, vor allem auch im Verhalten und Bewußtsein der Jugend, sich formal als Nivellierung beschreiben lassen. Mit diesem Terminus meint Schelsky den „relativen Abbau der Klassengegensätze" und eine „Entdifferenzierung der alten, noch ständisch vorgeprägten Gruppen" mit dem Resultat einer

15 Vgl. Spencer, Herbert, *Die Principien der Sociologie*, I, Stuttgart 1877, S. 10 ff.

16 Vgl. Eisenstadt, S. N., *From generation to generation. Age groups and social structure*. London 1956, S. 21 ff.

„verhältnismäßig einheitlichen, kleinbürgerlich-mittelständisch lebenden Gesellschaft, deren nivellierender Konformität sich nur noch wenige und kleine Gruppen entziehen können“[17]. Kann an solch relativer Nivellierung im Vergleich zum Entwicklungsstand der Gesellschaft im neunzehnten Jahrhundert auch kein Zweifel sein, so impliziert der Begriff der nivellierten Mittelstandsgesellschaft doch Entscheidendes mehr, nämlich, daß mit der Überwindung des Klassenunterschiedes als „dominierender Gesetzlichkeit des sozialen Verhaltens“ auch der Klassengegensatz zwischen den wenigen, die über die Mittel der Wirtschaft und der politischen Herrschaft verfügen, und den vielen, die von ihnen abhängig sind, seinen Schlüsselcharakter für die moderne Gesellschaft verloren hätte[18].

Wesentlich für den Begriff der Vergesellschaftung ist dagegen, daß ihr rascher Fortschritt nicht ohne weiteres die Widersprüche der industriellen Gesellschaft beseitigt, sondern nur auf höherer Stufe reproduziert, solange das Prinzip der Vergesellschaftung den Gegensatz von Individuum und Gesellschaft nicht aufhebt. Die These, daß das Anwachsen der Vergesellschaftung in ihrer bisherigen Form die Repression perpetuiert, vermag sowohl die frühzeitige Angleichung wie die repressiven Symptome der modernen Jugend in sich zu begreifen. Sie zeigt, daß es falsch wäre, die starke Integrationstendenz der Jugendlichen positiv zu registrieren, da das Mißvergnügen der Unbefriedigten und die Distanz der Gelangweilten als Folgen jugendlicher Anpassung an den keineswegs befriedigenden Gesamtzustand der Gesellschaft zu verstehen sind.

17 Schelsky, op. cit., S. 223.
18 op. cit., S. 391.

Autorinnen und Autoren

Susanne Bergann, cand. Dipl.-Päd. Anschrift: Freie Universität Berlin, Fachbereich Erziehungswissenschaft und Psychologie, AB Empirische Erziehungswissenschaft, Fabeckstr. 13, 14195 Berlin. Tel.: +49 (0) 30/ 838-55224, E-Mail: sbergann@gmx.de. Arbeitsschwerpunkte: Jugendforschung, Geschlechterforschung.

Anne Bogat, Ph. D. Anschrift: Michigan State University, Department of Psychology, 107E Psychology Building, East Lansing, MI 48824-1116, USA. Tel.: (517) 353-0812, Fax: (517) 432-2476, E-Mail: bogat@msu.edu. Arbeitsschwerpunkte: Family violence, Child abuse and neglect, Preventive mental health programs.

William M. Bukowski, Prof., Ph. D. Anschrift: Department of Psychology and Centre for Research in Human Development, Concordia University, 7141 rue Sherbrooke Ouest, Montréal, Québec, Canada H4B 1R6.
E-Mail: bukowsk@vax2.concordia.ca. Arbeitsschwerpunkte: Adolescent development, peer relations, adjustment.

Elena Cattelino, Prof., Ph. D. Anschrift: Università della Valle d'Aosta, Strada Cappuccini n. 2/A, 11100 AOSTA. Tel.: +39-0165-305.342, Fax: +39-0165-305.301, E-Mail: e.cattelino@univda.it. Arbeitsschwerpunkte: adolescence and risk development.

Kai S. Cortina, Prof., Ph. D. Anschrift: University of Michigan, 1012 East Hall, 530 Church Street Ann Arbor, MI 48109-1043. Phone: 734-615-3809, E-Mail: kai.cortina@umich.edu. Arbeitsschwerpunkte: Motivational development in adolescents in the context of schooling, Impact of school experience on the school-to-work transition, Multivariate statistical approaches.

Markus Hess, Dipl.-Psych. Anschrift: Freie Universität Berlin, FB Erziehungswissenschaft und Psychologie, AB Empirische Erziehungswissenschaft, Fabeckstr. 13, 14195 Berlin. Tel.: +49 (0) 30/838-55224, Fax: +49 (0) 30/838-4796, E-Mail: merken@zedat.fu-berlin.de. Arbeitsschwerpunkte: Jugendforschung, Wertetransmission, Peerprozesse.

Nicole Huseman, Dipl.-Psych. Anschrift: Max-Planck-Institut für Bildungsforschung, Forschungsbereich Erziehungswissenschaft und Bildungssysteme, Lentzeallee 94, 14195 Berlin. Tel.: +49 (0) 30/ 82406-245, Fax: +49 (0) 30/ 82406-490, E-Mail: husemann@mpib-berlin.mpg.de. Arbeitsschwerpunkte: Lehr-Lernforschung, Lebensziele, Person-Umwelt-Passung.

Angela Ittel, Ph. D., PD, Lehrstuhlvertretung Pädagogische Psychologie. Anschrift: Technische Universität Berlin, FAK 1 – Geisteswissenschaften, Institut für Erziehungswissenschaft, Franklinstraße 28/29, 10587 Berlin. Tel: +49 (0) 30/ 314-73227, E-Mail: ittel@zedat.fu-berlin.de. Arbeitsschwerpunkte: Jugendforschung, Problemverhalten, Geschlechterforschung.

Jeff Kiesner, Prof., Ph. D. Anschrift: Dipartimento di Psicologia (DPSS), Università di Padova, via Venezia, 8, 35131 Padova. Tel.: +39-049-827-6577, Fax: +39-049-827-6511, E-Mail: jeff.kiesner@unipd.it. Arbeitsschwerpunkte: development of antisocial behavior, drug use, depression, and interracial/interethnic prejudice.

Katja Koch, Dr. phil. Anschrift: Pädagogisches Seminar der Georg-August-Universität Göttingen, Baurat-Gerber-Str.4/6, 37073 Göttingen. Tel.: +49 (0)551/ 399 449, Fax: +49 (0) 551/ 391 4054, E-Mail: kkoch@uni-goettingen.de. Arbeitsschwerpunkte: Empirische Schul- und Bildungsforschung, Kindheitsforschung.

Poldi Kuhl, Dipl.-Psych. Anschrift: Freie Universität Berlin, FB Erziehungswissenschaft und Psychologie, AB Empirische Erziehungswissenschaft, Fabeckstr. 13, 14195 Berlin. Tel.: +49 (0) 30/ 838-55224, Fax: +49 (0) 30/ 838-4796, E-Mail: merken@zedat.fu-berlin.de. Arbeitsschwerpunkte: Jugendforschung, Problemverhalten, Familienprozesse.

Tina Kretschmer, Dipl.-Päd. Anschrift: Freie Universität Berlin, FB Erziehungswissenschaft und Psychologie, AB Empirische Erziehungswissenschaft, Fabeckstr. 13, 14195 Berlin. Tel.: +49 (0) 30/ 838-55224, E-Mail: tina2107@hotmail.com. Arbeitsschwerpunkte: Jugendforschung, Geschwisterforschung.

Oliver Lüdtke, Dr. phil. Anschrift: Max-Planck-Institut für Bildungsforschung, Forschungsbereich Erziehungswissenschaft und Bildungssysteme, Lentzeallee 94, 14195 Berlin. Tel.: +49 (0 30/ 82406-247, Fax: +49 (0) 30/ 82406-490, E-Mail: luedtke@mpib-berlin.mpg.de. Arbeitsschwerpunkte: Schulleistungsstudien, Persönlichkeitsentwicklung im Jugendalter, methodische Aspekte der Erfassung von schulischen Kontextmerkmalen.

Jürgen Raithel, Dr. phil. Anschrift: YouthTrend, Freies Institut für Jugendforschung, Ahornstr. 48, 97440 Werneck. E-Mail: youthtrend@arcor.de. Arbeitsschwerpunkte: Jugend-, Gesundheits-, Gender-, Lebensstil- und Erziehungsstilforschung.

Christine Schmid, Dr. phil. Georg-August-Universität Göttingen, Päd. Seminar, Waldweg 26, 37073 Göttingen. Tel.: 0551/39 13984, E-Mail: cschmid@gwdg.de. Arbeitsschwerpunkte: Empirische Schulforschung, Jugendforschung, politische Sozialisation, Sozialisation in Familie und Gleichaltrigengruppe, Geschwister, soziomoralische Entwicklung.

Wilfried Schubarth, Prof. Dr. Anschrift: Universität Potsdam, Institut für Erziehungswissenschaft, Postfach 601553, D-14415 Potsdam. Tel.: +49 (0) 331/ 977-2176, E-Mail: wilschub@rz.uni-potsdam.de. Arbeitsschwerpunkte: Jugend-, Schul- und Lehrerforschung, Prävention und Evaluation.

Rachel Seginer, Prof. Dr. phil., Professor of Human Development and Education. Anschrift: University of Haifa, Faculty of Education, Haifa 31905, Israel. E-Mail: rseginer@construct.haifa.ac.il. Arbeitsschwerpunkte: adolescence, emerging adulthood, cross-cultural psychology, family-school relations.

Shirli Shoyer, Dr. phil., Lecturer of Developmental Psychology. Anschrift: Oranim Teachers College, Kiryat Tivon 36006, Israel. E-Mail: shirlis@construct.haifa.ac.il. Arbeitsschwerpunkte: adolescence, psychology of gender.

Karsten Speck, Dr. päd. Anschrift: Universität Potsdam, Institut für Erziehungswissenschaft, Postfach 601553, D-14415 Potsdam. Tel.: +49 (0) 331/ 977-2697, E-Mail: speck@rz.uni-potsdam.de. Arbeitsschwerpunkte: Jugendforschung mit Blick auf Jugendliche in benachteiligten Lebenslagen, Kooperation von Jugendhilfe und Schule, Bürgerschaftliches Engagement, Qualitätsentwicklung und Selbstevaluation.

Ulrich Trautwein, Dr. phil., PD. Anschrift: Max-Planck-Institut für Bildungsforschung, Forschungsbereich Erziehungswissenschaft und Bildungssysteme, Lentzeallee 94, 14195 Berlin. Tel.: +49 (0) 30/ 82406-451, Fax: +49 (0) 30/ 82406-490, E-Mail: trautwein@mpib-berlin.mpg.de. Arbeitsschwerpunkte: Schulleistungsstudien, Selbstkonzeptentwicklung, Hausaufgaben.

Sybille Volkholz, Dipl.-Soz., Fachstudienrätin, ehem. Senatorin für Schule, Berufsbildung und Sport in Berlin, Koordinatorin der Bildungskommission der Heinrich-Böll-Stiftung (bis Dez. 2004), seit 2005 Leiterin des „Bürgernetzwerk Bildung" des VBKI in Berlin. E-Mail: sybillevolkholz@snafu.de.
Bildungspolitische Schwerpunkte: Stärkung zivilgesellschaftlicher Strukturen und Verantwortlichkeiten im Bildungswesen; die Fähigkeit zur Selbstorganisation von Bildungseinrichtungen und ihre gesellschaftliche Einbindung.

Alexander von Eye, Ph. D., Professor für Psychologie. Anschrift: Michigan State University, Department of Psycholgoy, 119 Snyder Hall, East Lansing, MI 48824-1117, USA. Tel.: 001/517 355-3408, Fax: 001/517 432-2476, E-Mail: voneye@msu.edu. Arbeitsschwerpunkte: Statistische Methoden, kognitive Entwicklung über die Lebensspanne.

6. Jahrbuch Jugendforschung 2006

Herausgeber:
Angela Ittel, Technische Universität Berlin
Ludwig Stecher, Deutsches Institut für Pädagogische Forschung Frankfurt am Main
Hans Merkens, Freie Universität Berlin
Jürgen Zinnecker, Universität Siegen

Das Jahrbuch verfügt über einen wissenschaftlichen Beirat, der sowohl interdisziplinär als auch international zusammengesetzt ist. Mitglieder sind gegenwärtig:

Im Internet ist das Jahrbuch unter der Adresse www.jahrbuch-jugendforschung.de zu finden. Die im Jahrbuch Jugendforschung erscheinenden Beiträge werden, um einen hohen qualitativen Standard zu gewährleisten, einem Peer-Review-Verfahren unterzogen. Manuskripte, aber auch Termine von Tagungen und Kongressen können an die Herausgeber des Jahrbuches gesendet werden.